KB058558

일의 역사

일의 역사

한 권으로 보는
인류의 진화와
노동의 미래

HISTORY OF WORK

제임스 수즈먼 지음 ㅣ 김병화 옮김 ㅣ 박한선 감수

RHK
알에이치코리아

"두꺼비가 웅크린 듯 일이란 게
내 삶에 주저앉아 있는데
난 왜 그냥 내버려두는가?
쇠스랑 휘두르듯 내 재주를 휘둘러
그 짐승을 쫓아낼 수는 없는가?"

-필립 라킨, 「두꺼비」

"무거운 것이 무엇인가? 중력을 견디어 내는 정신은 이렇게 묻고 는 낙타처럼 무릎을 꿇고 앉아, 충분히 많은 짐이 실리기를 원한다… 중력을 견디어 내는 정신은 가장 무거운 것 모두를 짊어진다. 그리하 여 정신은 무거운 짐을 지고 서둘러 사막으로 들어가는 낙타처럼 자 신의 사막으로 서둘러 가는 것이다."

- 프리드리히 니체, 『차라투스트라는 이렇게 말했다』

니체는 인간의 정신을 세 단계로 나누어 제시했다. 그리고 초극을 통 해서 사자의 정신으로, 다시 어린이의 정신으로 변화하기를 주장한다. 위버멘쉬 Übermensch, 즉 초인이 되라는 것이다. '초인'이라고 하니 부담스 럽다. 상상할 수 없는 삶의 무게를 견디는 인고의 삶을 실천해야 할 것 같다. 하지만 이와 정반대다. 삶을 즐기며 세상의 굴레에서 자유로운, 어린이 단계의 인간을 초인이라고 했다. 인류는 불과 1만 년 전만 해도 어떤 의미에서 다들 '초인'이었다.

노지 캠핑을 좋아하는 독자라면 알고 있듯 수렵채집 생활은 여간 어려운 것이 아니다. 흔히 말하는 캠핑은 그저 몸만 산이나 강으로 이동했을 뿐 수렵채집인의 삶과 별 관련이 없다. 마트에서 사 온 삼겹살을 가스버너에 구워 먹고, 시원한 캔맥주를 마시며 '자연의 삶'을 논하면 곤란하다. 진짜 캠핑이라면 자연으로부터 먹을 것을 마련하고, 거처를 장만해야 한다. 나도 캠핑을 좋아하지만, 이런 수준의 캠핑은 아직 엄두가 나지 않는다.

하이커였던 크리스 맥캔들리스Chris McCandless도 캠핑을 좋아했다. 막연한 낭만에 빠져 대학 졸업 선물로 받은 자동차를 몰고 돌연 가출했다. 처음에는 자동차로, 그러다 히치하이크를 하며 카누와 도보 등으로 이동했다. 네바다와 애리조나, 멕시코 소노라, 텍사스, 캘리포니아, 콜로라도, 사우스다코타, 캐나다 브리티시컬럼비아를 지나 알래스카에 이르렀다.

이쯤 되면 크리스는 자신이 수렵채집인과 다름없는 자연의 삶을 산다고 여겼을 것이다. 그러나 크리스의 '자연에 가까운 삶'은 자연과 별로 가깝지 않았다. 늘 문명의 도움을 받으며 자연의 '느낌'만 즐겼을 뿐이었다. 그리고 그의 만용은 곧 끝이 났다. 너무 외딴곳으로 간 것이 탈이었다. 어렵게 말코손바닥사슴을 잡았지만, 고기를 어떻게 가공하여 보관할지 알지 못했다. 주변에 신선한 블루베리가 가득하다고 일기에 적었던, 그는 결국 24세의 젊은 나이에 자연의 품에서 굶어 죽었다.

일의 역사

"신이 정말 사랑이라고 누가 믿는가? 창조의 마지막 법칙이 사랑이라고 정말 믿는가? 자연은 그 이빨과 발톱을 피로 물들이고, 계곡에서는 우리의 신념에 아랑곳 않고 비명이 울려 퍼진다."

- 알프레드 테니슨 Alfred Tennyson •

1960년대, 인류학자 마셜 살린스 Marshall Sahlins는 수렵채집사회의 풍요로움을 주장하면서, 그들은 하루에 서너 시간만 일해도 삶의 모든 욕구를 충족시킬 수 있었다고 밝혔다. 이러한 편견은 당시 미국 사회의 히피 문화와 만나, '게으르면서도 풍족한 삶'에 대한 대중적 환상으로 이어졌다. 분명 히피들은 일하지 않으면서도 젊음을 즐기고 마리화나를 살 수 있었다. 그러나 그건 미국의 전후 경제 호황의 등에 올라탄 덕분이었다.

수렵과 채집은 몹시 어려운 기술을 수반한다. 식물에 관한 광범위한 지식이 있어야 하고, 구한 재료를 가공하는 방법도 알아야 한다. 동물을 추적하고 추격하여 사냥하는 법, 사냥한 동물에서 고기를 뜯어내어 조리하는 법도 배워야 한다. 텐트를 치고, 불을 피우고, 옷을 만들어야 한다. 궁극적으로는 이러한 거친 환경에서 짝을 찾아 자식을 낳고 오래도록 키워야 한다. 불쌍한 크리스는 이걸 하나도 몰랐다.

그렇다면 구석기 조상들은 테니슨이 말한 것처럼 간신히 고된 삶을 이어 나갔을까? 거친 자연과 목숨을 걸고 싸우며, 다른 경쟁자와 끊임없는 피의 결투를 벌여야 했을까? 그렇게 저녁마다 굶주린 배를 움켜쥐고 지치고 상처 입은 몸을 축축한 동굴 바닥에 뉘어야 했을까?

• 『In Memoriam A. H. H.』

살린스의 이론은 비판을 많이 받았으나 그렇다고 그의 주장이 완전히 틀린 것도 아니었다. 수렵채집인은 히피는 아니었어도 부지런함과는 거리가 멀었다. 기껏해야 하루 6시간 정도 일하는 것으로 추정되는데, 그것마저도 택배 상하차 유의 고된 노동은 아니었다. 분명 3시간보다 더 오래 일하지만 말이다. 수렵채집인의 손톱이나 치아에 늘 피가 고인 것도 아니었다. 구석기 최말기에 이르기까지 부족 간 전투의 기록은 대단히 드물다. 인류는 히피보다 부지런했고, 테니슨의 예상보다 평화로웠으며, 니체의 기준보다 조금 더 초인에 가까웠다.

제임스 수즈먼James Suzman은 남아프리카에서 태어나 에든버러 대학교에서 인류학 박사 학위를 받은 영국 인류학자다. 남아프리카 !쿵족이 겪은 고통에 관한 사회인류학적 연구로 주목을 받았다. 현지 주민의 생활 향상과 생태 보존을 연결시키는 프로그램을 개발하기도 했고, 다이아몬드 채광 회사인 드비어스에서 지속 가능성에 관한 업무를 하기도 했다. 주로 대학보다는 현장에서 남아프리카 소수민족의 권익을 위해 연구해 온 학자다.

책의 원제는 '일, 우리가 시간을 보내는 방법에 대한 역사Work: A History of How We Spend Our Time'다. 제목 그대로 인류가 무엇을 하며 삶을 사용했는지를 광범위한 인류학적 자료를 제시하며 재미있게 써 내려가고 있다. 시간을 더 효율적으로 써야 한다는 자기계발서는 물론 아니고, 노동에 관한 근대 이데올로기를 비판하는 식의 그저 그런 대중학술서도 아니다. 소중한 시간을 의미 있게 쓰라는 『모모』와 같은 문학서도 아니다. 수즈먼은 가치 판단을 최대한 자제하면서, 거대한 인류사를 통틀어 우리가 시간과 에너지를 할애하는 '일'이 어떻게 달라지고 있는지를 흥미롭게 전개하고 있다.

과연 우리는 하루를 어떻게 보내고 싶어 할까? 나는 비정규직 생활을 오래 했는데, 장점이 많았다. 출퇴근 시간도 자유로웠고, 평일 대낮의 마트에서 한가로움을 만끽할 수도 있었다. 그러나 히피처럼 행복하지만은 않았다. 불안 때문이다. 끼니를 거르는 것도 아니었고, 노숙을 하는 것도 아니었는데 불안했다. 아마 히피도 불안 때문에 대마초를 끼고 살았는지도 모른다.

근무시간을 줄이고 휴가를 더 받으면 행복할 것 같지만 꼭 그런 건 아니다. 낙타의 행복이란 무거운 짐을 지고 사막을 건너는 것이다(생물학적 종으로서의 낙타가 정말 그렇다는 것은 아니다). 2008년 폴 돌란 등의 연구에 의하면, 우리는 근무 시간이 줄어들수록 불안을 더 크게 느낀다. 근면과 성실은 우리 스스로 부여하는 낙타의 짐이다. 이걸 프로테스탄트 윤리로 부르든, 유교 윤리로 부르든 그건 모르겠다. 확실한 것은 약 5,000년 전 낙타가 가축화된 것처럼, 인류도 신석기 혁명 이후 스스로 가축화되어 가는 과정에서 묵묵한 인내의 가치를 체화해 왔다는 것이다.

수렵채집인의 노동 시간에 관한 논쟁이 현재진행형인 이유는 간단하다. 어디까지가 '일'이고 어디부터 '여가'인지 불확실하기 때문이다. 모닥불을 바라보며 옹기종기 모인 부족원. 건기가 언제 끝날지, 사냥감이 어디로 이동하고 있는지, 다음 성인식에서 누가 의례를 치를지 이야기를 나눈다. 이건 업무 회의일까? 그냥 여가에 나누는 잡담일까? 아니면 업무의 연장으로서의 회식일까?

창과 활을 들고 직접 사냥에 돌입하는 활동만을 노동이라고 한다면, 수렵채집인은 정말 게으르기 짝이 없는 인간이다. 하지만 공유와 의례, 교류와 환대의 시간을 모두 노동이라 한다면, 수렵채집인은 워커홀릭이나 다름없다. 식사하거나 데이트를 하면서 노동의 대가를 요구하는 사람은 없다. 생존과 번식을 위한 자발적 활동이다. 그 활동 자체를 즐기도록 우리의 마음은 진화했다. 아마 수렵채집인의 주된 '노동'도 그럴 것이다. 그러니까 현대인의 시선에서 보면 맨날 노는 것처럼 보이는 것이다.

노동이 '명실상부한 고통'이 되는 것은 신석기 혁명 이후다. 사실 신석기 혁명은 전방위적인 사회적 변화를 야기했을 뿐 아니라, 인간의 마음에도 큰 변화를 유발했다. 그런데 긴 인류 진화사에 비견하면 너무 짧은 시간이다. 그래서 아직 충분히 적응하지 못했다. 일은 여전히 즐겁지 않다. 급격한 신석기 혁명에 의한 부작용의 흔적은 곳곳에서 발견할 수 있다. 예를 들어 구석기 시대에 진화한 음성 언어는 18개월이면 알아서 배우는 데 반해, 신석기 시대에 나타난 문자 언어는 18년을 배워도 부족하다. 마찬가지다. 놀이는 가르쳐주지 않아도 누구나 즐겁게 배우는데 일은 평생 배워도 좀처럼 습관이 들지 않는다.

물론 근면과 성실은 조금씩 '인간적 본성'이 되어가는 중인 것 같다. 성격 요인 검사의 성실성 요인은 서유럽이나 동아시아 사회에서 점수가 더 높다. 고된 쟁기 노동이 필요한 사회, 고도로 세분화된 직업이 오래전부터 발생한 사회에서 일어난 진화적 변화일까? 분명 오래전부터 농경이 정착된 사회라면 성실한 사람이 더 많은 자손을 남겼을 것이다. 우리는 낙타의 후손이다.

그래서 일에 관한 모순적 태도가 우리 마음에 자리 잡고 있다. 직장에 가면 놀고 싶지만, 막상 일이 없으면 불안하다. 평일에는 주말을 고대하다가, 주말에도 종종 일감을 꺼낸다. 심지어 여가도 일처럼 계획적으로 보낸다. 얼마 전에 휴가를 갔는데, 하루 종일 놀다 숙소로 돌아와서 꺼낸 첫마디가 "'아. 이제 좀 쉬자"였다.

이상하다. 이제 풍요롭고 안전한 세상 아닌가? 비록 북반구 일부 국가에 한정된 이야기라 해도, 분명 전보다 살기 좋은 세상이다. 수렵채집사회처럼 느닷없이 고양잇과 동물에게 공격당할 위험도 없고, 농경사회처럼 기아와 질병에 시달릴 위험도 이제 현저히 줄었다. 그런데도 우리는 늘 '일' 때문에 전전긍긍한다. 더 긴 휴가를 달라고 부르짖으면서도, 막상 면접장에서는 "더 열심히 오래 일하겠다"고 같은 입으로 부르짖는다.

자연은 휴식, 사회는 일이라는 이분법적 시각은 맥캔들리스의 비극과 테니슨의 오만을 낳았다. 바오바브 나무 숲에 사는 수렵채집인이나 콘크리트 빌딩 숲에 사는 현대인이나 모두 열심히 일한다. 생존과 번식을 위해 소중한 시간과 에너지를 할당하는 것이다. 다만 인류는 수백만 년간 수렵채집 생활을 하며 호기심이 가득한 눈으로 세상을 바라보고 끊임없이 새로운 곳으로 이동하며 창조하는 삶을 살았다. 그게 일이었다. 지금의 일보다 더 오랜 역사를 가진 '일의 원형'이다. 그런데 지금은 그런 '일'을 '취미'나 '여가'라고 부른다.

일을 둘러싼 내적 갈등은 과연 '일이 무엇인지'에 관한 진화사적 변화에 기인하는 것인지도 모른다. 과거의 일과 현재의 일이 다르기 때문이다. 그렇다면 미래는 어떨까? 벨기에 식민주의자는 수렵채집인 음부티족을 강제로 데려다 농장에서 일하게 하느라 열심히 그들의 손목을 잘라야 했다. 노동이 사라지는 시대, 이제는 그 반대일까? 부지런한 농경인의 마음을 가진 우리에게 이제 긴 여가의 삶을 강제하려면 무엇을 잘라야 할까?

가혹한 노동 조건만큼이나 여가 시간이 넘치는 것도 비극이다. 앞으로 일감은 더 줄어들 것이고, 새로 생기는 일자리도 과거처럼 '꼭 필요한' 일자리는 아닐 것이다. 저자의 지적처럼 우리는 불필요한 일을 억지로 만들어가며 타고난 성실성을 우격다짐으로 만족하려고 할까? 아니면 오랜 수렵채집인의 마음, 즉 잃어버린 초인의 마음을 다시 찾을 수 있을까? 저자는 이에 대해 아주 흥미로운 가설을 제안하고 있다. 수백만 년의 인류사를 넘나드는 재미있는 이야기를 통해서 말이다. 이제 직접 첫 장을 열어, 그 이야기를 들어 보기 바란다.

박한선

(서울대학교 인류학과 진화인류학 조교수)

1차 산업혁명은 증기 기관의 검댕이 엉겨 붙은 굴뚝에서 기침하듯 튀어 나왔다. 2차 산업혁명은 벽에 설치된 전기 소켓에서 뛰쳐나왔으며, 3차 는 마이크로프로세서라는 전자 장비 형태로 나타났다. 이제 우리는 4차 산업혁명에 따른 기술의 변화를 겪고 있다. 모두가 말하길 새로운 디지 털, 생물학적, 물리학적인 수많은 테크놀로지의 통합으로 만들어진 이 혁명은, 지나온 혁명에 비해 세상을 이루 말할 수 없을 정도로 바꿀 것이 라 한다. 그렇기는 해도 그것이 어떻게 진행될 것인지 확실히 아는 사람 은 아무도 없다. 그저 공장에서 가정에서 혹은 기업에서 기계 학습 알고 리즘machine-learning algorithms*이 적용된 컴퓨터 기반 자동화 시스템이 담 당하는 업무가 점점 더 늘어난다는 것만은 분명하다.

어떤 이들에게 자동화된 미래란 로봇의 사용으로 한층 더 편리한 삶을 약속하는 것이다. 다른 이들에게는 인공두뇌가 초래할 디스토피아로 나아가는 운명적인 발걸음이기도 하다. 그러나 많은 사람에게 있어서 자동화된 미래의 실체는 로봇이 내 일자리를 뺏으면 어쩌나 하는 걱정일 뿐이다.

테크놀로지로 인한 잉여 고용technological redundancy 현상이 발생하지 않던 분야의 종사자들에게까지 일자리를 잡아먹는 로봇의 설비가 확장되면서 세속적 차원에서도 로봇의 존재감이 확연해졌다. 슈퍼마켓에 줄지어 늘어선 자동화된 출납계원들이 내뱉는 로봇 같은 환영 인사와 견책의 합창, 혹은 디지털 우주에서 벌어질 모험을 안내하는 동시에 좌절시키는 조야한 알고리즘 등이 그런 예다.

지금도 개발도상국에서 직장도 없이 도시 외곽의 판잣집에서 근근이 생계를 이어가고 있는 수천만, 수억 명의 사람들이 있다. 이들에게는 최첨단 테크놀로지와 자본의 결합이 경제 성장을 주도하면서 더는 새로 만들어지는 일자리가 없어지는 사회의 자동화가 더욱 직접적으로 와닿는 관심사다. 이는 절대 파업하지 않는다는 장점을 내세워 일자리를 지키기 위해 할 수 있는 일이라고는 파업을 일으키는 것밖에 없는 평범한 반숙련 노동자들을 절박하게 내몬다. 또 일부 숙련된 전문직 종사자들은 그런 상황이 아직 닥치지 않았다고 여길지 모르지만, 그들에게도 불길한 조짐은 있다. 이제 인공지능이 인간이 할 수 있는 것보다 훨씬 뛰어난 인

• 기계 학습은 컴퓨터를 활용해 막대한 양의 데이터를 통계 처리해 이를 토대로 새로운 패턴을 찾아내고 미래를 예측하는 기술이다. 미래를 예측한다는 점에서 데이터 분석에 그치는 빅데이터보다 기술적으로 한 단계 진화했다.—옮긴이

일의 역사

공지능을 설계하는 상황에서 인간은 이제 스스로 교묘한 재주에 낚여 일터와 일거리를 빼앗기고 삶에서 목표를 빼앗아가는 악마의 작업장에 놓여 있다.

그렇다면 우리는 걱정하는 것이 맞는다. 어쨌든 우리는 모두 살기 위해 일하고 일하기 위해 살며, 거의 모든 직업에서 의미와 만족감과 자부심을 찾아내는 능력이 있다. 마룻바닥에 걸레질하며 리듬을 타든 조세법의 빈틈을 찾아내는 일이든 마찬가지다. 각자가 하는 일이 그가 누구인지를 규정하며, 미래의 전망을 결정하고, 어디서 누구와 함께 시간 대부분을 보낼지 알려준다. 또 자신의 자존감을 조절하고, 가치관의 많은 부분을 다듬어내고, 정치적 충성의 방향을 잡는다. 그러다보니 우리는 분투하는 사람을 찬양하고, 나태한 자의 나태함을 비난하며, 어떤 진영이든 정치인들은 고용 증가라는 목표를 주문처럼 읊어대기까지 한다.

이런 기저에 인간이 유전적으로 일하도록 생성된 존재이며, 인간종의 운명은 목적의식purposefulness과 지성과 근면성의 수렴으로 형성되었고, 그것이 전체가 부분의 총합을 훨씬 능가하는 사회를 구축할 수 있게 만들어주었다는 확신이 있다.

자동화된 미래에 대해 우리가 가진 불안은 1차 산업혁명이 처음 발생한 이후 여러 사상가와 몽상가들이 품었던 낙관론과 상반된다. 그들은 자동화가 경제적 유토피아의 자물쇠를 열어줄 열쇠라고 믿었다. 경제학의 창시자인 애덤 스미스Adam Smith는 1776년에 '매우 아름다운 기계'의 찬가를 부르면서 그것이 '노동을 편하게 만들고 줄여줄 것'이라고 믿었고[1], 1세기 뒤 오스카 와일드Oscar Wilde는 '기계가 꼭 필요하고 불유쾌한 온갖 일을 다 해주게 될' 미래의 환상을 펼쳤다.[2] 그러나 20세기에 영향력이 가장 컸던 경제학자 존 메이너드 케인스John Maynard Keynes 만큼 그 문제를 포괄적으로 다룬 사람은 없었다. 그는 이미 1930년에 인류가 21세기에 들어 자본이 성장하고 생산성이 개선되며 기술이 발전하여 모든 사람의 기본적 필요가 쉽게 충족될 것이고, 그럼으로써 아무도 1주일에 15시간 이상 일하지 않는 경제적 "약속의 땅 기슭에 있게 될 것"이라고 예견했다.

그의 계산에 따르면 우리는 그런 땅으로 가는 데 필요한 수준의 생산성과 자본 성장의 문턱을 몇십 년 전에 이미 넘어섰다. 그런데도 여전히 우리 대부분은 조부모, 증조부모처럼 힘들게 일해야 하며, 정부는 근래 역사에서 항상 그랬듯이 경제 성장과 고용 창출에만 목을 매고 있다. 그뿐만 아니라 노령 인구의 증가로 인해 민간 연금과 정부 연금 기금의 부담이 더 무거워지고 있으므로 많은 사람이 반세기 전보다 십 년 정도 더 오래 일하게 될 것으로 예상된다. 또 한국이나 일본 같은 세계 최고 수준의 선진 경제에서 기술과 생산성이 전례 없이 발전했음에도, 매년 수백 명씩 노동자가 피할 수 있었을 죽음을 겪는 원인이 눈물이 날 정도의 초과 근무 때문임이 공식적으로 인정된다.

하나의 집단으로서 인류는 아직 퇴직 연금을 요구할 준비가 되어 있지 않은 것으로 보인다. 왜 그런지 알아내려면 대부분의 전통적 경제학자들이 우리더러 믿게 만들려고 했던 것보다 일과 인간의 관계가 훨씬 더 복잡하다는 것을 인정해야 한다.

케인스는 인간이라는 종種이 이루게 될 성취는 오로지 자신이 말한 경제적 약속의 땅에 도달하는 것뿐이라고 믿었다. 그 단계에서는 생명의 가장 원시적인 형태가 시작되었을 때부터 인간종의 가장 절박한 문제점이 거의 다 해결된 상태일 테니 말이다.

케인스가 생각한 절박한 문제를 고전적 경제학자들은 '경제 문제economic problem'라 불렀으며[*] 때로는 '희소성의 문제problem of scarcity'라 부르기도 했다. 그것은 인간이란 채워지지 않는 식욕이라는 저주를 받은 이성적 존재이며, 단순하게 말해 모두가 원하는 것을 충족시킬 자원이 충분하지 않기 때문에 모든 것이 부족한 상황이라고 주장한다. 경제학이란 사람들의 필요와 욕구를 해결하려면 부족한 자원을 어떻게 할당해야 하는가를 연구하는 학문이다. 이 정의의 핵심에는 사람들이 원하는 것은 무한하지만 자원은 유한하다는 생각이 놓여 있다. 그것은 우리의 시장, 금융, 고용, 통화 시스템을 단단히 붙들어 매는 닻이기도 하다. 그렇다면 경제학자들이 볼 때 희소성scarcity은 사람들을 일하도록 밀어붙이는 동기다. 일함—희소한 자원을 만들고 생산하고 거래함—으로써만 사람들은 무한해보이는 욕구와 유한한 수단 사이의 간극을 메우려는 노력을 시작이라도 할 수 있기 때문이다.

하지만 희소성의 문제는 인간이라는 생물종에 대해 암담한 평가를 하게 만든다. 그것은 인간이 진화를 통해 이기적인 존재가 되었고, 절대로 만족시킬 수 없는 욕구로 인해 영영 짓눌리는 저주를 받았다고 주장

---

* 인간 사회의 경제생활에서 발생하는 여러 가지 문제의 근본적인 원인은 '자원의 희소함'에 있고, 무한한 인간의 욕망을 충족시킬 수 없는 한정된 자원 중에서 선택해야 하는 데 있다는 입장을 요약하는 용어. 경제 문제는 곧 경제적 선택의 문제이기도 하다. 이때 scarcity는 문맥에 따라 희소성 또는 결핍으로 번역한다.—옮긴이

한다. 그런데 산업화 세계에서는 인간성에 대한 이런 평가가 아무리 명백하고 자명해 보일지 몰라도 20세기 후반까지도 수렵채집으로 살아가고 있는 남아프리카 칼라하리 사막에 사는 !쿵Jul'hoansi족에게는 그렇지 않다.

나는 1990년대 초반부터 그들과 가차없이 확장되는 세계 경제와의 충격적 만남을 기록해 오고 있는데, 그 만남은 그들에게 상처를 입힐 때가 많다. 완전히 다른 삶의 방식 사이에서 일어나는 이야기는 흔히 잔혹하게 이어진다. 결핍에 관한 가정 자체가 완전히 다르기 때문이다. 시장 경제와 그 기저에 있는 인간본성론 앞에서 !쿵족은 당황하고 좌절한다. 그런 감정을 느끼는 것은 그들만이 아니다. 20세기까지 수렵채집 생활을 이어온 다른 사회들, 동아프리카의 하드자Hadzabe족이나 북극권의 이누이트Inuit족 사회도 그들과 비슷하게 영구적 희소성을 전제로 하는 경제시스템의 규범을 이해하고 받아들이기 힘들어 했다.

케인스가 처음 자신의 경제적 유토피아에 대한 글을 썼을 무렵, 수렵채집 사회에 관한 연구는 사회인류학이라는 새로운 학문 분야에서 지엽적인 종목에 불과했다. 그가 수렵채집 종족에 대해 더 많이 알고 싶었다 하더라도 원시 사회에서의 삶이 굶주림과의 끊임없는 투쟁이었다는 당시의 지배적 견해에 반기를 들 근거를 별로 찾지 못했을 것이다. 또 인간이 가는 길이 간혹 단점은 있어도 무엇보다 진보에 관한 이야기이고, 일하고 생산하고 건설하고 교환하고자 하는 인간의 충동이 곧 진보의 동력이었으며, 경제 문제를 해결하고자 하는 내적 충동이 그 동력을 자극한다는 사실을 그에게 납득시킬 어떤 근거도 발견하지 못했을 것이다.

하지만 이제 우리는 수렵채집 종족들이 지속적인 기아 상태에서 살

일의 역사

지 않았다는 사실을 알고 있다. 오히려 그들은 대체로 영양 상태가 양호했으며, 대부분의 사람들보다 더 오래 살았고, 일주일에 15시간 이상 일하는 경우는 드물었으며, 휴식과 여가로 보내는 시간의 비중이 컸다. 또한 그들이 이렇게 생활할 수 있었던 것은 보통 식량을 저장하지 않았고, 부나 지위를 축적하는 데 관심이 거의 없었으며, 일하는 목적이 오로지 단기적인 물질적 필요를 충족시키려는 것뿐이었다는 사실을 우리는 알고 있다. 경제 문제는 우리 모두가 무한한 욕구와 유한한 수단 사이의 연옥에서 살라고 저주하는 것 같지만, 수렵채집인들은 물질적 욕구가 많지 않아서 그 욕구는 몇 시간만 일하면 채워질 수 있다. 그들의 경제적 삶은 희소성에 대한 집착보다는 풍부함의 전제를 중심으로 운영되었다. 이런 상황을 고려할 때, 호모 사피엔스 출현 이후 30만 년에 달하는 역사 가운데 95퍼센트가 넘는 기간동안 선조들은 수렵과 채집으로 살아왔으므로 희소성 문제에 전제된 인간 본성과 일을 대하는 우리의 태도가 농경에서 발원한다고 여길 만한 충분한 이유가 있다.

인간 역사의 대부분에서 선조들이 지금처럼 희소성에 집착하지 않았음을 인정하면 일이라는 것에는 경제 문제를 해결하기 위해 우리의 노력보다 훨씬 더 많은 요소가 필요하다는 사실을 상기하게 된다. 우리 모두 이 사실을 인정한다. 즉 우리는 직업 이외의 온갖 종류의 의도적인purposeful 활동도 보통 일work이라 일컬어진다. 가령 인간 관계를 맺으면서, 또는 신체 단련을 하거나 심지어 여가를 즐기면서도 일을 할 수 있다.

경제학자들이 일을 인간의 필요와 욕망을 채우기 위해 소모하는 시간과 노력이라고 정의할 때 그들은 명백한 문제 두 가지를 건너뛰고 있다. 첫째는 일과 여가를 구분하는 유일한 차이가 흔히 맥락에 달려 있거나, 뭔가를 하기 위해 보수를 받느냐 아니면 그것을 하기 위해 돈을 내느냐 하는 데 달려 있다는 문제다. 고대의 사냥꾼에게 뿔사슴 사냥이 일이었지만, 선진국의 사냥꾼들에게는 신나지만 대개 비용이 매우 많이 드는 여가 활동이다. 그림을 그리는 행위가 상업 미술가에게는 일이지만 수백만 아마추어 화가들에게는 긴장을 풀어주는 즐거움이다. 유력자들과의 관계를 추구하는 것은 로비스트에게는 일이지만 대부분의 사람들에게 친구를 사귀면서 즐거움을 느낀다. 둘째, 인간의 가장 기본적 필요―식량, 물, 공기, 온기, 친교, 안전―를 충족시키기 위해 소모하는 에너지를 제하면 보편적인 필요로 간주될 만한 다른 어떤 것이 거의 없다는 문제다. 게다가 필요necessity는 흔히 욕구desire와 구별하기 힘들게 섞여 있다. 그렇기에 어떤 사람들은 커피와 크루아상이 아침을 위한 필수품이라고 주장하겠지만 다른 사람들에게는 그것이 사치다.

수렵채집인, 스트라이프 정장을 입은 파생상품 거래인, 간신히 먹고 살아가는 농부, 그 외 누가 들어도 동의할 만한 일의 보편적 정의는 어떤 목표와 결말을 달성하기 위한 과제에 에너지나 노력을 의도적으로purposefully 소모한다는 내용을 포함한다. 고대인들은 아마 주위 세계를 분명히 분류하고, 개념과 단어와 관념을 써서 그 세계의 체험을 체계화하면서부터 일에 대한 인식을 얻었을 것이다. 사랑, 부모의 사랑, 음악, 애도와 마찬가지로 일도 인류학자나 여행가들이 낯선 땅에 홀로 던져졌을 때 붙잡고 매달릴 만한 몇 안 되는 개념 중의 하나다. 말이나 낯선 관습 때문에 어려움을 겪는 곳에서는 엉성하게 무슨 말을 하기보다는 일을 도와주는 단순한 행동이 사람간의 장벽을 훨씬 빨리 무너뜨린다. 그 것은 선의의 표현이며, 춤이나 노래처럼 공통된 목표와 경험의 조화를 만들어낸다.

경제 문제가 인간이라는 종을 영구히 구속하는 조건이라는 생각을 포기하면 그로 인한 영향은 일의 정의가 생계 유지 수단 이상으로 확대 되는 것에만 그치지 않는다. 그것은 생명이 시작된 시초부터 분주한 현 재에 이르기까지 일과 인간의 깊은 역사적 관계를 바라볼 새로운 렌즈 를 가져다준다. 또 일련의 새 질문들도 제기한다. 지금 우리는 왜 수렵채 집하던 선조들보다 일을 훨씬 더 중요시하는가? 유례없는 풍요를 누리 는 시대에 우리는 왜 그토록 희소성에 계속 사로잡혀 있는가?

이런 질문에 대답하려면 전통적 경제학의 영역을 한참 벗어나 물리 학, 진화생물학, 동물학의 세계로 과감하게 들어가야 한다. 하지만 그렇 게 하려면 무엇보다 사회인류학적 시각을 적용해야 한다. 20세기에 이 르기까지 사냥하고 채집하던 선조들이 어떻게 살고 일했는지를 알려주 는 자료 가운데 유일하게 풍부한 품목인 박편석기flaked stone, 석조 미술 품, 골각기에 생명을 불어넣는 것은 오로지 사냥하고 채집하는 생활 양 식을 지속해 온 사회에 대한 사회인류학적 연구만이 할 수 있는 일이다. 또 사회인류학적으로 접근하지 않으면 우리는 자신들이 겪는 세상의 경 험이 다른 종류의 일에 의해 어떻게 형성되는지를 이해할 엄두도 못 낸 다. 이런 폭넓은 접근법을 채택하면 흔히 현대의 도전이라 여겨지던 것 의 고대적 뿌리에 대한 놀라운 깨달음을 얻을 수도 있다. 가령 작업 기계 와 인간의 관계에 수레 끄는 말이나 황소 또는 일을 보조하는 다른 동물 과 고대 농부들의 관계가 어떻게 반영되어 있는지, 또 자동화에 대해 우리가 느끼는 불안이 노예제 사회의 사람들이 밤잠을 못 이루던 상황과 얼마나 비슷한지 알게 된다.

　

일과 인간이 맺은 관계의 역사를 기록할 때 누가 보아도 뻔할 만큼 따르기 쉬운 길이 둘 있는데, 두 길은 서로 교차한다.

첫 번째 길은 인간이 에너지와 갖는 관계의 사연을 따라간다. 가장 기본적인 측면을 보자면, 일은 항상 에너지 처리 과정an energy transaction의 일환으로, 살아 움직이는 유기체와 죽어 움직이지 않는 물체의 차이는 어떤 일을 할 수 있는 여부에 달렸다. 살아 있는 것들만이 살고 성장하고 생식하기 위한 에너지를 능동적으로 찾아 나서고 획득하기 때문이다. 이 길을 따라가다 보면 일상적으로 에너지를 낭비하는 생물종이 인간만이 아님을 알게 된다. 목적을 상실하거나 일거리가 없어질 때 맥이 풀리고 우울해지고 사기가 떨어지는 종족도 인간만이 아니다. 이것은 또 일의 본성에 대한, 일과 인간의 관계에 대한 온갖 질문을 제기한다. 예를 들어, 박테리아, 식물, 수레 끄는 말 같은 유기체도 일을 하는가? 만약 한다면 그들이 하는 일은 인간이 하는 일과, 인간이 만든 기계가 하는 일과 어떻게 다른가? 그리고 이것은 인간이 일하는 방식에 대해 무엇을 말해 주는가?

이 길은 어떤 에너지원이 어지럽게 섞여 있는 상이한 분자들을 어떤 식으로든 한데 묶어 유기체를 형성하는 순간에 시작된다. 그것은 또 생명이 지구 표면에서 꾸준히 확대되고 진화하여 태양광, 산소, 살점, 불, 나아가서는 화석연료 등의 새로운 작업용 에너지원을 포획하게 됨에 따라 꾸준히 점점 더 빠른 속도로 넓어지기도 하다.

두 번째 길은 인류의 진화와 문화가 가려는 방향을 따라간다. 그 길의 초반을 알려주는 물리적 이정표로는 거친 돌과 도구, 고대의 화덕과 깨진 구슬 등이 있다. 후반의 이정표는 강력한 엔진, 거대 도시, 주식거래, 산업화 농장, 민족국가, 탐욕스럽게 에너지를 잡아먹는 기계들이 이루는 광활한 네트워크 같은 것들이다. 하지만 이 길에는 눈에 보이지 않는 이정표도 많이 널려 있다. 관념, 개념, 야심, 희망, 습관, 의례, 관행, 제도, 이야기 등이 그런 것들로, 문화와 역사를 구축하는 벽돌 역할을 한다. 이 길을 따라가다 보면 우리 선조들이 각종 기술을 빠르게 익히는 능력을 개발함에 따라 우리의 놀라운 목적의식이 어떻게 피라미드를 건설하거나 땅을 파는 활동, 아니면 빈둥대며 시간을 보내는 데서 의미와 즐거움과 깊은 만족감을 찾을 수 있는 정도로까지 연마되었는지를 알게 된다. 또 그들이 행한 일과 얻은 기술이 어떻게 세계에 대한 경험과 상호작용에 점진적으로 영향을 미쳤는지도 보여 준다.

무엇보다 일과 인간의 관계를 이해하는 문제를 놓고 볼 때 가장 중요한 것은 이 두 갈래 길이 수렴하는 지점이다. 첫 번째는 인간이 불을 다루게 된 시점으로, 100만 년 전까지 거슬러 올라갈 수도 있다. 에너지를 끌어와서 불꽃을 피우는 방법을 배움으로써 인간은 식량을 찾으러 다니지 않고도 생명을 유지하는 시간을 늘리는 이득을 얻었다. 추운 날씨에 따뜻하게 지내고 음식 종류를 크게 늘릴 수 있는 능력을 얻었고, 그럼으로써 갈수록 에너지를 더 많이 소모하고 일을 더 많이 하는 두뇌에 연료를 공급했다.

두 번째 지점은 훨씬 더 최근의 것인데 논란의 여지는 있지만, 변화시키는 힘이 훨씬 더 크다. 그것은 선조들이 일상적으로 식량을 저장하고 재배하는 방식을 실험하며, 환경과의 관계, 타인들과의 관계, 결핍 상황과의 관계 그리고 일과의 관계를 변화시키기 시작한 1만 2000년 전쯤의 일이다. 그 수렴지점을 살펴보면 오늘날 우리가 일하는 삶을 관리하는 구심점인 공식적인 경제적 구조의 얼마나 많은 부분이 농경에서 유래하는지, 또 평등성과 지위에 관한 우리의 관념이 일을 대하는 우리의 태도에 얼마나 밀접하게 연결되어 있는지가 밝혀진다.

세 번째 지점은 사람들이 도시와 읍내에 모여 살기 시작한 때다. 이것은 몇몇 농경 사회가 생산하는 식량이 대도시의 주민들을 먹여 살릴 만큼 많아지기 시작한 8000년 전쯤이다. 그것은 또 일의 역사에서 중대한 새 장章이기도 하다. 그 장의 주제는 들판에서 일하여 에너지를 획득할 필요가 아니라 에너지를 소모하라는 요구다.

도시의 탄생은 근근이 먹고 사는 수준의 농경이나 수렵채집 사회에서는 상상할 수 없는 완전히 새로운 기술과 직업과 전문성과 업종들이 발생할 씨앗을 뿌렸다. 큰 마을village, 그 다음에는 소도시town, 마지막으로는 도시city의 등장 역시 경제 문제와 희소성의 역학관계를 변형시키는 데서 결정적으로 중요한 역할을 맡았다. 대부분의 도시 주민들의 물질적 필요는 시골에서 식량을 생산하는 농부들에 의해 충족되므로, 그들의 불안정한 에너지는 지위와 부와 쾌락과 여가와 권력을 추구하는 데 집중되었다. 도시는 순식간에 불평등의 도가니로 변했다. 도시에서는 사람들이 작은 농촌 공동체 생활의 특징이라 할 가까운 친족관계와 사회적 연대에 묶여 있지 않기 때문에 그런 과정의 진행 속도가 더 빨라졌다. 그 결과 도시 주민들은 점점 더 자신들이 하는 일을 사회적 정체성을 토대로 삼기 시작했고, 결국은 같은 직업에 종사하는 사람들 사이에 공동체가 형성되었다.

네 번째 지점은 거대한 굴뚝에서 연기를 토해내는 공장의 출현으로 표시된다. 그것은 서유럽 주민들이 화석연료 속에 오래 저장되어 있던 에너지를 풀어놓아 이제껏 상상도 못했던 물질적 번영으로 변형시키는 법을 배운 결과다. 18세기 초반에 시작되는 이 지점에서 앞서 말한 두 길은 갑작스럽게 확장된다. 도시의 수와 규모가 급증하고, 인간뿐만 아니라 선조들이 길들인 동물과 식물종의 수도 급증함에 따라 그것들이 점점 더 붐비게 된 것이다. 인간이 희소성과 일에 집단적으로 몰두하는 정도가 훨씬 더 심해지자 길이 훨씬 더 번잡해지기도 했다. 모순적이지만 이는 예전 어느 때보다 물자가 더 많기 때문이기도 하다. 아직은 판단하기에 너무 이르지만, 미래의 역사가들이 산업혁명을 1차, 2차, 3차, 4차에 걸쳐 구분하지 않고, 확장된 순간을 인간종과 일과의 관계를 다루는 데 결정적인 순간으로 간주할 거라는 의심을 피하기는 힘들다.

목
차

해제   … 007
들어가며   … 015

1부   태초에

1장   산다는 건 일하는 것   … 033
2장   효율성과 소모성   … 056
3장   도구와 기술   … 081
4장   전환기   … 116

2부   공생하는 환경

5장   풍요한 사회의 근원   … 145
6장   숲의 유령들   … 165

3부 끝없는 노역

7장   스스로 절벽에서 뛰어내리다   … 195
8장   제의적 연회와 기근   … 223
9장   시간은 돈이다   … 248
10장 최초의 기계   … 272

4부 도시의 유물

11장 꺼지지 않는 불빛   … 299
12장 끝없는 욕망   … 318
13장 최고의 인재   … 346
14장 월급쟁이의 죽음   … 378
15장 새로운 질병   … 406

맺음말   … 425
감사의 말   … 429
주   … 431

HISTORY OF
WORK

1부
태초에

1장

산다는 건
일하는 것

1994년 어느 봄날 오후, 평소에 맨발로 다니던 아이들조차 한쪽 그늘에서 다음 그늘을 향해 모래 위를 달려가기를 망설일 정도로 바람 한 점 없는 더운 날이었다. 아프리카 남부 나미비아 칼라하리 사막의 스쿤하이드 이주민촌을 향해 거친 모랫길을 달리는 선교사의 랜드크루저가 일으킨 먼지구름이 차량이 멈춘 뒤에도 한참 공중에 남아 있었다.

햇빛을 피해 그늘에 앉아 있는 200명 가까운 !쿵족에게, 가끔 있는 선교사의 방문은 정부의 식량 배급만을 기다리던 생활의 단조로움을 깨뜨리는 반가운 행사였다. 백인 농부들에게 일거리를 좀 얻으려는 희망을 품고 사막 여기저기로 넓디넓은 소 목장을 찾아 다니는 생활보다는 훨씬 즐거운 행사이기도 했다. 지난 반세기 동안 자신들의 땅을 빼앗은 목장주들로부터 채찍질을 당하며 살아온 이 공동체—지구상 가장 오래 존속된 수렵채집인 사회의 흔적—에서 가장 회의적인 사람도 백인 농부들의 신이 보낸 선교사들에게는 관심을 가져야 한다고 믿게 되었다. 그들의 말에서 위안을 얻는 사람들도 있었다.

해가 서쪽 지평선 끝으로 내려가자 선교사는 랜드크루저에서 내려, 나무등치 아래에 임시 설교단을 세우고 사람들을 불러 모았다. 날씨는 여전히 녹아버릴 듯이 뜨거웠고, 다들 나무 그늘 아래로 느릿느릿 움직였다. 유일한 결점은 해가 내려가면서 나무의 그림자가 길어져서 계속 그늘에 앉으려면 주기적으로 일어나서 자리를 옮겨야 한다는 점이었다. 그렇게 하느라 여러 번 일어섰다가 다시 앉고, 서로 팔꿈치로 이리저리 밀치고 건드리는 소동이 벌어졌다. 또 예배가 진행되면서 나무의 그림자가 길어지자 회중은 나무등치 밑동에 급조된 설교단에서 점점 더 멀어지게 되었고, 선교사는 설교 내용을 전하기 위해 목소리를 계속 더 높여야 했다.

그런 분위기는 그 상황에 성서의 한 장면 같은 위엄을 더해주었다. 태양은 선교사에게 맨눈으로 보기 힘든 후광을 씌워줄 뿐만 아니라, 동쪽에서 곧 떠오를 달과 사람들이 그 아래에 앉아 있는 나무처럼 그가 해야 하는 창세기와 인간의 타락이라는 이야기에도 등장한다.

선교사는 청중에게 사람들이 일요일마다 예배하러 모이는 까닭은 신이 천국과 땅과 대양과 해, 달, 새, 짐승, 물고기 등등을 창조하느라 지칠 줄 모르고 엿새 동안 일했고, 일이 완료된 이렛날에야 쉬었기 때문이라는 이야기로 설교를 시작했다. 인간은 신의 모습을 닮게 창조되었기 때문에 그들 역시 엿새 동안 수고하고 이렛날에는 쉬면서 주가 그들에게 베풀어준 헤아릴 수 없는 축복에 대해 감사를 바치도록 예정되었다고.

선교사가 설교 첫머리에 꺼낸 말을 들은 청중 가운데 좀 더 열광적인 신도들은 아멘을 외치고, 일부는 고개를 끄덕였다. 하지만 대부분은 자신들이 감사해야 하는 축복이란 게 정확하게 무엇인지는 몰랐다. 그래도 그들은 열심히 일하는 게 무슨 뜻인지 알고 있었고, 쉴 시간을 가지는 게 중요하다는 것도 이해했다. 비록 노동의 물질적 보상을 공유한다는 것이 어떤 느낌인지는 전혀 알지 못했지만 말이다. 그 이전 반세기 동안 그들 손으로 반건조 기후대의 땅을 갈아엎어 수익성 높은 소 목장으로 탈바꿈했다. 그 무렵 예전 같으면 !쿵족 노동자들의 게으름을 채찍질로 '치료' 하기를 꺼리지 않았을 백인 농부들이 일요일을 휴일로 허용해 주었다.

그런 다음 선교사는 청중들에게 신이 아담과 이브에게 에덴 동산을 돌보도록 가르친 뒤에 뱀이 이들을 유혹하여 중죄를 저지르게 만든 이야기를 해주었다. 그리하여 전능한 신이 '땅에 저주를 내리고' 아담과 이브의 아들딸들을 쫓아내 들판에서 힘겹게 일하게 만들었다는 것이다.

!쿵족은 선교사들이 들려준 다른 여러 이야기보다 성서의 이 이야기를 더 잘 이해했다. 그것은 그렇게 하지 말아야 하는 사람과 동침하고 싶은 유혹이 어떤 의미인지 다들 잘 알고 있었기 때문은 아니다. 그들은 그 이야기에서 자신들이 최근 겪은 역사의 우화를 본 것이다. 스쿤하이드에 있는 !쿵족 가운데 나이 든 사람들은 이 땅이 그들만의 것이던 시절, 또 야생 동물을 사냥하고 야생의 열매, 풀, 채소를 채집하는 것으로만 먹고 살던 시절을 기억했다. 그들은 당시에는 에덴처럼, 그들의 사막이 영원히(변덕스럽기는 해도) 배려가 깊어서, 두어 시간 동안 스스로 나서서 찾으면 먹을 것을 충분히 얻을 수 있었던 시절을 회상했다. 일부는 지금 상황이 분명 자신들이 저지른 어떤 큰 죄 때문일 것이라고도 생각했다.

1920년대 이후 백인 농부와 식민지 경찰은 말과 총과 수력 펌프와 철조망과 가축과 이상한 법률을 갖고 처음에는 알아차리지 못할 정도로 조금씩 칼라하리 지역에 들어오더니 나중에는 밀물처럼 몰려들어 이 땅을 모두 차지해 버렸다.

한편, 백인 농부들은 칼라하리 같이 대규모 농업에 부적합한 환경에서 농사를 지으려면 노동력이 많이 필요하다는 것을 대번에 깨달았다. 그래서 그들은 돌격대를 결성하여 '야생의' 부시맨을 잡아 강제로 노동을 시켰고, 부시맨 아이들을 인질로 잡아 부모들의 복종을 끌어냈으며, '열심히 일하는 미덕'을 가르치기 위해 그들에게 꼬박꼬박 채찍질을 가했다. 전통적으로 이용하던 땅을 빼앗긴 !쿵족은 살아남으려면 아담과 이브처럼 백인들의 농장에서 힘들게 일해야 한다는 사실을 알게 되었다.

30년 동안 그들은 이 생활에 적응해 왔다. 하지만 나미비아가 남아프리카에서 독립을 되찾은 1990년쯤에는 기술적인 진보가 이루어져 농장은 예전보다 노동력을 덜 쓰고도 생산성은 높아졌다. 그리고 새 정부가 농장주들에게 !쿵족을 공식적인 고용원으로 대우하고 적절한 봉급과 주택을 제공하라고 요구하자 많은 농부들은 간단하게 그들을 땅에서 쫓아내 버렸다. 그들을 고용하는 것보다는 적절한 기계를 도입하여 일손을 최소한으로 줄이는 편이 훨씬 더 경제적이며 골칫거리도 적다고 판단한 것이다. 그 결과, 수많은 !쿵족은 도로변에서 숙영하거나, 헤레로 마을 북쪽의 주변 지역 빈집을 점거하거나, 아니면 작은 정착촌으로 이동하여 그저 앉아서 식량 원조를 기다리는 것 외에 달리 선택의 여지가 없었다.

!쿵족에게 인류 전락의 이야기가 별 의미를 주지 못하는 지점이 여기다. 자신들이 아담과 이브처럼 신에게서 추방되어 들판에서 힘들게 노동

해야 했는데, 이제 백인 농부들은 왜 자신들을 더 이상 쓸모가 없다고 추방하는가?

지그문트 프로이트Sigmund Freud는 성서의 아담과 이브를 포함하는 세계의 모든 신화에 우리의 '정신성적 발달'의 수수께끼를 풀 비밀이 담겨 있다고 확신했다. 반면 그의 동료이자 라이벌인 카를 구스타프 융Carl Gustav Jung은 신화란 인류의 '집단 무의식'이 표현된 것에 불과하다고 여겼다. 또 20세기의 여러 사회인류학의 지적 시금석인 클로드 레비-스트로스Claude Levi-Strauss는 세계의 모든 신화가 한데 합쳐져 엄청나게 크고 복잡한 퍼즐 상자를 이루는 것으로 보았다. 그 퍼즐은 제대로 해독되면 인간 심성의 '심층 구조'를 드러내 줄 것이다.

세계의 다양한 신화는 우리의 '집단 무의식'을 들여다보게 해주거나, 성적 콤플렉스를 해명하거나, 마음의 심층 구조를 엿보는 창문을 줄 수도 있고 아닐 수도 있다. 하지만 그것들이 인간의 경험에서 보편적인 어떤 것을 드러낸다는 데는 의심의 여지가 없다. 그중의 하나는 세계 — 창조되던 순간에 어느 정도로 완벽했는지와는 상관없이 — 가 혼란스러운 힘에 예속되어 있고, 또 인간이 그런 것을 제어하기 위해서는 일을 해야 한다는 생각이다.

그 더운 날 오후에 스쿤하이드에 모여 선교사의 설교를 들은 사람 중에 '옛날 사람old-time people' 몇 명이 있었다. 그들은 이 지역에서 수렵채집인으로 인생 대부분을 살아온 마지막 !쿵족이었다. 그들은 자신들의 예전 삶에서 강제로 추방당한 트라우마를 전통적 수렵채집인 삶의 전형적 특징이라 할 절제된 태도로 견뎌냈다. 또 그들은 죽음에 다가가는 동안 어린 시절에 들었던 창조 신화, '태초의 이야기'를 서로에게 다시 전해주는 것을 낙으로 삼았다.

기독교 선교사들이 자신들 나름의 창조 설화를 갖고 등장하기 전에, !쿵족은 세계의 창조가 별도의 두 단계에 걸쳐 발생했다고 믿었다. 첫 단계에서 창조자 신은 자기 자신과 아내들, 글라우아G//aua 라고 불리는 하급 장난꾼 신과 세계, 비, 번개, 빗물을 받아두는 땅의 구덩이, 식물, 동물 그리고 마지막으로는 인간을 창조했다. 하지만 그 작업을 마치기 전에 그는 좀 다른 일을 하느라 아직 완성하지 못한 세계를 모호한 혼돈 상태로 방치했다. 거기에는 사회적 규범도, 관습도 없었고, 인간과 동물이 서로 이리저리 모습과 몸을 바꾸며, 서로 어울려 짝을 짓고 서로를 잡아먹기도 하며 온갖 기괴한 행동을 벌였다. 다행히 창조자가 창조 작업을 영영 중단한 것은 아니어서, 결국은 돌아와서 일을 마쳤다. 규범과 질서를 부과하여 작업을 완료한 것이다. 처음에는 상이한 생물종을 구분하고 이름을 붙이고, 그 다음에는 각각의 고유한 관습과 규칙과 특징을 부여했다.

스쿤하이드의 노인들을 즐겁게 했던 '태초의 이야기들'은 모두 창조자가 자신의 작업을 미완성으로 내버려두고 긴 우주적 안식일을 누리던 때를 배경으로 한다. 어떤 이는 아마 기독교의 신이 그랬던 것처럼 휴식이 좀 필요했기 때문이라 주장한다. 이런 이야기 대부분은 창조자가 자리를 비운 사이에 장난꾼이 가는 곳마다 신나게 소동과 혼란을 야기하는 상황을 서술한다. 가령 어느 이야기에서는 글라우아가 자신의 항문을 잘라내 만든 요리를 가족들에게 대접하고는, 다들 음식이 맛있다고 칭찬하자 자신의 장난이 너무나 훌륭하다고 미친듯이 웃어대는 내용이 있다. 또 다른 이야기에서 그는 아내를 잡아먹고, 어머니를 강간하고, 부모들에게서 아이들을 훔쳐오고, 살인을 아무렇지도 않게 저지른다.

그러나 글라우아는 창조자가 돌아와서 작업을 마쳤을 때도 그치지 않았고, 그 후 내내 세계의 질서 정연한 연결선을 심술궂게, 또 쉬지 않고 공격해 댔다. 그래서 !쿵족에게서 창조자 신은 질서, 예측가능성, 규범, 예절, 연속성 등과 연결되지만 글라우아는 무작위성, 혼돈, 모호성, 불화, 무질서 등과 연결된다. 또 !쿵족은 글라우아의 사악한 손이 온갖 다양한 일에 개입되어 있음을 알아냈다. 가령 그들은 사자가 사자답지 않게 행동할 때, 누군가가 이유 모르게 병이 들 때, 돌팔매줄이 낡아 끊어지거나 창이 부러질 때, 수수께끼 같은 내면의 목소리가 어떤 불화가 생길지 너무나 잘 알면서도 남의 배우자와 동침하라고 꾈 때, 그런 손의 존재를 알아차리게 된다.

옛날 사람들은 선교사의 이야기에서 아담과 이브를 꾀어낸 뱀이 다름 아닌 그들의 장난꾼 글라우아가 변장한 모습임을 의심하지 않았다. 거짓말을 퍼뜨리고, 금지된 욕망을 받아들이라고 사람들을 설득한 뒤 그로 인해 인생이 망가지는 결과를 즐겁게 지켜보는 것이 바로 글라우아가 좋아하는 종류의 일이었다.

에덴의 뱀 껍질을 뒤집어쓰고 매끄러운 혓바닥을 가진 우주적 말썽꾼이 있음을 알아낸 종족은 !쿵족 외에도 많다. 장난꾼, 말썽꾼, 파괴자, 나중에 나올 오딘Odin의 아들 로키Loki 같은 존재, 북아메리카 토착 문화에 나오는 코요테와 갈까마귀, 혹은 서아프리카아 카리브해 지역의 여러 신화에서 등장하는 성질 사납고 변신 잘하는 거미인 아난시Anansi 같은 것들이 시간이 처음 시작되는 시점부터 사람들에게 일거리를 만들어주고 있었다.

혼돈과 질서 사이의 긴장이 세계 신화의 특징인 것은 우연이 아니다. 어쨌든 과학 역시 무질서와 일 사이에는 보편적인 관련이 있다고 주장한다. 그것은 서유럽 계몽주의의 전성기에 처음 드러난 사실이었다.

귀스타브 가스파르 코리올리Gaspard-Gustave Coriolis는 당구 게임을 아주 좋아했다. 그는 이 취미에 수많은 시간을 기쁘게 투자했고, 그 결과를 『당구 게임의 효과에 대한 수학적 이론Théorie mathématique des effets du jeu de billiard』이라는 책으로 출판했다. 당구의 후손인 스누커snooker와 풀pool의 애호가들은 지금도 그 책을 성서처럼 받든다. 그는 혁명의 극성기였던 1792년에 태어났는데, 그 해에 프랑스의 시민 의회가 군주제를 폐지했고 루이 16세와 마리 앙투아네트를 베르사유 궁전에서 끌어내 기요틴에서 만나게 했다. 하지만 코리올리는 좀 다른 종류의 혁명가였다. 그는 신학적 교조와는 담을 쌓고 이성과 수학적 설명력, 세상을 이해하기 위한 과학적 방법의 엄격함을 수용한 인류의 선봉장이었고, 그 결과로 화석 연료의 변형적 에너지를 통해 산업혁명을 이끌어냈다.

코리올리는 '코리올리 효과coriolis effect'를 공식화한 사람이다. 그 효과가 없다면 기상학자들은 기후 시스템의 소용돌이치는 형태나 대양 조류의 예측불가능한 변덕을 설명할 합리적인 방법을 알아내지 못했을 것이다. 그뿐 아니라 그가 '일work'이라는 단어를 현대 과학의 어휘록에 올린 사람으로 기억된다는 점이 더 중요하다.

당구에 대한 코리올리의 관심은 상아 공들이 서로 충돌하면서 예측 가능하게 움직일 때 느끼는 만족감이나, 그의 신호에 따라 공 하나가 테이블에서 미끄러져 포켓에 들어갈 때 느끼는 전율 이상으로 나아간다. 그에게 당구는 수학의 무한한 설명 능력을 보여주는 것이며, 당구대는 자신 같은 사람들이 물리적 우주를 지배하는 근본 법칙 몇 가지를 관찰하고 조작하고 놀이할 수 있는 공간이었다. 당구공은 갈릴레오가 서술한 대로 움직이는 천체를 연상시킬 뿐만 아니라 큐를 손에 쥘 때마다 유클리드, 피타고라스, 아르키메데스가 약술한 기하학의 기본 원리를 전달했다. 또 그의 팔의 움직임에서 힘을 얻은 큐볼이 다른 공을 칠 때마다 그것들은 한 세기쯤 전에 아이작 뉴턴이 밝혀낸 질량, 운동, 힘의 법칙들을 성실하게 따라간다. 마찰, 탄성, 에너지 전이에 대한 온갖 질문도 제기된다.

당연한 일이지만, 과학과 수학에 대한 코리올리의 결정적 공헌은 회전하는 공간에서 움직임이 미치는 영향에 있다. 그것은 당구공 같은 물체가 그 움직임 그리고 팔과 큐를 통해 에너지를 전달하여 당구공을 당구대 위로 돌아다니게 만드는 과정으로 인해 갖게 되는 운동에너지다.

코리올리가 '일'이라는 개념을 처음 도입한 것은 1828년에 당구공이 돌아다니게 되는 수많은 양상들 가운데 하나를 예로 들어 특정한 거리에 있는 대상물을 움직이기 위해 가해져야 하는 힘을 설명하는 데서였다.[1]

코리올리가 당구공을 때리는 과정을 '일'이라고 부른 것이 물론 당구에만 적용되는 말은 아니었다. 경제적으로 구현 가능한 최초의 증기기관이 그 몇 년 전에 발명되어, 고기를 굽고 대장간에서 쇠를 녹이는 일 외에 불이 할 수 있는 일이 훨씬 더 많음이 알려졌다. 하지만 산업혁명에 동력을 제공하는 증기기관의 역량을 평가할 만족스러운 방법은 없었다. 코리올리는 물레방아, 수레 끄는 말, 증기기관, 인간 등등의 역량을 정확하게 서술하고 측정하고 비교하고 싶었다.

그 무렵 여러 다른 수학자와 엔지니어들도 코리올리가 '일'이라고 부른 것에 대략 상응할 만한 개념에 당도해 있었다. 하지만 그 누구도 그것을 설명할 올바른 용어를 찾아내지는 못했다. 어떤 사람은 그것을 '역동적 효과dynamical effect'라 불렀고, 다른 사람은 '노동력labouring force', 또 다른 사람은 '원동력motive force'이라고도 불렀다.

코리올리의 과학 동료들은 그의 방정식이 타당하다고 재빨리 선언했지만, 그들이 가장 강한 인상을 받은 것은 그가 쓴 용어였다. 마치 자신들을 오랫동안 애타게 했던 어떤 개념을 묘사할 완벽한 용어를 그가 찾아낸 것 같았다. '일'이라는 단어는 증기기관이 하도록 구상된 어떤 것을 정확하게 묘사하며, 또 프랑스어에서 '일'을 가리키는 단어 travail에는 다른 여러 언어에는 없는 시적인 성질이 있다. 노력만이 아니라 '힘든 고생'이라는 의미도 담겨 있는 것이다. 그렇기에 그 단어는 프랑스의 제3신분―농노―이 그 당시 겪던 고난, 거창한 것을 좋아하는 가발 쓴 귀족과 군주들이 씌운 족쇄 아래에서 오랫동안 고통받아온 사실을 환기시킨다. 코리올리의 용어법은 후에 기계의 잠재력을 힘든 노동으로부터 농민을 해방시키는 문제로까지 연결되며 케인스가 선택하게 되는, 테크놀로지가 우리를 약속의 땅으로 데려갈 것이라는 꿈의 배아 형태로 환기한다.

'일'은 이제 은하수와 별 차원의 천문학적 규모에서부터 분자 미만 수준의 미세한 규모에 이르기까지 모든 에너지 전이를 묘사하는 데 쓰인다. 과학은 또 우주의 창조에는 엄청난 분량의 일이 포함되며, 생명을 그토록 굉장한 것으로 만들어주며 생명체와 죽은 것을 구별하는 지점이 바로 생명체들이 수행하는 매우 특별한 종류의 일에 있다는 사실을 인정한다.

생명체에는 비생명체에는 없는 특징적인 성격들이 많이 있다. 그중에서 가장 눈에 띄고 중요한 성격은 생명체가 분자와 원자를 조직하여 세포를 구성하고, 세포를 기관으로, 또 그 기관을 신체로 구성하기 위해, 즉 성장하고 생식하기 위해 에너지를 능동적으로 수확하여 사용한다는 점이다. 그런 일이 중지되면 그 과정에 속한 것을 소멸한다. 다른 말로 하면, 산다는 것은 곧 일하는 것이다.

우주는 어마어마하게 복잡하고 역동적인, 가끔 '살아 있는' 것으로 묘사되기도 하는 수많은 시스템—은하계에서 행성에 이르기까지—을 갖추고 있다. 하지만 세포로 이루어진 유기체 외에 그 어떤 것도 다른 연원에서 어떤 목적에 따라 에너지를 공급받고, 살아남고 번식하기 위해 에너지를 써서 일하지는 않는다. 가령, '살아 있는' 별은 주위 환경에서 능동적으로 에너지를 충전해 오지는 않을 뿐더러 시간이 흐르면서 성장하여 자신과 똑같은 모습이 될 후손을 만들어내려고 애쓰지도 않는다는 말이다. 그것은 스스로의 질량을 파괴해 자신이 하는 일을 위한 연료를 얻고, 그 질량이 소진되면 소멸한다.

생명은 일부 물리학자들이 '우주의 최고 법칙'이라 여기는 열역학 제2법칙인, 엔트로피entropy의 법칙이라 알려진 것이 있음에도 불구하고 살아남고, 성장하고 번식하기 위해 능동적으로 일한다. 열역학 제2법칙은 모든 에너지에는 우주 전체에 고르게 퍼져 있으려는 성향이 있다고 설명한다. 세계의 신화에서 말썽을 저지르는 장난꾼 신으로 체현되는 엔트로피는 우주가 어떤 질서를 창조하든 간에 그것을 줄기차게 방해한다. 그리고 북유럽 신화에서 사악한 장난꾼 신으로 등장하는 로키처럼, 열역학 제2법칙은 시간이 흐르면 엔트로피가 아마겟돈을 유발할 것이라고 주장한다. 그것이 우주를 파괴하기 때문이 아니라 모든 에너지를 우주 전체에 고르게 분포한다는 목표를 달성하고 나면 사용가능한 자유 에너지가 남아 있지 않게 되고, 그러면 물리적인 의미에서 어떤 일도 행해지지 않을 것이기 때문이다.

엔트로피의 일부 측면을 우리가 직관적으로 파악할 수 있는 것은 이 장난꾼이 모든 그늘 속에서 우리에게 암시를 주기 때문이다. 우리는 그것을 건물과 신체의 쇠락에서, 무너지는 제국, 우유가 커피에 섞이는 방식에서, 우리 삶에서, 사회에서, 세계에서 모든 종류의 질서를 유지하는 데 필요한 끊임없는 노력에서 본다.

산업혁명의 개척자들에게 엔트로피는 완벽하게 효율적인 증기기관을 구축하려는 노력을 좌절시키는 존재였다.

그들이 행한 모든 실험에서 열에너지가 보일러에서 반드시 고르게 분포되며 그런 다음 보일러의 금속 껍질을 통과하여 바깥 세상으로 퍼져나가는 현상이 관찰되었다. 그들은 또 열에너지가 항상 뜨거운 물건에서 차가운 물건으로 흘러가며, 열이 일단 고르게 분포되고 나면 에너지를 추가해도 그 과정을 되돌리기에는 불가능하다는 사실도 알아냈다. 그래서 차 한 잔이 실내 온도까지 식으면 방 바깥의 에너지를 끌어와서 차를 다시 데울 수는 없다. 또 엔트로피가 준 충격을 되돌리려면 그 시스템 밖에서 만들어진 에너지를 사용하여 더 많은 일을 해야 한다는 사실도 알았다. 차를 마실 만한 온도로 되돌리려면 에너지를 추가해야 한다.

한동안 엔트로피 법칙은 존재에 관한 당혹스러운 사실로 여겨졌다. 그러다가 1872년에서 1875년 사이에 오스트리아의 물리학자 루트비히 볼츠만Ludwig Boltzmann이 구체적인 수치를 계산해 냈다. 그는 열이 움직이는 방식이 확률이라는 산술적 수단으로 깔끔하게 설명될 수 있음을 보여주었다.[2] 그의 주장에 따르면, 물 한 숟갈에 들어 있는 물 분자 수십조 개에 열을 퍼뜨리는 방법의 수는 그 열을 그중의 분자 몇 개에만 저장할 수 있게 만드는 방법보다 무한히 더 많다. 그러니까 입자들이 움직이고 상호작용하는 과정에서 그 에너지가 고르게 분포되는 방향이 선호될 확률이 압도적으로 높고, 그런 방향으로 움직이는 것이 불가피하게 여겨질 수밖에 없다는 것이다. 그의 수학적 모델은 우주에 들어 있는 모든 에너지도 같은 식으로 행동한다고 시사한다.

엔트로피를 설명할 수학적 모델을 제시하면서 볼츠만은 동시에 상대적으로 좁은 공학의 한계에서 벗어날 수 있는 길을 틔워주고, 퇴락하는 건물, 침식되는 산, 폭발하는 별, 쏟아진 우유, 죽음, 식어버린 차, 심지어 민주주의에서도 직관적으로 엔트로피를 발견할 수 있는지를 보여주었다.

낮은 엔트로피 상태란 '질서가 높은 수준으로 유지되는' 상태다. 아이들이 억지로 방을 정리정돈하고 장난감, 도구들, 옷, 책, 슬라임 튜브 등을 서랍과 찬장에 분류하여 넣은 상태와도 같다. 높은 엔트로피 상태는 이와 반대로 그 몇 시간 뒤, 물건들을 마음대로 집어들고 내버려둔 상태와 비슷하다. 볼츠만의 계산에 따르면, 실제로도 그렇지만 아이들이 그저 제멋대로 물건을 늘어놓기만 하는 존재라고 할 때 아이들의 방에서 물건들이 널려 있을 수 있는 어떤 방식이든 모두 물리적 의미에서 똑같이 가능성이 있다. 물론 제멋대로 물건을 늘어놓는 존재인 아이들이 우연히 단정한 방이 되기 위해 해야 하는 방식대로 모든 것을 정돈했을 가능성이 극히 희박하게라도 없지는 않다. 문제는 방을 보다 어지럽게 만들 방법이 훨씬 더 많다는 데 있다. 그러므로 아이들의 방은 부모가 방을 치우라고 지시할 때까지는 그래서 허용할 수 있는 수준의 낮은 엔트로피 상태로 복원하는 작업을 하라고 명령할 때까지는 어지러운 상태일 확률이 훨씬 더 높다.

설사 이보다 훨씬 더 단순한 지시가 여러 단계 있다고 해도, 지금은 구식이 된 루빅큐브Rubik's cube를 보면 관련된 수학이 어느 정도의 규모인지 감을 잡을 수 있다. 이 퍼즐의 각기 색깔이 다른 여섯 개의 면은 정사각형 아홉 개로 구성되어 있고, 중심에 고정된 축이 있어서 어느 면이든 다른 면과 상관없이 회전할 수 있고, 그렇게 하여 여섯 면은 유색 정사각형들을 마구 섞을 수 있는데, 그것들로 만들 수 있는 미해결의 뒤섞인 상태는 4경 3252조 34억 8985만 6000개이며, 해결된 상태는 단 하나다.[3]

찰스 다윈이 웨스트민스터 사원에 묻힌 지 4년 뒤인 1886년, 볼츠만은 빈의 황립 과학 아카데미에서 특별 대중 강연을 해달라는 초청을 받

1부 | 태초에

았다.

"우리 세기가 철의 세기로 불릴지 증기나 전기의 세기로 불릴지에 대해 내가 어떤 확신을 가졌는지 여러분이 묻는다면, 나는 망설임 없이 대답할 것입니다. 그것은 기계적 자연관의 세기, 다윈의 세기라 불리게 될 것이라고."[4]

다윈보다 한 세대 어린 볼츠만의 연구는 생명의 다양성을 가장 잘 설명하는 것은 신이 아니라 진화라는 다윈의 주장에 못지않게 신의 권위에 대한 도전이었다. 열역학 법칙에 지배되는 우주에는 신의 계약이 그리고 모든 것이 미리 결정되어 있다는 궁극적 운명론이 들어설 공간은 없다.

볼츠만이 가진 다윈에 대한 존경심의 근거는 종교적 교리를 부수는 철퇴를 휘둘렀다는 공통의 경험만이 아니었다. 엔트로피의 손이 분주하게 진화를 전개시키는 것을 보았기 때문이기도 하다. 그 발상을 온전하게 가공해 낸 사람이 한 세대 뒤에 상상의 고양이를 상상의 상자에 집어넣는 것으로 유명한 노벨상 수상자인 양자물리학자 에르빈 슈뢰딩거Erwin Schrödinger였다.

슈뢰딩거는 생명과 엔트로피의 관계가 가장 중요하다고 확신했다. 볼츠만을 포함하여 그 이전의 사람들은 살아 있는 유기체, 말, 인간, 하마 등이 모두 열역학적 엔진이라는 사실을 밝혔다. 증기기관처럼 그들도 일하려면 식량, 공기, 물이라는 형태의 연료가 있어야 했고, 일하면서 이 연료의 일부를 열로 전환시키며 그 열은 또 우주 속에서 소실된다. 하지만 슈뢰딩거가 1943년에 더블린의 트리니티 칼리지에 모인 청중 앞에서 열린 일련의 강연에서 이런 발상을 소개할 때까지는 그런 생각을 이어가서 필연적인 결론에 도달한 사람은 아무도 없었다.

슈뢰딩거의 부친은 열성적인 아마추어 정원사였다. 그는 스스로 바람직하다고 여긴 특별한 성질을 가진 식물의 씨앗을 신중하게 선별하여 진화의 손길을 보조할 수 있는 방식에 매료되었다. 슈뢰딩거는 세습과 진화에 관심을 가졌고, 이론물리학을 연구의 주된 초점으로 삼은 뒤에도 그 관심은 지속되었다.

슈뢰딩거가 『생명이란 무엇인가What is Life?』라는 짧은 책의 기초가 될 더블린 강연을 하기까지 생물학은 자연과학 분야에서 고아같은 존재였다.[5] 그때까지 거의 모든 과학자들은 생명이 그 자체의 기묘하고 뚜렷한 규칙에 따라 작동된다는 사실을 인정하는 데 만족했다. 그러나 슈뢰딩거는 생물학이 과학 가족의 온전한 구성원으로 인정되어야 한다는 입장이었다. 그날 밤 강연에서 그는 생명의 과학, 즉 생물학이 화학과 물리학에서 갈라져 나온, 복잡하지만 또 다른 과목임을 청중들에게 설득하려고 나섰다. 물리학자와 화학자들이 그때까지 생명에 대해 설명하지 못했다고 해서 설명 가능성을 '의심할 이유'가 있지는 않다.

슈뢰딩거가 상상한 인간의 세포 속 분자와 원자들이 가진 특별한 정보 암호화와 지시 하달 능력—DNA와 RNA—에 대한 설명은 당시 과학자 세대에게 생물학의 화학적, 물리학적 기초를 해명하는 데 연구 생애를 바치도록 자극했다. 분자생물학의 이런 개척자적 집단의 일원들 가운데 케임브리지 대학의 프랜시스 크릭Francis Crick도 있었다. 크릭은 연구 동반자인 제임스 왓슨James Watson과 함께 1953년에 DNA의 뚜렷한 이중 나선 형태를 세상에 밝히게 된다.

슈뢰딩거가 수십조 개의 다른 원자들을 조직하여 머리카락, 간, 손가락, 안구 등등의 기관을 만들어내는, 게놈genome을 구성하는 "놀랄 만큼 작은 원자 그룹"[6]의 능력에 대해 놀라움을 느낀 것은 이런 원자들이 열역학 제2법칙에 현저하게 위배되는 것으로 보였기 때문이었다. 무질서를 증대시키는 성향이 있는 것으로 보이는 우주의 다른 모든 것과는 달리 생명은 오만무례하게도 물질을 한데 모은 다음 매우 정밀하게 조직하여 자유 에너지를 모으고 재생산하는 매우 복잡한 구조를 만들어낸다.

하지만 유기체가 피상적으로는 엔트로피 법칙의 체계적인 위반자처럼 보일지라도, 슈뢰딩거는 생명이 열역학 제2법칙을 어기고 존재할 수 없음을 인정했다. 즉 생명은 우주 속에 있는 전체 엔트로피에 기여할 필요가 있다는 뜻인데, 그가 내린 결론에 따르면 생명체는 자유 에너지를 찾아내고 획득하며, 에너지를 써서 일을 하고 열을 발생시킴으로써 우주의 전체 엔트로피에 기여하고 또 그것을 추가한다. 그는 또 유기체가 더 크고 더 복잡할수록 생명을 유지하고 성장하고 번식하기 위해 더 많은 일이 필요하며, 그 결과 살아 있는 유기체 같은 복잡한 구조물은 흔히 바위 같은 사물보다 우주의 전체 엔트로피에 훨씬 더 활력적으로 기여하는 존재라고 역설했다.

만약 생명이라는 것이 살아 있는 물체들이 하는 일의 종류에 따라 정의될 수 있다면, 무기적인 지구의 물질을 살아 있는 유기적 물질로 변형시키는 과정에는 어떤 일, 원초적 생명의 엔진에 시동을 거는 에너지를 충전하는 배터리 연계 시동 같은 작업이 포함되어야 했을 것이다. 엄밀하게 이 에너지가 어디서 오는지는 확실치 않다. 신의 손가락에서 솟아났는지도 모른다. 하지만 훨씬 더 가능성이 높은 것은 초기의 지구를 들

끓게 하고 증기를 피어올리게 만든 지질화학적 반응에서, 아니면 고대 지구에서 방사성 물질이 퇴락하면서 서서히 엔트로피에 굴복함으로써 시작되었으리라는 설명이다.

우연발생설abiogenesis* ─ 생명이 시작된 과정 ─ 에 일이 개입된다는 사실은 아마 그 이론에서 가장 덜 신비스러운 부분일 것이다. 세 번째 밀레니엄으로 접어들 무렵에도 과학적 자료를 비교대조한 결과는 생명의 출현이 너무나 일어나기 힘든 일이어서 아마 우주에 우리 외에 다른 생명체는 없을 것이라는 쪽으로 기울어졌다. 지금은 적어도 몇몇 과학자들에게는 그 균형추가 반대쪽으로 넘어갔다. 그들은 생명이 발생하지 않을 수 없었고, 엔트로피는 단순한 파괴자가 아니며 생명의 창조자였을지도 모른다고 생각한다. 이 관점은 생물학적 시스템이 다른 무기물 형체보다 열에너지를 더 효율적으로 분산시키며, 그럼으로써 우주의 전체 엔트로피를 더해주기 때문에 갑자기 출현하는지도 모른다는 생각을 토대로 한다.[7]

그런 몇몇 사람들을 납득시킨 이유 가운데 하나는 디지털 시뮬레이션이다. 이는 원자와 분자가 고도로 통제된 에너지원(태양 같은)에 노출되고 동시에 에너지 수로에(바다 같은) 잠겨 있는 곳에서는 입자들이 마치 열에너지를 가장 효율적으로 분산시키는 배열을 알아내기 위해 실험하는 것처럼 온갖 종류의 상이한 배열 형태를 스스로 시도해 본다고 암시했다.[8] 만약 그렇다면 원자와 분자가 거쳐 가는 수많은 가능한 배열 가운데 하나가 죽은 무기물질을 살아 있는 유기체로 변형시키는 배열일

가능성이 상당히 크다는 것이 이 설명 모델의 주장이다.

　지구상에 생명이 거쳐온 긴 역사는 점점 더 복잡하고 에너지를 더 많이 소모하며, 물리학적 의미로 더 열심히 일하는 생명 형태로의 진화 외에도 생명이 새로운 연원에서, 즉 처음에는 지질적 열에너지, 다음에는 태양광, 다음에는 산소, 그다음에는 다른 살아 있는 유기체에서 에너지를 획득해 올 수 있는 능력을 기준으로 쓰였다.[9]

　지구 최초의 생명체가 박테리아처럼 핵도 없고 미토콘드리아도 없는 단세포 유기체였다는 것은 거의 틀림없다. 그것들은 아마 물과 바위가 만나 일으키는 지질화학적 반응에서 에너지를 얻었을 것이다. 그런 다음 그것을 고도로 전문화된 분자로 유도하고, 그 분자는 에너지를 화학적 굴레 속에 저장하며 그 굴레가 깨질 때 에너지를 풀어놓아 유기체가 일할 수 있게 해준다. 이 아데노신 3인산, 즉 ATP는 단세포 박테리아에서 다세포 인류학자에 이르는 모든 세포가 그 내적 평형 상태를 유지하고, 성장하고 번식하기 위해 일하는 데 사용하는 에너지의 1차 연원이다.

　생명은 아주 오랫동안 자유 에너지를 수확하여 ATP 분자에 저장하고 그런 다음 그것을 방출해 지구에서 일하게 만드는 작업을 분주하게 해왔다. 지구상에서 35억 년 전쯤 박테리아 생명이 존재했음을 입증하는 화석 증거는 광범위하게 남아 있다. 또 42억 년 전에도 생명이 존재한 화석 증거가 있다는 주장도 있다. 그것은 지구가 형성된 지 고작 30만 년밖에 지나지 않은 때에 일어난 일이었다.

　박테리아와 비슷한 지구상 생명의 개척자는 대부분의 현재 생명 형태의 관점에서 본다면 경악할 정도로 적대적인 여건에 적응해야 했다. 초기의 지구는 화산 활동으로 끓어오르고 있었고, 쉴 새 없이 떨어지는 운석의 폭격으로 황폐해졌을 뿐만 아니라 대기에는 산소가 거의 없었고, 유기체가 태양광에 타버리지 않게 보호해 줄 오존층도 없었다. 그랬으니 지구상 최초의 생명 형태는 태양광을 피하면서 힘들게 살아갔다.

하지만 시간이 흐르면서 생명의 또 하나의 고유한 특징인 진화 능력 덕분에 다른 연원에서 에너지를 끌어올 수 있고, 다른 여건에서 살아남고 번식할 수 있는 새로운 종이 출현했다. 27억 년쯤 전에 생명체는 생명의 숙적인 태양광을 받아들이고 광합성을 통해 에너지를 끌어 쓸 수 있게 해주는 일련의 다행스러운 진화적 변이를 거쳐 그늘에서 기어나올 수 있게 되었다. 이런 유기체 시아노박테리아cyanobacteria는 지금까지 살아남아, 연못과 호수에서 거품처럼 왕성하게 자라는 박테리아 덩이에서 볼 수 있다.

시아노박테리아가 왕성하게 번식하게 되자 지구를 훨씬 더 많은 에너지를 필요로 하는 훨씬 더 복잡한 생명 형태를 지원해 줄 수 있는 거대 서식지macro-habitat*로 바꾸는 작업에 착수했다. 그것들은 우선 대기의 질소를 식물이 성장하는 데 필요한 질산염과 암모니아 같은 유기적 복합물로 개조했다. 또한 이산화탄소를 산소로 전환하게 했으며, 그럼으로써 약 24억 5000만 년 전쯤 오늘날 우리를 살아가게 해주는 산소 풍부한 대기가 점차 만들어지는 결과를 낳은 '대산화 사건great oxidation event'을 유발하는 데 중요한 역할을 맡았다.

---

* 다양한 지형 여건과 동식물군을 보여줄 수 있을 만큼 범위가 넓은 서식지.—옮긴이

이 사건은 생명이 이용할 완전히 새로운 에너지원을 제공했을 뿐만 아니라, 생명이 다룰 수 있는 에너지의 분량을 대폭 늘렸다. 산소가 관련된 화학 반응은 다른 모든 원소들에 관련된 사례보다 훨씬 더 많은 에너지를 방출하는데, 이는 각각의 호기성aerobic(산소 호흡) 유기체가 혐기성anaerobic 유기체에 비해 훨씬 더 크고 빠르게 자라며, 훨씬 더 많은 일을 한다는 뜻이다.

진핵생물eukaryote*이라 불리는 더 정교하고 살아 있는 새로운 유기체가 진화하여 에너지가 풍부한 이 환경을 이용하게 되었다. 그 선조인 원핵생물prokaryote에 비해 훨씬 더 복잡하고 에너지에 굶주린 진핵생물에는 핵이 있고, 유성 생식 방법으로 번식하며, 온갖 종류의 복잡한 단백질도 생산한다. 그러다가 시간이 흐르면서 일부 진핵생물이 돌연변이mutation 수법을 진화했다고 판단된다. 곁을 지나치는 다른 생명 형태를 납치하여 삼투가능한 외곽 세포막을 통해 집어삼키고 그것들이 가진 에너지를 약탈하게 해주는 돌연변이다. 그렇게 납치된 세포는 자신들이 포획해 온 에너지를 납치자들과 나눠 쓸 수 밖에 없다. 그러한 과정이 시간이 흐르면서 다세포 생명체가 출현하는 데 기여했다. 원시적 조류藻類는 최초의 식물로 진화했고, 그것은 나중에 지구의 황량하던 육지를 초록으로 물들이게 되는데, 그것이 아마 시아노박테리아를 납치하는 진핵생물의 자손이었을 것이다.

세포막과 제대로 된 신경 체계를 모두 가진 최초의 생명체는 7억 년

• 세포 내에 핵막으로 둘러싼 핵 속에 DNA를 간직하고 있는 생물로써 감수분열이나 유사분열로 세포가 분열하는 생물. 원핵생물prokaryote의 반대개념.─옮긴이

쯤 전에 바닷속에서 진화했다. 하지만 동물 생명이 실제로 번성하기 시작한 것은 5억 4000만년쯤 전인 캄브리아기 대폭발Cambrian explosion 기간 동안이었다. 이 기간의 화석 기록에는 오늘날 우리 세계에 살고 있는 지금 시대의 중요 문門, phylum*—생명나무tree of life의 가지 부분—들을 대표하는 생물들의 증거가 있다.

점점 더 많아지는 대기와 해양의 산소에서 얻어지는 더 많은 에너지가 캄브리아 폭발을 앞당긴 것은 분명하다. 하지만 십중팔구 그보다 더 중요한 역할을 했을 법한 것은 진화가 산소보다 훨씬 더 풍부하고 새로운 자유 에너지원에서 에너지를 얻어가는 일부 생명체를 선호하여 적극적으로 선택하기 시작했다는 사실이다. 그러니까 에너지와 핵심적 영양분을 수집하여 자신들의 살과 기관과 껍질과 뼛속에 모아두는 수고를 이미 수행한 다른 생명체를 잡아먹었다는 말이다.

6억 5000만 년 전쯤 대기권에 대기 중 산소가 충분히 축적되자 오존층이 위험한 자외선 광선을 차단할 만큼 두텁게 형성되었고 생명체들이 해양의 가장자리에서 타버리는 일 없이 삶을 영위할 수 있게 되었다. 2억 년 내에 지구상 육지의 많은 부분을 생물권biosphere**이 점령하고 매우 복잡하고 서로 연결된 일련의 해양과 육지 생태계ecosystem를 서서히 형성하여, 부지런히 자유 에너지를 포획하고 그것을 사용하여 살아가며

- 식물 분류 체계에서, 종속과목강문계種屬科目綱門界 중의 한 단계. 동물의 배엽 형성이나 식물의 엽록소 내용이 분류의 기준이다.―옮긴이
- 지구상에서 생물이 살고 있는 범위. 대기권atmosphere, 수권hydrosphere, 지권geosphere 등의 용어와 대응된다. 생물권은 물이 액체상태로 존재하며, 광합성이 가능하거나 광합성 산물이 이동 가능한 공간으로 한정된다.―옮긴이

더 많은 에너지를 확보하고 번식하는 온갖 종류의 유기체들이 그 속을 가득 채우게 되었다.

이런 수많은 새 생명 형태들은 인간이 일과 결부시키는 행동들과 확실히 더 비슷한 방식으로 이 에너지를 활용했다. 박테리아가 여전히 생물권에서 큰 비중을 차지하고 있지만 대형 육지 동물의 존재는 생명체가 하는 일의 본성을 바꾸어놓았다. 몸집이 큰 동물은 더 많이 먹어야 하지만 비교적 움직임이 없는 미세유기체에 비해 육체적 일을 훨씬 더 많이 할 수 있다. 동물은 다양한 방식으로 굴을 파고, 사냥하고, 도망치고, 부수고, 파고, 날고, 먹고, 사냥하고, 싸우고, 배설하고, 물건을 움직이고 또 가끔은 집도 짓는다.

물리학자의 관점에서 볼 때 모든 살아 있는 유기체는 일을 하며, 행성 지구의 생물권은 다양한 진화적 선조들이 행한 일의 결과로 수백만 세대에 걸쳐 구축되어 왔다는 사실은 다음과 같은 의문을 제기한다. 나무, 갑오징어, 얼룩말이 하는 일은 인공지능을 막 창조하려는 단계에 당도한 인간이 하는 일과 어떻게 다른가?

2장

효율성과
소모성

야생 상태로는 지내본 적 없는 저지대 고릴라 코코KoKo가 유명해진 것은 뛰어난 소통 기술 덕분이었다. 코코는 대략 미국 수화American Sign Language 를 기초로 하여 특별히 만들어진 몸짓 언어인 고릴라 신호 언어Gorilla Sign Language를 창의적으로 유창하게 사용했다. 또 구어체 영어 단어 2000개 가량을 이해한다는 티를 충분히 냈는데, 그 정도라면 대부분의 인간이 실제로 사용하는 어휘의 10퍼센트에 해당한다. 하지만 코코의 문법 실력은 엉망이었다. 초보 수준의 통사론syntax*을 배우는 일만으로도 코코 는 혼란스러워하고 좌절했으며, 훈련사들이 판단하기로는 코코가 원하

• 또는 구문론, 구문 규칙으로 쓴다. 문장의 구성방식과 구성요소가 갖는 의미를 의미 면에서 접근해 밝힌다.

는 것 같은 명료하고 창의적인 수준의 소통도 어려워할 때가 많았다. 코코의 인간 훈련사들은 코코가 통사론에서의 약점을 제외하면 감정적, 사회적으로 수준 높은 개인이라는 사실을 의심하지 않았다.

코코를 장기간 훈련시켰던 교관이자 가장 친한 친구였던 페니 패터슨Penny Patterson과 웬디 고든Wendy Gordon은 "코코는 자신과 타인들의 농담을 듣고 웃어요"라고 설명했다. "상처를 받거나 혼자 남겨지면 울어요. 놀라거나 화가 나면 소리를 지르고요. 자신의 감정에 대해 행복하다, 슬프다, 무섭다, 재미있다, 하고 싶다, 좌절한다, 미치겠다, 부끄럽다 같은 단어를 사용하여 이야기하는데, 가장 자주 쓰는 것이 사랑한다는 말입니다. 코코는 잃어버린 것들, 아주 좋아하던 고양이의 죽음이나 떠나간 친구들에 대해 애통해합니다. 누군가가 죽으면 무슨 일이 일어나는지에 대해 말할 수 있지만, 자신의 죽음이나 친구들의 죽음에 대해 말해달라는 요청을 받으면 난감해하고 불편해합니다. 새끼고양이나 다른 작은 동물들은 놀랄 만큼 점잖게 대하고요. 사진으로만 본 사람들에 대해서도 교감했어요."[1]

이를 회의적으로 보는 사람들도 많았다. 코코의 훈련사는 그녀가 쓰는 대량의 실용 어휘가 세상을 신호sign와 상징symbol의 기준에서 보는 능력이 존재한다는 증거라고 주장했지만, 비판적인 연구자들은 그녀가(침팬지, 보노보처럼 도형적 상징에 기초한 소통 시스템의 숙련된 사용자로 칭찬받았던 대부분의 다른 유명 유인원들처럼) 고작해야 유능한 모방자에 불과하다고 주장했다. 그리고 그녀의 유일한 사회적 기술이 이따금 몸을 긁어주고 간식을 달라고 훈련사를 설득하는 데 사용되었다는 점도 지적했다.

그러나 그녀가 고양이들과 함께 느긋하게 지내기를 좋아하고, 훈련사들과 경치 좋은 곳에 드라이브가면 열광하고, 해야 하는 과제가 어려우면 침울해진다는 사실은 아무도 반박하지 않았다. 그러나 험담꾼들은 코코가 일과 여가에 대해 사람들과 같은 방식으로 생각한다는 것은 인정하지 않았다. 그들의 주장으로는 인간의 일은 의도적인purposeful 반면 동물이 하는 일은 목적에 부합하는purposive 것이다.

그것은 중요한 차이다.

차고를 넓히려고 벽을 쌓는 일을 하는 건설업자는 완성된 벽이 어떤 모습이 될지 분명한 구상을 하면서, 설계자의 계획에 따라 그것을 완성하기 위한 모든 단계를 머릿속에서 미리 연습한다. 하지만 그가 더운 여름에 시멘트를 섞고 벽돌을 쌓는 것은 오로지 그 목적을 위해서만은 아니다. 그가 이 일을 하는 것은 2차, 3차적 야심이 연속적으로 동기를 부여하기 때문이다. 그를 인터뷰한다면 그가 그처럼 부지런히 일한 것은 건설 장인master builder이 되려는 야심 때문임을 알게 될 수도 있다. 아니면 야외에서 일하기를 좋아하기 때문에 건설자가 되었다거나, 아니면 배우자의 어린 시절 꿈을 이루는 데 필요한 자금을 모으기 위해서였는지도 모른다. 가능한 동기의 범위는 한없이 넓을 수 있다.

이와 반대로, 목적에 부합하는 행동이란 외부의 관찰자는 목적을 파악할 수 있지만 행동의 주체는 알지도 못하고 설명도 못하는 그런 행동이다. 나무 잎사귀가 태양빛을 최대한 받는 방향으로 성장하여 태양에너지를 최대한 받고 이산화탄소와 물을 포도당으로 변환시킬 때 그것은 목적에 부합하는 행동이다. 우기가 오면 나방 수천 마리가 칼라하리 사막에 피운 모닥불의 불꽃 속으로 날아들어 죽음을 맞는데, 그것 역시 목적에 부합하는 행동이다. 하지만 코코의 훈련사들이 알게 되었듯이, 의도적인pueposeful 것과 목적에 부합하는 것의 분명한 구분은 여러 다른 종류의 유기체들에게서 단순명백하게 그어지지 않는다.

사자 무리가 누를 쫓을 때, 그들의 기본 동기는 살아남는 데 필요한 에너지를 확보하려는 것이다. 하지만 본능에 대한 반응이라는 측면에서 본다면 그들의 행동은 몸속의 박테리아가 탄수화물 분자를 찾아나서는 것보다 훨씬 더 의도적이다. 사자들은 몸을 숨기면서 제물을 추적하고, 팀을 이루어 나름의 전략을 채택하며 사냥하는 동안 내내 결정을 내린다, 그런 결정들은 어떻게 행동할 때 다른 생물의 살과 신체 기관을 씹어 먹으려는 의도적인 충동을 가장 잘 만족시켜주는 결과가 나올까 하는 예상을 근거로 한다.

인간 인지 능력이 진화한 형태를 파악하는 데 관심이 있는 여러 연구자들은 영장류와 고래나 돌고래처럼 지능을 가진 티가 현저히 나는 생물들이 인간과 같은 방식으로 의도적인 행동을 할 수 있는지를 밝히는 데 노력을 집중해 왔다. 의도적인 행동에는 인과관계에 대한 직관적인 파악, 어떤 결과가 어떤 행동에서 유래한다고 상상할 정도의 기민함이 필요하다. 나아가 '마음 이론theory of mind'•에 부합할 수 있을 행동임을 시사한다. 여러 다른 동물들이 인간에 비해 얼마나 의도적인지에 관한 토론은 여전히 그 어느 때보다도 치열하다.

그러나 수많은 여러 동물의 행동을 관찰하다 보면 우리가 일하는 방

• 마음 이론(Theory of Mind, 혹은 ToM)이란 믿음, 의도, 욕구, 거짓, 지식 등의 정신상태를 통해 자신 혹은 타인에게 적용해 타인과 자신의 믿음, 욕구, 의도와 관점이 다르다는 것을 이해할 수 있는 능력을 말한다.

식 가운데 눈에 잘 띄지 않는 측면들에 대해 좀 다르게 생각하게 된다. 이런 동물로 흰개미, 꿀벌, 개미 등이 있다. 그들이 보여주는 근면성과 수준 높은 사회성은 인간이 나중에 도시로 옮겨간 뒤에 취하는 노동방식과 놀랄만큼 닮았다. 또 인간과 비슷하게 어떤 명백한 목적을 위해 엄청난 에너지를 소모하는 것처럼 보이거나 너무나 허세적이고 비효율적이어서 해명하기 어려운 신체적, 행동적 특징을 발달시킨 생물종도 많다. 수컷 공작의 꼬리가 대표적이다.

1859년에 찰스 다윈이 『종의 기원The Origin of Species』을 출간했을 무렵, 영국 전역의 공식적 정원들은 반드시 갖추어야 하는 장식품으로서 공작을 길렀다. 공작은 런던의 장대한 공립 공원의 잔디밭 위를 위풍당당하게 걸어다니면서, 가끔씩 깃털을 부채처럼 펼쳐 사람들을 즐겁게 해주었다.

다윈은 새를 좋아했다. 어쨌든 자연도태에 대한 그의 이해를 명확하게 구체화한 것은 갈라파고스 제도의 각 섬에서 사는 가까운 친척 관계인 핀치finch가 가진 작지만 뚜렷한 차이들이었으니까. 하지만 그는 공작은 좋아하지 않았다.

"공작 꼬리 깃털을 보면 나는 항상 구역질이 난다네!" 그는 1860년에 한 친구에게 보낸 편지에서 이렇게 썼다.² 다윈이 볼 때 공작의 지나치게 큰 꼬리 깃털에 박힌 깜빡이지 않는 눈들은 진화의 효율성 논리를 조롱하는 것이었다. 그는 자연선택의 법칙이 그처럼 다루기 어렵고 수컷들이 포식자에게 쉽게 잡힐 만큼 비실용적이며 에너지 소모적인 꼬리의 진화를 어떻게 허용했는지 의아해했다.

결국 다윈은 공작 꼬리의 문제에 대한 해답을 공원을 거니는 빅토리아 시대의 도시 여성들이 입는 공작 꼬리만큼 허세적으로 넓게 펼쳐진 크리놀린 치마에서, 또 그녀들을 에스코트하는 몸에 끼는 바지를 입은 남자들의 멋쟁이 패션에서 찾아냈다.

1871년에 그는 『인간의 유래와 성선택The Descent of Man, and Selection in Relation to Sex』을 출간하여, 짝짓기의 선택—성선택—이 공작 꼬리에서부터 지나치게 큰 뿔에 이르기까지 오로지 특정 개체가 이성에게 저항할 수 없는 매력을 발휘하게 만드는 것만을 목적으로 하는 온갖 괴상한 특징들을 진화시키는 방향으로 자극하는 방식을 설명했다.

그는 자연도태가 "생존을 위한 투쟁"이었다면 성선택은 "짝짓기를 위한 투쟁"이며, 그 개체가 살아남을 기회를 얻는 데는 불리할 수 있어도 번식의 기회는 대폭 늘려줄 수 있는 "부차적인 성적 특징"을 잔뜩 진화시키는 이유가 그것으로 설명된다고 주장했다. 다른 말로 하면, 진화는 살아남는 일과 자신을 매력적으로 꾸미는 일 둘 다를 위해 에너지를 얻어오고 소모하도록 유기체에게 지시한다는 것이다. 전자에서는 효율성과 통제력을 요구하지만 후자에서는 소모성과 현란함을 권장한다.

이제는 공작의 꼬리가 다윈이 생각했던 것처럼 공작에게 신체적 부담을 주지 않는다는 사실이 분명히 밝혀졌다. 공작이 포식자를 피하려고 공중에 날아오르는 속도를 시험한 연구자들은 큰 꼬리가 서둘러 날아오르고 도피하는 능력에 별다른 지장을 주지 않았음을 밝혀냈다. 또 짝짓기 상대를 정할 때에도 공작 꼬리는 별 역할을 하지 않는다는 사실도 밝혀졌다.[3]

일본 도쿄 대학의 다카하시 마리코Takahasi Mariko와 하세가와 도시카즈Hasegawa Toshikazu는 공작 꼬리의 어떤 특징이 암컷 공작들에게 매력을 발휘하는지를 더 잘 알아보려는 계획을 세웠다. 이 목표를 향해 그들은 7년 동안 시즈오카에 있는 이즈 캑터스 공원에 있는 암컷과 수컷 공작 무리들을 파악하려고 노력했다. 그들은 짝짓기하는 수컷 공작마다 상이한 깃털들을 신중하게 살펴보고, 깃털 무늬의 크기와 수컷들이 표현하는 눈의 숫자를 기록했다. 관찰 결과 명백한 차이가 있음이 드러났다. 일부 수컷들의 꼬리는 다른 것들보다 확실히 훨씬 더 컸다.

그 연구 프로젝트를 마무리할 때쯤 다카하시의 팀이 관찰한 공작들에게서 짝짓기의 성공 사례는 268건이었다. 놀랍게도 그들은 짝짓기의 성공과 꼬리 특징 사이에 상응하는 점을 찾지 못했다. 암컷 공작은 가장 아름다운 꼬리를 가진 수컷이든 전혀 눈에 띄지 않는 꼬리를 질질 끌고 다니는 수컷이든 똑같이 열렬하게 짝을 지었다.[4]

다카하시의 연구 팀이 꼬리의 어떤 특징과 개체들이 표현하는 몇 가지 방식을 간과했을 수도 있다.[•] 공작 꼬리에는 눈점과 그 크기 외에도 다른 특징들이 있는데, 우리는 기껏해야 암컷과 수컷 공작이 감각기관을 통해 주위 세상을 어떻게 인지하는지에 대한 빈약한 정보만 갖고 있었으니까. 하지만 다카하시와 동료들은 그럴 가능성이 매우 적다고 생각한다. 비록 공작 꼬리 같이 에너지 가성비가 낮은 진화 특징들이 첫인상과는 달리 생존이나 번식을 위한 전투와 별 상관이 없을지도 모른다는 긴가민가한 가능성을 제기하기는 해도 말이다. 그런데 연이어 둥지를 지었

• 다카하시 등의 연구는 흥미롭지만, 진화생물학적으로 소수 의견이다.

다가 부수곤 하는 남아프리카의 검은 베짜기새black-masked weaver bird 같은 몇몇 생물종의 행동은 에너지를 소모할 필요가 에너지 획득의 필요만큼이나 어떤 특징을 만들어나가는 과정에서 중요한 역할을 할 수도 있음을 시사한다.

　　남부와 중부 아프리카에 사는 여러 종류의 베짜기새 중의 하나인 검은 베짜기새의 둥지를 해체하는 것은 쉬운 일이 아니다. 호리병박처럼 생기고 타조알보다 그렇게 크지 않은 그들의 둥지는 날짐승 세계가 보여주는 수많은 공학적 경이 가운데 하나다. 풀과 갈대로 엮은 자궁 모양의 벽이 이루는 매끄러운 대칭성 외에도, 베짜기새의 둥지는 잔가지 하나에도 매달려 있을 수 있을 정도로 가볍지만 여름철 태풍이 몰아치는 동안 그것들을 위태롭게 만드는 광풍과 자갈만큼 굵은 빗방울도 버틸 수 있을 만큼 튼튼하다. 적어도 인간이 베짜기새 둥지를 해체하려면 구둣발로 마구 밟아버리는 것이 제일 쉽다. 우리 손가락은 그 조직을 풀어내기에 너무 크고 어설프니까. 하지만 몸집 작은 남부 베짜기새에게 무지막지한 폭력은 선택지 중에 없다.

　　인간이 베짜기새 둥지를 해체해야 할 이유는 별로 없지만, 수컷 베짜기새는 여름날 구조적으로 거의 완전히 같은 새 둥지를 연이어 계속 만든 다음, 그것을 지을 때와 똑같은 노력을 들여 하나씩 부순다. 그들은 이 모든 일을 가위처럼 생긴 작은 원뿔형 부리로 해낸다. 처음에는 둥지를 나무에서 풀어내고, 그것이 땅에 떨어지고 나면 순차적으로 한 번에 풀잎 하나씩 부리로 물어내어, 아무것도 남지 않을 때까지 해체한다.

베짜기새 둥지

짝짓기하는 수컷들은 야단스러울 정도로 선명한 노랑과 금빛을 띤다. 이 종류는 붉은 눈 바로 위쪽에서 목 아랫부분까지 강도들이 쓰는 마스크 비슷한 모양으로 검은 깃털로 덮여 있어서 영어로 직역하면 '검은 마스크를 쓴 베짜기새black masked weaver'라 불린다. 이들과 달리 암컷 베짜기새는 둥지를 짓지도 않고, 마스크 같은 깃털도 없다. 그들은 머리에서 발톱까지 올리브와 카키색 깃털로 뒤덮여 있고 배 부분은 노르스름하다.

부지런한 수컷 베짜기새는 암컷들이 자기가 지은 둥지 몇 개에 들어와 살다가 나중에는 알을 낳아주지 않을까 하는 희망을 품고 한 시즌에만 25개가량의 둥지를 짓는다. 1970년대에 짐바브웨의 수도 하라레에 있는 어느 정원에 살던 베짜기새 한 마리의 생애가 여러 해에 걸쳐 꼼꼼하게 기록된 적이 있었다. 그 새는 일은 열심히 했지만 연애 면에서는 불운하여, 결국은 자신이 지은 둥지 160개 중 158개를 부숴버렸다. 마지

막 풀잎을 짜 넣어 둥지를 완성한 지 채 이틀도 되기 전에 부순 것이 전체 수의 3분의 1에 달했다.[5]

베짜기새의 둥지는 에너지 집약적인 복잡한 구조물이다. 둥지 하나를 짓는 데 일주일까지도 걸릴 수 있지만, 유능한 건설자는 적합한 건축 재료만 주변에 있으면 하루 만에 만들어낼 수 있다. 가까운 친척이라 할 콩고의 마을 베짜기새village weaver bird 같은 새들의 둥지를 지을 때 소요되는 에너지 비용을 파악하려고 시도한 연구자들은 수컷 베짜기새 한 마리가 둥지 하나를 짓는 데 필요한 500개 이상의 풀과 갈대 조각들을 모으기 위해 날아다니는 거리가 평균 30킬로미터에 달한다는 것을 밝혀냈다.[6]

1970년대에 남부 베짜기새를 연구한 어떤 장기적 프로젝트는 둥지를 짓는 베짜기새들이 유전자 코드에 따라 작동되는 깃털 달린 자동기계 이상의 존재일 수 있다는 주장을 최초로 제기했다.[7] 이 연구는 아기가 대상물을 이리저리 움직여보고 갖고 놀면서 운동 기술을 개발하게 되는 것과 대체로 비슷하게 수컷 베짜기새들은 부화한 다음 얼마 지나지 않아 건설 자재를 갖고 놀고 실험하게 되며, 시행착오의 과정을 거치면서 둥지를 짓는 데 필요한 실 잣기, 묶기, 매듭 짓기 기술을 점차 익히게 된다는 것을 밝혔다. 나중에 연구자들이 카메라를 여러 개 설치하여 수개월 동안 촬영한 끝에 베짜기새의 노력을 분석할 수 있게 되었고, 더 복잡한 상황도 밝혀졌다. 그 촬영에 따르면 베짜기새들은 둥지를 더 많이 지을수록 점점 짓는 속도가 빨라지고 더 잘 짓게 되었다. 말하자면 기술이 더 숙달되어간다는 것이다. 또 베짜기새들은 저마다 어떤 공통의 프로그램에 따르지 않는 특유한 둥지 건설 테크닉을 개발했다.[8]

베짜기새들은 잠재적인 포식자들에게 둥지를 숨기지 않는다. 오히려

지나치는 암컷 베짜기새의 눈길을 끌기 위해 둥지를 노출된 가지에 짓기 때문에 포식자들의 관심도 끈다. 암컷 베짜기새가 둥지 가까이 오기만 하면 수컷은 작업을 멈추고 자기 둥지를 자랑하면서 허세를 부려 암컷에게 둥지 안을 살펴보도록 설득한다. 암컷이 둥지를 살펴보고 그 둥지가 자기 마음에 든다고 판단하면, 수컷은 그 아래쪽에 짧은 입구 터널을 지어 암컷이 그 안으로 들어가서 알을 낳기 위해 준비하면서 실내를 정돈하게 한다.

남아프리카의 많은 지역에 퍼져 있는 민담에 따르면 수컷 베짜기새가 둥지를 부수는 것은 오로지 까다로운 암컷이 둥지를 살펴보고 뭔가 부족한 점이 있다고 판단했기 때문이라고 한다. 그러나 주의 깊게 관찰하면 이는 사실이 아닌 것 같다. 수컷은 자신의 작업 수준에 대한 암컷의 평가가 없어도 습관적으로 둥지를 부술 때가 많으며, 암컷들의 판단 근거는 작업 수준보다는 둥지의 위치에 더 크게 좌우되는 것 같다. 솜씨가 엉성하고 궁핍한 수컷이 신통치 않게 지은 둥지라도 장소가 적절하다면 강하고 숙련되고 활기 찬 베짜기새가 잘못된 장소에 잘 지은 둥지보다 암컷을 훨씬 더 잘 유혹한다.

이런 튼튼한 구조물이 베짜기새의 알과 새끼가 살아남을 확률을 높여준다는 것은 당연하다. 이런 둥지는 찾아내기도 쉽고 뱀, 매, 원숭이, 까마귀 등이 애타게 노리는 대상이 된다. 그러나 어떤 포식자도 탄력 있고 가볍고, 잎사귀 없이 매끈하고 조금만 무게가 추가되어도 위태롭게 휘어지는 잔가지에 매달려 있는 둥지에 다가가다가 땅에 떨어지기 십상이다. 하물며 아래쪽에 있는 구멍을 통해 으슥하게 숨어 있는 중앙의 방에 들어간다는 것은 말할 것도 없다.

하지만 잘 지은 둥지의 설계에도 베짜기새가 마치 도자기 장인이 똑같은 대접을 강박적으로 계속 다시 빚어내는 것처럼 거의 똑같은 둥지를 왜 차례로 계속 만들기로 했는지에 대해서는 아무것도 드러나 있지 않다. 또 완벽하게 좋은 둥지를 완성한 뒤, 마치 자기 눈에만 보이는 어떤 결점 때문에 대접을 깨부수는 도공처럼 둥지들을 차례로 부수기로 결심하는 일편단심도 설명해 주지 않는다. 만약 에너지 획득이 진화에서 최우선 과제라면, 베짜기새들은 당연히 둥지를 지었다가 불필요한 둥지 수십 개를 부수느라 엄청난 양의 에너지를 소모할 것이 아니라 올바른 장소에 최고 품질의 둥지를 한두 개 짓는 방향으로 진화했을 것이다. 또 만약 둥지를 많이 짓는 능력이 각 개체의 우수성의 표시라면 그들은 왜 그처럼 열심히 둥지를 부술까?

칼라하리에서 베짜기새들을 오랜 시간 하릴없이 지켜보면서 살아온 얀Jan 노인은 그들이 둥지를 그토록 열성적으로 부수는 이유는 아마 기억력이 너무 나쁘기 때문일 것으로 추측했다. 기억력이 워낙 나쁘다 보니 그 새가 다음 둥지를 지어야겠다는 생각에 집중하다가 예전 노력의 산물이 흘낏 눈에 들어오게 되면 그는 즉시 그것들이 자기 영역을 침범하려고 애쓰는 연적이 지은 것이라고 결론짓고는 그 상상 속의 침입자를 쫓아내려고 둥지를 부순다는 것이다.

그의 생각이 옳을 수도 있지만, !쿵족의 또 다른 베짜기새 관찰자인 스프링가안Springaan은 훨씬 더 흥미로운 의견을 냈다. 그는 베짜기새들이 "내 아내와 비슷하다"는 가정을 세웠다. 그의 아내는 도저히 자기 남편처럼 아무 일도 하지 않고 빈둥대며 지내지 못한다. 그래서 할 일을 다하고 시간이 남을 때마다 구슬을 꿰어 장신구를 만든다. 그것들은 모두 비슷비슷한 십자 무늬 디자인을 바탕으로 하며, 모두 비슷하게 숙련된 재주와 기술들을 써서 제작된다. 구슬이 다 떨어지면 대개 재료를 더 살 돈이 없으므로, 이전에 만들었던 것들—대부분 아주 아름다운 것들이다—에서 구슬을 하나씩 풀어다가 재조합하여 새 장신구를 만든다. 그는 이것이 아주 큰 미덕이라고 생각했다. 또 베짜기새처럼 아름다운 물건을 만드는 기술과 기교를 가졌고, 예술에서 자부심과 기쁨과 평화를 느끼는 여성을 설득하여 결혼했으니 자신은 행운아라고 여겼다. 반면 그녀는 그와 결혼한 것이 행운인지 별로 확신이 없었다.

둥지를 지었다가 부수는 베짜기새는 보기 드물게 에너지가 넘치는 것으로 보일 수도 있다. 하지만 그 새가 인간 외에 무의미해 보이는 작업에 에너지를 소모하는 성향을 가진 유일한 생물종은 결코 아니다. 날짐승의 왕국에서만 보아도 이와 비슷한 비용이 많이 드는 세공의 사례가 수천 건 있다. 극락조birds of paradise의 거창한 깃털이나 지나칠 정도로 정교한 바우어새bowerbirds의 둥지 같은 것이 그런 예다.

진화생물학자들은 대개 엄격하게 실용주의적인 시각에서 이런 행동을 설명한다. 그들이 보기에 생명의 역사는 기본적으로 성性과 죽음의 이야기이며, 그 외는 모두 겉치레다. 그들의 주장에 따르면, 자연도태의 시련을 거쳐 살아남은 모든 특징은 궁극적으로는 에너지의 획득이나 짝 찾기에서 어떤 식으로든 경쟁적 우위를 확보하여 유기체가 살아남거나 번식할 기회를 늘리거나 줄이는 정도를 기준으로 설명되어야 한다. 그들은 베짜기새들이 둥지를 연이어 짓고 다시 부수는 이유가 미래의 배우자에게 자신의 유능함을 나타내기 위해서, 혹은 미래의 포식자를 피할 수 있는 최적의 상태를 유지하기 위해서라고 주장할지도 모른다.

그러나 좀 이상한 일이지만, 우리는 그와 똑같이 에너지를 헤프게 쓰는 인간들의 과시 행태를 비슷한 식으로 설명하기를 꺼린다. 어쨌든 인간이 에너지를 소모하는 수많은 것들—더 크고 더 허세가 심한 마천루를 짓거나 초장거리 마라톤을 달리는 것 같은—은 번식이나 생존 적합성과 잘 어울리기 힘들다. 사실, 에너지를 소모하기 위해 우리가 하는 많은 일들은 수명을 늘리기보다는 줄일 위험이 있다. 베짜기새들 역시 여분의 에너지가 있을 때는 우리처럼 엔트로피 법칙에 순응하여 일하면서 여분의 에너지를 소모한다는 것이 그들의 헤픈 행동에 대한 최종 설명일지도 모른다.

분자를 조직하여 세포를 이루고, 세포를 기관으로, 또 기관을 유기체로 조직하며, 유기체들을 만개한 꽃, 수풀, 새떼, 어군, 짐승 무리, 늑대떼, 식물군, 공동체, 도시 등으로 조직하는 데는 에너지가 많이 든다. 에너지가 넘쳐나는 유기체, 부주의하거나 비효율적으로 일하는 유기체는 에너지원이 언제 어디서 부족해지는지, 기후나 지질 변화로 인해, 심지어는 생태계의 역학관계를 재조정하는 다른 종에게 유리한 방향으로의 적응이 일어난 탓으로 외부 여건이 언제 급변하는지 파악하지 못할 때가 많다.

생물종의 진화 역사에는 꼭 필요치 않거나 에너지가 많이 드는 특성들이 상황의 변화 때문에 신속하게 폐기되는 사례가 많다. 예를 들자면, 큰가시고기 무리—포식자들로부터 자신을 지키기 위해 갑옷 같은 피부를 발달시킨 작은 물고기—같은 종을 포식자가 없는 호수에 풀어놓으면 두어 세대 안에 갑옷 피부가 사라질 것이다. 갑옷은 필요하지도 않고, 그것을 만들려면 에너지가 많이 소모되기 때문이다.[9]

하지만 외견상의 쓸모는 오래전에 사라졌는데도 여전히 남아 있고 그로 인해 상당한 에너지 비용을 유발하는 퇴화한 특징이나 형태를 가진 생물 또한 많다. 타조, 에뮤, 그밖에 날지 못하는 새들은 퇴화한 날개를, 고래는 퇴화한 뒷다리를, 보아뱀은 퇴화한 골반을 갖고 있다. 인간에게도 다양한 퇴화 형태가 있는데, 그중에는 귀를 움직이는 근육도 있고, 더 이상 어떤 유용한 기능도 하지 못하는 소화 기관 부분들이 있으며, 꼬리에 최적화된 꼬리뼈도 남아 있다.

베짜기새들의 둥지 짓기와 부수기 습관이 지금은 퇴화했지만 예전에는 뚜렷하고 중요한 목적에 봉사한 습관일 가능성이 있다. 그 새들과 가까운 친척관계인 아프리카의 다른 베짜기새 종류들도 비슷하게 강박적으로 둥지를 지으며, 분명 그들 모두 공통의 선조로부터 이 특징을 물려받았을 것이다. 가능한 설명 가운데 훨씬 더 흥미 있는 것은 그들이 반복하여 둥지를 짓고 부수는 데는 다른 이유가 없고, 오로지 쓰고 남을 정도로 에너지가 넘치기 때문이라는 주장이다.

남부의 베짜기새들은 잡식성이다. 그들은 단백질이 풍부한 곤충을 잡아먹으면서도 여러 다른 종류의 씨앗과 곡물도 다량으로 먹는다. 또 장기간의 둥지 건설 시즌에도 채집에만 특별히 집중하는 시간은 거의 없다. 사실 그들이 채집에 할애하는 시간이 너무 적어서, 마을 베짜기새들이 둥지를 짓는 8개월 동안 관찰한 어느 연구 그룹은 수컷들이 채집 활동에 전혀 집중하지 않았다고 전했다. 쉬지 않고 오로지 둥지만 건설한 것이다. 그 연구자들이 내린 결론에 따르면, 건설 시즌 동안 식량은 너무나 부차적인 문제가 되어버려, 베짜기새들은 둥지 건설 자재를 가져오느라 날고 있는 동안에도 에너지가 풍부한 곤충을 찍어먹거나[10] 건설 자재를 찾아다니는 동안 눈에 보이는 곡물은 무엇이든 개의치 않고 집어먹는다.

늦은 겨울의 몇 달 동안 곤충이 거의 다 사라지기 때문에 남부 베짜기새들은 곤충을 잡아먹으려면 건설 시즌에 비해 훨씬 더 열심히 일해야 한다. 한 해 중 이 시기에 각자 얼마나 잘 적응하는지에 따라 그들이 살아남아서 다음 시즌을 살아갈지 아닐지가 결정된다. 다른 말로 하면, 유기체가 혹독한 시즌에 얼마나 잘 적응하는지 못하는지가 자연도태의 일차적이고 가장 잔혹한 동기라는 말이다. 문제는 한 해 중 가장 힘든 시간에 유기체에게 유리하게 작용한, 어떤 식량이든 보이는 대로 남기지 않고 먹을 수 있었던 바로 그 특징이 식량이 넘쳐나는 시기에는 불리하게 작용할 수 있다는 사실이다.

사람들이 주기적으로 정원에 갖다 두는 모이를 먹는 다양한 참새목passerine의 새들이 어떻게 계속 날씬한 체형을 유지하는지 궁금해하는 연구자들은 새들이 진화의 결과로 체중을 관리하는 메커니즘을 알게 되었지만 식사량을 줄이는 것은 그와 무관하다고 주장했다. 그들의 말에 따르면 참새목 새들이 식량이 풍부할 때는 더 치열하게 노래하고, 날고, 다른 일상 행동을 수행함으로써 '훈련한다.' 이는 인간들이 스포츠를 하거나 달리기로 에너지를 소비하는 것과 비슷하다.[11]

베짜기새가 가장 좋아하는 계절 음식 중 하나도 흔히 인간의 고유한 특징으로 생각되며, 인간과 일의 관계의 역사에서 크나큰 수렴 가운데 하나의 상징인 일련의 행동들에 대한 통찰을 흐릿하게나마 제공한다. 즉 식량을 기르는 능력과 넓게 확장된 대도시에서 협력하여 일하는 능력에 대해 통찰하게 해주는 것이다.

남아프리카 칼라하리 사막은 가장 오래 살아남은 수렵채집인 종족들의 고향이자 세계에서 가장 오래 이어져 온 농업 계보의 발상지이기도 하다. 그 계보는 인간 종족보다 3000만 년 더 먼저 자체 식량을 재배하며 거주했다.

이런 고대 농경 공동체는 고층 건물 수백만 채에 수용되어 있다. 각각의 건물에는 기후가 조절되는 시민 공간, 도시 농장, 육아원, 왕실 구역이 있으며, 각각의 구역은 모두 신중하게 관리되는 통로의 네트워크로 서로 연결되어 있다. 이런 도시들—그중에는 수백 년 된 곳도 있다—은 금빛과 흰색, 붉은색의 칼라하리 모래가 섞인 경화제로 건설되었다. 그중 가장 높은 것은 2미터에 달하며 바르셀로나에 있는 가우디의 유명한 성당 사그라다 파밀리아의 첨탑처럼 우아한 모습으로 들쭉날쭉하게 하늘로 치솟아 있다.

바르셀로나 같은 도시와 비슷하게, 그런 도시 역시 불면에 시달리는 수백만 주민들의 고향이다. 그들은 제각기 전문 직업을 갖고 있다. 이런 도시의 주민인 흰개미류, 지금 인류보다 키가 훨씬 작다는 점만 제외하면, 가장 부지런하고 야심적인 호모 사피엔스도 도저히 모방하려고 꿈도 꾸지 못할 정도의 직업윤리를 준수하며 일한다. 이들 흰개미류는 노동하기 위해 잠도 자지 않고, 죽는 순간까지 쉬지 않고 일한다.

대부분의 흰개미류는 육체노동자다. 앞을 보지 못하고 날개도 없는 그들은 도시의 핵심 구조물을 건설하고 유지하고, 도시 전체의 기후통제 시스템이 적절하게 작동하도록 점검하며, 다른 직업군, 즉 병사와 번식자들에게 식량과 물을 공급하고 보살핀다. 또 공동체의 생존이 달린 도시 안쪽의 균류 농장을 관리하는 임무도 그들 몫이다. 여왕의 방 바로 아래에 위치한 균류 농장은 흰개미들이 공동체 하나를 먹여 살리는 식량을 생산하는 곳이다. 매일 밤 노동자들은 개미집을 떠나 채집 여행을 나섰다가 배 속에 풀과 나무 부스러기를 가득 채운 다음에야 돌아온다. 개미집에 돌아오면 그들은 식량실로 향한다. 그곳에서 부분적으로 소화된 나무와 풀을 토해내고, 그것으로 미로처럼 생긴 구조물을 만든 다음 그 속에 개미집 안쪽의 기후 조절된 어둠 속에서만 잘 사는 균류의 포자를 심는다. 시간이 지나면 이런 균류는 나무와 풀의 딱딱한 섬유질을 녹여 흰개미들이 쉽게 소화할 수 있는 에너지로 가득 찬 식량으로 바꾼다.

병사 흰개미 역시 일꾼 흰개미 못지 않게 근시안적으로 업무 수행에만 집중한다. 침입자 경보—흰개미들 사이에서 페로몬으로 신호를 전하여 병사들이 따라갈 길을 낸다—가 울리면 그 즉시 병사들은 전방으로 달려가서 전혀 주저하지 않고 스스로를 희생한다. 이런 도시국가에는 적이 많다. 개미들은 자주, 끊임없이 침범한다. 그들은 개체의 목숨이 지니는 가치를 무시하며, 몸집이 훨씬 더 큰 흰개미 병사들을 순전히 인해전술로 무너뜨리는 것이 그들의 유일한 전략이다. 훨씬 더 큰 짐승도 있다. 머리에서 발톱까지 갑옷으로 무장한 천산갑pangolin, 혀가 길고 괴상하게 근육질적인 상체와 흰개미집의 바위처럼 단단한 벽을 뜯어버릴 수 있는 꼬리를 가진 흙돼지aardvark 같은 것들이다. 흙돼지가 밀어붙이면 흰개미집 벽은 종이로 만든 작품처럼 찢어진다. 또 박쥐귀 여우bet-eared fox는 초

자연적인 청각을 이용하여 일꾼 개미들이 밤중에 먹이 재료를 찾아 흰 개미집을 떠나는 소리를 듣는다.

그리고 생식형 구성원인 왕과 여왕이 있는데, 그들 역시 다른 흰개미 들처럼 각자 전문화한 역할에 예속되어 있다. 둘 다 병정개미보다도 몇 배는 더 큰데, 번식하는 것이 그들의 유일한 일거리다. 흰개미집 속 깊은 방에서 떠받들려 살지만, 여왕은 수백만 개의 알을 낳고 왕은 그 알에 부 지런히 수정하는 성적 고역의 삶을 산다. 생물학자들은 여왕이 생식의 공학 이외에도 조금은 왕족 같은 역할을 최소한 하나는 갖고 있을 것 같 다고 생각한다. 새 주민이 생기면 유전자를 억제하거나 자극하는 페로몬 을 분비하여 일꾼, 병정, 미래의 왕족에게 각각 다른 일거리를 할당하는 것이 여왕개미의 역할이다.[12]

개미집을 짓는 흰개미 종류들—남아메리카와 오스트레일리아에도 흔히 있는 종류—이 성공적으로 살아가는 것은 환경을 자신들이 원하 는 용도에 따라 바꾸기 때문이다. 흰개미의 진화적 선조가 수준 높은 공 동체주의communalism의 길을 언제 닦았는지는 확신하기 힘들다. 흰개미 들이 공동체 정신을 가진 건설자로 변하고, 왕족 부부가 되며, 개미집의 이익을 위해 자신을 희생하는 병정 개미의 보호를 받는 삶을 누리게 된 것들이 단 한 번의 유전자 변이로 이루어진 결과가 아님은 확실하다. 그 것은 점진적으로 진행되었으며, 흰개미집의 중요한 설계가 새로 이뤄질 때마다 진화를 이끄는 선택에 대한 압박이 조정된다. 그들이 발전시킨 새로운 특징들은 결과적으로 개미집에 수정이 가해지는 결과를 낳았다. 이처럼 그들이 필요를 충족시키려고 환경을 조정하면서 행한 일과 흰개 미 진화의 역사가 더 밀접하게 묶여 순환적 피드백 회로가 형성되었다.

여러 세대를 이어온 복잡한 사회적 공동체, 그 속에서 개체들이 함께 일하여 에너지의 수요를 확보하고 번식하며, 수시로 다른 일거리를 맡고, 가끔은 팀의 이익을 위해 자신들을 희생하는 그런 공동체를 형성하는 생물종은 단순히 사회적인social 존재가 아니라 진사회적eusocial 존재로 묘사된다. 이 '진eu'은 '선good'을 뜻하는 그리스어 단어 $\varepsilon\upsilon$에서 온 것으로, 이런 종들과 결부되는 명백한 이타주의를 강조하려는 용어다.

진사회성은 자연 세계에는 드문 현상이다. 다른 곤충들의 세계에서도 그렇다. 모든 흰개미종과 거의 모든 개미종은 다양한 정도의 진사회성을 가졌지만, 진정으로 진사회적인 것은 벌 종족의 10퍼센트 이하, 또 수천 가지 말벌 종족 가운데 극소수에 그친다. 곤충 세계 밖으로 나가면 진사회적 종족은 더욱 드물다. 진정으로 진사회적'이라는 증거가 있는 해양 동물은 단 하나뿐인데, 그것은 복잡한 사회생활보다는 번개처럼 빠른 일격을 가하며 협공하는 것으로 유명한 딱총새우다. 새끼를 기르는 알파 암컷을 대신하여 협력하여 사냥하는 칼라하리의 아프리카 들개처럼 고도로 사회적인 포유류 몇 종이 진사회성에 한발을 걸치고 있지만, 인간을 제외하면 진정으로 진사회적인 척추동물은 두 종류, 동아프리카의 벌거숭이 두더지쥐naked mole-rat와 서 칼라하리의 다말라랜드 두더지쥐Damaraland mole rat 뿐이다. 이런 지하 생물 두 종류 모두 상당한 정도 자신들이 조정한 환경에서 살 수 있도록 진화했다. 그리고 흰개미처럼 두더지쥐의 공동체에서도 짝짓기할 자격을 가진 쌍은 단 하나뿐이며 위계가 형성되어 있다. 거의 모든 진사회적 두더지쥐는 일꾼으로 살아갈 운명이며, 평생을 자신과 왕족인 생식자 부부를 먹여 살리기 위해 먹이를 채집해 오고, 실내 구조물을 짓고 관리하며, 포식자들을 쫓아낸다(혹은 제일 먼저 잡아먹힌다).

　인간은 항상 자연 세계에서 자기 행동의 유사형태를 찾아냈다. 이로운 노동의 경우, 진사회적 곤충은 풍부한 은유의 연원이 된다. 그래서 신약 성서는 나태한 기독교도더러 개미를 보고 자신의 생활 방식을 돌아보라고 지시하며,[13] 요즘은 흰개미의 근면함이나 꿀벌의 분주함이 흔히 언급된다. 그러나 사람들이 자연도태를 지배하는 동시에 자신들의 행동을 해명하거나 정당화해 주는 최고의 과학 법칙으로 간주되는 것을 주기적으로 언급하기 시작한 것은 유럽 계몽시대 이후 그리고 1859년에 다윈이 『종의 기원』을 출간한 이후부터였다. 또 그렇게 함으로써 그들은 자연 도태를 '적자생존'으로 설명한 허버트 스펜서Herbert Spencer의 유창하지만 불운한 설명을 거리에서 파는 만병통치약 같은 주문으로 승격시켰다.

　1879년에 허버트 스펜서는 "오용된 단어가 얼마나 잘못된 사유를 발생시키는가"라고 한탄했다.[14] 그가 쓰던 글은 타인들을 걸핏하면 비인간적으로 대하면서도 본인은 입만 열면 타인들을 야만적이라고 비난하는 '문명인'의 명백한 위선을 지적한 내용이었다. 하지만 그 글이 자신이 쓴 가장 유명한 문장, 그 무렵 다윈 진화론을 요약하는 것으로 유명했던 인용문에 관한 내용이 될 수도 있었다.

　'적자생존'이라는 말 만큼 잘못 사용되고 잘못된 사유를 많이 발생시킨 문구도 없었다. 그것은 기업 약탈, 인종 살해, 식민지 전쟁, 놀이터의 불량배 등을 정당화하는 데 거듭 사용되었다. 설사 스펜서가 인간이 동물 왕국 내에서 높은 지위를 차지한다고 믿었다손 치더라도 그 용어를 만들 때 그가 의도한 것은 최강자, 가장 똑똑한 자, 가장 열심히 일하는 자가 성공하는 것이 운명이란 말이 아니라, 진화의 느린 공정에 의해 어떤 특정한 환경적 적소에 들어맞도록 가장 잘 적응한 유기체는 번성할 것이며, 덜 적응한 것들은 제물이 되리라는 뜻이었다. 그래서 스펜서가 볼 때 누 무리 속에 있는 사자, 사자의 귀에 실려 다니는 벼룩, 누가 사자에게 먹히기 직전에 어떤 양심의 가책도 없이 뜯어 먹고 삼킨 풀은 모두 똑같이 그들 나름의 방식으로 적응했다.

설사 스펜서가 뜻하지 않게 진화를 어떤 잔혹한 생사의 투쟁 비슷한 것으로 그려냈다 하더라도 그는 유기체들은 도심의 상점들이 고객과 현금을 두고 경쟁하는 것과 대충 같은 방식으로 에너지를 두고 경쟁한다고 믿었다. 다윈과는 달리 그는 한 유기체가 평생 획득한 성질을 후손에게 전해줄 수 있으며, 그럼으로써 진화는 진보의 엔진이 되어 더 복잡해지고 정교해진다고 믿었다. 그럼으로써 '최적자'가 '부최적자'를 발전적으로 솎아내기 때문이다. 이는 그가 사회주의와 사회 복지에 대해 치열하게 반대하고 작은 정부와 자유 시장을 맹렬하게 옹호하는 입장이었음을 의미한다. 그는 사회 복지란 인간 번영의 목을 조를 뿐만 아니라 인위적으로 부적합자의 생존을 지원한다고 믿었다.[15]

다윈 역시 자신이 생존 투쟁이라 부른 것의 핵심에 에너지를 향한 경쟁이 있다고 믿었다. 하지만 그는 그것이 진화를 끌고 나가는 유일한 동기라고는 보지 않았다. 그는 성선택이란 곧 수많은 생물종들이 순전히 '각자 나름의 미적 기준에 따르기 위해' 허세적인 에너지의 비효율적 특성을 개발한다는 사실을 의미한다고 주장했을 뿐만 아니라[16], 자연도태가 상호 적응co-adaptation에 의해 이루어지기도 한다는 주장도 폈다. 예를 들면 그는 거의 모든 식물종들이 수분을 위해, 또 씨앗을 퍼뜨리기 위해 어떤 식으로 새와 벌과 기타 생물들에게 의지하는지, 또 기생충들이 숙주의 건강에 어떻게 의지하며, 쓰레기처리 동물들이 사냥꾼 동물에게 어떤 식으로 의지하는지에 주목했다.

"우리는 딱따구리와 겨우살이의 관계에서 이런 아름다운 상호 적응의 가장 명백한 사례를 본다"고 그는 『종의 기원』에서 설명했다. 또 그보다는 좀 덜 분명한 사례지만, 네발 달린 동물의 털이나 새의 깃털에 매달려 사는 가장 미천한 기생충도 그런 예다.[17]

다윈이 『종의 기원』을 출간한 이후 150년 동안 다양한 생태계에 사는 상이한 유기체들의 운명을 결정하는 진화의 춤에 대한 이해는 상당히 발전했다. 다윈이 그 책을 쓰고 있을 때는 분자 차원에서 이루어지는 유전자 세습의 메커니즘에 대해 아무도 몰랐다. 또 미세유기체(박테리아 같은)들 사이에서 발생하는 무수한 상호작용에 대해서도 아는 사람이 없었다. 지금은 그것이 눈에는 보이지 않아도 지구상의 모든 생명체 가운데 살아 있는 동물 전부를 합친 것보다도 더 비중이 크다는 것을 우리가 알고 있다. 또는 처음 보기에는 서로 상관이 없을 것 같은 생물종들이 살아남거나 번성하기 위해 서로에게 간접적으로 어느 정도 의지하는지도 몰랐다.

그러므로 생태계에 대한 생물학자들의 설명은 흰개미 무리 같은 종들의 상호 협력 외에도, 항상 생물종 간의 상호작용과 의존 관계의 거대한 역동적인 네트워크에 대해 알려준다. 이런 관계는 공생mutualism(둘 이상의 종들이 이익을 취하는 공생 관계), 편리공생commensalism(한 종은 이익을 얻지만 다른 종에게 손해를 입히지는 않는 공생 관계), 기생parasitism(한 종이 얻는 이익이 다른 종에게 피해를 입히는 관계)의 형태로 이루어진다. 일부 연구자들은 그 것을 더 끌고 나가서 경쟁의 적극적인 기피는 경쟁 못지 않게 진화에서의 종분화speciation ●를 밀어붙이는 요인으로서 중요할지도 모른다고 주장했다.**18**

경쟁의 기피가 경쟁만큼 중요한 자연도태의 추진 동기라는 사실이 입증되든 않든, 스펜서와 다윈 둘 다 역사상 그 어느 때보다 더 큰 세계 제국의 심장부에 살고 있었다. 세계가 개인과 도시와 기업체와 인종과 문화, 국가, 왕국, 제국, 심지어 과학 이론들 사이에서 이루어지는 일련의 동시적 경쟁에서 활력을 얻는다는 사실을 거의 누구도 의심하지 않는 시대에 살았던 그들이 부유하고 성공한 대표적 남성으로서 견해를 내놓는 데 영향을 끼쳤다는 것도 당연하다.

경제를 밀고 나가는 우선적 요인이 경쟁이라고 내세우는 데서 가장 이상한 점은 무자비함으로 표현되는 거친 위협 뒤에서 거의 모든 기업체와 사업가들이 실제 생태계와 훨씬 더 비슷한 방식으로 움직인다는 사실이다. 이것은 모든 대형 단체가 흰개미집의 협력적 효율성 수준으로 작동하고 싶어하는, 이유다. 또 거의 모든 사업 지도자들이 공급자, 서비

● 종은 생식적 격리 단위로서 다른 종과 성공적으로 교배할 수 없다. 그러므로 이전에는 교배가 가능하던 같은 종의 두 집단 사이에 생식적 격리가 일어날 때 종분화가 발생한다. 그 과정은 두 집단의 유전적 차이에서 시작하여 자연선택을 통해 완결된다.

스 제공자, 고객들과 상호적으로 이로운 '윈윈win-win' 관계를 형성해 자유시장의 신학을 가장 열정적으로 포용하는 나라에서도 반트러스트 관련 법률이 잔뜩 제정되어 기업체 간의 충돌, 카르텔이나 또 다른 반경쟁적 행동의 창조라는 형태로 나타나는 과도한 협력을 예방하려는 이유이기도 하다.

그러나 경제학자, 정치가, 자유시장의 또 다른 지지자들이 조롱하는 버전의 다윈주의는 지금 생물학자들이 자연 세계에서 유기체들 간에 맺어지는 관계를 생각하는 방향과는 공통점이 별로 없다. 또 부지런히 둥지를 짓는 베짜기새들이 상기시켜주듯이, 어떤 생물종에게서든 에너지를 찾으려는 시도의 성공이나 실패가 항상 진화의 궤적을 그려나가겠지만, 동물의 형질과 행동 가운데 설명하기 힘든 수많은 것들이 부족한 자원을 두고 벌어지는 전투보다는 계절적인 에너지 과잉 때문에 유발되었을 가능성도 얼마든지 있다. 이런 사실 속에서 모든 생물종 가운데 가장 에너지 낭비적인 인간이 왜 그토록 열심히 일하는지를 말해주는 힌트를 찾을 수 있을지도 모른다.

3장

도구와
기술

베짜기새든 흰개미든 어느 것도 의도적으로 사는 생물은 아니다. 적어도 우리가 아는 한에서는 그렇다. 어떤 생물종이 둥지나 공기 조절 기능도 있는 거대한 규모의 개미집을 지을 때 자신들이 만들고 싶은 형상을 명료하게 떠올리면서 지었을 가능성은 낮다. 하지만 주위의 사물을 의도적으로 용도 변경하여 도구화한 다음 그런 도구를 다양한 일거리를 처리하는 데 사용하는 여러 생물에게서 의도성과 목적의식을 구별하기는 훨씬 더 어렵다.

현재 도구를 사용하는 동물은 척추동물 15종, 조류 24종, 코끼리와 범고래를 포함하는 영장류가 아닌 포유류 4종이 확인되었다.[1] 여러 상이한 과제를 수행하기 위해 도구를 일상적으로 사용하는 동물은 원숭이 24종과 영장류 5종인데, 가장 많은 연구가 행해진 것이 그들이다. 인간이 그들에게서 자신들의 모습을 많이 보기 때문이다.

생명의 역사에서 호모 사피엔스는 전문적이고 숙련되게 도구를 제작하고 사용하는 면에서 누구보다도 뛰어난 존재다. 우리가 하는 거의 모든 일에는 어떤 종류든 도구가 개입되며, 그 일은 어떤 식으로든 우리가 조정한 공간 속에서 발생한다. 인간이 지금 획득하여 신체를 유지하고 번식하는 데 사용하는 거의 모든 에너지는 주위의 세상을 조정하고 변형시키기 위한 도구 사용에 소모된다.

다양한 진화적 선조들이 만든 다양한 물건들은 모두 일의 오랜 역사에 놓인 중요한 이정표다. 하지만 우리의 진화 선조들이 어떤 종류의 일을 해왔는지, 또 그 일이 인간의 진화에 어떤 영향을 미쳤는지를 알고자 할 때 이런 물건 외에도 의지할 것들이 있다. 미세 수술에서 석공에 이르는 기술을 익히는 호모 사피엔스의 능력에 관한 이야기는 우리의 손과 팔, 눈, 입, 신체, 두뇌 속에 기록되어 있다. 그 이야기에는 우리가 신체적, 신경학적으로 진화 선조들이 행한 일의 산물이라는 것만이 아니라, 개인으로서도 영위해 온 삶의 과정 전체에 걸쳐 각자가 하는 일의 종류에 따라 발전적으로 재형성되면서 진화해 나왔다는 사실도 들어 있다. 이는 진화 선조들의 화석 뼈 또한 이 이야기에서 중요한 이정표임을 의미한다.

게놈과 고고학적 증거로 짐작하건대 현생인류라고 인정될 수 있을 만한 존재는 적어도 30만 년 동안 아프리카에서 살아왔다. 하지만 어떤 고대 인간의 뼈 무더기가 직계 선조 하나에만 속한 것인지, 아니면 그 뒤에 진화상으로 단종되어버린 친척 집단에서 왔는지는 판단하기 힘들 때가 많다. 그럼에도 고인류학자들은 우리의 종인 호모 사피엔스와 네안데르탈인이나 데니소바인들이 광범위한 호모 하이델베르겐시스Homo heidelbergensis 일족으로부터, 혹은 더 오래된 계보로 추측되는 호모 안테세소르Homo antecessor라는 대가족 일원들로부터 30만년 전에서 50만년 전 쯤의 어느 시점에 분기했으리라는 상당한 확신이 있었다. 호모 하이델베르겐시스는 60만 년에서 80만 년 전쯤 호모 에렉투스Homo erectus 대가족으로부터 갈라져 나왔는데, 호모 에렉투스 자체는 190만 년 전쯤 호모 하빌리스Homo habilis 일족의 한 지파에서 분기했다. 또 호모 하빌리스는 아마 250만 년 전쯤 오스트랄로피테쿠스Australopithecus로부터 갈라져나왔을 것이다. 오스트랄로피테쿠스는 침팬지와 등이 구부정한 호모 사피엔스 십대의 중간쯤 되는 모습이다. 하지만 호모 하이델베르겐시스의 젊은 성인 남자라면 청바지, 티셔츠, 고급 신발로 차려 입고 눈썹 위의 불룩 튀어나온 둔덕을 커다란 모자로 조심스럽게 덮어쓰고 대학 캠퍼스를 돌아다녀도, 가끔씩 이상하다는 듯 흘낏 보는 이상의 관심을 끌지 않을 것이다.

진화 선조들이 남긴 석기나 기타 고물 파편들을 근거로 그들이 어떻게 살고 행동했는지 추론하려면 상상력이 좀 필요하다. 또 그들이 분명히 습득했을 여러 가지 인지적, 신체적 기술, 그러니까 고고학적 기록에 확연한 물질적 흔적을 거의 남기지 않는 춤, 노래, 길안내, 추적 기술들을 추측하는 데도 마찬가지로 상상력을 발휘해야 한다. 그리고 어떤 고대의 도구도 인간 역사에서 가장 널리 사용된 석기인 아슐리안 손도끼Axheulean hand axe만큼 고고학자들의 상상력을 힘들게 한 것은 없다.

프랑스의 아브빌시에서 멀지 않은 솜계곡 하부에서 자갈을 캐던 석공들은 아브빌의 세관장 자크 부셰 드 크레브쾨르 드 프르테Jacques Boucher de Crevecoeur de Perthes가 찾아왔음을 알리는 프랑 주화의 쩽그렁거리는 소리에 귀를 기울이게 되었다. 일상 업무가 지겨워진 부셰는 계곡의 자갈 구덩이 주위를 돌아다니면서 흥미로운 '골동품' 물건을 찾아다니는 데서 즐거움과 목적의식을 찾았다. 그런 것들이 혹시라도 고대 세계의 비밀을 드러내 줄 지도 모르는 일이니까.

부셰가 채석장을 일상적으로 찾아오게 된 것은 1830년, 석공들에게 자신이 직접 탐사하여 발견한 플린트 덩이*를 보여준 뒤부터였다. 그것은 사람 손의 두 배 정도의 크기로 대략 대칭형의 물방울 모양으로 다듬어졌으며, 살짝 오목한 표면이 둘 있었고 가장자리를 뺑 둘러 날카로운 칼날이 나 있었다. 금방 알아볼 수 있는 형태였다. 가끔 자갈 속에 그런 것이 묻혀 있었는데, 그들은 그것을 '고양이 혓바닥langues de chat'이라 불렀다. 오래된 뼈가 곁에 함께 있는 경우가 많았는데, 사람들은 뼈는 대개 별생각 없이 내버렸다. 그들은 그런 것이 또 나올 때 챙겨두었다가 준다면 감사 표시로 몇 프랑씩 주겠다는 그의 제안에 동의했다. 그들은 오래지 않아 세관장에게서 몇 프랑을 더 챙기려고 그럴듯한 모조품을 능숙하게 만들어내기까지 했다.[2]

그 뒤 십 년 동안 부셰는 이런 기묘한 플린트 암석을 상당량—모조품 아닌 것이 많았다—수집했는데, 그것들이 자갈 구덩이에 함께 흩어져 있던 뼈의 원주인인 멸종한 짐승들과 함께 살던 고대인들이 거의 대칭

---

* 석영이 퇴적되어 결정을 이룬 암석으로 흔히 부싯돌로 사용된다.

1부 | 태초에

형으로 다듬어낸 물건이라고 확신하게 되었다.

　부셰 이전에도 이런 기묘한 물건의 연원에 대해 궁금해한 사람들이 있었다. 예를 들면 고대 그리스인 역시 그런 물건을 알아보았지만, 왜 그런 물건이 존재하는지 명백한 이유를 설명할 수 없어 그것들이 "천둥의 돌"이라고 결론지었다. 최고신인 제우스가 지상으로 던진 번개의 창끝이라는 것이다.

　1847년에 부셰는 고양이 혓바닥이 오래전에 살던 고대인들이 만든 물건이라는 자신의 이론을 세 권짜리 논문 〈고대 켈트 문명과 고대인Les Antiquites Celtiques et Antediluviennes〉으로 발표했다. 이 논문은 조야한 서술과 허세적 이론의 아마추어적 잡동사니라는 평을 받고 무시되었다. 찰스 다윈은 그것이 '쓰레기'라고 생각했고[3], 프랑스 아카데미에 소속된 여러 거물도 그와 같은 생각이었다. 그래도 부셰의 책이 설득력이 있다고 본 아카데미 회원도 일부 있었는데, 가장 유명한 인물은 젊은 의사인 마르셀-제롬 리골로Marcel-Jerome Rigollot였다. 이들은 이런 고양이 혓바닥을 직접 조사했다. 그 뒤 몇 년 간 리골로는 부셰처럼 솜계곡을 오르내리면서 석공들을 들볶아 이런 물건이 보이는 즉시 자신에게 가져오도록 했다. 그러나 부셰와는 달리 그는 대부분 직접 발굴하는 편을 택했다.

　1855년까지 리골로는 고양이 혓바닥 수백 개를 찾아낸 과정을 꼼꼼하게 기록했는데, 아미엥 근처인 생트 아슐St. Acheul 외곽의 한 채석장에서 발견된 것이 많았다. 대다수는 손상되지 않은 지층의 현장에서 수집되었는데, 고대의 코끼리와 코뿔소 뼈도 함께 묻혀 있었으므로 리골로는 이런 물건들이 고대의 것임을 의심하지 않았다.

　만약 자크 부셰 드 크레브쾨르 드 페르트가 지금 살아 있다면 그리고

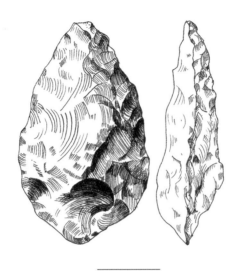

아슐리안 손도끼

현재 아슐리안 손도끼, 아슐리안 양면석기biface 또는 별로 영감 있는 이름은 아니지만 대형 절삭기large cutting tools로 널리 알려진 고양이 혓바닥이 생트 아슐의 발견물에 대한 리골로의 꼼꼼한 기록 덕분이라는 사실을 안다면 아마 속이 상할 것이다. 부셰가 석공들에게 보여준 것처럼 이런 시대를 규정하는 석기들은 전형적으로 서양배 모양이거나 계란 모양이며, 손질이 잘 되어 있고 대략 대칭을 이루는 볼록면과 구별되는 날카롭게 다듬은 가장자리를 갖고 있다. 어떤 것은 그 크기와 형태가 손을 일부분만 구부리고 손가락은 편 형태로, 마치 건성으로 기도할 때처럼 손을 모을 때 생기는 공간과 비슷하다. 그러나 대다수는 석공의 주먹보다 두 배 넘게 크고 두터우며, 아주 무겁다.

그것들은 그 이후 내내 골동품 연구가와 고고학자와 인류학자를 혼란스럽게 만들고 좌절감을 안겨왔다.

손도끼가 손으로 쥐고 사용한 도끼가 아니었음이 거의 확실해지면서 혼란의 온상이 되었다. 그 물건들이 겉보기에는 단단하고 묵직하며 일의 쓰임새에 잘 맞을 것 같지만, 손으로 쥐어보면 실제 사용할 때의 문제점이 금방 드러난다. 예리한 가장자리 쪽으로든 뾰족한 끝으로든 손가락이나 손바닥을 베지 않으면서 단단하게 쥘 방법이 없다. 이는 곧 그것으로 나무를 자르거나 진한 골수가 들어있는 굵은 뼈를 쪼개려 한다면 손을 다쳐 한동안은 아무것도 쥘 수 없게 된다는 뜻이다.

아브빌의 석공들이 시행착오를 거쳐 알아냈듯이, 아슐리안 손도끼의 그럴듯한 모조품을 만들기는 그다지 어렵지 않다. 고고학자들은 그 방법을 수시로 따라 해보았고, 고고학과 인류학과 학생들이 대학교 수업 시간에 손가락 마디에 상처 입는 모습을 흥미롭게 지켜보곤 했다. 하지만 그것들이 어떤 용도로 사용되었는지 아무도 알아내지 못했다. 만약 발견된 손도끼의 수가 적었다면 그 수수께끼를 그냥 무시했을지도 모른다. 하지만 워낙 많이 발견되었기 때문에 그것들이 호모 에렉투스의 일상용품이라고 결론짓지 않을 수도 없었다.

이 수수께끼 외에도 그것이 호모 에렉투스와 그 후손들에 의해 150만 년에 걸쳐 쉬지 않고 만들어진, 인간 역사상 가장 오랜 기간 사용된 도구 디자인이었다는 사실도 이상하다. 가장 오래된 아슐리안 손도끼는 아프리카에서 발견된 것으로 160만 년 전에 제작되었다. 가장 최근의 것은 불과 13만 년 전에 제작되었다. 이것들은 아마 호모 사피엔스와 네안데르탈인 같이 높은 수준의 인지능력을 가진 영장류에게 압도당한 잔존 호모 에렉투스의 손으로 만들어졌을 것이다. 호모 사피엔스와 네안데르탈인은 그때쯤이면 근사한 자루 달린 창을 사용하고 있었다. 손도끼 제작자들의 기술 수준이 150만 년 동안 점차 발전했지만 그것들의 제작에 필요한 핵심 디자인과 기본 테크닉은 크게 변하지 않았다.

가장 기본적인 아슐리안 손도끼도 석제 도구를 만든 제1시기, 고생물학자들이 올두바이 시기라 부르는 기간에 만들어진 조악한 시도에 비하면 분명 수준이 한 단계 높다. 탄자니아의 올두바이 협곡에서 처음 발견된 올두바이 석기의 가장 오래된 표본들은 대략 260만 년 전에 만들어졌다. 호모 하빌리스(손재주 있는 인간handy human)라는 이름은 그들과 밀접하게 연결되는 올두바이 유형의 도구에서 온 것이지만, 아슐리안 도구를 만들 줄 안 것은 더 큰 두뇌를 가진 호모 에렉투스뿐이었던 것 같다. 올두바이 석기는 최근까지도 진화 선조들이 암석을 용도 변경하여 더 즉시 사용할 수 있는 물건으로 만들려고 한 최초의 체계적 시도를 나타내는 것으로 간주하였다. 하지만 이제는 오스트랄로피테쿠스 역시 아마추어 석공이었다는 잠정적인 증거가 있다. 2011년에 동아프리카의 협곡에 있는 투르카나 호수 주변에서 아슐리안 제작업의 표본을 찾아다니던 연구자들은 거친 석기가 잔뜩 쌓인 보물창고 같은 장소에 당도했는데, 그들의 평가에 따르면 그것은 이제껏 발견된 것들보다 70만 년은 더 오래되었다.

올두바이 석기를 만드는 데는 기술이 몇 가지 필요하다. 그렇기는 해도 그 대부분은 뾰족해서 쓸모 있는 끝부분이나 날카로운 가장자리를 만들기 위해 능동적으로 깨뜨려진 암석처럼 보인다. 명료한 비전을 실현하기 위해 작업하는 체계적 사유의 산물로 보이지는 않는다는 말이다. 이와 반대로 아슐리안 손도끼의 제작은 여러 단계를 거쳐야 하는 복잡한 절차다. 그 작업에 적합한 암석—아무 암석이나 되는 게 아니다—을 찾아내야 하고, 그런 다음 묵직한 해머용 돌로 망치질을 하여 작업할 만한, 대략 타원형의 심지를 만들어야 하며, 그런 다음 더 작은 해머용 암석과 더 부드러운 뼈나 뿔 망치를 써서 그 면과 가장자리를 계속 다듬어야 한다. 하나를 제작하는 데 필요한 기술을 지켜본 침묵의 목격자처럼, 손도끼가 다량으로 발견된 거의 모든 장소에는 쓰기 어려울 정도로 쪼개진 손도끼 파편이 수백 개씩 있었고, 그 모두는 부정확한 타격이나 힘이 과도하게 들어간 망치질 때문에 부서진 것들이었다.

몇몇 고인류학자들은 손도끼가 단독으로 사용된 도구가 아니라 칼날이 필요할 때 그것을 두드려 작고 날카로운 암석 파편을 떼어낼 수 있는 도구 제작용 원석으로 사용되었으며, 시간이 흐르면서 하나의 원석에서 석편flake을 계속 떼어내다 보니 심미적으로 보기 좋은 대칭형의 손도끼가 만들어졌으리라고 추측했다. 그러나 손도끼의 날에 있는 닳은 흔적을 보면 다루기 쉽지 않은 도구이기는 해도 호모 에렉투스가 그것에서 작고 날카로운 칼날 박편을 떼어내는 것 외에 다른 일도 했음은 거의 확실하다. 결과적으로 거의 모든 고고학자들은 손도끼가 다루기 힘들고 비실용적이지만 아슐리안 시대의 스위스 군용칼처럼 아마 여러 다양한 일에 사용되었을 것이라고 절반의 확률을 기대하며 결론지었다.

손도끼를 휘두르는 호모 에렉투스가 남아 있지 않아서 그것이 정확하게 무슨 일에 사용되었는지 우리에게 보여줄 수 없는 상황이니, 손도끼는 고고학적 고아 같은 존재로 남을 운명이었다. 그러나 우리의 진화적 과거의 눈에 보이지 않는 고고학에서 손도끼 수수께끼를 풀어줄 다른 시각을 찾을 수 있을지는 모른다. 나무 같은 유기물 재료로 만들어졌지만 분해되어 아무 흔적도 남지 않은 도구와 물건들의 고고학 말이다.

수렵채집자는 이동성이 있어야 하는데, 이를 높이려면 이쪽 숙영지에서 다음 숙영지까지 운반해야 하는 무거운 물건이 많지 않아야 한다. 수렵채집자들의 문명이 지극히 검약한 것이 이 때문이기도 하다. 그들이 제작한 도구는 대부분 목재, 가죽, 힘줄, 소가죽, 섬유질, 뿔, 뼈 같은 가볍고, 유기적이고, 가공하기 쉬운 재료로 만들어졌다. 약 8000년 전 칼라하리 주변지역에 자리잡은 농경부족 공동체를 통해 철이 칼라하리 지역에 들어오기 전에는 !쿵족 같은 종족들은 석편을 수지로 고정시키거나 뼈를 날카롭게 다듬어 화살촉으로 사용했고, 석편과 돌날을 자르는 용도로 썼다. 다른 말로 하면, 그들의 비품 창고에서 석재가 결정적으로 중요하기는 했지만 비중은 작았다는 뜻이다. 설령 오스트랄로피테쿠스에서 호모 하이델베르겐시스에 이르는 진화 선조들이 20세기의 수렵채집인들보다 훨씬 적은 수의 도구를 만들었다고 해도, 이런 도구 대부분은 아마 십중팔구는 나무, 풀, 또 다른 유기물 재료로 만들어졌을 것이다.

20세기의 수렵채집가들이 다들 사용하는 도구가 하나 있다. 그것은 뒤지개digging stick 다. !쿵족이 쓰는 이 도구의 형태는 장구밤나무grewia의 굵고 곧은 가지로 만들어진다. 이 나무는 칼라하리 전역에 많이 자라는 단단한 관목이다. 이 도구는 대개 1미터 정도의 길이에 약 25도 정도의 기울기로 끝을 뾰족하게 다듬고 뜨거운 모래에 파묻어 길들인 것이다. 그 이름에서 짐작할 수 있듯이, 땅파기 막대는 뿌리와 덩이줄기를 파내는 데 아주 훌륭한 도구이며, 단단하게 다져진 모래땅에서 특히 유용하다. 뿐만 아니라 지팡이로도 쓰이며, 가시나무 사이를 지나갈 때 앞길을

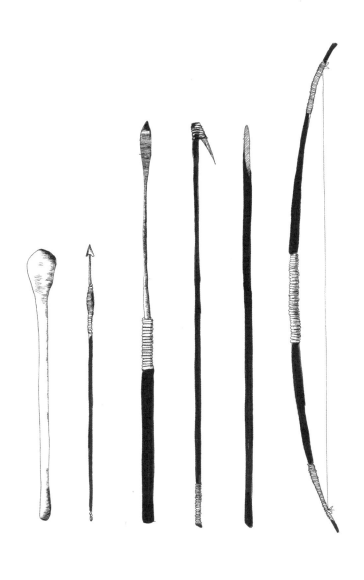

!쿵족의 도구. 왼쪽에서 오른쪽으로 순서대로, 곤봉, 창,
뜀토끼잡이 갈고리, 독화살, 뒤지개, 활

틔워주는 도구이기도 하고, 창, 곤봉, 투창으로도 쓰인다.

고고학적 증거는 없다 해도 진화 역사상 인간의 모든 테크놀로지 가운데 가장 오래 사용된 것이 손도끼가 아니라 이 초보적 도구—기본적으로 단단하고 예리하게 벼린 막대기—라는 주장이 강력하게 제기될 수 있다. 세네갈의 사바나 침팬지가 의도적으로 날카롭게 다듬은 작은 막대기굴 여우원숭이bushbaby를 찌른다는 사실을 고려하면, 날카롭게 다듬은 막대기의 체계적 사용이 석기의 등장보다 앞선다는 것은 거의 확실하다.

자연에서 유기물 재료는 공기를 호흡하여 부패하는데, 이 과정은 다양한 쓰레기 청소부, 곤충, 균류, 박테리아 따위로 인해 속도가 빨라진다. 죽은 동물의 부드러운 세포가 항상 제일 먼저 부패하며, 코끼리 시체도 며칠 내로 하이에나의 이빨에 살과 뼈를 빼앗길 수 있다. 리그닌(나무가 단단해지도록 작용하는 고분자 화합물)이 먼지로 돌아가려면 아주 우호적인 건조한 여건일 경우 200, 300년이 걸리며, 큰 뼈는 2000, 3000년이 걸린다. 습한 여건에서 나무와 뼈는 급속히 부패한다. 죽은 유기물 재료가 만약 끈적한 진흙 속 같이 산소가 부족한 환경에 묻힌다면 부패하기까지 흔히 더 오래 걸리지만, 시간이 흐르면 그것 역시 특유한 혐기성 산에 의해 해체되어 아세트화 세균acetogen이라는 미세유기체를 만들어낸다.

그러나 드물게 우연이 복합되어 유기물 재료가 정말 오랜 시간 살아남는 일도 있다.

1994년에 독일 니더작센 소재 국립 문화유산국 소속 고고학자들에게 쇠닝겐 근처에 있는 노천 탄광에서 작업하던 지질학자들로부터 전화가 왔다. 그들은 고고학적으로 중요한 관심사가 될 만한 것이 묻힌 장소를 발견했다고 전했다. 지질학자의 생각이 옳았다. 그 뒤 4년간 문화유산팀은 그곳에서 고대 야생마 20마리의 뼈를 비롯해 오래전에 멸종한 유럽 바이슨과 붉은 사슴의 뼈를 발굴했다. 고대의 포식자가 깨문 자국이 남아 있는 뼈도 있었지만, 그 팀에게 훨씬 더 흥미로운 것은 인간의 손이 가한 도살의 명백한 증거가 남아 있는 뼈가 많다는 사실이었다. 고대에 시행된 대규모의 체계적 도살의 증거는 드물어서 이것만으로도 중요한 발견이었지만, 뼈 사이에서 고고학자들이 찾아낸 아주 잘 보존된 목제 창 9점이 그 발견의 명성을 확고하게 굳혔다. 창 하나는 그때까지도 말의 골반뼈에 꽂혀 있었다. 이런 것들과 함께 땅파기 막대 비슷한 것, 창, 석편 석기 작은 무더기도 발굴되었는데, 그중의 여러 개는 마치 창에 꽂아 쓰도록 디자인된 것처럼 보였다.

목제 유물의 보존 상태가 좋았으므로, 처음에는 다들 이런 저장소가 5만 년보다 더 오래되었을 가능성이 낮으리라고 예상했다. 하지만 나중에 실시된 방사성 탄소동위원소 측정 결과, 그것들이 30만 년에서 33만 7000년 사이의 어느 시점에 고대의 호수 진흙 속에 묻혔으리라 짐작되었다. 그러니 그것은 당시까지 발견되었던 어떤 목제 가공물보다 훨씬 더 오래된 유물이었다.[4] 백악chalk[*] 광산이 근처에 있다는 사실에서 그것들이 묻혀 있던 진흙이 심한 알칼리성이어서 아세트 박테리아가 활동할 수 없다는 판단을 내릴 수 있다.

묻혀 있던 진흙의 무게에 눌려 부서진 부분이 있기는 하지만 유물의

---

[*] 활석, 미세한 해양생물의 잔해와 다량의 탄산칼슘으로 구성된, 부드럽고 부서지기 쉬운 흰색 내지 회색을 띠는 퇴적암. 시멘트, 페인트, 분필 등의 재료로 쓰인다.—옮긴이

제작에 투입된 기술과 경험은 확실하게 알아볼 수 있다. 창은 모두 곧고 날씬한 가문비나무 줄기 하나를 재료로 하여, 꼼꼼하게 깎고 긁어내고 매끄럽게 문질러 투사체로 만들어졌으며, 중심부는 더 굵고 양쪽 끝은 부드럽게 가늘어진다. 또 모든 창에는 자루의 앞쪽 3분의 1지점에 무게 중심이 있으며, 그 결과 현대의 육상에서 사용되는 투창과 아주 비슷해졌다.

그 공기역학적 품질에 대해 호기심이 생긴 고고학자들은 쇠닝겐 창의 복제품을 몇 개 만들어 세계적인 투창 선수에게 한번 던져보라고 했다. 선수들이 낸 최장 기록은 70미터였는데, 이는 1928년까지의 모든 올림픽 경기에서 금메달을 딸 만한 장거리였다.[5]

쇠닝겐 발굴을 주도한 국립 문화 유산국 고고학자인 하르트무트 티엠artmut Thieme은 발굴과 분석을 4년간 진행한 뒤 자신들이 발견한 것이 대규모의 사냥터와 시체처리 장소였으며, 그 창의 제작자들—아마 네안데르탈인이었을 것—의 사회적 수준이 매우 높았다는 결론에 도달했다.

30만 년보다 조금 더 묵은 그 창들이 도구 제작 분야에서 일어난 혁신의 표시는 아니다. 수많은 인간이 그 무렵 아슐리안 테크놀로지를 졸업했음을 시사하는 가공유물이 이외에도 많이 있다. 이런 창들이 중요한 까닭은 고도로 발전한 목공 전통을 알려주기 때문이다. 인간 테크놀로지의 역사에서 가장 긴 기간이 석재 테크놀로지를 기준으로 하는 구석기나 신석기에 속하는 이유는 오로지 석재가 오래 살아남기 때문이다. 그러나 그것은 기껏해야 진화 선조들의 한가지 면모를 절반쯤만 흘낏 보여줄 뿐이다.

호모 에렉투스가 도구로 사용하기 위해 손쉽게 이용할 수 있었던 모든 유기물 재료 중에서 수천 년 이상을 견디고 살아남을 만큼 마모에 강한 재질은 뼈, 상아, 조개껍질뿐이다. 동아시아의 호모 에렉투스는 대합껍질을 칼날 용도로 썼는데, 그곳은 세계에서 유일하게 암석을 두들겨 손도끼를 수없이 만들어내는 데 전혀 관심이 없었던 지역이다. 최고 150만 년 전으로 거슬러 올라가는 유적인 남아프리카의 스와르트크란스Swartkrans에서는 흰개미집을 비틀어 여는 데 뼈 도구가 사용되었다는 증거가 몇 가지 있지만 그 외에는 인간이 뼈를 체계적으로 가공하여 도구로 사용했다는 증거가 이상할 정도로 없다가 30만 년 전쯤 되어서야 호미닌hominin•이 가끔 코끼리 뼈로 손도끼를 만들어내기 시작했다.[6] 이것은 뼈가 돌보다 훨씬 더 쉽게 훼손되며, 그것들을 가공하는 과정에서 더 빨리 훼손될 수도 있기 때문일 수 있다. 또 단순히 뼈는 많이 구할 수 있었고, 온갖 형태와 크기가 다양해서 구태여 쓸모에 맞게 변형할 필요가 없었던 것일 수도 있다. 생물들의 곧은 정강이뼈는 원래 모양 그대로 간편한 곤봉으로 쓸 수 있고, 간단한 망치나 분쇄기나 절굿공이로 변형할 수도 있다. 가금의 갈비뼈는 달팽이 껍질을 벗기는 데 아주 편리하다. 당나귀 턱뼈는 성서의 삼손이 알아낸 대로 적을 때려눕히는 데 쓸모 있다. 또 골수를 얻기 위해 익히지 않은 큰 뼈를 쪼개본 사람이라면 알겠지만, 뼈가 쪼개지면 항상 매우 날카롭고 강하여 찌르거나 벨 수 있는 촉과 칼날이 생긴다.

남아프리카 북부의 케이프 주에 있는 작은 마을인 카투Kathu에 있는 모든 것은 일 년 중 폭풍우로 젖어버리는 며칠을 제외하면, 대개 얇은 먼

• 인간과 인간의 직계 조상.—옮긴이

지층으로 덮여 있다. 그 먼지는 읍내 바로 바깥에 있는 거대한 노천 철광산에서 날아온다. 철이 풍부하게 포함된 암석을 찾아 이곳의 붉은 흙을 파내는 데 시간과 에너지를 퍼부은 사람들은 광부들 이전에도 있었다. 철광석이 채굴되고 제련되고 용해되고 주조되어 유용한 물건으로 만들어질 것이라고는 아무도 상상하지 못한 수십만 년 동안 사람들은 똑같은 일을 해왔다. 최근에 고고학자들은 이곳, 그 이후 '카투 판Kathu Pan'이라 불리게 된 장소를 발굴하기 시작했다.

지난 40년간 카투 판에서는 경악할 만한 고고학적 발견이 연이어 이루어졌다. 그중 가장 중요한 것은 호모 에렉투스 말기 또는 호모 하이델베르겐시스가 돌과 나무로 지능적인 복합 도구를 만들었음을 시사하는 증거로 이제껏 발견된 것 중 가장 강력한 것들이다. 그 제작 테크놀로지는 4만 년 전부터 최근까지도 계속 발전해왔다.[7]

하지만 그에 못지않게 중요한 복합 도구의 증거로 이 현장에서 발굴된 더 오래된 또 다른 물건이 있는데, 카투 판 손도끼라는 무미건조한 이름이 붙었다. 멸종된 코끼리 이빨 옆에서 발견된 그것은 아마 75만 년에서 80만 년 전 사이의 언젠가 호모 에렉투스의 친척이 만들었을 것으로 보인다. 호랑이 무늬가 있는 반짝이는 철광석 덩이를 물방울 형태로 깎아다듬어 만든 이 특별한 손도끼는 카투 판에서 발견된 당대의 잘 만들어진 손도끼들과는 전혀 닮지 않았다. 다른 손도끼들이 견고하고 기능적이며 실용적이고 직공이 만들었을 법한 물건이라면 이것은 대가 수준의 장인기가 깃든 작품이다. 밑둥에서 꼭대기까지 약 30센티미터, 가장 넓은 폭은 10센티미터쯤 되는 그것은 대칭과 균형과 정밀도 면에서 대단히 훌륭하다. 기본적인 손도끼가 숙련된 암석공이 열두어 번쯤 때려 만들어진 것인데 비해 이것은 정밀하고 교묘한 수백 번의 타격에 의한 산물이다.

카투 판 손도끼는 왜 만들어졌는지, 용도가 무엇인지에 대해 돌 같은 침묵을 지킨다. 하지만 제작자의 솜씨에 대한 찬양이라면 할 말이 많아진다. 그 손도끼에 난 타격 자국 하나하나에는 휘어지고 수렴하는 면이 대칭을 이루는지 가늠하는 제작자 손가락의 기억만이 아니라 줄무늬 진 철광석에서 쪼개져 나간 암석 파편과 망치 타격 하나하나의 기억도 담겨 있다.

고릴라나 침팬지가 어중간한 손도끼 정도의 물건을 두드려 만들 가능성은 없다. 시도해 볼 기회가 얼마나 많든 간에 말이다. 하물며 카투 판 손도끼처럼 정교한 물건이야 말할 것도 없다. 또 책을 쓰거나 피아노 독주를 훌륭하게 할 수도 없다. 이와 반대로 호모 사피엔스는 대단히 다양한 종류의 어려운 기술들을 익힐 수 있다. 그런 기술들은 일단 숙달되고 나면 본능처럼 느껴진다. 숙련된 피아니스트는 손가락이 움직여야 할 순서를 의식적으로 지정해 두지 않고도 마음속 멜로디를 소리로 변형시킨다. 숙련된 축구선수가 40미터 떨어진 골 위쪽 구석으로 공을 차넣을 때도 그렇게 하는 과정에 필요한 복잡한 역학에 대해 전혀 의식적으로 생각하지 않는 것과 마찬가지다.

어떤 기술이 본능으로 여겨질 만큼 충분히 잘 숙달되려면 시간과 에너지와 수많은 작업이 필요하다. 그 기본은 처음에는 반드시 학습되어야 하는 것으로, 대개 지시와 모방과 실험이 그 학습 방법이다. 그다음에는 연습이 필요한데, 그것이 제2의 천성이 될 때까지 대개 여러 해 걸린다. 기술 습득에도 에너지와 손재주와 인지적 처리 능력이 필요하며, 시인들보다 과학자들이 훨씬 더 중요하게 여기는 끈기, 욕구, 결단력, 상상력, 야심 같은 좀 더 추상적인 성질도 있어야 한다.

신궁의 활쏘기 솜씨나 미세 수술법처럼 판이한 기술들을 배우고 숙달하는 호모 사피엔스의 능력은 우리의 손과 팔, 눈, 신체 형체에 각인된다. 우리는 선조들이 행한 다양한 일들과 그들이 습득한 기술의 산물일 뿐만 아니라, 살아가면서 자신들이 행하는 다양한 일에 의해 발전적으로 형성된 존재다.

시간이 흐르면서 진화 선조들이 점점 더 도구에 의존하게 된 결과, 도구를 제작하고 사용하는 데 더 적합한 신체가 더 잘 선택되는 방향으로 진화의 궤적이 조정되었다. 암석이나 다른 사물들을 유용한 도구로 변형시키기 위해 호모 하빌리스가 단호하고 근면하게 쏟아부은 노력이 남긴 가장 명백한 유산 중에는 바늘귀에 실을 꿸 만큼 정교하게 움직이는 손, 물건들을 쥐고 조작하도록 잘 움직이는 엄지손가락, 또 오로지 투사체를 정확하게 던지도록 특별히 설계된 어깨와 팔 그리고 머리 앞쪽에 자리 잡아 두 사물 사이의 거리를 판단하는 데 기여하는 눈, 마지막으로, 이런 성질들을 한데 모아 섬세하게 조율하는 운동 기능skill 등이다.

하지만 도구의 사용이 남긴 가장 중요하고 영향력이 큰 생리학적 유산은 신경학적인 것이다.

인간의 두개골 속에 있는 회백색 주름은 아슐리안 손도끼보다 훨씬 더한 수수께끼다. 지금은 똑똑한 기계가 인간의 뉴런을 점화하거나 시냅스를 자극하는 전기 박동을 추적하고 분석하고 기록할 수 있지만, 두뇌

1부 | 태초에

는 간이나 폐, 심장 같은 기관들보다 훨씬 더 완강하게 그 비밀을 드러내지 않으려고 버틴다. 하지만 그것들은 인간이 나이를 먹어가는 동안 신체와 환경 간의 상호작용이 두뇌를 형성하고 깎고 다듬을 뿐만 아니라, 도구를 제작하고 사용하거나 모래에서 흔적을 찾아내는 것과 같은 기술의 습득이 선조들의 진화 경로를 결정한 선택에 영향력을 행사한다는 사실을 알 수 있을 만큼은 드러낸다. 이는 도구 사용과 요리를 통해 잉여에너지의 총량이 더 복잡하고 유연한 두뇌를 구축하고 개조하고 유지하는 쪽으로, 또 이런 비상하게 큰 신경 세포 덩어리들을 수용하기 위해 신체를 개조하는 쪽으로 돌려졌다는 사실로 명백해진다. 그 방향이 아니었더라면 선조들을 더 크고, 강하고 빠르고 더 강력한 성적 매력을 발휘하는 쪽으로 성장시키는 데 쓰였을 수도 있는 에너지였는데 말이다.

신체 규격과 두뇌 크기의 비례, 또는 두뇌 조직의 크기는 전반적인 지성을 시사하는 쓸모는 있지만 조야한 지표다. 예를 들면, 어떤 생물종과 신경 피질cortex—거의 모든 고등 포유류가 갖는 신경학적 특징—의 크기와 형태와 주름은 광범위한 상응관계가 있다. 그러나 기술 습득 능력이라는 관점에서 볼 때 가장 흥미로운 것은 인간의 유년시절에서 사춘기를 거쳐 그 이후까지 발생하는 일련의 신경학적 변형이다. 그것은 인간의 신체와 주위 세계간의 상호작용이 인간 신경 설계의 양상을 물리적으로 재구성할 수 있게 해준다.

거의 모든 동물종들이 여러 세대의 자연도태를 거치면서 고도로 전문화된 능력을 연마하고 진화시켜 특정한 환경을 이용할 수 있게 되었을 때, 우리 선조들은 갈수록 더 융통성이 커지고 더 다재다능해짐으로써 이 과정을 단축했다. 다른 말로 하면, 그들은 기술을 습득하는 기술에 통달했다.

거의 모든 포유류는 태어난 뒤 얼마 지나지 않아서 혼자 움직일 수 있다. 고래와 다른 해양포유류는 작살에 꿰여 고급 스테이크나 과학 연구의 재료가 되지 않는 한 인간과 비슷한 수명을 가지는데, 그들의 새끼는 태어날 때부터 수영을 잘 한다. 거의 모든 유제류有蹄類는 출생 직후부터 걸을 수 있고, 인간을 제외한 모든 아기 영장류는 모체의 자궁에서 나오는 순간부터 어머니의 등이나 목에 필사적으로 매달릴 수 있다. 이와 반대로 호모 사피엔스의 갓난아기는 할 수 있는 일이 없고, 신체 접촉을 요구하면 사람들은 안아줘야 한다. 여러 해 동안 어른에게 거의 전적으로 의존한다는 점이 인간 아기의 특징이다. 갓 태어난 침팬지 두뇌는 어른 두뇌 크기의 40퍼센트에 가깝지만 일 년 이내에 어른 크기의 80퍼센트 가까이 자란다. 갓 태어난 호모 사피엔스의 두뇌는 어른이 되었을 때의 크기에 비해 4분의 1 정도이며, 사춘기 초반이 되어야 어른 크기에 가까워지기 시작한다. 이것은 부분적으로는 그들이 직립 보행 때문에 위험할 정도로 좁아진 산도를 통해 어머니의 자궁을 벗어날 수 있도록 적응된 형태다. 또 갓난 호모 사피엔스의 두뇌가 제대로 성장하려면 자궁의 부드러운 안전함이 아니라 감각 자극이 풍부한 환경이 필요하기 때문이기도 하다.

갓 태어난 호모 사피엔스는 무방비 상태이지만 그들의 두뇌는 열심히 일하고 있다. 소음과 악취, 촉각 그리고 생후 몇 주 뒤부터는 시각적으로 약동하는 온갖 자극 세계의 공격을 받는다. 영아 시절에 두뇌는 미친 듯한 속도로 발달하며, 새로운 뉴런이 어지럽게 뒤섞인 감각 자극 속에서 의미를 걸러내기 위해 스스로 정렬되어 시냅스를 형성한다. 이 과정은 유년 내내 계속되어 사춘기 초기까지 이어진다. 그때쯤이면 아이들은 태어났을 때보다 두 배는 더 많은 시냅스와 환상적이고 터무니없는 상상에도 쉽게 촉발되는 두뇌를 갖게 된다. 놀랄 것도 없지만 이 기간에 획득된 기본 기술이 나중에 가장 직관적이고 본능적이라고 느껴지는 것은 당연하다.

사춘기가 시작될 무렵 인간의 신체는 영아기와 유년 초기에 형성된 다량의 시냅스 연결을 조금씩 깎아먹기 시작한다. 그래서 성인기에 도달할 무렵이면 대부분 사춘기가 시작되었을 때 갖고 있던 시냅스 수의 절반밖에 남지 않는다. 이런 시냅스 솎아내기의 과정은 성인의 두뇌 발전에 있어서 성장의 초기로서 매우 중요하다. 두뇌가 제대로 실용화되지 않은 시냅스 연결들이 위축되고 죽어가게 내버려 두어, 환경 조건을 더 잘 충족시키도록 스스로 능률성을 높이고 에너지 자원을 가장 필요한 곳에 집중시키는 것이 이 기간이다.

인간의 두뇌가 생활 환경에 의해 형성되는 과정은 거기서 끝나지 않는다. 신경학적 재구성과 발달은 성인기 초기까지 계속 이어지며, 나이가 들면서 그 과정이 성장이나 재생성보다는 쇠퇴하는 방향으로 움직이는 경향은 있지만, 망령이 들 때까지 계속된다. 아이러니하게 인간종이 젊은 시절에 보이는 비상한 유연성과 늙어가면서 그것이 쇠퇴하는 범위 역시 왜 우리가 나이 들면서 더 고집스럽게 변화에 저항하게 되는지를 설명해 준다. 그리고 왜 젊었을 때 얻은 습관은 나이가 들어서도 고치기가 그렇게 힘든지, 왜 문화적 신념과 가치가 본성의 반영이라고 상상하느지, 왜 타인들의 믿음과 가치가 우리 것과 충돌할 때 상대방을 부자연스럽다거나 비인간적이라고 험담하게 되는지 등의 이유를 말이다.

하지만 우리의 진화 선조들은 어떠했는가? 그들도 우리와 비슷하게 어렸을 때는 유연성이 있지만 나이 든 뒤 자기들 방식으로 굳어버린 걸까? 선조들이 손도끼를 그토록 한결같이 붙들고 있었던 까닭이 유연성의 진화라는 이론으로 설명될까?

화석으로 남은 기록은 인류의 진화가 선택한 방향이 2만 년 전까지는 더 큰 두뇌와 신피질을 가진 개체를 더 선호하는 쪽이었음을 명료하게 보여준다. 그러다가 그 무렵 이유를 모르게 선조들의 두뇌가 줄어들기 시작했다. 하지만 화석 기록에는 여러 다른 선조들의 두뇌가 각 개인이 평생 얼마나 빨리 혹은 느리게 발달했는지는 보여주지 않는다. 미래의 게놈 연구가 이 문제에 관한 새로운 이해를 조금이라도 가져다줄지도 모른다. 그래도 그것이 주어질 때까지는 그저 수수께끼투성이 손도끼 같은 물건을 노려보면서, 왜 우리 선조들이 100만 년 동안 그것을 부지런히 만들어오다가 30만 년 전에 갑자기 그것을 포기하고 일련의 새 테크닉으로 다듬어진 더 다재다능한 도구로 갈아탔는지 물어보는 수밖에 없다.

하나 대답할 수 있는 것은 상이한 종류의 새들이 유전적으로 특정한 둥지 디자인에 속박된 방식과 마찬가지로 선조들이 유전적으로 어떤 손도끼 디자인에 제한되어 있었다는 점이다. 만약 그렇다면 호모 에렉투스와 다른 인종들은 왜 그렇게 하는지 막연한 느낌밖에 없는 상태에서 본능적인 자동항법 기능에 따라 움직이면서 부지런히 손도끼를 만들어온 것이다.[8] 그러다 30만 년쯤 전에 그들은 갑자기 결정적인 유전학적 경계를, 혁신의 새 시대를 자발적으로 불러들인 루비콘강을 건넜다.

가능성 있는 또 다른 대답은 지성이 단일한 일반적 특징이라는 생각을 포기하고 상이한 인지적 특징들—적어도 처음에는 상이한 적응 압력에 부응하는 상이한 직업을 수행하기 위해 진화한—의 집합이라고 보면 저절로 나온다. 그러므로 문제 해결은 적응을 위한 특정 압력들의 집합에 반응하는 지성의 한 형태로 볼 수 있다. 추상적 추론, 공간적 추론 그리고 사회적으로 전달된 정보를 습득하고 흡수하는 능력 역시 제각기 다른 지성 형태다.

만약 그렇다면 호모 에렉투스가 손도끼 디자인에 그토록 절박하게 매달렸던 것은 타인들로부터 배우는 학습이 처음에는 문제 해결보다 훨씬 더 유익한 적응법이기 때문이었을 수도 있다. 거의 모든 육상 포유류, 또 두족류와 조류의 몇 종류처럼 인지적으로 유연한 생물은 모두 경험에서 배운다. 그러나 유연성이라는 것도 그 자체로는 명백한 한계가 있다. 그것은 각 개체가 똑같은 교훈을 거의 밑바닥에서부터 익혀야 하고, 똑같이 에너지 소모적이고 때로는 치명적이기도 한 그 선조들의 오류를 되풀이해야 한다.

하지만 사회적 학습과 관련된 특징과 결합된다면, 유연성의 이점은 여러 배 증폭된다. 독사를 피하는 법이나 손도끼의 쓰임새에 대한 지식 같은 유익한 학습된 행동이 아무런 비용이나 최소한의 위험도 없이 여러 세대에게 전달될 수 있기 때문이다.

호모 에렉투스가 손도끼로 어떤 일을 했는지 우리는 모를 수 있지만 그들은 분명히 알고 있었다. 또 그들은 젊었을 때 다른 사람들이 사용하는 것을 지켜보고 알게 되었을 것이다. 호모 에렉투스가 타인을 지켜보고 모방하면서 다른 기술도 익히지 않았을 리는 없다. 이런 다른 기술 중의 몇 가지는 효율적인 땅파기 막대를 만드는 법, 동물을 도살하고 시체를 해체하는 법, 불 피우는 법같이 기예적 기술technical skill이었을 것이다. 다른 기술은 동물을 추적하거나 말이나 접촉을 통해 타인을 위로하는 법을 익히는 것 같이 행동적 기술behavioral skill이었을 것이다.

　언어가 단순한 단어의 집합 이상의 것이며, 복잡한 상념들을 의도에 맞게 전달할 수 있게 해주는 통사론syntax 규칙에 지배된다는 사실은 도구 제작과 함께 등장한 것인지도 모른다. 어떤 생각을 효율적으로 전달하려면 단어가 올바른 순서로 조직되어야 한다. 코코 같은 고릴라나 침팬지는 대개 인간이 지배하는 환경에서 살았고, 실용적인 어휘 수천 단어를 익혔으며, 각기 다른 종류의 포식자의 존재와 위치를 경고하기 위해 다른 음성 신호를 만든다. 그러니 오스트랄로피테쿠스 역시 그런 일을 하는 두뇌를 가졌으리라고 추측하는 것은 합리적이다. 그러나 정확한 경고를 외치는 것과 사랑의 노래를 부르는 것 사이의 거리는 멀다. 언어란 일련의 복잡한 문법 규칙에 따라 조직된 단어이기 때문이다. 그렇게 하려면 감각 지각과 운동 제어 능력뿐만 아니라 작동의 위계질서를 따를 능력까지 통합하는 신경 회로가 있어야 한다. 단어들이 특정한 순서에 따라 소개되어야만 어떤 문장이 의미를 가지는 것과 똑같은 식으로, 도구 제작 과정에서도 각 작업의 특정한 위계질서가 준수되어야 한다. 창을 만들려면 제일 먼저 창촉을 만들고, 자루를 준비하고, 그것들을 한데 묶을 재료를 찾아놓아야 한다. 오랫동안 언어 절차는 두뇌 속의 고도로 전문화되고 해부학적으로 구분된 모듈—브로카 구역Broca's area—만의 독점적인 기능이라 여겨져 왔다. 하지만 이제는 브로카 구역이 도구 제작과 사용처럼 비언어적 행동에서도 상당한 역할을 한다는 것이 분명해졌다.[9] 이는 도구의 제작 및 사용과 관련되는 선택에 대한 압박이 언어 발달의 초기 단계에서도 뭔가 영향을 미쳤을 수도 있음을 의미한다.

조지 아미티지 밀러George Armitage Miller는 언어의 세계에서 살았다. 그의 시아에 들어온 모든 사물과 그가 들은 모든 단어는 즉각 그의 마음속을 번뜩이며 지나가는 연상과 동의어와 반의어가 폭포처럼 쏟아지게 자극한다. 언어 배후의 인지적 절차와 정보 처리 과정을 이해하는 데 관심을 가진 심리학자인 그는 하버드 대학에 인지연구센터Center for Cognitive Studies를 설립했다. 그리고 디지털 네트워크가 일상의 한 부분이 되기 오래 전인 1980년에 영어의 거의 모든 단어 사이에 이루어지는 수많은 어휘적 관계를 상세히 밝혀주며 지금도 작동하는 온라인 데이터베이스인 워드너Wordner 개발을 밀어붙인 선도자였다.

하지만 1983년에 그는 살아 있는 유기체와 정보 사이의 관계를 서술할 단어를 찾는 일에 한동안 붙들렸다. 에르빈 슈뢰딩거Erwin Schrodinger의 『생명이란 무엇인가What is Life』의 애독자인 밀러는 슈뢰딩거가 그의 생명 정의에 의거하여 뭔가 중요한 내용을 남겼다고 확신했다. 살아 있는 유기체가 엔트로피의 요구에 따라 자유 에너지를 소비하려면 그것을 찾아낼 수 있어야 하는데, 그러기 위해서는 주위 세계에 대한 유용한 정보를 얻고, 해석하고, 반응할 능력을 갖춰야 한다고 밀러는 주장했다. 다른 말로 하면, 그것은 그들이 포획한 에너지의 상당 부분이 더 많은 에너지를 찾아내고 획득하기 위해 감각을 이용하여 정보를 찾아내고 처리하는 데 사용된다는 뜻이다.

"신체가 부정적 엔트로피(자유 에너지)를 섭취함으로써 살아남는 것과 똑같이 마음도 정보를 섭취함으로써 살아남는다"고 밀러는 설명했다.[10]

밀러는 정보를 섭취하는 유기체를 묘사해 줄 만한 단어를 찾고 있었지만 그런 단어가 보이지 않자 '정보포식자informavores'라는 새 단어를 고안해 냈다. 그는 원래 그 단어를 우리와 같은 에너지에 굶주린 신경계와 두뇌를 가진 '고등 유기체'에 적용하려고 했다. 그러나 지금은 원핵생물체prokaryotes에서 식물에 이르는 모든 생명체가 정보 생물임이 분명하다. 예를 들어 웅덩이에 사는 박테리아는 사유하는 신체 기관은 갖고 있지 않을지라도 햇빛을 받기 위해 잎사귀를 구부리는 식물처럼 주위에 에너지원이 가까이 있다는 자극 신호에 반응할 수는 있고, 또 그런 것이 없다면 찾아 나설 수도 있다.

두뇌와 신경계를 가진 복합 유기체가 포획하는 에너지의 많은 부분이 감각을 통해 얻어진 정보의 여과와 처리에 쓰인다. 그러나 어떤 경우든 정보가 부적절하다고 판정되면 대개 즉시 기각된다. 하지만 부적절하지 않은 정보는 대개 행동을 촉발하는 방아쇠가 된다. 치타의 경우, 쉽게 잡을 수 있는 제물이 시야에 들어오면 그 시각 데이터는 치타를 사냥 모드로 변신시키며 그와 똑같은 방식으로 가젤은 치타의 꼬리가 눈에 들어오는 즉시 달리게 된다. 그러나 거의 모든 종은 획득된 정보에 단순히 본능적으로 반응하는 것이 아니라 파블로프의 개처럼 특정한 자극에 반쯤 본능적으로 반응하는 능력을 갖고 있다. 또 몇몇 종은 본능과 습득된 경험을 합친 것을 기초로 하여 어떻게 반응할지를 선택하는 능력도 있다. 따라서 죽인지 얼마 안 되는 제물 곁에서 쉬고 있는 사자를 배고픈 자칼이 만나면 그것은 달려들지 말지 결정을 내리기 전에 사자의 경계 상태와 기분을 신중하게 검토한 다음 시체에서 살이 붙은 뼈 하나를 훔쳐오려면 얼마나 위험할지 계산할 것이다.

지극히 유연한 신피질과 잘 조직된 감각을 가진 호모 사피엔스는 정보세계의 폭식자다. 우리는 정보를 얻고, 처리하고, 정돈하는 데 특화하여 숙련되었으며, 그 정보가 자신의 정체 형성에 관련될 때 누구보다도 더 다재다능해진다. 또 독방에 갇힌 죄수처럼 감각 정보를 박탈당한 상황에서 우리는 가끔 우리의 내적 정보에 먹이를 주기 위해 환상적으로 정보가 풍부한 세계를 어둠 속에서 불러낸다.

인간의 다양한 기관, 관절, 다른 신체적 부분들을 올바른 방향으로 작동하게 만드는 데는 두뇌의 많은 부분이 필요하지 않다. 두개골 안에 들어 있는 에너지 소모적인 세포들 가운데 절대다수는 정보의 처리와 조직에 할당된다. 또 이런 작업 외에는 움직이지 않는 이 신체기관이 감각기관이 모아오는 사소한 정보를 살펴볼 때 전기박동이 발생하는데, 그 기관들이 열을 내면서 수행하는 작업의 분량이라는 측면에서도 인간에 비길 만한 동물은 거의 없다. 잠자고 있을 때 우리는 꿈을 꾼다. 깨어 있을 때는 끊임없이 자극과 개입을 찾아 나선다. 정보를 받지 못하면 우리는 괴로워한다.

단지 정보의 처리와 조직에만 한정시키더라도 대형 영장류는 두뇌가 행하는 생생한 신체적 작업의 분량이라는 측면에서 다른 동물 세계를 능가한다. 그리고 우리 인간 계보의 진화 역사에서 두뇌 성장의 폭이 커지는 것은 모두 선조들의 정보에 대한 욕구와 그것을 처리하는 데서 소모되는 에너지 분량이 증가했다는 신호였다.

도시 거주 호모 사피엔스 가운데 다른 인간들과 상호작용하는 수가 얼마나 되는가 하는 문제 때문에, 인간 진화의 역사에서 유연성이 갖는 의미에 관한 연구의 큰 부분이 언어 같은 기술의 발달에서 그것이 차지하는 역할에 집중되었다. 문화 지식의 전달을 가능하게 해주고 개인이 복잡한 사회적 관계를 헤쳐나가도록 도와주는 역할에서 말이다. 그러나 선조들이 고도로 숙련된 언어 사용자가 된 것은 우리의 진화 역사에서 비교적 늦은 시기였다는 사실을 감안한다면 놀랍게도 그들이 비언어적 정보를 처리하도록 개발한 기술은 관심을 별로 받지 못했다. 이것들은 주위 세계를 관찰하고, 듣고, 만지고, 상호작용하는 과정을 통해 습득되고 개발되었을 것이다.

칼라하리의 수렵채집인들은 문화적으로 전달된 정보의 중요성을 의심하지 않았다. 가령, 사냥꾼이 살아남으려면 어느 식물이 먹기 좋은 것이고, 언제쯤 다 익는지, 어떤 덩이뿌리와 멜론에 수분이 담겨 있는지를 알아야 한다. 사냥 같은 문제에서는 중요한 지식이 단어를 써서 전달될 수 있다. 화살촉에 바를 독을 가진 아프리카 잎사귀 딱정벌레diamphidia를 어디서 찾을 수 있는지, 또는 어느 동물의 힘줄이 활줄을 만들기에 제일 적합한지 같은 지식이다. 그러나 가장 중요한 형태의 지식은 그럴 수 없다. 이런 종류의 지식은 가르쳐질 수 있는 것이 아니라고 그들은 주장했다. 왜냐하면 그런 것은 단지 머릿속에 들어가는 게 아니라 신체에 심어지며, 절대로 말만으로 환원될 수 없는 기술로 표현되기 때문이다.

물론 우리는 이런 특정 기술이 무엇인지 짐작만 할 수 있다. 아마 길 안내와 길 찾기는 십중팔구 그런 기술에 속할 것이다. 잠재적으로 위험

1부 | 태초에

한 동물의 행동과 상황을 읽어낼 능력, 또 위험을 계산하고 관리할 능력 같은 것이 그렇다. 또 사냥꾼들에게 있어서, 모래에 남은 동물의 흔적에 불과한 것에서 자세한 정보를 끌어내고 그것을 고기를 입에 넣게 해주는 데 사용하는 능력은 거의 틀림없이 그런 기술에 속한다.

새벽이 오고 두어 시간 동안 동물의 흔적은 계속 혼란스럽게 교차하는 선들의 배열로 남아, 100가지 다른 글자꼴과 크기로 타자된 편지처럼 칼라하리 사막의 모래를 장식한다. 두어 종의 예외는 있지만, 칼라하리의 모든 생물종에게 밤은 가장 분주한 시간이며, 그들이 야밤에 벌인 모험의 이야기가 매일 아침이 오면 읽을 줄 아는 사람의 눈앞 모래 위에 잠시 펼쳐진다.

태양이 더 높이 올라가고 그림자가 짧아지면, 그 흔적들은 훨씬 보기 힘들어지고, 알아보기는 더욱 힘들어진다. 하지만 숙련된 추적자에게는 별 차이가 없다. 글자나 단어 두어 개가 검은색으로 지워진 문장을 읽을 때, 혹은 친숙하지 않은 액센트로 친근한 단어가 읽히는 것을 들을 때처럼, 그들은 자신들의 직관을 사용하여 처음에는 추론하고, 다음에는 추론한 내용을 근거로 그들 앞에 놓인 찾기 힘든 흔적을 찾아낸다.

수렵채집하는 !쿵족에게 흔적은 끝없는 즐거움의 원천이며, 그들은 동물 발자국만큼 인간의 발자국도 꼼꼼하게 조사한다. 그런 능력 때문에 !쿵족 마을에서는 도둑들뿐 아니라 남몰래 연애하기도 더 힘들다.

어른들은 흔히 자신들이 모래에서 읽어낸 사연을 아이들에게도 알려주지만, 아이들에게 흔적 찾는 법을 가르치려고 특별히 노력하지는 않았다. 대신에 아이들이 주위 세계를 관찰하고 상호작용함으로써 이런 기술을 습득하도록 조용히 지원한다. 작은 활과 화살 세트로 무장한 아이들은 낮 동안 숙영지 주위에서 눈에 보이지 않게 활동하는 다양한 곤충, 도마뱀, 가금, 설치류를 쫓아다니고 사냥하면서 보낸다. 어른들의 설명에 따르면 이런 식으로 소년들에게 '보는 법'을 가르치고 그래서 아이들이 점차 자신들이 추적하는 동물들의 지각 세계에 개입하는 더 희귀한 기술을 익히기 시작하면서 사춘기를 준비할 수 있게 해준다. 그 세계에 들어가는지 아닌지가 사냥꾼으로서의 성공과 실패를 가르는 차이다.

!쿵족 사냥꾼들이 체험하는 사막은 자신들의 움직임을 모래 속에 새겨두는 다양한 동물들의 사연에 의해 생명을 얻은 광활한 캔버스 같은 것이다. 시가 그렇듯, 흔적에도 문법, 운율, 어휘가 있다. 또 그것들을 해석하는 일은 시처럼 그냥 일련의 글자를 읽고 그것이 가는 곳으로 따라가는 것보다 훨씬 더 복잡하고 섬세한 작업이다. 어떤 개별적 흔적의 집합에서 의미의 층을 분해하고, 누가 그것을 만들었고, 언제 만들었는지, 동물이 무슨 일을 하고 있었는지, 그가 어디로 가고 있었는지, 왜 갔는지를 판단하려면 사냥꾼들은 동물의 시점에서 세계를 인지해야 한다.

!쿵족에게서 사냥꾼의 기술은 활을 다루는 정확도나 끈질김으로만 측정되지 않는다. 우선 동물을 찾아내는—흔히 몇 킬로미터씩 추적하여—능력이 있어야 한다. 그런 다음 틀림없이 사냥감을 쏘아 맞힐 만큼 가까이 접근하는 능력이 중요하다. 이들의 주장에 따르면, 그렇게 하려면 동물의 마음에 들어가서 그들의 감각을 통해 세상을 지각해야만 하는데, 그런 지각은 흔적을 통해 얻어진다.

대부분의 칼라하리 지역에는 아래쪽 평원에서 풀을 뜯고 있는 사냥물

을 겨냥할 언덕이나 고지대가 없고, 덤불은 대개 너무 빽빽해서 몇 미터 앞도 내다보기 힘들다. 여기서 큰 동물—일런드영양eland, 오릭스영양oryx, 사슴영양hartebeest 같은 동물—을 아무 무기나 도구 없이도 잡을 수 있지만 모래에 기록된 이야기를 읽지 못한다면 이는 불가능하다.

이제는 !쿵족 사이에도 평소에 추적사냥persistence hunting[*]을 하는 사람은 없다. 오늘날 그 수가 점점 줄어들고 있는 니아에니아Nyae-Nyae 지역의 현직 사냥꾼 집단은 모두 활이나 독화살로 큰 동물을 사냥하는 편을 선호한다. 그들 대부분은 이제 중년을 한참 넘어섰고, 예전처럼 팔팔하다고는 해도 끈질긴 사냥은 더 젊은, '더 굶주린' 사람들에게 맡긴다. 1950년대로 돌아가도 니아에니아 지역에 있던 여러 !쿵족은 여전히 끈질긴 사냥의 달인들이었는데, 그것은 인간종만큼 오래 묵은, 또는 그보다 훨씬 더 오래되었을 수도 있는 기술이다. 그것은 또 우리의 진화 선조들에게 필요한 기본적 에너지를 채우는 과정에서 수행된 작업 가운데 이느 정도가 두뇌 활동이며, 주위 세계에서 얻은 감각적 정보의 채집, 여과, 처리, 가설 정립, 토론에 관련되는 것인지 상기시키는 기술이기도 하다.

진화의 과정에서 칼라하리 지역에서 벌어진 무기 경쟁은 거의 모든 식용 동물을 재빠르고 민첩하게 만들었고, 그들을 사냥하는 거의 모든 포식자를 이빨이 날카로워지고 조금 더 빨라지고 더 많이 강하게 만들

---

* 혹은 persistent hunting이라 하며 사냥감이 지쳐 쓰러질 때까지 끈질기게 추적하여 잡는 사냥법을 일컫는다.—옮긴이

었다. 그러나 몇몇 예외를 제외하고, 포식자도, 먹잇감도 지구력이 형편 없다. 사자나 누 같은 동물들은 땀을 흘리지 못하므로 상대방을 죽이거나 죽음을 피하려고 애쓸 때 발생한 신체의 열을 식히려면 시간이 걸린다. 쿠두 영양kudu이 사자에게 쫓기거나, 스프링복springbok이 치타에게 쫓길 때, 사냥의 결과는 항상 에너지가 집중적으로 소모되는 2, 3초 이내에 결정된다. 제물이 탈출에 성공하면 포식자와 제물 모두 쉬고 몸을 식히 고 정신을 차릴 시간을 좀 가져야 한다.

사자가 달려들거나 뿔사슴을 추적할 때와 같은 단거리 경주에서는 인간이 절대 이기지 못한다. 하지만 인간은 털이 없고 땀을 흘릴 수 있 다. 길고 넓은 보폭으로 쉽게 달릴 수 있는 이족보행류인 인간은 먼 거리 를 달리면서 필요하다면 몇 시간이라도 쉬지 않고 한결같은 보조를 유 지할 수 있다.

끈질긴 사냥은 이론적으로는 간단하다. 적당한 동물, 이상적으로는 무 거운 뿔을 달고 있어서 부담이 큰 동물을 찾아야 하고, 그런 다음 쉬지 않 고 그것을 쫓아서 쉬고, 물을 마시고, 열을 식힐 기회를 주지 말고, 결국 은 탈수상태에 빠지고 열이 올라 혼몽해질 지경까지 가고, 혼이 나갈 때 까지 몰아붙인 다음, 사냥꾼이 평소처럼 걸어가서 목숨을 빼앗는 것이다.

1950년대에 !쿵족은 가벼운 불황 시대를 지나는 동안 이런 방식으로 만 사냥했다. 그 시절에 여름비가 내리면 찐득거리고 점성이 강한 부드 러운 회색 진흙이 뭉쳐지고 건조하여 딱딱한 시멘트처럼 굳어버린다. 아 프리카의 영양 가운데 가장 큰 종류이자 !쿵족이 제일 좋아하는 고기 공 급원인 일런드영양에게 이 진흙은 문제가 된다. 물웅덩이에서 물을 마실 때 진흙이 발굽 사이의 홈에 끼면 나중에 마르면서 부피가 늘어나 발굽을 갈라놓고 달릴 때 통증을 준다. 웅덩이 너머의 건조한 모래에서 수색할 때 진흙이 낀 발굽을 가진 일런드영양의 독특한 발자국은 알아보기 쉽다.

끈질긴 사냥은 아주 더운 날에만 시도된다. 온도가 섭씨 40도에 가깝게 혹은 그 이상으로 치솟으면, 제정신이 있는 식용 동물은 그저 그늘을 찾아 들어가 최대한 아무 일도 하지 않으려 한다. 그럴 때 사냥꾼들은 일런드의 발자국을 찾아서 부드럽고 리드미컬한 속보로 그것을 따라간다. 활로 사냥할 때는 신중하고 조용한 추적이 필요하지만 끈질긴 사냥꾼은 일런드가 공포에 질려 최대한 빨리 덤불 속으로 달아나기를 원한다. 그렇게 되면 대략 2, 3킬로미터쯤 달려간 뒤 일런드는 시급한 위협을 떨쳐냈다고 자신하여 숨을 돌리고 발굽의 통증을 누그러뜨릴 수 있는 그늘을 찾는다. 하지만 오래지 않아 꾸준히 그 궤적을 따라온 사냥꾼이 다시 시야에 들어오고, 또 다시 달아나야 한다. 서너시간 동안 3, 40킬로미터를 달리고 나면 일런드는 진흙이 뭉친 발굽의 통증으로 괴롭고 다친 상처로 불구가 되고 탈진하여 혼몽해져 사냥꾼에게 자신을 헌납한다. 그때쯤이면 사냥꾼은 몸을 숨기지 않고도 다가와서 그 목을 타고 앉아 콧구멍과 입을 움켜쥐고 손으로 막아 질식시켜 죽인다.

이런 사냥 방법은 남아프리카에만 있는 게 아니다. 아메리카 원주민 가운데 파이우트족과 나바호족은 프롱혼 영양을 이런 식으로 몰아잡았다. 멕시코의 타라후마라족 사냥꾼들은 사슴을 몰아서 탈진시키고 그런 다음 맨손으로 목졸라 죽인다. 그리고 오스트레일리아에서도 애버리진이 캥거루를 사냥할 때 가끔 이 기술을 썼다.

이런 사냥법은 눈에 보이는 물질적 흔적을 남기지 않기 때문에, 우리의 진화 선조들이 이런 식으로 사냥했다는 유형의 고고학적 증거는 없다. 그러나 테크놀로지 면에서 한계가 있던 호모 에렉투스와 다른 인종들이 식량 찌꺼기를 찾아다니는 것 외에 평원에서 사냥했다면 다른 방식으로 사냥했을 것 같지는 않다. 평범한 돌덩어리를 보고 그것을 다듬어 손도끼를 만들겠다고 상상할 머리가 있었던 그들이 동물의 궤적을 보고 그 동물이 무엇인지 상상하지 못했으리라고 믿을 이유도 없다. 몇몇 인류학자들, 특히 본인이 유능한 추적자이던 루이스 리벤베르크Louis Liebenberg 같은 유명 학자들에게는 고고학적 기록과 화석 기록에 남은 흔적이 명료하게 보였다. 그는 호모 에렉투스가 분명히 이런 방식으로 사냥했을 것이며, 이런 사냥 형태는 인간이 이족보행을 하는 데 분명 영향을 미쳤으리라 보았다. 즉 우리 신체를 장거리 달리기에 적합하게 만들고, 신체를 땀으로 식히는 능력을 개발하며, 가장 고대적인 쓰기 형태에서 의미를 추출해 내는 과제에 정신을 적응시키도록 압력을 가했을 것이다.

그가 거의 옳다. 모래에 남은 흔적에서 복잡한 의미를 추측해 내는 데 필요한 기술은 우리가 주로 인간만이 갖고 있다고 여기는 의도성의 종류만이 아니라, 코코가 그랬던 것처럼 좀 더 수준 높은 방식으로 문법과 통사론을 사용하는 데 필요한 인지적 특성도 그들이 갖고 있음을 시사한다. 다른 말로 하면, 사냥은 우리 선조들이 복잡한 언어 개발 능력이 발전하는 방향을 선택하게 만드는 압력 중의 하나였음이 거의 틀림없다. 이런 방식의 사냥은 지금도 인간들의 일에 대한 태도의 특징인 끈기와 인내심과 순수한 결단력을 키우는 것만이 아니라 그들의 사회성과 사회적 지성을 형성하는 데서도 중요한 역할을 했을 것이다.

명백한 고고학적 흔적을 남기지 않는 다른 기술들 또한 선조들의 식량 탐색 활동의 효율성을 키우는 데서 일익을 담당했을 것이다. 또 아마 이 중에서 가장 중요한 것이 커다란 두뇌를 먹여살리는 데 필요한 영양을 제공할 뿐만 아니라 인류 역사에서 가장 중요하고 영향력이 큰 에너지 혁명을 촉발한 기술일 것이다. 불을 다루는 기술이 바로 그것이다.

4장

전환기

!쿵족은 불을 통해 위대한 전환을 맞았다. 불은 번개를 통해 신이 만들어준 것이지만, 그들이 방법만 안다면 마른 나무 막대 두 개 혹은 부싯돌로도 만들 수 있다. 불은 날것을 요리된 것으로 변형시키며, 차가운 몸을 따뜻하게 데우고, 젖은 나무를 뼈처럼 단단하게 길들일 수 있고, 쇠를 녹일 수 있다. 게다가 어둠을 빛으로 바꾸고, 사람들이 잠든 사이 호기심 많은 사자와 코끼리와 하이에나가 습격하지 못하게 막을 수 있다. 또 건기마다 들불이 칼라하리를 휘몰아치며, 죽은 풀을 태우고 첫 여름비를 내리게 하여, 새해와 새 생명을 불러들인다.

　!쿵족이 가진 샤먼은 치유의 춤을 추면서 활활 타오르는 불꽃으로 달려들고 그 속을 통과하며, 은눔n/um에 점화하기 위해 석탄을 뒤집어쓰면서 불이 혼령들의 그림자 세계로 이동할 에너지를 준다고 주장한다. 은

눔이란 뱃속 깊은 곳에 자리잡고 있는 치유력으로서, 열이 가해지면 신체를 장악한다.

이런 샤먼들이 불을 통해 과거로 이동할 수 있다면, 그들은 불꽃 속에서 여러 가지 환상을 볼 것이다. 우리 선조들이 불을 다룰 수 있게 되면서 식량 탐색에 쏟는 시간과 노력을 얼마나 줄일 수 있었는지, 그로 인해 언어와 문화, 이야기, 음악, 미술의 발전이 얼마나 촉진되었는지, 또 인간이 성적 지위를 얻는 수단으로 두뇌가 근육의 힘보다 더 유리할 수 있는 유일한 생물종이 되게 함으로써 자연도태와 성선택의 표준을 바꿀 수 있었는지 등을 말이다. 그랬더라면 그들은 불이 선조들에게 여가의 반대 형태인 일이라는 개념을 어떻게 불러왔는지를 보게 될 것이다.

나무에 매달린 열매를 막대기로 쳐서 떨어뜨리는 것은 나무에 기어올라 가지에서 열매를 따는 것보다 덜 위험하고 힘쓸 일도 적다. 마찬가지로 흑요석 박편의 날에 힘을 집중하여 죽은 마스토돈의 가죽을 잘라내는 것이 부드러운 과일을 으깨거나 채소를 짓이겨 소화하기 쉬운 죽 같은 형태로 만드는 데나 적합할 만한 이빨로 마스토돈 사체를 물어뜯는 것보다 힘이 덜 든다. 도구를 상습적으로 사용하면서 우리의 진화 선조들이 구할 수 있는 식량의 범위가 엄청나게 넓어졌다. 또 거의 모든 다른 생물종은 좁은 생태학적 적소를 활용하여 기본적인 필요 에너지만 확보하도록 진화한 단일 직종의 전문가로 살아가는 세계에서 인간은 다재다능한 만능인으로 우뚝 서는 데에도 도움이 되었다. 하지만 에너지라는 측면에서 본다면 그 어떤 물리적 도구도 인간 진화 역사에서 무엇보다도 중요한 도구인 불에 비할 수 없다.

200만년쯤 전, 오스트랄로피테쿠스는 세계에서 에너지를 간접적으로만 추출할 수 있었다. 다른 수많은 생물종처럼 그들은 채집한 식물, 주로 광합성이라는 방법으로 태양 에너지를 붙잡고, 저장하고 다시 처리하여 잎사귀, 열매, 덩이뿌리 같이 더 편리하게 먹을 수 있는 형태로 바꾼 식물을 먹어서 에너지를 뽑아냈다. 150만 년쯤 전, 호모 하빌리스는 간접적인 에너지 획득 방식의 범위를 넓혀, 식물에 있는 영양분과 에너지를 집중석으로 살코기, 신체 기관, 지방, 뼈로 변환하는 수고를 이미 거친 더 복잡한 유기체를 좋아하는 성향을 발전시켰다. 이것이 인류가 겪은 1차 에너지 혁명이었다. 이로써 살과 지방과 뼈에서 얻는 여분의 영양분과 에너지 덕분에 호모 하빌리스는 더 큰 두뇌를 키울 수 있었다. 그리고 에너지 밀도가 낮은 채집 식량에 대한 의존도가 줄었고 동시에 식량 수색에 바치는 전체 시간도 줄었다. 그러나 생고기, 지방, 뼈만으로는 호모 사피엔스의 두뇌처럼 크고 에너지를 많이 소모하는 두뇌를 충분히 키우고 유지할 수 없다. 그러기 위해서는 식량을 익혀 먹어야 하고, 익히려면 불을 다루어야 하는데, 그것이 제2의 그리고 아마 역사상 가장 큰 에너지 혁명이 시작된 절차였을 것이다.

처음에 인간 진화의 선조들이 어떤 계기로 불을 다루게 되었는지는 알 수 없다. 아마 그들은 들불에 그을린 땅을 지나가면서 식량을 모으다가 불에 탄 고기의 냄새에 이끌렸는지도 모른다. 혹은 불꽃의 위험한 아름다움에 최면에 걸리듯 현혹되었는지도 모른다. 또 진화 선조들 가운데 누가 불을 다룰 줄 알게 되었는지, 또 언제 그랬는지도 알지 못한다.

들불이 지나간 길에서 이글거리는 잉걸불을 보고 고기를 익히거나 몸을 따뜻하게 만들기 위해 더 작고 통제 가능한 불을 피우겠다는 욕심에서 그것을 가져올 수는 있다. 하지만 그것을 뜻대로 피워내고, 그렇게 하여 거의 무한한 에너지 공급원을 얻는 것은 전혀 다른 문제이고 더 특별한 일이다. 그리고 불의 사용에 통달하는 것은 먼 과거의 어느 시점에 우리 선조들이 그들 주위의 물건을 이리저리 다루어보고 조작하고, 의도적으로 용도를 바꾸지 않았더라면 가능하지 않았을 것이다. 불을 피우는 방법의 발견은 분명 한 번만 있었던 일이 아닐 것이고, 그때마다 아마 전혀 다른 목표를 위해 다른 도구를 사용하거나 만들고 있을 때 발생한 우연한 행운이었을 것이다. 황철광처럼 철 성분이 풍부하여 부딪히면 스파크가 나는 암석에서 박편을 떼어 내려 하다가 불 피우는 법을 알아냈을 수도 있다. 하지만 선조들이 나무토막을 비벼 뭔가를 만들려고 하던 중에 불 피우는 비법을 발견했다는 것이 더 가능성이 있는 시나리오다.

막대기 둘로 불을 피우려면 절차가 복잡하다. 솜씨도 있어야 하지만 그 이상으로 손길이 날렵해야 하며, 장대로 나무를 두들겨 열매를 따거나 개미집에 나뭇가지를 집어넣어 흰개미를 꾀어내는 것보다 훨씬 더 복잡한 인과율의 이해가 있어야 한다. 이런 것은 현대의 호모 사피엔스와 결부되는 형질이지만, 우리의 진화 선조들이 우리 종(호모 사피엔스)이 30만 년쯤 전에 등장하기 훨씬 전부터 불을 사용했다고 생각할 이유는 충분히 있다.

아프리칸스어로 기적의 동굴이라는 뜻인 본데르베르크 동굴Wonderwerk Cave은 남아프리카의 반건조 지역인 노던 케이프주의 소도시 쿠루만 북쪽 가까이에 있는 돌로미테 언덕 꼭대기에 있다. 그 이름은 2세기쯤 전에 사막처럼 바싹 말라붙었던 아프리카 여행자들이 그 동굴 안에서 생명을 구해줄 물웅덩이를 발견하고 붙여준 것이다. 지질학자들은 이 특별한 기적을 자연적 현상으로 보는 견해를 더 선호하지만, 그렇다고 해서 그 동굴의 성수를 떠오려고 애쓰는 그 지역 사도 교회 신도들의 열성이 줄어들지는 않는다.

본데르베르크 동굴이 신자들에게는 기적의 이야깃거리를 던져주지만, 그곳에서 희망과 영감을 얻으려는 인간들의 긴 행렬에 가장 최근에 합류한 선사고고학자palaeoarchaeologist들도 똑같은 경이를 느낀다.

그 동굴은 언덕 안쪽으로 140미터 가까이 들어간다. 벽과 천장은 부드러운 아치를 이루며 그 아치는 동굴 끝까지 이어져 암반을 파고 들어간 격납고 같은 형태를 만든다. 아주 화창한 날에도 자연광은 그 안쪽 절반쯤까지만 들어간다. 그 너머는 완전히 깜깜하다. 들어가는 길에서 손가락으로 그려진 일런드영양, 타조, 코끼리의 그림, 수수께끼 같은 기하학적 무늬 등이 그 동굴의 역사적 중요성을 제일 먼저 알려주면서 자연광이 닿는 곳까지 무리지어 동굴벽을 장식하고 있다. 그것들은 약 7000년 전에 살았던 남아프리카 토착 수렵채집인 선조들의 솜씨다. 하지만 본데르베르크 동굴에는 비교적 늦게 출현한 이들의 손가락 그림보다 일의 역사를 밝혀줄 훨씬 더 중요한 힌트가 남아 있다.

고고학적 발굴의 출발점은 동굴 입구를 지키고 선 불끈 쥔 주먹처럼 생긴 5피트 높이의 석순이다. 발굴은 동굴의 뱃속까지 이어져서, 고고학자들은 동굴 안 바닥에서 아래로 수 미터를 뚫고 내려간다. 고고학자들이 파낸 각각의 퇴적층은 200만 년 전부터 이어지는 인간종의 긴 역사에 있던 또 하나의 장을 드러냈다.

본데르베르크에서 가장 중요한 발견물의 연대는 약 100만 년 전으로 거슬러 올라간다. 그것은 인간 집단이 불을 체계적으로 활용했음을 말해 주는 가장 오래되고 충분한 증거인 불에 탄 그을음이 묻은 뼈와 식물의 재다. 그런 뼈와 재는 십중팔구 호모 에렉투스가 남긴 것들일 것이다. 호모 에렉투스는 직립 보행했으며, 호모 사피엔스와 같은 비율임이 식별되는 사지를 가졌던 최초의 인간이었다. 그러나 본데르베르크의 재를 보아도 불이 어떻게 피워졌는지, 혹은 불이 무엇에 쓰였는지는 알 수 없다.

만약 본데르베르크가 50만 년 전에 인간이 불을 통제하며 썼다는 증거를 제공하는 유일한 장소였다면 그 사용은 일회성의 일로 치부될 수 있다. 하지만 긴가민가하게나마 불이 사용되었다는 또 다른 흔적들이 있으며, 그중의 몇 군데는 100만 년이 넘는 과거의 것이었다. 케냐의 투르카나 호수 인근에 있는 시빌로이Sibiloi 국립공원에서 고고학자들은 영장류의 존재와 160만 년 전까지 거슬러 올라가는 불의 통제된 사용이 분명히 관련되어 있음을 발견했다. 하지만 다른 사례들이 없다 보니 그것이 체계적인 사용이었는지는 말하기 힘들다.

그러나 그보다 더 가까운 과거에는 불이 체계적으로 사용된 증거가 충분히 있다. 고고학자들은 약 40만 년 전에 이스라엘의 케셈 동굴Qesem Cave에 살았던 고대인들이 불을 지속해서 사용한 증거를 여럿 발견했다. 그리고 대략 같은 시기에 그 동굴에 살았던 인간들이 남긴 치아 유골이 위의 자료를 보충해 준다. 이런 자료에서는 그들이 연기를 너무 많이 마신 탓으로 지독한 기침에 시달렸음이 짐작된다.[1] 고고학자들은 또 다른 이스라엘 유적지에서 불의 통제된 사용을 시사하는 강력한 증거도 발견했다. 사해 리프트밸리Dead Sea Rift Valley 북부의 오래된 훌라 호수 기슭에 있는 이 발굴 현장에서 고고학자들은 야생 보리, 올리브, 포도가 탄 재 그리고 불에 탄 석편들이 들어있는 화덕으로 보이는 흔적들을 연이어 발견했다. 이 흔적들은 79만 년 전의 것으로 추정된다.[2]

하지만 우리의 고대 선조들이 불을 통제하에 사용했다는 확실한 증거를 찾기는 거의 불가능하다. 불을 사용했다는 증거조차 불에 타버렸고 재는 바람만 불어도, 혹은 비바람이 몰아치면 쉽게 흩어진다. 일반적으로 불이 사용된 증거를 찾으려면 같은 장소에서 불이 반복적으로 피워져 재가 꾸준히 생기고 양이 많아져서 들불이 남긴 것과 구별될 정도로 흔적을 남겨야 한다.

다른 문제는 재와 불에 탄 뼈가 두어 달 이상 오래 보존될 수 있는 여건이 되는 곳은 동굴 뿐인데, '혈거인'들은 대개 동굴에 살지 않으려 했다는 것이다. 사바나 기후에 살며 20세기까지 살아남은 수렵채집인들이 여전히 그렇게 하듯이, 그들 대부분이 자연에서 보호받을 수 있는 정도로 단순한 피신처만 있으면 야외에서 지내려고 했다. !쿵족의 사례에서 알 수 있듯이, 불만 잘 피울 수 있다면 굶주린 야행성 포식자들도 멀찌감치 떼어놓을 수 있다. 또 다른 문제는 케셈 동굴 거주자들의 예에서 보듯 갇힌 공간에 불을 피우면 본인이 연기 때문에 정신이 혼란스러워지거나 질식할 위험이 생긴다는 점이다.

본데르베르크 같은 장소에서 발견된 고대의 재 외에도 적어도 일부 인간족hominin이 길게는 100만 년 전쯤 불을 익혔음을 시사하는 가장 강력한 증거는 그때가 두뇌가 지속적이고 급속하게 커지기 시작한 시점이라는 사실이다. 이 견해를 주장한 사람이 하버드를 거점으로 하는 진화 고고학자 리처드 랭엄Richard Wrangham이다.

200만 년 전까지 오스트랄로피테쿠스 선조들의 두뇌 용적은 현대의 침팬지와 고릴라의 두개골과 같은 수준이었다. 크기는 400에서 600밀리리터 정도였다. 호모라는 종의 첫 번째 공식 멤버인 호모 하빌리스는 190만 년쯤 전에 출현했다. 하지만 그들의 두뇌 용적은 600밀리리터를 약간 웃도는 수준으로, 오스트랄로피테쿠스보다 조금 더 큰 정도다. 하지만 화석 증거를 보면 그들의 두뇌 구성 양식이 오스트랄로피테쿠스와는 좀 다르고, 지금 현대인의 신경적 유연성과 고도의 인지 기능(비상하게 큰 신피질 같은)에 결부되는 몇 가지 특징이 고도로 발전한 형태라는 것을 짐작할 수 있다.

가장 오래된 호모 에렉투스의 화석 두개골은 180만 년 전의 것이다. 그들의 두뇌는 호모 하빌리스의 것보다 상당히 더 큰데, 이는 곧 호모 에렉투스의 두뇌가 급속히 커지도록 자극한 어떤 사건이 그 무렵 발생했음을 시사한다. 그러나 호모 에렉투스가 가장 영리한 영장류의 지위를 100만 년가량 누리는 동안 두뇌 크기 면에서는 변화가 거의 없다. 하지만 그러다가 60만 년쯤 전부터, 두뇌가 다시 한번 커져서 호모 하이델베르겐시스가 출현하게 되며, 그 뒤 2, 30만 년쯤 지나 고대적 호모 사피엔스와 네안데르탈인이 출현하게 된다. 그들 중 다수가 지금 우리보다 더 큰 두뇌를 갖고 있었다.

두뇌 크기 변천사에서 발생한 두 번의 급등기를 설명하려는 이론이 수없이 제시되었지만, 큰 신피질을 가진 큰 두뇌를 구축하고 유지하기 위해 커진 에너지 수요를 해명해 주는 이유는 하나뿐이다.

인간의 두뇌는 전체 몸무게의 2퍼센트에 불과하지만 전체 에너지 자원의 20퍼센트 가량을 소비한다. 두뇌 크기가 우리 것의 3분의 1 정도인 침팬지의 경우, 에너지 소모량은 12퍼센트 정도이며, 그 외 모든 포유류의 두뇌가 소모하는 에너지는 전체의 5퍼센트에서 10퍼센트 정도다.[3]

채집으로 꾸려진 생식과 채식 위주의 식단으로 그처럼 큰 두뇌를 구축하고 유지하기는 아마 불가능했을 것이다. 고릴라와 오랑우탄이라면 매일 깨어 있는 동안 한시도 쉬지 않고 끊임없이 먹는다고 해도 야생 열매, 잎사귀, 덩이뿌리로 이뤄진 식사만으로는 인간과 같은 크기의 두뇌

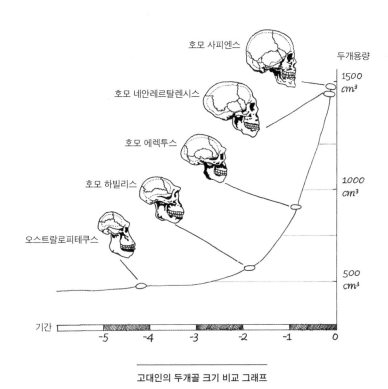

고대인의 두개골 크기 비교 그래프

를 유지하는 데 필요한 에너지를 채워주지 못할 것이다. 그렇게 하려면 더 밀도 높은 영양분을 가진 음식을 먹어야 한다. 그런 식량원을 더 자주 소비했다는 고고학적 증거는 바로 호모 하빌리스에서 호모 에렉투스로 이행했다는 표시다. 50만 년 전까지는 드물게만 발견되던 불 사용의 고고학적 증거에 의거하여 생각해 보면, 불을 사용한 요리가 그 뒤에 장기간 이어질 두뇌 성장의 시대에 박차를 가했을 가능성이 크다.

고기, 살, 내장 기관은 칼로리, 아미노산, 다른 영양분의 풍부한 저장고지만, 날것으로 먹으면 미끈거리고 질기고 단단해서 씹고 소화하기 힘들다. 산업화된 현대에는 기름기가 적은 고기 부위를 선호한다. 이는 그런 부위가 기본 영양학적 측면에서 더 우수하기 때문이라기보다는 현대 식품 산업의 놀랄 만한 생산력을 보여주는 현상에 더 가깝다. 수렵채집인들—더불어 20세기 이전의 대부분의 인간—은 기름기가 적은 육편보다 기름기 많고, 더 두툼하고, 더 맛이 진한 고기를 선호했는데, 이는 후자가 더 영양분이 많기 때문이다. 또 길고 질기고 기름기 많은 날힘줄을 씹어 삼키려고 애쓰거나, 들소의 턱뼈에서 날골수를 마지막 한 방울까지 빨아먹으려고 애쓰기보다는 익히면 훨씬 더 먹기 쉬워진다.

요리는 고기를 더 삼키기 쉽게 만드는 방법에 그치지 않는다. 먹을 수 있는 식물성 식량의 범위도 엄청나게 넓혀준다.[4] 날것으로는 소화할 수 없었던, 심지어 독성 있는 덩이뿌리, 줄기, 잎사귀, 열매 가운데 익히면 영양가 있고 맛있어지는 것들이 많다. 예를 들면 요리되지 않은 네틀 콩을 먹으면 통증이 생긴다. 그러나 그것을 삶아서 놀랄 만큼 맛있는 건강 수프를 만들 수 있다. 따라서 거의 모든 초식동물이 비슷한 종류의 식물을 다량으로 먹어 생명을 유지하는 칼라하리 같은 환경에서 !쿵족은 불을 사용하여 서로 다른 식물 수백 종을 활용할 수 있게 되고(여기에 더하여 살아 움직이는 거의 모든 동물의 고기도 먹으며), 요리를 통해 수고를 훨씬 덜 들이고도 훨씬 더 많은 에너지를 끌어낼 수 있게 된다.

불은 대부분이 초식으로 살아가던 호미닌에게 고기라는 영양학적 보고를 소개하고 큰 두뇌를 키우는 데 이바지한 한편, 현대인 생리의 다른 측면들을 형성하는 데 기여한 것도 거의 확실하다. 침팬지와 고릴라 같은 영장류는 인간보다 장의 길이가 훨씬 더 길다. 그런 동물은 섬유질이 많고 잎이 대부분인 식단에서 양분을 쥐어짜내려면 이처럼 더 긴 장을 가져야 한다. 불은 요리하는 과정에서 식량을 '미리 소화'시킴으로써 이 소화기의 상당 부분을 불필요하게 만들었다. 요리는 또 인간의 얼굴 형태도 개조했다. 조리된 부드러운 음식을 먹으니 강한 근육을 가진 턱이 더 이상 장점이 되지 않는다는 뜻이다. 그래서 선조들의 두뇌가 커지자 턱은 줄어들었다.[5]

아마 워낙 많은 사람이 요리를 힘든 일로 여기다 보니, 불이 가진 수많은 능력 중에서 가장 중요한 어떤 것, 즉 자유 시간을 주는 능력에 관해 관심을 거의 두지 않았는지도 모른다. 불은 인간종의 역사에서 최초의 위대한 에너지 혁명일뿐만 아니라 최초의 위대한 노동 절약 테크놀로지이기도 했다.

식량이 별로 영양가가 없는 것이다 보니 고릴라는 건강하게 살아 있기 위해 매일 체중의 15퍼센트가량을 먹어야 한다. 그렇게 하고 나면 싸우거나 성관계를 하거나 놀 시간이 별로 남지 않는다. 그래서 대형 영장류 연구자들은 연구 대상의 조금이라도 흥미로운 행동을 목격하려면 수 없이 많은 시간 동안 그들이 조직적으로 수렵채집하고 먹는 모습을 지켜보고 앉아 있어야 한다. 거의 모든 대형 영장류가 매일 8시간에서 10시간가량을 수렵채집하고 먹는 데 쓴다는 것을 우리는 알고 있다. 이는 매주 56시간에서 70시간의 노동에 해당한다. 잎사귀와 줄기속, 줄기, 뿌리를 씹고 소화시키고 처리하는 일에도 시간과 에너지가 많이 든다. 그리고 남은 시간은 대부분 잠자고 서로를 빗질해 주는 데 쓰인다.

유인원과 확연하게 닮은 선조 가운데 마지막 주자인 오스트랄로피테쿠스의 삶도 아마 이와 별로 다르지 않았을 것이다.

먹을 수 있는 모든 것이 앞에 펼쳐져 있는 뷔페에 가면 가끔 영장류 사촌들과 비슷하게 하루종일 먹을 수도 있을 것 같다. 하지만 우리는 매일 체중의 2 내지 3퍼센트만 먹고도 잘 살아갈 수 있다(수렵채집꾼의 식단을 기초로 할 때). 또 !쿵족을 기준으로 고려한다면, 우리가 알기에 한 해의 많은 기간 동안 비교적 혹독한 여건에서 살면서 경제활동을 하는 호모 사피엔스 성인들 집단은 보통 매주 15시간 내지 17시간 일하여 본인들 및 생산 활동을 하지 않는 같은 수의 부양가족을 먹여 살린다. 이는 하루에 한두 시간만 일한다는 뜻인데, 그것은 대형 영장류가 식량 찾기에 쓰는 시간 및 현대인 대부분이 일터에서 보내는 시간의 한 조각에 불과한 정도다.

만약 불을 다루고 요리하는 호모 에렉투스가 신체적 수고를 덜 하고도 그 대가로 더 많은 에너지를 안정적으로 얻을 수 있다면, 그들의 두뇌가 커짐에 따라 식량을 찾아내고 소모하고 소화시키는 활동 이외의 다른 활동에 그들의 지성과 에너지를 쏟을 수 있는 시간도 늘어난다.

고고학적 기록에는 선조들이 요리된 식량 덕분에 얻게 된 자유시간으로 무엇을 했는지 시사하는 힌트가 별로 많이 남아 있지 않다. 두뇌가 커지면서 그들은 도구 제작에 상당히 더 유능해졌고, 성관계에도 훨씬 더 많은 시간을 쏟았을 것이다. 하지만 그 외의 나머지에 대해서는 추측에 맡겨야 한다.

호모 사피엔스의 지성이 진화해 온 경로를 기록하면서 연구자들은 협동 사냥 같은 활동이 십중팔구 우리의 문제 해결과 소통 기술을 갈고 닦는 데 쓸모가 있었으리라는 합의에 도달했다. 거의 틀림없이 그랬을 것이다. 하지만 이런 활동이 강조된 것은 진화 선조들이 살아간 일상생활의 현실이라기보다는 지금 우리 문화에서 경제적 활동에 부여된 중요도가 반영된 결과일지도 모른다.

호모 하빌리스와 호모 에렉투스가 식량 탐색을 하고 난 나머지 자유시간을 보내는 방식 역시 그들의 진화적 여정을 형성하는 데서 분명히 뭔가 역할을 했을 것이다. 여기서 진화적인 기준에서 볼 때 우리는 각자의 노동의 산물인 것만큼이나 여가의 산물이기도 하다는 보일 듯 말 듯한 전망이 등장한다.

지루함은 인간만의 특징이 아니라 여러 다른 생물종에게서도 다른 방식으로 표현된다. 마르틴 하이데거 같은 몇몇 철학자가 자극이 부족한 동물들이 지루해한다는 주장은 순수하게 인간중심주의라고 주장한 것은 이 때문이다. 그들의 주장에 따르면, 제대로 지루해하기 위해서는 자기인식이 필요한데, 거의 모든 동물은 자기인식이 없다.

그러나 산책을 나서려고 할 때 기대에 차서 꼬리를 흔드는 개를 길러 본 사람들은 이 주장을 반박할 것이다. 자극도 없이 갇혀 사는 동물원의 동물들이 겪는 비참함을 줄이기 위해 다방면으로 노력하는 동물 활동가들 역시 마찬가지다. 인간과 수많은 생물종들이 확연하게 달라지는 부분은 지루함이 어느 정도로 창의력을 자극하는가 하는 문제다. 인간은 놀고, 빈둥대고, 실험하고, 말하고(혼잣말일지라도), 백일몽을 꾸고, 상상하고, 그러다가 결국은 일어나서 뭔가 할 일을 찾아 나선다.

놀랍게도, 많은 사람이 지루함 속에서 많은 시간을 보내는데도 지루함에 관한 과학적 연구는 행해진 것이 거의 없다. 역사를 살펴보아도 지루함에 대해 지속적으로 흥미를 가진 사람들은 철학자나 작가 같은 혼자 일하는 전문직 종사자뿐이었다. 뉴턴, 아인슈타인, 데카르트, 아르키메데스의 위대한 몇 가지 통찰은 모두 지루함 덕에 나올 수 있었다. 니체(자신의 가장 유력한 사상 몇 가지에 생명을 불어넣은 것이 지루함이라고 여긴)의 표현에 따르면, "사상가와 민감한 영혼의 소유자들에게 있어서 지루함이란 행복한 항해 중에 불어오는 미풍을 가려 영혼을 잠재우는 무례한 무풍지대다."

니체가 분명히 옳았다. 겉으로 보기에 지루함이 가진 적응상의 이점은 우리가 새로운 경험을 탐구하고 찾아 나서고 위험을 무릅쓰도록 동기를 부여하는 창의성, 호기심, 무자비함을 고취시키는 능력뿐이다. 심리학자들은 또한 지루함이 필연성보다는 창의성의 풍요한 어머니에 더 가까우며, 고조된 자기인식 감각뿐만 아니라 니체와 전혀 닮지 않은 친사회적 사유도 자극할 수 있다는 사실도 상기시킨다. 선불교는 바로 이와 같은 시각을 이론화한 것이다.[6] 이외에 지루함은 인간종의 목적의식을 밀어붙여 자신을 분주하게 만드는 것 이상의 즉각적인 용도가 없는 취미를 추구하면서도 만족감, 자부심, 성취감을 얻을 수 있게 한다. 지루함 때문이 아니라면 우리는 트레인스포팅도, 제다이 기사 아르바이트도, 우표수집가도, 목조각가도 없는, 역사의 경로를 바꾼 발명 가운데 하나도 존재하지 않을 가능성이 높은 세상에 살고 있을 것이다. 오스트랄로피테쿠스에게 암석을 쪼개면 물건을 자를 수 있는 날카로운 석편을 얻을 수도 있겠다고 알려준 것은 아마 물리학적 본능보다는 지루함이었을 가능성이 더 높다. 또 선조들이 불에 대해 관심을 두도록 도발한 것 역시 아마 지루함이었을 것이고, 막대기를 마주 비비다 보니 작은 불을 피울 만큼 열기를 발생시킬 수 있음을 발견한 것도 지루해하던 손이었을 것이다.

만지작거리고 건드려보고 창조하도록 유도하는 지루함의 능력은 우리 선조들이 미술 활동, 일과 여가를 동시에 행하는 활동, 감정적이고 지적이고 미학적인 기능은 있지만 식량 탐색이라는 기준에서 보면 아무런 실질적 가치가 없는 활동을 하도록 설득하는 데서도 분명히 기여했을 것이다.

순수한 재현 예술의 증거는 고고학적 기록상으로 매우 늦게 등장한다. 지금까지 살아남은 수준 높은 암석화 가운데 가장 오래된 것은 3만 5000년 전의 것으로, 고고학적 기록상 호모 사피엔스의 신호가 처음 나타난 지 약 26만 5000년 뒤의 일이다. 확연하게 재현적인 조각으로는 가장 오래된 것은 단정한 기하학적 패턴이 새겨진 황토판으로, 7만 년에서 9만 년 전의 것으로 추산된다. 하지만 상징주의만을 기준으로 미술을 규정하다보면 우리는 세계의 절반에 대해 보지도 느끼지도 못하게 된다.

만약 신중하고 의도적이고 심미적 동기에서 움직이는 장인정신까지 포함한다면 미술의 연대는 호모 사피엔스가 무대에 등장하기 훨씬 오래전으로 거슬러 올라갈 수 있다.

카투 판 손도끼는 호모 에렉투스가 미적인 것을 보는 눈을 가졌을 뿐만 아니라 식량 사냥에 직결되지 않는 활동에 소모할 에너지와 시간과 욕망을 분명히 가졌다는 사실도 보여준다. 다른 말로 하면, 그것은 그들에게 일이라는 개념이 있었음이 거의 확실하다는 사실을 보여준다.

또 진화 선조들의 미술적 감수성이 발현하는 시기가 카투 판 손도끼 같은 물건을 제작할 능력보다 먼저였고, 상징적 미술의 명백한 증거보다 한참 앞설 가능성도 높다. 노래, 음악, 춤은 그것을 수행하고 듣고 본 사람들의 기억 외에 흔적을 남기지 않는다. 또 무엇보다도 중요한 상징주의 표현의 매체인 구어口語 역시 흔적을 남기지 않는다.

호모 에렉투스, 호모 하빌리스, 호모 하이델베르겐시스 혹은 초기 호모 사피엔스에게서 어느 한 개인이 상대해야 하는 가장 복잡한 존재는 같은 종의 다른 구성원들이었다. 여가 시간이 생기면 불을 다루는 인간들은 여가시간이 생기면 익힌 음식 덕분에 갖게 된 여분의 에너지로 무엇을 할지 별다른 생각을 하지 않고 다른 인간들과 훨씬 더 많은 시간을 함께 보냈을 것이 틀림없다. 이런 상황에서는 사회적 관계의 관리가 훨씬 더 중요해졌을 법하다.

싸움을 잘한다는 것은 복잡한 사회 집단에서 질서를 유지하기 위한 중요한 기술이다. 영장류의 여러 종은 공격성을 과시하고, 결정적인 순간에는 물리적 힘을 써서 위계질서를 확립하고 강요하는 방법으로 평화를 유지한다. 이런 위계질서에 도전이 오면—흔히 있는 일이지만—영장류 집단에서의 삶은 확연히 날카로워지고 불쾌해진다. 그러나 이것이 초기와 후기의 호미닌에게 정확히 어느 정도 중요했는가 하는 것은, 그들이 공격성에 입각한 위계질서를 따르는 영장류와 치열하게 평등주의적이고 협력성이 극도로 강한 수렵채집인들 사이의 넓은 범위 가운데 어디쯤 위치하는지에 달려 있다. 자유 시간을 더 많이 얻게 된 선조들에게는, 유머를 구사하고 즐겁게 해주고 설득하고 타인과 어울리면서—때려서 복종시키기보다—평화를 이루거나 유지하는 것이 더욱 중요한 기술이 되었을 것이다. 이렇게 하려면 감정적으로 개입하고, 공감하고, 무엇보다도 소통하는 능력이 있어야 한다.

인간에게 발성vocal 능력이 없었더라면 인간종의 고유한 소통 기술은 실제로 그랬던 것 만큼 진화했을 가능성이 전혀 없지는 않더라도 매우 낮았을 것이다.

다른 고등 영장류의 언어 능력을 평가하려던 초기의 시도들이 실패한 것은 주로 연구자들이 이런 생물들이 인간이 발음할 수 있는 정도로 다양한 어휘를 만드는 데 필요한 신체 기관을 갖고 있지 않다는 단순한 사실을 깨닫지 못했기 때문이었다. 다양한 고대 호미닌의 두개골 형태를 평가한 결과에 따르면 인간의 발성 능력은 직립한 자세와 강한 연관성을 가지는 것으로 짐작된다. 익힌 음식을 먹음으로써 인간의 입과 목과 성대의 형태가 변하여 말하는 데 필요한 신체적 도구가 형성되었을 가능성이 크다.

하지만 다재다능한 발성 코드와 발언에 최적화된 성대를 가진다는 것만으로는 언어를 만들기에 충분하지 않다. 다른 영장류의 수준을 훨씬 뛰어넘는 수준의 인지 처리 능력이 있어야 한다.

언어의 출현이라는 주제는 이제 광범위한 학과에서 연구자들을 끌어 들인다. 인류학, 신경학, 언어학, 비교해부학, 고고학, 영장류학primatology, 심리학 등. 이 현상이 중요한 것은 인간의 놀라운 언어 기술의 출현을 적절하게 설명하는 하나의 접근법이 없기 때문이다. 그렇다고 해서 다른 학과 전문가들의 시도가 멈추지는 않는다. 여러 가설이 제기되었는데 그 중에는 문법화 이론Grammaticalisation theory도 있다. 그것은 언어 규칙은 몇 가지 기본적인 말의 개념verbal concept을 장기간 사용하는 데서 끊임없이 성장해 나온다는 주장이다. 또 놈 촘스키Noam Chomsky의 단일 단계 이론Single Step theory도 있는데, 이것은 선조들의 언어 사용 능력이 발현한 시기는 어떤 하나의 진화 단계에서 우리 모두가 공유하는 인지적 문법 형성 장치를 켜는 데 필요한 회로가 완성된 것과 거의 동시였다고 주장 한다.

서로 경쟁하는 이론 대부분은 늘어난 여가 시간이 언어 능력의 발전을 촉진시키게 한 압력 가운데 하나였다는 견해와 어느 정도 양립할 수 있다. 그중 가장 대표적인 것이 영장류 학자인 로빈 던바Robin Dunbar가 제시한 가십과 털 다듬기 가설이다. 그는 영장류 집단의 일원들이 서로의 털가죽을 부드럽게 뒤적거리면서 기생충을 잡아내는 행동인 다정한 털 다듬기가 언어 발생의 연원이라고 주장한다. 호미닌이 먼 거리에서도 서로를 쓰다듬고 위무해 줄 수 있고, 한 번에 한 개체만이 아니라 더 많은 수를 다듬어줄 수 있게 해주는 언어적 털다듬기의 한 형태로 인간의 언어 기술이 진화했다는 주장이다. 그의 논지 가운데 가십 관련 부분은 복잡한 사회적 존재인 인간이 제일 좋아하는 일이 서로에 대해, 또 타인들에 대해 잡담하기라는 사실에서 나온 것이다.

털 다듬기 행동의 연장으로 언어가 출현했다는 발상은 설득력이 있다. 그것은 언어에 강력한 감정적 요인이 있음을 인정할 뿐만 아니라 언어능력의 발달 과정에서 아마 암컷들이 수컷들보다 훨씬 더 중요한 역할을 했으리라고도 주장한다. "만약 암컷이 이런 최초 인간 집단의 핵심 지위에 있었고, 이들의 언어가 진화하여 집단을 묶어주게 되었다면, 처음 말을 한 것은 여자 고대인이었으리라는 결론이 자연스럽게 내려진다"고 던바는 주장한다.7

인간은 단어, 이미지, 소리, 행동에 능동적 노력 없이도 엮이는 능력 면에서 유일무이한 존재다. 인간은 음악에 넋을 잃을 수 있고 사람들이 말하는 것을 듣는 것만으로도 다른 세상으로 옮겨질 수 있다. 설령 그 말하는 자가 라디오에서 나오는 목소리나 저해상도의 전자기기로 스크린에 송출된 화질 나쁜 이차원적 복사물일 때도 말이다.

자유 시간이 생겨도 편안해지지 못하고 뭔가로 마음을 채워야 할 필요가 진화 과정에서 지루함이 주는 부담을 없애줄 능력을 갖춘 자를 선택하라는 압력으로 작용했다. 그래서 사회적으로 유능하고, 똑똑하고, 상상력 있고, 음악적, 언어적으로 기민한 자들, 그러니까 언어를 이용하여 이야기하고, 재미있게 해주고, 매혹시키고, 차분하게 안정시키고, 즐겁게 하고, 영감을 고취시키고, 유혹할 수 있는 자들이 선호된다. 유혹은 이 방정식에서 특히 중요한 부분이다. 왜냐하면 자연 도태를 통해 부적

격자를 솎아낼 수 있고, 성적 파트너가 능동적으로 어떤 특징을 선택하는 능동적 과정 조건에 부합하는 선택을 할 수 있어서다. 여러 영장류 사회 집단에서 서열이 높고 신체적으로 우월한 개체는 보통 하위 서열에 대한 성적 접근권을 독점한다.

하지만 식량 탐색에 소모되는 시간이 줄어들기 시작하자 성적 파트너 경쟁에서 신체적으로 덜 강건해도 언어 사용 기술을 발달시킨 수컷의 성공률이 점점 높아졌고, 다음 세대까지 자신들의 유전자가 확실하게 전해지도록 입지를 굳혔다. 다른 말로 하면, 선조들이 불을 피우는 데 쓰는 에너지 일부를 투자하면서, 그들은 신체적으로 힘이 센 사람들이 똑똑하고 카리스마 있는 사람들의 보조적 위치에 서는 세상을 만드는 첫 걸음을 내디딘 것이다.

불의 사용 덕분에 고대의 인간 공동체가 혼자서는 먹고 살 수 없는 사람들, 또 재능 있는 이야기꾼이나 샤먼처럼 자신들의 가치를 비물질적 형태로 제공하는 사람들도 먹여 살리기가 쉬워졌다. 생물종들 중에서 광범위한 비호혜적 공유 관계로서 유일한 것은 어미와(그보다는 덜 흔하지만 아비도) 젖 떼기 이전 자식들의 관계다. 흰개미 집단처럼 일꾼들이 병사와 생식 성원을 부양하는 진사회적 생물종이 물론 있다. 물론 생산력이 더 큰 개체가 생산성은 낮지만 흔히 지배적 위치에 있는 다른 개체와 '식량을 공유하는' 생물종들도 있다. 그런 사례로 가장 유명한 것이 암사자들이 지배자 수컷과 사냥물을 '공유'하는 사례다. 하지만 동물의 왕국에는 너무 늙어서 혼자 먹고살지 못하는 동물을 다른 동물들이 일상적으로 또 체계적으로 돌보는 확실한 사례가 없다. 가모장제를 유지하는 칼라하리의 아프리카 들개 같은 고도로 사회적인 종에게서 이런 종류의 돌봄이 가끔 관찰되기는 하지만 부모·자식이라는 맥락을 떠난 체계적으로 잘 조직된 비호혜적 공유는 오로지 인간만의 특징이며, 불이 없었더라면 있을 수 없는 특징이다.

호모 하빌리스와 호모 에렉투스 같은 존재가 그들 종의 비생산적 구성원들을 어느 정도까지 돌보았는지, 다른 말로 하자면, 사람들이 타인을 위해 어느 정도까지 기꺼이 일하는지 우리는 모른다. 네안데르탈인의 선조로 추측되는 약 50만 년쯤 전에 산 호모 하이델베르겐시스가 그렇게 했다는 훌륭한 증거가 있다.[8] 그러나 호모 하빌리스나 호모 에렉투스가 불을 가졌다면, 이는 곧 그들이 남을 부양할 수 있었다는 뜻이다. 노년을 돌보는 것은 공감, 동정 그리고 죽음을 두려워할 만큼 진화한 자아 인식sense of self이 있음을 시사한다. 이 수준의 인지적, 감정적 인식이 있었다는 가장 확실한 증거는 죽은 이를 매장하는 장례문화다.

우리의 먼 진화 선조들에게는 3만 년 전까지도 제의적 매장을 시행한 분명한 증거가 거의 없지만, 이상하게도 호모 에렉투스 후기와 호모 사피엔스 초기에 살았고 작은 두뇌를 가진 또 다른 호미닌인 호모 날레디Homo naledi에게는 있었다. 남아프리카의 연구자들은 어느 거대한 동굴 밀집지역에 있는 출입이 쉽지 않은 한 동굴 석실에 23만 6000년 전에서 33만 5000년 전 사이에 호모 날레디의 시신들이 의도적이고 의례적으로 안치된 증거를 발견했다.[9] 만약 호모 날레디가 이런 일을 했다면, 인지적으로 그들보다 더 발전한 호미닌 역시 죽음을 두려워했고, 노인을 돌보고, 죽은 자를 애도했으리라고 추정할 이유가 충분히 있다. 이것은 또한 그들이 주위 세계와 그것에 대한 경험을 분류할 개념 장치와, 초보적인 형태일지라도 문화와 언어를 분명히 가졌으리라는 것을 의미한다. 그 말이

맞다면 그들은 어떤 활동을 '일'로, 또 다른 활동을 '여가'로 범주화했음이 거의 틀림없다. 일이라는 것이 우리가 행하는 어떤 것일 뿐만 아니라, 언어와 문화 속에 표현되었으며 온갖 상이한 의미와 가치의 연원으로 간주되는 관념이기 때문에 이는 중요한 문제다.

하수 처리시설이 제대로 작동하고 쓰레기가 정상적으로 수거되면서, 노점, 카페, 레스토랑의 주방에서 풍기는 냄새는 파리를 2차 세계대전 이후 세계의 미식 수도로 만들었다. 당시 센강 좌안을 배회하던 수많은 지식인처럼 클로드 레비스트로스Claude Lévi-Strauss의 연구에도 불, 음식, 요리가 자주 등장한다. 레비스트로스는 20세기의 후반 오랜 시간에 걸쳐 프랑스에서 가장 존경받은 대중 지식인이었다. 그는 "요리는 사회가 무의식적으로 그것을 통해 그 구조를 드러내는 언어"라고 설명했다.

인류학자이기는 해도 낯선 땅에서 '토착민'들과 부대끼는 생활을 싫어한 레비스트로스는 다른 인류학자들의 현장 조사를 종합하여 완전히 새로운 방식으로 문화를 해석하는 방식, 그가 '구조주의'라 부른 것을 만들어냈다.

레비스트로스의 구조주의 방식은 일련의 묵직한 학술서에 기록되어 있다. 그중에서 가장 중요한 것은 네 권짜리 대작인 「신화학Mythologiques」이다. 그리고 그의 사유에서 불과 식량이 갖는 중요성을 반영하여, 이 네 권 가운데 세 권의 제목에서 요리와 불이 명시적으로 언급되었다. 첫 권 『날 것과 익힌 것Le Cru et le cuit』은 1964년에 출간되었고, 두 번째 권『꿀과 재Du miel aux cendres』는 1966년에, 세 번째 권『식사 예절의 기원L'Origine des manières de table』은 1968년에 출간되었다. 레비스트로스에게 요리란 인간이라는 게 무엇인지의 본질 그 자체였다.

레비스트로스가 쓴 요리에 대한 글에는 파리인치고는 놀라울 정도로 즐거움이 없다. 그의 여러 다른 연구에 대해서도 그랬지만, 비평가들은 걸핏하면 「신화학」에 제안된 관념들이 클로드 레비스트로스의 머리 밖의 세계보다는 신중하게 정돈되고 고도로 기술적이며 무뚝뚝하지만 매우 지능적인 그 안쪽의 세계를 훨씬 더 잘 통찰하게 해준다고 주장하곤 했다.

레비스트로스의 글 가운데 복잡한 것도 있지만, 그의 거대한 '구조적' 문화 이론은 매우 단순한 원리를 기초로 한다. 문화를 구성하는 개인의 믿음, 규범, 관행이 그 자체로서는 무의미하지만 관계들이 이루는 조합의 한 부분으로 조망한다면 의미를 가질 수 있다는 것이다.

그에게 힌트를 준 것은 언어학자들이었다. 그 무렵 그들은 어떤 언어에서 단어 하나가 지시하는 내용과 단어 그 자체 사이에 아무런 유기적 관계가 없음을 확인했다. d-o-g이라는 단어는 사람들이 흔히 집에서 함께 사는 생물과 아무런 유기적 관계가 없다. 그렇기에 하나의 생물이 궁극적으로는 임의적으로 정해진 상이한 언어에서의 소리들, 프랑스어에서의 쉬엥chien, 딸깍거리는 !쿵족 언어에서의 길루인gǂhuin 같은 소리로 표상된다. 언어학자들은 'dog'라는 소리가 무엇을 뜻하는지 알려면 그것을 언어 전체의 맥락에 놓고 봐야 한다고 설명한다. 그래서 d. o, g라는 글자가 내는 소리는 영어를 이루는 넓은 단어 조합 속에서 의미를 가지며, 음운론적으로는 비슷한 h, o, g 라든가 j, o, g 같은 단어는 그것과 근본적으로 다른 의미를 가진다.

끝없이 늘어나는 민족학적 기록을 탐구한 결과, 레비스트로스는 물리적 음향이 임의적인 것처럼 문화적 규범이나 상징, 관행도 임의적임을 이해했다. 이 때문에 한 문화에서는 예의바른 것으로 여겨지는 몸짓이―처음 보는 사람을 키스로 환영하는 것 같은―다른 문화에서는 완전히 불손하게 여겨질 수도 있고 또 다른 제3의 문화에서는 아예 무의미해질 수도 있는 것이다. 따라서 개별 문화 관행이 의미를 가지려면 그것들이 같은 문화 내에서 다른 관행들과 갖는 관계를 봐야 한다고 그는 주장했다. 이런 식으로 볼 때 프랑스에서 뺨을 맞대는 인사 비주bisou는 영국에서의 악수나 북극 지역 이누이트족의 코를 비비는 관행과 대등한 것으로 이해될 수 있다.

레비스트로스는 또 인간의 문화가 마음의 작동 방식의 반영이라고 본다. 또 인간은 태생적으로 반대말과 짝을 이루어 생각하도록 만들어졌다. 적어도 그의 입장에서는 그렇다. 예를 들어, 선함은 그 반대인 악을 지칭함으로써만 유의미해진다. 왼쪽은 오른쪽과, 어둠은 빛과, 날것은 익힌 것과, 일은 휴식과의 대비 등등에서 말이다. 이 때문에 그는 인류학자들이 어떤 특정 문화를 이해하려면 이런 반대 항들을 확인하고 그것들 사이를 교차하는 관계망의 지도를 그려야 한다고 이해하게 되었다.

날 것과 익힌 것 간의 대립은 전 지구의 여러 다른 민족들이 가진 신화와 문화적 관행에서 거듭 다시 등장한다. "모든 문화는 자연과 문화 사이의 이 투쟁을 관리해야 한다"고 그는 썼다. "자연(날 것)은 본능과 신체와 결부되는 반면, 문화(익힌 것)는 무엇보다도 이성과 마음과 결부된다."

또 그가 이 대립에 유달리 흥미를 느꼈던 것은 그것이 변화를 함축한다는 점이었다. 왼쪽은 절대 오른쪽이 될 수 없지만 날 것은 익힌 것이 될 수 있다.

그의 주장에 따르면 "요리는 자연에서 문화로 가는 변화를 표시할 뿐 아니라 그것을 통해, 또 그것에 의해 인간적 상태와 그 모든 속성이 규정될 수 있다."

인류학자로 활동한 초반에 레비스트로스는 인간 이전 단계에서 인간 단계로 변하는 지점을 확인한다는 생각에 흥미가 당겼다. 동물에서 인간으로, 자연에서 문화로 나아가는 지점 말이다. 하지만 구조주의를 개발할 무렵에 그의 관심을 사로잡은 것은 이 문제가 아니었다.

그는 인간이라는 것을 이해하려는 시도는 "연체동물mollusc을 연구하는 것과도 같다"고 설명했다. 그것이 "완벽한 수학적 형태를 가진 껍질을 분비하는 부정형이고 끈적거리는 젤리"이기 때문에 인류의 혼돈 상태에서 구조적으로 완벽한 문화적 인공물이 생산된 것과도 같았다. 그는 다른 학문은 그 미끈미끈한 내부에서 이리저리 찔러보고 들여다보지만 구조적으로 완벽한 외부 형태를 연구하는 것이 민족지학자의 일이라고 믿었다.

설사 그의 말이 역사적 사실의 표명이라기보다는 거창한 은유였다 할지라도, 요리는 복잡한 문화의 출현을 아마 인간 진화의 역사에서 다른 어떤 것보다도 더 웅변적으로 상징했을 것이다. 문화를 규정하는 속성이란 사물을 의도적으로, 또 상상력을 발휘하여 자연의 상태에서 요리된 문화적인 상태로 바꾸는 능력이기 때문이다.

그리고 물론 이것이 일의 본질이다. 날 것 상태의 식량이 인간이라는 주체와 불의 복합에 의해 '처리되어' 음식으로 변하는 것, 수학자가 산수 문제를 변형시켜 해답으로 바꾸는 것, 플라스틱 조리 기구 제조업자가 화합물을 가공하여 플라스틱 칼로 만드는 것, 학생들을 무지의 상태에서 계몽된 상태로 바꾸는 교사, 마케팅 회사의 사장이 비축된 자원을 작업하여 수익성 높은 판매량으로 바꾸는 것 또한 그렇다.

지금은 레비스트로스의 구조주의적 방법론을 따르는 인류학자가 거의 없다. 인지과학에서 이루어진 발전은 인간의 마음—문화도—이 대립 및 결합oppositions and associations이라는 연체동물의 껍질을 훨씬 뛰어넘는 존재임을 밝힌 바 있다. 우리는 모든 문화가 레비스트로스가 추정한 그런 방식으로 자연과 문화를 구별하지는 않는다는 것도, 또 인간의 문화는 레비스트로스 일파가 깨달았던 것보다 훨씬 더 높은 정도로 인간이 신체로 수행하는 일의 산물이라는 사실도 알고 있다. 하지만 문화를 시스템으로 이해한다는 생각은 지금도 많은 현대 인류학적 탐구를 형성하고 있고, 어떤 개개의 문화적 행동, 믿음이나 규범을 이해하기 위해서는 그것이 아닌 것을 이해해야 한다는 생각 또한 그렇다.

그리고 레비스트로스의 구조주의 모델이 일의 역사에 또 하나의 결정적인 차원을 더해주는 지점이 여기다. 그것은 불이 우리 선조들에게 더 많은 여가 시간을 줌으로써 여가의 반대 개념인 일에도 생명을 불어넣는 동시에 인간종이 수렵채집으로 먹고살던 수풀을 떠나 공장으로 이어지는 여정에 오르도록 했음을 시사하기 때문이다.

HISTORY OF
WORK

2부

공생하는
환경

5장

풍요한 사회의
근원

세 번째 밀레니엄의 새벽이 밝아올 무렵, 해부학적으로 현대인인 호모 사피엔스가 적어도 15만 년쯤 전에는 존재했음을 보여주는 충분한 고고학적 증거가 있는데도, 거의 모든 인류학자들은 우리 선조가 행동적 현대인behaviourally modern이 된 것은 그보다 더 최근의 일이라고 믿었다. 그들은 5만 년 전까지는 옛날 선조들이 결정적인 인지적 진화의 문턱을 기준으로 틀린 쪽에서 비실거리고 있었고 그래서 생명의 신비에 대해 사유하고 신을 찬양하고 혼령을 저주하고 우스운 이야기를 만들고, 좋은 그림을 그리고 꿈나라로 떠내려가기 전에 하루의 일을 되새겨보고, 사랑의 노래를 부르고, 힘든 일을 피하려고 교묘한 평계를 꾸미는 능력이 부족했다고 확신한다. 이와 비슷하게, 그들은 호모 사피엔스가 이 문턱을 넘어서기까지 선조들은 오늘날 우리가 하는 것처럼 유창하고 창조적으로 한 맥락에서 얻은 기술을 다른 맥락에 적용할 만큼 지적으로 기민하지 못했다고 믿었다. 간단하게 말하자면 그들은 우리 선조가 아주 최근에 들어서야 오늘날 우리가 하는 것 같은 목적의식과 자기인식을 지니고 일할 수 있게 되었다고 확신한다는 것이다.

그들이 이렇게 믿은 것은 그때까지는 이런 종류의 지능성의 명확한 증거―능숙하게 그려진 암석화와 암각화, 상징적인 조각, 복잡하고 다양한 도구 제작 전통, 우아한 장신구, 매장 의례 등의 형태로―가 처음 나온 것이 4만 년 전이었기 때문이다. 이 시점에 호모 사피엔스에게 뚜렷한 신체적 변화가 없었다는 사실을 감안하여, 그들은 눈에 보이지 않는 유전자 스위치가 켜졌을 때인 약 6만 년 전쯤 앞을 향한 이 거대한 도약이 일어났다는 가설을 세웠다. 그 결과, 아프리카 전역의 인간 그리고 유럽과 아시아로 이동한 인간들도 이 무렵 동시에 '행동상으로 현대인'이 되었으며, 새로 발견된 능력에 자극받아 세계의 다른 지역으로 떠나 식민지를 만들고 가는 곳마다 그 지역의 대형 동물들을 부지런히 죽여 없애고 네안데르탈인 같은 먼 친척 인간들과 싸우는 한편 천재성과 창의성과 지성의 표시를 남겼다는 것이다.

전 세계 박물관의 지하와 대학교 기록보관소에 소장된 네안데르탈인이나 다른 고대인들의 부서진 두개골은 자신들에 대해 누가 뭐라고 하든 상관하지 않는다. 하지만 한 인종의 인지적 발달수준cognitive sophistication을 주로 그들이 만든 물건의 종류에 기초하여 판단할 때 발생하는 문제는 간과할 수 없다. 결국 전 세계의 여러 토착민은 최근까지도 그들의 단순한 물질 문명 때문에 다른 종족들로부터 인간 이하의 존재로 여겨져 왔다. 18세기에 태즈메이니아 애버리진이 받은 대접이 그런 예다. 그들은 호모 에렉투스의 손도끼도 최첨단 테크놀로지로 보일 만큼 초보적인 도구들을 사용하여 필요한 모든 식량을 얻은 아주 효율적인 수렵채집인들이었다.

이제 급속히 늘어나는 자료들은 초기의 호모 사피엔스가 모든 측면에서 지금 우리와 똑같이 자기인식과 의도를 가지고 행동했을 뿐만 아니라, 예전에 추측하던 것보다 훨씬 더 오래전부터 존재해 왔다는 사실을 가리킨다. 남아프리카 및 다른 지역에서 발견된 새로운 고고학적 사실들 역시 사람들이 예전에 추정되던 인지 혁명보다 수만 년 전부터 온갖 지능적인 물건들을 만들고 있었다는 것을 알려준다. 그리고 지리적으로 고립된 곳에 살면서 20세기까지도 수렵채집으로 생활을 영위해 온 사람들을 연구하는 인류학자들이 행한 현지 조사를 함께 고려한다면, 이런 자료들은 인류 역사의 95퍼센트를 차지하는 기간 동안 일은 인간의 생활에서 지금만큼 신성한 자리를 차지하지 않았다는 사실을 암시한다.

다윈이『종의 기원』을 출간한 뒤 한 세기도 더 지나는 동안 인간 선조들 간의 유전적 인접성에 대한 학계의 논쟁은 견고한 실제 증거만이 아니라 옥스퍼드와 케임브리지 유니언 토론 클럽에서 다듬어진 영감과 상상, 아리스토텔레스적 추론, 수사학적 기술에도 의존한다. 순수하게 신체적 닮은 점만을 기초로 하여 개인들의 유전적 친척 관계를 확정하는 절대적 방법은 결단코 없다.

고생물유전학palaeogenetics―고대의 게놈에서 오랜 인간 역사를 증류해 내는 과학―은 아직 갓난아기 단계의 학문이다. 그래도 그것은 아기

치고는 고래급이다. 지난 20년 동안 테크놀로지가 발전하고 과학자들이 오래된 뼈와 치아에서 유전적 정보를 얻어 살아 있는 주민들과 비교하는 일에 더 숙달되면서, 지난 50만 년가량의 기간 동안 이루어진 인간종의 진화, 확대, 상호작용에 대한 새로운 통찰과 질문이 질풍처럼 휘몰아쳤다.

인간 게놈의 염기 배열은 이제는 수천 곳의 실험실 중 어디서든 하나 절만에 500달러면 충분하고도 남을 만큼 적은 비용으로도 확인될 수 있다. 또 경제 덕분에 연구의 규모가 커져 수많은 알고리즘이 산 자든 죽은 자든 가리지 않고 수백만 명의 DNA에 관한 고해상도 데이터가 가득한, 거의 상상도 못 할 만큼 큰 데이터베이스를 밤낮없이 저인망식으로 훑어낸다. 이런 알고리즘이 원래 설계된 목적은 대부분 개별 게놈 내부에서나 게놈 조합에서 의학적, 역학적 연구 용도로 흥미로운 패턴을 발견하고 비교하고 대조하여 조사하기 위한 것이다. 하지만 그중에는 양호하게 보존된 고대 뼈에서 복원된 DNA와 현대의 인간에서 추출된 DNA 사이의 닮은 점을 풀어냄으로써 진화 역사의 수수께끼를 더듬어내기 위해 특별히 설계된 것도 있다. 이런 것들이 토해낸 데이터는 인간 역사의 많은 부분을 완전히 다시 생각하지 않을 수 없게 했다.

이제 새로운 증거에 기초한 발견이 워낙 자주 이루어지며 놀랄 만한 내용이 자주 나오다 보니, 유전자 역사학자들은 어지간하면 자료에 대한 해석을 단독으로 내놓지 않게 되었다. 언제라도 뭔가 새로운 것이 등장하여 자신들의 생각을 뒤집어놓을 소식을 전하지 않을지 기대하는 데 익숙해졌기 때문이다.

이런 발견 중의 몇 가지—인간 대부분의 공통 조상이 더 최근 인류인 네안데르탈인이라는 확연한 증거 같은 것—는 인간이라는 게 어떤 의미인지를 새로이 질문하게 만든다. 몇 가지는 또 진화의 역사를 나무 모양으로 정리한 기존의 시각적 은유를 포기하라고 요구한다. 나무둥치, 가지, 잔가지로 이어지는 형태로 여러 세대, 상이한 왕국, 군(群, clade*), 집단, 가문, 속(屬)과 종(種) 등에 걸친 유전적 정보를 분포하는 과정을 표현하는 형태 말이다. 나무를 더 확대하여 살펴보면 서로 교차하는 수천 개의 내륙 수로로 이루어져 다양한 방식으로 합쳤다가 서로 갈라져나오는 내륙의 강 삼각주와 더 비슷한 모습이 보인다.

그러나 지금까지 이루어진 모든 발견 가운데 가장 흥미로운 것은 호모 사피엔스가 아프리카 어딘가에 살고 있던 어떤 고대 인류의 개별 계보에서 진화해 나왔다가 전 세계로 퍼져 그곳을 정복하게 되었다는 깔끔한 이야기가 거의 확실한 오류라는 것이다. 그것보다 지금 더 가능성 있게 보이는 것은 50만 년 전쯤의 공통 선조를 가진 호모 사피엔스의 여러 계보가 30만 년쯤 전에 북아프리카, 남아프리카, 동아프리카의 리프트 밸리 지역에서 거의 동시에 출현하여 나란히 공존하며 진화했고, 오늘날 모든 인간은 그들로부터 물려받은 유전적 특징들이 조합되어 이루어졌다는 견해다.[1]

새로운 게놈 데이터는 많은 사실을 알려주지만, 호모 사피엔스 역사 초기 25만 년간의 고고학적 기록은 너무 파편적이고 불완전해서 그들의 생활을 순간적으로 흘낏 보여주는 것 이상은 불가능하다. 또 30만 년

---

* 클레이드 혹은 통군. 계통분류학에서 어떤 공통조상에서 유래하는 모든 자손종으로 이루어지는 군 혹은 집합을 뜻한다.

쯤 전에 아프리카 전역의 초기 호모 사피엔스(그리고 네안데르탈인)가 손 도끼를 포기하고 다른 도구를 다양하게 제작하고 사용하는 쪽으로 기울었다는 사실도 보여준다. 더 작고, 더 규칙적인 형태를 가졌으며, 각각 다른 일을 하는 데 적합하게 만들어진 암석 박편들 말이다.

가끔 암석 박편은 그 제작자들이 기술적인 측면에서 얼마나 숙련되었는가 하는 것 외에 그들의 삶에 대해서도 훨씬 많은 것을 드러내기도 한다. 이 시기의 석기 가운데 가장 많은 사실을 알려주는 것은 케냐의 남부 올로르게사일리에Olorgesailie 근처로 추정되는 지역에서 발견된 32만 년 전의 흑요석과 규질암chert 박편이다. 이런 박편들은 특별히 흥미롭거나 특이한 것은 아니다. 그 무렵 수많은 인간이 그와 비슷한 도구를 만들고 있었고, 흑요석 박편이 외과의사의 메스보다 더 예리한 칼날이 될 수 있다는 것, 또 규질암—미세한 석영입자로 이루어진 퇴적암—은 그에 버금가는 석재라는 사실을 다들 너무나 잘 알고 있었다. 그런데 이런 박편에서 특기할 점은 가공되지 않은 흑요석과 규질암 덩어리가 채굴된 장소가 그것들이 끌로 다듬어져 다양한 크기와 형태의 칼날과 송곳으로 가공된 장소에서 거의 100킬로미터는 떨어져 있다는 사실이다.[2] 이는 곧 수백 평방킬로미터 이상의 넓은 지역에 걸쳐 복잡한 교환과 사회적 네트워크가 존재함을 시사한다. 그 유적을 발견한 고고학자들은 다음과 같은 가설을 세웠다. 적어도 그것은 박편 제작자들이 석기를 만드는 데 필요한 최적의 재료를 얻기 위해 아주 먼 거리에 있는 어떤 장소까지 갈 만큼 목적에 충실하며 결단력이 있었다는 사실을 알려준다.

올로르게사일리에 같이 아주 오래된 유적지가 미래에도 발견되어 아프리카에서의 고대인들의 생활에 대한 이해에 살을 붙여줄 가능성은 충분히 있다. 하지만 이 낙관론은 대륙 많은 곳의 환경 여건이 유럽과 아시아의 얼어붙은 지역에 비해 뼈와 다른 유기적 유물을 보존하는 데 훨씬 부적합하다는 사실 앞에서 꼬리를 내린다. 일단 지금으로는 아프리카에 살던 고대의 호모 사피엔스가 시간을 어떻게 보냈는지를 말해주는 가장 생생하고 경이적인 증거는 남부 아프리카에 줄지어 형성되어 있는 해안 지대 동굴에서 발견된 것들이다.

블롬보스 동굴Blombos Cave은 아프리카의 남동해안에서 인도양과 대서양이 만나는 지점에서 멀지 않은 어느 조용한 만을 굽어보는 위치에 있다. 동굴 입구에서는 그 아래쪽 바다에서 가끔 겨울을 나는 남방긴수염고래southern right whale들이 쉽게 보인다.

지금은 동굴 입구에서 35미터가량 아래에 수면 위로 노출된 바위들이 연이어 서 있으며, 그사이에는 치어, 총알고둥, 담치, 문어, 게 등이 들어 있다. 하지만 지난 20만 년 동안 그 바위 속의 웅덩이는 대부분 건조한 상태였다. 그러다가 수십조 톤의 물이 빙판을 뚫고 들어왔고, 여기서는 대양이 먼 수평선 위의 검고 미끈거리는 흔적으로만 보인다. 동굴에서 해변으로 내려가려면 풀이 돋은 사구들이 파도치듯 이어지는 언덕과 강하구 습지와 무릎 깊이의 해변 웅덩이를 끝없이 헤치면서 한참을 가야 한다.[3] 하지만 10만년 전쯤을 기점으로 이후 3만 년 동안 이 해안선 지역의 해수면은 지난 50만 년 동안의 그 어느 때보다도 높았고, 지금 수준과 별로 다르지 않았다.

그 당시, 만에 들어온 남방긴수염고래는 숨을 내뿜고 꼬리로 물을 내리치거나 해변의 바위 웅덩이에 사는 담치나 이패류를 삼키는 자신들을 인간이 위쪽 동굴에서 지켜본다는 것을 가끔 알아차렸을지도 모른다. 사람들이 볼 때 동굴은 만을 잘 바라볼 수 있고, 동서로 뻗은 해변에 쉽게 내려가게 해주는 위치일 뿐만 아니라 겨울의 몇 달 동안 남쪽에서 불어와 이 해안을 뒤흔드는 폭풍을 막아주기도 했다. 하지만 이 동굴에 있어서 가장 매력적인 요소는 그곳이 제공하는 탁월한 해산물과 육류 요리, 그중에서도 더 얕은 만에서 자리를 옮겨다니는 사구의 모래턱에 부딪혀 가까운 해변에서 생을 마감한 고래들의 탄력 있는 고기와 에너지가 풍부한 지방층을 맛볼 기회였다.

동굴 속에 남아 있는 화석 유물을 보면 그곳의 거주자들이 고래고기 구이 외에도 많은 것을 먹었음을 알 수 있다. 해변에서 삿갓조개, 총알고둥, 담치를 잡아 그 자리에서 먹기도 했고, 조개를 잔뜩 캐어 언덕을 올라와서 안락한 동굴에서 편안하게 먹기도 했다. 식단 범위를 더 넓히기 위해 그들은 물개, 펭귄, 거북, 살이 많은 바위너구리hyrax와 그보다는 살이 적은 두더지쥐mole rat 종류도 잡았다. 고고학자들이 동굴에서 발굴한 것 중에는 생선뼈도 있었다. 생선뼈는 빨리 삭아버리므로 블롬보스 동굴의 다양한 거주자들이 실제로 얼마나 많은 생선을 먹었는지, 또 다른 동물들이 얼마나 많이 훔쳐먹었는지 확실한 결론을 끌어내기는 힘들다. 하지만 생선뼈의 종류와 분량은 동굴의 일부 거주자가 물고기 잡는 방법을 어느 정도 알고 있었음을 시사하기에는 충분할 만큼 많았다.

식물 유물은 담치 껍질만큼도 오래 남지 않는다. 하지만 이곳은 비옥한 지형이었다. 그들이 먹는 식량에는 내륙과 해안 근처에서 채집된 재소, 덩이뿌리, 버섯, 과일 등속이 틀림없이 많이 포함되어 있었을 것이다.

그 동굴에는 돌송곳과 돌칼이 많이 있었는데, 그중에는 예리한 날과 면도날처럼 날카로운 창촉도 있었으므로, 그들이 지금도 !쿵족이 사용하는 것과 비슷한 수준 높은 복합 도구를 만들었음을 알 수 있다. 하지만 블롬보스 동굴이 유명해진 것은 거주자들이 수렵채집 활동을 하지 않을 때 한 행동 때문이다.

7만 5000년 전에 만들어진 바다고둥껍질 구슬 한 줌이 남아 있는데 구슬에는 아마 힘줄이나 가죽, 식물성 섬유로 만든 끈이 꿰어졌을 법한 구멍이 뚫려 있다. 그것을 보면 그곳의 거주자들이 자신들을 꾸미기 위해 장신구를 만드는 데도 관심이 있었음을 알 수 있다. 고고학자들은 동굴의 위쪽 지층 발굴 현장에서 황토 두 덩이도 찾아냈다. 각 덩이에는 어설프지만 명백히 의도적으로 그려진 다이아몬드 무늬가 새겨져 있다. 부드럽게 다듬은 암석 박편에 그와 비슷한 디자인이 황토색 색연필로 그려진 것도 하나 있었다. 이런 물건들은 7만 3000년에서 7만 7000년 전쯤 제작된 것으로 평가되었다. 또 이런 물건 가운데 특별히 예술적이라 할 것은 없었고, 카투 판 손도끼를 만든 손보다 훨씬 덜 훈련된 손이 만든 것으로 여겨지지만, 이제 많은 사람들은 그것들이 지금까지 발견된 재현 미술 작품 가운데 가장 오래된 것이라고 말한다.

가장 오래된 유물은 동굴의 가장 깊은 10만 년 전 쯤의 지층에서 출토되었다. 그중에는 황토 가루, 목탄, 또 다른 고착제 혼합물을 담는 대접으로 쓰인 전복껍질, 그것들을 빻아서 가루로 만드는 맷돌, 한데 휘저어 섞을 때 쓰는 뼈 막대 등이 담긴 염료 제작 도구 상자 두 개도 있다. 황토와 목탄은 풀로 쓰이기도 했지만, 지방분과 섞어 햇빛 차단 화장품이자 곤충 퇴치용 약품으로 쓰였을 가능성이 더 크다. 마치 반죽을 섞던

중에 옆으로 밀어버린 것처럼 방치된 이런 도구 상자는 갑자기 수수께끼처럼 방해받은 세련된 생활이 있었음을 암시한다.

남아프리카에는 블롬보스 동굴처럼 고고학자들이 몇 개 안 되는 물질적 흔적을 기초로 하여 완결되고 복합적인 생활상을 상상할 때 버릇처럼 유지하던 신중함을 포기하게 만드는, 이와 비슷한 유물들이 풍부하게 발견된 장소가 여러 군데 있다. 예를 들면, 블롬보스에서 북쪽의 내륙으로 약간 올라간 곳에는 시부두 동굴Sibudu Cave이 있다. 7만 7000년에서 7만 년 전 사이에 사용된 장소인 그곳에서 고대의 거주자들은 조개껍질로 예쁘장한 장신구를 부지런히 만들었고, 왕골이나 또 다른 허브로 짠 매트리스를 깔고 잠을 잤다. 그들은 뼈를 갈아서 만든 송곳과 바늘을 사용하여 가죽을 가공하고 장식하는 일에 관심을 가졌는데, 그런 활동에

남아프리카 블롬보스 동굴에서 발굴된 7만 년에서 7만 5000년 전
골뱅이고둥 껍질로 만든 목걸이

시간을 쓸 수 있었던 이유 가운데 하나는 이들이 유럽과 아시아의 다른 어떤 호모 사피엔스 종족보다 앞서는 약 6만 년 전쯤 궁술의 원리를 깨우친 데 있었다.[4]

이런 종류의 정교함이 남아프리카에만 국한된 현상이 아니었음을 가리키는 증거가 드물게나마 몇 개 존재한다. 고고학자들은 콩고의 셈리키 강 근처의 어느 유적지에서 9만 년 전에 만들어진 뼈 작살촉을 찾아냈는데, 그 지역은 고대의 유물 보존에 그리 적합한 상태가 아니며, 정치적 불안정성 때문에 장기간 탐사가 거의 불가능한 지역이었다.[5] 이 작살촉에는 한쪽 가장자리에 정확한 크기의 가시가 일렬로 꼼꼼하게 새겨져 있어서 통통하고 영양분 많은 메기를 꿰어 잡는 데 완벽한 도구다. 작살촉 옆에는 메기의 뼈가 있었다. 북쪽으로 좀 더 올라간 북아프리카의 여러 유적지에서는[6] 블롬보스 동굴 거주자들처럼 그곳 주민들이 일상적으로 좁쌀무늬 골뱅이nassarius mud snail 껍질로 장신구를 만들었다는 훌륭한 증거가 발견되었다.

게놈 데이터에 따르면 고대 아프리카의 수렵채집인 인구는 역사상 가장 오랜 기간에 걸쳐 놀랄만한 수준으로 안정된 것이 특징이었다. 이는 그들이 버티고 살아남는 능력이 매우 컸음을 암시한다. 사실 시간의 시련을 감당하는 능력이 문명의 성공 여부를 판정하는 기준이라면, 남아프리카 코이산Khoisan족의 직계 선조들은 인간 역사에서 타의 추종을 불허하는 최고로 성공한 문명이다. 아프리카에서의 유전자 다양성은 전반적으로 세계 다른 어느 지역에서보다 훨씬 더 높으며, 현재 인구 10만 명 정도의 소부족인 코이산족이 보유한 유전적 다양성이 세계의 다른 어떤 지역적 종족들보다도 높다. 이 다양성의 일부는 약 2000년 전 동아프리카에서 온 모험적 이주자들로부터 유전자가 잠시 주입되었기 때문으로 설명될 수 있지만, 크게 보면 지난 6만 년 동안 유럽 등지로 퍼져 살던 수렵채집인들을 가끔씩 몰살시키던 기근과 다른 재앙들이 상대적으로 드물었기 때문으로도 설명될 수 있다.

남아프리카에서의 이런 새로운 발견이 압도적이기는 하지만, 그것으로부터 이 수렵채집인들이 얼마나 열심히 일했는지, 또는 일에 대해 어떤 생각을 했는지에 대해 자세히 추론해 내기는 힘들다. 하지만 경제적 관행, 물질 문명과 사회적 조직이라는 기준에서 그들은 대체로 고립된 채 20세기까지도 수렵과 채집 생활을 계속해 온 소규모 수렵채집인 종족의 일원들과 공통점이 아주 많다는 것을 보여주기에는 충분한 자료를 제공한다.

1963년 10월, 캘리포니아 대학의 인류학과 박사과정 학생인 리처드 보셰이 리Richard Borshay Lee는 보츠와나 북동쪽의 먼 오지 사막에 있는 웅덩이 근처에 임시 캠프를 세웠다. 그는 그곳에서 세계에서도 몇 남지 않은 대체로 고립되어 생활하는 최후의 수렵과 채집종족인 북부 !쿵족과 함께 살게 된다. 그는 당시에 그들을 '!쿵 부시맨Kung Bushmen'이라 불렀다. 그들은 남부 !쿵족이 사는 스쿤하이드 지역의 바로 그 광범위한 언어 공동체에 속한다. 하지만 결정적으로 중요한 점은 1960년대에 !쿵족은 여전히 그들의 전통적인 땅에서 사자, 하이에나, 호저, 땅돼지aardvark, 그 밖에 수많은 다른 동물과 함께 아마 3만 년간 그 선조들이 살던 방식대로 자유롭게 수렵채집하면서 살고 있었다는 사실이다.

당시의 여러 인류학도와 마찬가지로 리 역시 단편적인 고고학적 기록으로는 최근의 수렵채집인 선조들이 실제로 어떻게 살았는지조차 제대로 감지하지 못한다는 사실 앞에서 좌절했다. 적어도 그가 보기에는 고인류학자들이 전문으로 다루는 대상인 부서진 화살촉, 오래 폐기되었던 화덕, 갉아먹은 자국이 있는 동물뼈 찌꺼기는 대답보다 더 많은 의문을 제기했다. 가령 수렵채집인 집단의 규모는 어느 정도였을까? 그는 궁금했다. 그들은 어떤 조직을 이루고 살았을까? 생태계가 달라지면 그 속에 사는 수렵채집인들도 눈에 띄게 달라지는가? 그들의 삶이 정말로 다들 상상하는 것처럼 험난했는가?

리는 20세기까지 수렵채집 생활을 계속해 온 몇 안 되는 사회를 연구하는 것이 인류학자와 고고학자들 모두에게 "1만 년 전까지 인류가 보편적으로 누리던" 생활 방식에 대해 알려주는 과제에 도움이 될지도 모른다고 생각했다.[7] 리의 접근법은 아주 새롭기도 했고 또 이전의 누구도 생각지 못했던 매우 놀라운 방식이었다. 다른 인간들이 과학적 계몽을 향한 장대한 여정을 가고 있는 동안 음부터 피그미족BaMbuti Pygmies이나 !쿵족은 지리와 환경과 순전한 불운 때문에 여전히 석기시대에 머물러 힘들게 사는 살아 있는 화석이라는 인식이 몇십 년 동안 널리 퍼져 있었으니 말이다.

무엇보다도 리는 수렵채집인들이 결핍 상태에 얼마나 잘 적응했는지 알고 싶었고, 자신의 예상으로는 빈약할 것 같았던 식단을 그들이 마련하는 데 얼마나 많은 시간이 필요한지 기록하는 것이 그것을 알기 위한 최선의 방식이라고 보았다. 당시의 과학계가 도달한 합의에 따르면 수렵채집인들은 영구히 기근에 가까운 상태로 살고 있으며, 끊임없이 굶주림에 시달리고 삼십대까지 살아남으면 행운이라고 여겼다. 학계 밖의 일반 사람들이 수렵채집인에 대해 갖는 생각은 자신들의 몸무게도 감당하지 못할 만큼 허약한 몸으로 빙하에 유기되는 '에스키모' 노인들 그리고 먹여 살릴 수 없음을 알아서 갓난아이를 하이에나에게 내던지는 오지 부족의 어머니들에 관한 섬뜩한 이야기들을 모델로 형성되었다.

리는 오스트레일리아나 남아메리카가 아니라 북부 칼라하리를 조사지로 정했는데, 앞의 두 곳에는 모두 수렵채집인 사회가 잘 형성되어 있는 반면 칼라하리는 석기 시대 생활을 가장 잘 파악하게 해줄 확률이 높다고 믿었기 때문이다. 그는 남아프리카의 다른 지역에 사는 부시맨은 부분적으로 "문화적 적응이 된" 반면, 백인 가축 목장 밖에 사는 북부 !쿵족은 칼라하리 지역 환경의 적대적인 야생 여건 때문에 대체로 농경사회와 분리된 채로 살았다는 것을 알았다. 덧붙여 말하자면 그는 그 환경이 고대인들이 "실제의 동식물 환경과 비슷했으리라"고 짐작했다.[8]

수렵채집인의 생활을 체험하고 싶다는 리의 욕심은 학술적인 동기에서만 시작된 것이 아니었다. 가장 이른 유년시절의 기억이 2차 세계대전 때 형성된 많은 사람들이 그랬듯, 리는 부모와 조부모의 삶과 일과 복지에 대한 태도를 형성한 진보라는 서사를 전심전력으로 파고 들었다. 그는 수렵채집 선조들이 어떻게 살았는지를 더 잘 이해한다면 "농업, 도시화, 선진 테크놀로지, 민족과 계급적 갈등이 가져온 결착과 복잡화accretions and complications를 벗어던진 인간종의 근본적 본성"을 약간이라도 이해하게 될지 궁금했다.

리는 이렇게 썼다, "인간이 스스로 만들어낸 비상하게 복잡하고 불안정한 생태 여건에서 살아남을 수 있을지, 또 농경 혁명에 뒤이어 나온 테

크놀로지의 개화가 인간을 유토피아로 데려갈지 소멸로 데려갈지는 여전히 미해결 문제다."⁹

리가 칼라하리 생활 리듬에 적응하면서 그곳의 복잡한 흡착어click language를 재빨리 터득하자 집주인들은 감명받았다. 그들은 또 끊임없이 식품이나 담배를 선물로 달라고 하여 그를 지치게 만들었지만, 그가 관대하고 소탈하게 대해준 점도 높이 평가했다. 덕분에 !쿵족은 인류학자들이 집주인들에게 물을 법한 흔히 지루한 수백 가지 질문에 공손하게 대답할 뿐만 아니라, 일상 활동을 하는 자신들을 따라다니고, 시간을 재고, 그들이 손대는 모든 식량의 무게를 다는 것도 참아주었다.

칼라하리에서 18개월을 보낸 뒤 리는 기록노트를 챙겨 미국으로 돌아갔다. 집에 돌아간 뒤, 그의 장기간 연구 파트너인 어븐 드보어Irven DeVore와 함께 1966년 4월에 시카고 대학에서 개최한 〈남성 사냥꾼Man the Hunter 학회〉에서 연구 결과를 발표했다. 이 학회에서 몇 가지 놀라운 새 견해가 발표될 것이라는 소문이 퍼졌고, 클로드 레비스트로스 등 인류학계의 거물 몇 명이 대서양을 건너 여기에 참석했다.

현대 인류학 역사에서 가장 많이 거론되는 학회 중의 하나로 꼽힐 그날의 학회에서, 리의 깨달음은 행사의 분위기를 결정했다. 이제는 유명해진 발표에서 리는 !쿵족을 통해 자신은 당시에 널리 믿어지던 통념과는 반대로 "자연 상태에서의 생활이 반드시 열악하거나 야만적이거나 단명한 것이 아님을 납득했다"고 설명했다.¹⁰

리는 연구 기간이 보츠와나의 농업 인구 대부분이 긴급 투하된 구호

물품으로 살아남았을 정도로 심각한 가뭄이 든 기간 동안과 겹쳤는데도 !쿵족은 어떤 외부 지원도 필요로 하지 않았고, 야생 식량과 수렵으로 수월하게 먹고 살았다고 발표했다. 발표문에 따르면 그가 따라다닌 집단은 1인당 매일 평균 2140칼로리를 소비했다. 그것은 그 정도 신장을 가진 사람들의 하루 권장 열량보다 10퍼센트 가까이 높은 수치다. 가장 놀라운 것은 !쿵족이 노력을 그리 많이 하지 않고도 필요한 모든 식량을 얻을 수 있었다는 사실이었다. 사실 노력의 양이 워낙 적어 그들은 산업화 세계에서 전업 일자리를 가진 사람들이 누리는 것보다 훨씬 많은 '자유 시간'을 누렸다. 아이들과 노인들이 타인들의 지원으로 먹고 산다는 점에 주목한 그의 계산에 따르면 그 부족에서 경제적 활동을 하는 성인들은 식량 취득을 위해 매주 17시간 조금 넘는 시간을 썼고, 식량을 준비하고 땔감을 모으고, 숙소를 세우고, 도구를 만들거나 고치는 데 대략 20시간 정도가 추가로 필요했다. 이는 직장이 있는 미국인들이 출근하고, 가사 노동을 하는 데 소모하는 시간의 절반에도 못 미친다.

학회 참석자 모두가 리가 소개한 데이터를 듣고 놀란 것은 아니었다. 청중들 가운데 지난 몇 년 동안 아프리카의 다른 지역들, 극지방, 오스트레일리아, 남동아시아에 사는 수렵채집인 집단들과 함께 살면서 연구한 사람들이 여럿 있었다. 상세한 영양학적 조사를 하지는 않았지만, 그들은 !쿵족처럼 이런 사회의 주민들 역시 식량 취득 문제에 관해 놀랄 만큼 느긋했다는 점을 주목했다. 그들은 영양학적 필요치를 매우 수월하게 조달했고, 그 외 대부분의 시간을 여유롭게 보냈다.

리처드 리가 〈수렵인 학회〉에 참석했을 무렵, 여러 다른 사회인류학자들은 부족민들의 종잡을 수 없는 경제적 행동과 당시 지배적이던 경제 이데올로기를 조화시키려 애쓰고 있었다. 즉 서구가 받아들인 시장 자본주의와 소련과 중국이 받아들인 국가 주도 공산주의다. 그때쯤 경제학은 사회인류학에서 주류 전문분야 중 하나로 부상했으며, 이 문제의 해결방법을 놓고 경제인류학자들은 형식주의자formalists와 실질주의자substantivists로 쪼개졌다.

형식주의자들은 경제학은 엄격한 과학이며, 모든 사람들의 경제적 행동을 형성하는 일련의 보편적 규칙을 기반으로 삼는다는 입장을 취했다. 그들의 주장에 따르면 원시적 경제는 !쿵족과 아메리카원주민의 경제처럼 현대 자본주의 경제의 낮은 수준으로 이해하는 편이 최선이다. 동일한 기본 욕구, 필요, 행동에 의해 형성된 경제이기 때문이다. 그들은 다른 사회의 사람들이 무엇을 귀중하게 여기는지 판단하는 데서 문화가 중요한 역할을 한다는 점을 인정했다.

식민지시대 이전의 동부와 남부 아프리카의 여러 문명들이 부와 지위를 가축의 숫자, 크기, 색깔, 뿔 형태, 기질을 기준으로 판단하고, 콰콰카와크Kwakwaka'wakw 및 코스트 살리시Coast Salish 같은 북서 해안 토착 아메리카 문명 부족들이 가죽, 카누, 세다 섬유로 짠 담요, 노예, 아름답게 조각된 벤트우드bentwood 상자 등을 타인들에게 얼마나 많이 선물하는지를 기준으로 사람들을 판정한 것이 이 때문이다. 하지만 형식주의자들은 모든 사람이 속마음으로는 경제적으로 합리적이며, 설사 다른 문화의 사람들이 가치 있게 평가하는 것이 제각기 다르더라도 희소성과 경쟁은 보편적 현상이라고 주장했다. 다들 각자 추구하는 가치에 따라 흥미를 느꼈으며, 희소한 자원을 분배하고 할당하는 특정 경제시스템을 개발했다는 것이다.

이와 반대로 실질주의자들은 20세기 경제학의 더 급진적이고 독창적인 목소리에서 영감을 끌어왔다. 이런 반군들의 합창에서 가장 큰 목소리를 낸 것이 헝가리의 경제학자 칼 폴라니Karl Polanyi였다. 그는 시장 자본주의에서 보편적인 것이라고는 오로지 가장 열성적인 옹호자들의 오만함 뿐이라고 주장했다. 시장 자본주의는 현대 민족 국가가 친족관계, 공유적이고 호혜적인 선물 교환을 주된 기초로 삼는 더 입자적이고 다양하고 사회적 기초를 가진 경제시스템을 대체할 때 발생한 문화 현상이라는 것이다. 실질주의자들의 주장에 따르면 형식주의자들이 인간 본성의 일부라고 믿는 경제적 합리성이란 시장 자본주의의 문화적 부산물이며, 다른 사람들이 어떻게 가치를 배분하고, 함께 일하거나 서로 교환하는지 이해하는 문제에 관해 훨씬 더 열린 마음이 되어야 한다.

〈수렵인 학회〉의 참석자였던 마셜 살린스Marshall Sahlins는 이 복잡다단한 토론에 흠뻑 빠졌다. 그는 또 번영을 누리던 전후 미국이 당시 스스로 제기하던 더 폭넓은 사회적, 경제적 질문들에 관심을 가졌다. 클로드 레비스트로스처럼 마셜 살린스도 현장 조사를 조금은 했지만 오지에서 검정파리와 설사병과 싸우는 것보다는 이론을 다루는 쪽을 더 선호했다. 재능은 있었지만 오만무례하다는 평판이[11] 있던 그는 햇볕에 그을린 몇몇 동료들보다 자신이 더 큰 그림을 좀 더 생생하게 볼 수 있으며, !쿵족 같은 수렵채집인들이 유복한 사회의 원조라고 본다고 단언했다.

살린스는 수렵채집인들의 삶이 물질적 결핍과 끝없는 투쟁으로 점철된 생애가 아니었다는 사실이 밝혀졌을 때 놀라지 않았다. 그는 그 이전 여러 해 동안 단순한 사회에서 복잡한 사회가 출현하고 진화하는 문제에 집중하여 질문해 왔다. 리와 다른 사람들이 사막과 정글에서 살면서 신발에 들어온 전갈을 잡아 죽이는 동안 그는 인류학 텍스트, 식민지 보고서, 또 유럽인과 수렵채집인들의 만남을 묘사한 다른 자료들을 뒤적였다. 그는 이런 것들로부터 적어도 희소성과 맞서 싸우는 끊임없는 투쟁으로서의 삶을 견뎌내는 수렵채집인이라는 전형적인 이미지가 너무 단순하다고 결론지었다. 살린스가 가장 흥미를 가진 것은 수렵채집인이 농경사회나 산업사회에서 일하느라 스트레스에 찌들린 일벌레들에 비해 얼마나 많은 여가시간을 가지느냐 하는 것이 아니라, '그들이 느끼는 물질적 필요의 검약성'이었다. 그는 수렵채집인이 타 인종에 비해 그토록 많은 자유 시간을 누린 것은 그들이 일차적인 물질적 필요를 충족시킨 뒤에도 계속 이어지는 산더미 같은 욕구들에 짓눌리지 않았기 때문이라는 결론을 내렸다.

살린스는 지적했다, "욕구는 생산을 늘리거나 욕구를 줄임으로써 쉽게 충족될 수 있다"[12] 그의 주장에 따르면, 수렵채집인들은 욕구를 줄임으로써 이 문제를 해결했고, 그들 고유의 방식으로 월스트리트의 은행가들, 자신들이 다룰 수 있는 수준보다 더 많은 자산, 배, 자동차, 시계를 갖고 있음에도 끊임없이 더 많이 얻으려고 애쓰는 부류보다 더 풍요로웠다.

살린스는 여러 수렵채집 사회에서, 또 인간 역사의 거의 모든 시간 동안 내내 인간의 경제생활을 관리해 온 특징은 희소성이 아니었고, 따라서 적어도 고전경제학자들이 서술한 형태의 '근본적인 경제 문제'는 우리 종의 영원한 투쟁이 아니었다고 결론지었다.

6장

숲의
유령들

서른여덟이 된 조지프 콘래드Joseph Conrad에게 콩고의 열대우림은 악몽의 솥단지였다. 1895년에 삐그덕거리는 15톤짜리 증기선 '벨기에의 왕Roi des Belges'의 굴뚝 아래 갑판의자에 쭈그리고 앉은 『암흑의 핵심Heart of Darkness』의 작가는 이 정글이 모든 이에게 "잊혔던 야만적인 본능"을 싹 틔운다고 상상했다. 그리고 그에게 이런 감정을 강하게 환기시키는 것은 무엇보다도 수목의 윤곽 밑에 숨어 있는 마을에서 습한 밤공기 속을 뚫고 흘러들어와서 허용된 갈망의 한계를 넘어선 영혼들을 괴롭히는 격렬한 북소리의 고동과 기묘하게 읊어지는 주문이었다.

아프리카의 거대한 숲에 대한 콘래드의 매혹적인 묘사에 그가 겪은 말라리아와 설사의 발작이 거듭하여 끼어들었다. 그런 증상 때문에 그는 동부 콩고를 탐사한 6개월 동안 몽롱한 환각 상태에 빠져 있었다. 하지만 그의 상태는 무엇보다도 그가 나중에 '인간 양심과 지리학적 탐사의 역사를 영구히 비틀어버린 약탈물을 노린 최악의 비열한 혼란'이라 묘사한 상황, 즉 벨기에 국왕 레오폴트Leopold의 포스 퍼블리크Force Publique[•] 가 콩고 부락민들에게 고무, 상아, 황금을 빼앗고 그 대가로 돌려준 공포, 할당량을 채우지 못한 자들의 손을 자르고, 반박하는 자들의 머리를 베어버리는 잔혹상을 직접 목격한 경험의 반영이었다.

콘래드의 고통스러운 악몽의 사운드트랙이던 바로 그 '기묘한 주문' 은 그 60년 뒤인 1953년에 당시 스물아홉이었던 영국 인류학자 콜린 턴불Colin Turnbull을 매료시켜 북부 콩고의 이투리 숲Ituri Forest을 찾아가도록 이끌었다. 코랄 음악의 열광적 팬인 턴불은 녹음으로 전해들은 그 지역 주민 음부티 피그미BaMbuti Pygmies족의 노래에서 들린 폭포수처럼 쏟아지는 복잡한 다성 화음에 매혹되었다. 그는 그 소리를 실황으로 듣고 싶었다.

1953년에서 1958년 사이에 턴불은 이투리로 장기간 여행을 세 번 다녀왔다. 그곳에서 콘래드는 숲의 폭포수에서 원한 가득한 어둠만 보았지만 턴불은 멋진 세계를 찬양하는 매력을 느꼈다. 그는 음부티족은 이 숲을 전혀 어둡고 우울하고 금지하는 존재로 여기지 않았다고 설명했다. 그들의 주장에 따르면 이 숲은 그들에게 '어머니이자 아버지인 존재'였다. 또 음식과 물과 옷과 온기와 애정을 주는 곳이었다. 그곳은 자신들, 그 자녀들을 아껴 가끔 꿀 같은 달콤한 간식을 내려주기도 했다.

턴불의 설명에 따르면 "그들은 숲에서 자신들의 삶을 그냥 살만한 곳

• 콩고 자유국에서 레오폴트 2세의 지시에 따라 공안군, 군인이자 경찰로 활동한 용병.

2부 | 공생하는 환경

이상의 어떤 것으로 만들어주는 것을 찾아내는 사람들이었다." "그들의 삶에 고난과 문제와 비극이 있더라도 그것을 기쁘고 행복이 가득하고 근심에서 놓여난 멋진 삶이 되게 해주는 어떤 것이 그 숲에는 있었다."[1]

귀국한 뒤 그는 학술적이고 기술적인 저술들을 썼다. 하지만 그의 가장 중요한 저서인 『숲의 사람들: 콩고의 피그미족에 관한 연구The Forest People: A study of the Pygmies of the Congo』는 그 부제가 시사하는 것 같은 모범적인 학술서가 결코 아니었다. 음부티족의 생활에 대한 그의 서정적인 묘사는 콘래드가 그 숲에 뒤집어씌운 음울한 베일을 걷어냈고, 미국과 영국의 독서 대중의 심금을 울렸으며, 한동안 아무도 따라잡지 못할 베스트셀러가 되었다. 이 책의 성공으로 턴불은 잠시 인기 대중 잡지 화보와 일간 TV토크쇼의 세계에 끌려 들어갔지만, 동료 인류학자들의 찬양은 얻지 못했다. 몇몇은 그의 상업적 성공에 분개하여 그를 무신경한 포퓰리스트라고 비난했다. 그들은 턴불이 음부티의 수풀 세계보다는 자신의 불꽃 같은 열정에 대해 더 많이 이야기하는 낭만주의자라고 수군거렸다. 다른 사람들은 그가 음부티족 생활에 대해 감성적으로 공감하는 기록자라는 점을 칭찬했지만 그의 연구가 학구적으로 엄청나게 뛰어나다고는 생각하지 않았다. 턴불은 이런 상황에 개의치 않았다. 그는 동료들의 논쟁을 보수성향이 강한 버지니아주의 소도시에 공개적 게이 커플인 자신이 이사갔을 때 이웃들이 수군거릴 법한 가십 정도로만 여겼다.

음부티족 생활에 대한 턴불의 묘사에서 수렵채집인들이 희소성에 대해, 또 일에 대해 가진 생각을 확립한 심층 논리 몇 가지가 밝혀졌다. 먼저, 수렵채집인 사회의 특징이라 할 '공유sharing' 경제가 어떻게 양육 환경nuturing environment과의 관계에서 유기적인 연장선에 있는지 밝혔다. 환경이 그들과 식량을 공유하는 것처럼 그들도 타인들과 식품 및 물건을 공유했다. 둘째, 그들이 필요로 하는 것이 얼마 안 되고 그것조차 쉽게 충족될 수 있더라도 수렵채집 경제가 환경적인 지원에 따라 유지될 수 있었음을 밝혔다.

20세기의 수렵채집인들 가운데 숲의 그늘을 관대하고 다정한 부모처럼 여기는 종족은 음부티족만이 아니었다. 그곳으로부터 수백마일 서쪽의 카메룬에 있는 바카Baka족과 비아카Biaka족 같은 다른 피그미족, 또 인도의 케랄라주에 사는 나야카Nayaka족이나 말레이시아 중부의 바텍Batek족 같은 수풀 거주 수렵채집인들도 마찬가지였다.

열대우림지역보다 더 개방되고 자궁처럼 안온한 느낌이 덜한 환경에서 사는 수렵채집인들이 항상 자신들을 사랑하고 길러주는 지형의 '자녀'로 여긴 것은 아니었다. 그래도 그들은 환경 속에서 혼령, 신, 또 다른 형이상학적 실체라고 상상하는 존재가 음식이나 다른 유용한 물건들을 자신들과 공유하는 것을 보았다. 가령, 오스트레일리아의 여러 애버리지니들은 지금도 '드림 타임Dream Time', 즉 창조 기간 동안 노래를 불러 땅을 존재하게 만든 원초적 혼령이 신성한 강, 언덕, 수풀, 저지대 습지billabong에 살고 있다고 주장한다. 급속히 녹아내리는 북극권 주변에서 여전히 생업을 이어가고 있는 일부 이누이트 공동체를 포함하는 북쪽 지방의 유목민족들은 뿔사슴, 순록, 왈루스, 물개, 기타 그들이 의존하고 사는 생물들이 영혼을 가졌을 뿐만 아니라 자신들을 바쳐 살과 장기들을 인간에게 식량으로 내주고 몸을 따뜻하게 만들 가죽과 모피를 준다고 믿는다.

수렵채집인의 기준에서 칼라하리의 환경은 좀 더 세속적이다. 그런 시각은 그들이 신에 대해 가진 뒤섞인 감정을 반영하는 것으로, 그들은 신이 특별히 다정하거나 관대하지 않고, 인간사에 대해 별 흥미도 갖지 않는다고 생각한다. 그렇다고는 해도 !쿵족은 환경이 배려해준다는 확신은 충분히 갖고 있어서, 그날 하루 당장 필요한 것 이상의 식량을 채집하지도 않고 저장하지도 않았다.

열대 기후와 온대 기후의 소규모 수렵채집인 사회 가운데 자료가 잘 수집된 사례들은 거의 대부분 이와 비슷하게 잉여 식량을 모으거나 저장하는 일에 관심이 없었다. 그리하여, 야생 과일이나 채소가 결실을 맺을 때 그들은 절대로 하루에 먹을 수 있는 분량 이상을 수확하지 않았고, 당장에 필요하지 않은 것은 모두 덩굴에 매달린 채 썩어가도록 기꺼이 내버려둔다.

이런 행동은 농경 민족과 나중에는 식민지 국가와 정부 관리들, 또 수렵채집인들과 주기적으로 접촉하게 된 개발 자업자들을 당혹스럽게 만들었다. 그들의 입장에서는 식량을 기르고 저장하는 일이 인간과 다른 동물들을 구분짓는 기준이었으니까. 그들은 궁금해했다. 잉여가 있을 때 수렵채집인은 왜 그 기회를 활용하여 지금 조금 더 열심히 일함으로써 장래를 더 안정적으로 만들려 하지 않는가?

이런 의문에 대한 최종 대답은 1980년대 초반, 그 이전 20년 동안 20세기 수렵채집인 집단인 동아프리카 리프트밸리 지역의 세렝게티 평원 레이크 에야시Lake Eyasi 근처에 살던 하드자족the Hadzabe과 함께 살면서 연구해 온 어느 인류학자에게서 나왔다.

하드자족의 일부 원로들은 최초의 선조들이 천상에서 땅으로 내려왔다고 주장한다. 하지만 그들이 특히 키가 큰 기린 목을 타고 땅으로 미끄러져 내려왔는지, 아니면 거대한 바오바브나무의 통통한 가지를 타고 굴러 내려왔는지는 분명하게 알지 못한다. 어느 쪽이든 그들은 별로 상관하지 않았으며, 고고학자와 인류학자들 역시 이런 고대 동아프리카 수렵채집인 종족의 기원에 대해 확실히 알지 못한다. 게놈 분석 결과에 따르면 그들은 그 지역의 예외적 존재이면서도 수만년 전부터 계속 살아온 고대인 계보에 속한다. 언어적으로도 그들은 거의 모든 사람들이 3000년 전쯤 동아프리카 전역과 그 너머로 확장되는 최초의 농경인들과 결부된 언어를 쓰는 그 지역에서 이질적 존재다. 그들의 언어는 음소론적인phonemically 복합 언어인데, 그 언어에는 몇 가지 흡착음이 들어 있다. 그런 음은 이들 언어 외에는 코이산 언어에만 있다. 이는 그들과 남아프리카 토착민이 아주 옛날부터 언어적으로 연결되어 있었음을 시사한다.

하드자족이 거주하는 사바나의 환경은 북부 칼라하리에 비해 덜 혹독하며, 물도 더 풍부하다. 그럼에도 그들은 전통적으로 비슷한 규모의 무리를 구성하며, !쿵족처럼 계절에 따라 숙영지를 옮겨 다닌다.

!쿵족과 같은 남아프리카의 수렵채집인들과는 반대로 하드자족은 여전히 그들이 수렵채집 생활을 포기하고 탄자니아 주류의 생계와 시장 농업 경제 체제에 동화하기를 바라는 정부 관리들에게 단체로 거부권을 행사하기에 충분한 토지 이용권을 갖고 있다. 그 결과 오늘날도 많은 부족민이 일차적으로 수렵과 채집을 생업으로 삼고 있으며, 레이크 에야시는 진화의 역사에서 식생활, 일, 에너지가 갖는 관계에 대해 더 많은 것

2부 | 공생하는 환경

을 알기 위한 과학자들의 호기심을 자석처럼 끌어들인다.

1957년 여름, 제임스 우드번James Woodburn은 레이크 에야시에 가기 위해 세렝게티 고원대지를 기어올랐다. 그곳에서 그는 사회인류학자로서는 처음으로 하드자족과 장기적인 관계를 맺기 시작했다. 또 1960년대에 그는 수렵채집인 연구의 부활을 선도하는 젊은 인류학자들 무리 가운데 가장 영향력이 큰 인물 중의 하나였다. 리처드 리와 똑같이 그는 활로 사냥하는 하드자족이 먹고 살기 위해 얼마나 적게 일해도 되는지 알고 충격받았다. 1960년대 초반, 그는 하드자족을 다음 식사 재료를 어디서 얻을까 하는 걱정보다 함께 놀이하면서 화살을 얻을지 잃을지 내기를 걸고 이에 훨씬 더 몰두하는 통제불능의 도박사로 묘사했다. 그는 또 !쿵족처럼 그들도 "별로 힘을 많이 쓰지도 않고 미리 궁리해 두지도 않으면서, 또 장비나 조직을 별로 쓰지도 않고" 필요한 영양분을 쉽게 확보했음에 주목했다.[2]

2000년대 초반에 은퇴하기까지 거의 반세기 동안 우드번은 사회인류학을 가르치던 런던 정경대LSE와 레이크에야시를 왕래하면서 살았다. 하드자족에 대해 그가 궁금해했던 많은 것들 중의 하나는 그들이 식량 취득에 얼마나 시간을 적게 들이는지가 아니라, 역시 !쿵족처럼 그들이 그날 하루 먹을 분량 이상을 수확할 의사가 없었고, 식량을 저장하려는 의사가 전혀 없다는 사실이었다. 그리고 그곳에서 시간을 더 많이 보낼수록 이런 종류의 단기적 사유가 그들의 사회가 얼마나 평등주의적이고 안정되고 지속성이 강한지 이해하는 열쇠임을 확신하게 되었다.

"사람들은 그들 노동의 대가를 직접, 즉시 얻는다"고 그는 설명했다. "그들은 수렵이나 채집을 하러 나가서 그날 얻은 식량을 당장 혹은 그 뒤 며칠간 걱정 없이 먹는다. 식품은 공들여 처리되지도 않고 저장되지도 않는다. 그들은 진짜 기술이 적용되기는 했지만 엄청나게 많은 노동이 필요하지는 않은 비교적 단순하고, 휴대가능하고, 실용적이고, 쉽게 구할 수 있고, 대체가능한 도구와 무기를 사용한다."[3]

우드번은 하드자족이 '즉각적 보상 경제immediate return economy'를 영위한다고 설명했다.[4] 그는 이것을 산업화와 농경 사회의 '지연된 보상 경제delayed return economy'와 대비시켰다. 지연된 보상 경제에서는 노동의 노력이 거의 언제나 미래의 보상을 충족시키는 데 집중되며, 이것이 !쿵족과 음부티족 같은 집단이 농경사회나 산업화 사회만이 아니라 아메리카의 태평양 북서부 연안의 연어가 풍부한 물길 주변에 사는 대규모 복합적 수렵채집 사회들과도 구별되는 점이라고 지적했다.

우드번은 어떤 사회들이 어떤 식으로 즉각적 보상 경제에서 지연된 보상 경제로 변하는지, 혹은 이 변화가 일에 대한 인간의 태도를 어떻게 형성했는지 알아내는 데는 그다지 흥미가 없었다. 그가 흥미를 가진 것은 모든 즉각적 보상 사회들에도 위계가 존재했지만 족장이나 리더나 제도적 권력자는 없었고, 개인들 간에 어떤 유의미한 물질적 부의 격차도 허용하지 않았다는 사실이었다. 그는 일에 대한 수렵채집인들의 태도는 순수하게 그들 환경의 배려에 대한 믿음에서 나오는 것이 아니라, 식품이나 다른 물질 자원의 균등 분배를 보장하려는 사회 규범과 관습으로 지탱되는 것이라고 결론지었다. 다른 말로 하면, 누구도 타인 위에 군림할 수 없다는 것이다. 그리고 그들 사이에서 제일 중요한 요소 중의 하나는 '요구 공유demand-sharing'였다.

2부 | 공생하는 환경

20세기 후반기에도 전 세계 수렵채집 문화의 잔재 속에서 살기로 한 인류학자들은 집주인들이 자의식도 없이 음식이나 선물, 도구, 항아리, 팬, 비누, 의복을 달라고 하자 처음에는 마음이 놓였다. 아주 이질적으로 느껴지는 세상에서의 삶에 적응하려고 노력하면서 자신이 쓸모 있고 환영받는 존재라고 느꼈기 때문이다. 하지만 자신들이 가져온 식량이 집주인들의 배로 들어가고 의약품 상자에서 알약, 석고붕대, 반창고, 연고가 순식간에 사라지는 것을 보고, 또 며칠 전까지도 자기 옷이던 것을 사람들이 입은 모습을 보게 되자 오래지 않아 진저리치기 시작했다.

집주인들에게 이용당한다는 느낌이 대개는 일시적인 데 그쳤지만 물자가 주로 일방적으로, 자신들로부터 빠져나간다는 느낌 때문에 증폭되었다. 친숙하게 누리던 사회적 기호품이 없는 상황에서 그 기분이 날카로워질 때가 많았다. 그들은 수렵채집인들이 서로에게서 식품이나 물건을 달라고 요청할 때 다른 지역에서는 요청하고 주고받는 행동의 일부로 되어 있는 "부탁해요", "고마워요"라는 말이나 또 다른 상호 간 의무와 감사의 몸짓을 붙이지 않는다는 사실을 금방 알게 되었다.

일부 인류학자들은 수렵채집인의 생활 리듬에 적응하려고 애를 썼지만 이용당한다는 느낌을 끝내 완전히 떨쳐버리지 못했다. 하지만 대부분은 사람들 사이에서 식품이나 다른 물건들의 흐름을 지배하는 논리를 좀 더 직관적으로 감지했고, 주고받음을 지배하는 그 사회의 규범이 어떤 측면에서는 자신들이 성장해 온 사회의 것과 극단적으로 반대되는 세계에 편안히 적응했다. 다른 사람들에게 직설적으로 뭔가를 요구해도 아무도 그것을 무례하게 여기지 않지만, 뭔가를 달라는 요청을 거절하는 것은 극단적으로 무례한 태도이며, 그런 태도는 흔히 이기적이라고 통렬하게 비난받고 폭력으로 이어질 수도 있다는 사실이 명백해졌다.

또한 수렵채집 사회에서는 공유할 가치가 있는 것을 가진 사람은 누구든 비슷한 요구의 대상이 되며, 인류학자들이 그처럼 많은 요청을 받는 이유는 오로지 연구 예산이 아무리 빈약해도 물질적 기준에서 그 어떤 수렵채집인 집주인보다도 엄청나게 부유하기 때문임을 재빨리 배웠다. 이런 사회에서 공유해야 하는 의무는 확정된 것이 아니며, 당신이 내놓는 물건의 분량은 타인들보다 당신이 얼마나 많은 물건을 가졌느냐에 따라 결정된다. 그 결과, 수렵채집사회에서는 특별히 생산적이어서 타인들보다 더 기여를 많이 하는 사람이 언제나 있고, 또 (지적하기 좋아하는 정치가와 혼란에 빠진 경제학자들의 언어로 말하자면) '얻어먹는 사람'이나 '군식구'라 불리는 사람은 항상 있기 마련이다.

니콜라스 피터슨Nicolas Peterson은 1980년대에 오스트레일리아의 안헴랜드에 사는 욜릉구 애버리지니Yolngu Aboriginal 수렵채집인들과 함께 살면서 그들의 재분배 관행을 '요구 공유demand sharing'라 서술한 사람으로 이름을 알렸다.[5] 그 이후 그 용어가 그대로 쓰였다. 지금은 그것이 식량과 물건이 주는 쪽의 제안보다는 받는 쪽의 요청에 따라 공유되는 모든 사회를 묘사하는 용도로 쓰인다. 주민들 사이의 물건과 재료가 주로 요구 공유라는 수단을 통해 이동하는 것이 수렵채집 경제만의 현상인지는 모르지만, 요구 공유의 현상은 그들 사회에만 있는 것이 아니다. 그것은 다른 모든 사회에서도 특정한 맥락에서 식품과 다른 물건들을 재분배하는 중요한 메커니즘이다.

하지만 당시의 인류학자들이 모두 '요구 공유'라는 용어가 한 공동체 내에서 물품을 재분배하는 이 모델을 묘사하는 최선의 용어라고 동의한 것은 아니었다. 니콜라스 블르튼-존스Nicholas Blurton-Jones는 1970년대와 1980년대에 일련의 단기적 연구 프로젝트를 수행하기 위해 수시로 칼라하리 지역을 들락거린 사회인류학자들 중의 한 명이었다. 그는 요구 공유를 '관용되는 절도tolerated theft'라고 생각하는 편이 더 나을지도 모른다고 주장했다.[6]

'관용되는 절도'란 급여명세서를 받고 거기서 세금이 얼마나 많이 떼였는지 본 사람들이 느끼는 그런 기분이다. 하지만 설사 공식적인 징세가 요구 공유와 비슷한 재분배 목적에 봉사한다 하더라도 국가 차원의 징세 체계는 '합의에 기초한 명령 공유consensus-based command sharing'라고 부르는 편이 더 나을 것이다. 적어도 제대로 작동하는 민주주의에서는 그렇다. 주는 자와 받는 자가 가까운 관계인 요구 공유와는 달리 국가 징세 체계는 제도적 익명성에 싸여 있고 얼굴 없는 국가 권력의 지지를 받고 있다. 설사 그 체계가 가진 궁극적인 권위가 시민들이 자기들 돈을 가져가도록 위임한 정부에서 나온다고 해도 말이다.

!쿵족은 요구 공유가 '절도'의 한 형태로 묘사될 수 있는가 하는 질문을 받자 기겁했다. 적어도 그들의 입장에서 절도란 묻지 않고 가져가는 것을 뜻했다. 그들은 자유롭게 채집할 수 있는 상황에서 타인의 것을 훔친다는 것이 무의미하다는 점을 지적했다. 뭔가를 원하면 그저 부탁하면 된다.

우리는 때로 기생경제로 먹고사는 자들을 묘사할 때도 '관용되는 절도' 혹은 '얻어먹는 자freeloaders'라는 용어를 쓴다. 임대업자, 사채업자,

빈민가의 지주들, 앰뷸런스 뒤를 따라가는 차량, 또는 팬터마임에서 일상인들의 호주머니를 노리는 악당들로 묘사되는 그런 부류들 말이다. 그것은 새로운 현상이 아니다. 징세와 절도를 등가로 보는 시각은 착취만큼이나 오래되었다. 그리고 왕과 귀족들의 사치스러운 생활스타일과 이기적인 야심을 충족시키기 위해 소득이 부당하게 수탈될 경우 징세가 곧 절도의 한 형태라는 생각을 피하기 힘들지만, 불평등이 만연하지 않는 사회를 보장하기 위해 사람들이 공동의 선에 대한 집단적 책임을 지는 곳에 끼어들려는 것은 훨씬 더 비난하기 힘들다.

시장자본주의자와 사회주의자들은 얻어먹는 자들에 대해 둘 다 똑같이 짜증스러워한다. 다만 각기 적대감의 과녁이 되는, 얻어먹는 자의 종류가 다를 뿐이다. 그래서 사회주의자들은 게으른 부자를 악인으로 취급하고, 자본주의자들은 게으른 빈민을 조롱의 대상으로 삼는다. 지금은 온갖 정치적 성향의 사람들이, 범주는 좀 다르게 규정될지라도, 만드는 자와 받는 자, 생산자와 기생충을 구분한다는 사실은 우리 사회의 근면한 자와 게으른 자 간의 갈등이 보편적임을 시사할지도 모른다. 하지만 요구 공유 수렵채집인들 사이에서는 이런 구분이 그리 중요하지 않게 여겨지는 것을 보면 이 갈등은 훨씬 더 최근에 형성된 것으로 짐작된다.

!쿵족 역시 물질적 평등성과 개인적 자유는 상충하며 화해불가능하다고 확신하는 사람들에게 골치 아픈 문제를 제기한다. 이것은 요구 공유 사회는 동시에 매우 개인주의적이며, 아무도 타인의 고압적인 권위에 예속되지 않지만 또한 동시에 치열하게 평등주의적이기 때문이다. 이런 사회는 자발적으로 모두에게 세금을 부과할 권리를 개인들에게 허용함으로써, 첫째로 물질적 부가 어김없이 항상 매우 공평하게 확산되는 결

2부 | 공생하는 환경

과를 낮게 한다. 둘째, 모든 사람은 각자의 생산력이 어느 정도인지와는 상관없이 식량을 얻는다. 셋째, 희소하거나 귀중한 물건들이 널리 유포되고 누구나 자유롭게 사용할 수 있다. 마지막으로 다른 사람들보다 더 많은 물질적 부를 축적하려고 애쓰느라 에너지를 소비할 이유가 없다. 그래봤자 실질적으로 소용이 없기 때문이다.

요구 공유를 통제하는 규범과 규칙은 수렵채집 사회마다 다르다. 예를 들면 수렵채집인들에게서 요구 공유는 섬세한 합리성의 문법을 거쳐 완화된다. 아무도 그들이 먹는 음식의 균등한 몫 이상을 내놓기를 기대하지 않을 것이며, 아무도 어떤 사람이 가진 단벌 상의를 벗어내라고 요구하지 않을 것이다. 그들 역시 언제 어떤 상황에서 누구에게 무엇을 요구할지에 관한 정확한 진단과 처방법을 여러 가지 알고 있다. 그리고 이런 규칙들을 모두가 알고 있기 때문에 사람들이 비합리적인 요청을 하는 일도 드물다. 중요한 사실은, 뭔가를 나누자는 요청을 받을 때 원망하는 사람이 없다는 점이다. 후회는 했을지 모르지만 말이다.

!쿵족은 장신구, 의복, 악기 같은 물건을 선물할 때 준수하는 훨씬 더 공식적인 또 다른 시스템이 있는데, 이 시스템은 또 다른 규칙 조합에 따라 작동한다. 이 시스템은 어떤 개인들의 모임이나 가족 집단을 훨씬 넘는 범위까지 포함하는 상호 애정의 네트워크로 사람들을 묶는다. 중요한 점은 아무도 이런 시스템에서 받은 선물을 너무 오래 보유하지 않는다는 것이다. 중요한 것은 준다는 행위이며, 받은 선물은 모두 곧 다른 사람에게 다시 선물로 줄 것이며, 그 사람 역시 반드시 다른 사람에게 넘긴다는 사실이 그 시스템이 주는 기쁨이다. 전체적으로 보자면 어떤 선물—타조알 껍질로 만든 목걸이 같은 것—이 다른 사람들의 손을 거치

다가 여러 해를 지나 원래 제작자에게 돌아가는 결과가 나올 수도 있다.

　질투jealousy와 시기envy는 평판이 좋지 않다. 어쨌든 그것들은 '7대 죄악'에 속하며, 『신학대전Summa Theologiae』에 나오는 토마스 아퀴나스의 의견에 따르면 '심장의 불순함'이다. 이런 아주 이기적인 특성들을 중죄로 간주하는 것은 가톨릭교만이 아니다. 모든 주요 종교들은 시기심에 눈이 뒤집힌 자들에게 지옥의 특별한 자리가 기다리고 있다는 데 동의한다.

　몇몇 언어는 질투와 시기를 구별한다. 거의 모든 유럽어에서 시새움은 타인의 성공, 부, 행운을 갈망하거나 찬미할 때 발생하는 감정을 묘사하는 데 쓰인다. 그에 비해 질투는 우리가 이미 가진 것을 타인들로부터 방어하게 만드는 압도적으로 부정적인 감정과 관련되어 있다. 하지만 실제로 우리 대부분은 그 두 용어를 섞어 쓴다. 두 용어는 다른 언어로 곧이곧대로 번역되지 않는다. 예를 들면, !쿵족이 쓰는 언어에서 두 용어가 구분되지 않으며, 영어나 아프리칸스어에 능통한 !쿵족은 '질투jealousy'를 두 가지 모두를 가리키는 용어로 쓴다.

　왜 진화심리학자가 질투 같은 이기적 특성을 우리의 사회적 특성과 화해시키려고 애쓰는지는 이해하기 쉽다. 또 다윈이 고도로 사회적인 곤충류의 협력적 행태를 자신의 진화 이론에 '치명적'인 영향을 미칠 수 있는 '특별한 어려움'이라고 본 까닭도 잘 알 수 있다.[7]

　개인적인 수준에서 본다면 인간의 이기적 감정이 가진 진화적 이득은 뻔하다. 자원이 부족할 때 그런 감정은 우리가 살아남는 데 도움이 될 뿐만 아니라 성적 파트너를 얻기 위한 탐색전에서 기운을 북돋워 주며 그래서 살아남고 개체의 유전자를 물려주는 데 성공할 가능성을 높인다. 이런 상황은 다른 생물종에서도 항상 통하며, 시새움과 질투에 의해 우리에게 자극된 감정과 유사한 것이 사회적 위계질서를 세우기 위해, 또는 음식이나 성적 파트너를 남들보다 더 잘 얻기 위해 서로 싸우는 다른 동물들의 시냅스를 통해 흘러간다고 합리적으로 추정할 수 있다.

하지만 호모 사피엔스는 사회적이며 고도로 협력적인 종이기도 하다. 인간은 모두 함께 일하는 데 잘 적응되어 있다. 또 이기심으로 얻어지는 단기적 이득은 항상 장기적인 사회적 비용보다 뒤처진다는 사실을 쓰라린 경험을 통해 알고 있다.

인간의 이기적 본능과 사회적 본능이 빚는 갈등의 수수께끼를 밝히는 것은 진화심리학자들만의 전담영역이 아니었다. 우리의 진화 선조들이 더 어린 형제들의 입에 들이갈 먹을 깃을 훔칠까 말까 고민한 이후로 그 갈등은 인간종의 거의 보편적인 성향이 되었다. 그것은 생각해 낼 수 있는 모든 예술적 매체로 표현되었고, 신학자와 철학자들에게서 끝없는 토론과 논의를 불러왔다. 또 현대 경제학자들의 주업인 뒤엉킨 공리, 거미줄 같은 그래프, 탄탄한 방정식들의 뒤에도 이 갈등이 있다. 만약 경제학자들이 주로 다루는 것이 부족한 자원을 할당하기 위해 개발한 시스템이라면 자원은 언제나 부족하다. 왜냐하면 개인은 자신을 위해 자원을 원하는데, 사회가 제대로 돌아가게 하려면 그것들을 공정하게 할당하는 사회적 규칙에 동의해야 하기 때문이다. 설사 현대의 경제학자들 가운데 자신들의 연구에서 바로 이 근본적인 갈등을 공공연히 거론하는 사람이 거의 없다고 해도, 나중에 현대 경제학을 세운 기초 자료로 인정받게 될 저술을 쓰기 시작한 계몽주의 철학자 애덤 스미스의 마음에서는 그것이

전면에 나와 있었다.

애덤 스미스가 1790년에 세상을 떠난 이후, 역사가, 신학자, 경제학
자들은 그의 글을 샅샅이 뒤지면서 그가 종교적인 인간이었는지 아닌지
판단하려고 애썼다. 대부분은 스미스가 신앙을 가졌으나 기껏해야 미지
근한 정도에 그쳤으리라는 데 동의했다. 그러니까 그가 주위 세계를 이
해하기 위해 제일 먼저 의지하는 것이 도그마가 아니라 이성적 존재였
다는 것이다. 그렇다고는 해도 완전히 설명되지는 않는 수수께끼가 존재
한다는 것을 그도 믿었던 것은 분명하다.

스미스는 인간이란 궁극적으로 이기적 존재라고 보았다. 그는 "인간
은 자신에게 이익이 되는 일만 하려고 한다"고 믿었다. 하지만 또 사람들
이 각기 이기적인 방식으로 행동하는 쪽이 어떤 식으로든 '보이지 않는
손'의 인도에 따르는 것처럼, '인간'이 그런 것을 의도했을 때보다 더 효
과적으로 사회의 이익을 진작시킨다고도 믿었다. 이 문제를 대하는 스미
스의 참조 기준은 18세기 유럽의 시장 도시였다. 그곳에서 거래자, 제조
업자, 상인은 모두 자기 개인의 부를 만들려고 일했지만 집단적으로는
그들의 노력이 도시와 공동체를 부유하게 만드는 데 기여했다. 이로 인
해 스미스는 규제 개입의 부담이 없는 자유 기업이 의도치 않게 모두에
게 부를 창출해 주며 그래서 "지구가 전체 거주자에게 균등하게 나눠질
경우 보게 될 정도로 삶에 필요한 것들의 고른 분배"를 보장하게 되었다
는 결론을 내렸다.

애덤 스미스는 이기심의 고집스러운 옹호자도 아니었고, 맹렬한 비판
자와 최고 열성 팬들이 모두 똑같이 사용하는 수식어처럼 규제 없는 시

장의 사도도 아니었다. 또 스미스의 보이지 않는 손을 복음처럼 엄숙하게 읊어대는 사람들이 일부 있기는 해도, 지금은 그것을 융통성 없이 해석하여 옹호하려는 사람은 거의 없다. 스미스 본인은 현대의 경제적 세계는 자기 이익에 입각한 상업의 의도하지 않았던 혜택에 대해 숙고하던 그가 보던 '상인들과 사채업자들'이 사는 세계와 매우 다른 곳임을 누구보다 먼저 인정했을 것이다. 이런 스미스의 철학적 저술을 기준으로 보건대 그의 사후 100년 뒤인 1890년 느리지만 확실하게 미국 산업의 목을 조르고 있던 철도와 정유 독점 기업들의 목표를 무너뜨리기 위해 미국 의회가 만장일치로 제정한 셔먼 법 같은 법률을 그라면 지지했을 것이다.

하지만 아이러니하게도, 수렵채집 사회에서 이기심과 질투가 맡은 사회적 역할을 생각해 보면, 스미스의 '보이지 않는 손'은 후기 자본주의에는 그리 잘 적용되지 않지만, 개인적 이기심의 총합이 '삶에 필요한 것들'의 가장 공정한 분배를 보장할 수 있다는 그의 믿음이 옳았음을 암시한다. 비록 소규모 부족 사회에서만 통하는 이야기지만 말이다. !쿵족 같은 사회에서 시기로 인해 유발된 요구 공유는 어떤 시장 경제에서보다도 훨씬 더 평등한 '삶에 필요한 것들의 공정한 분배'를 보장했기 때문이다.

다른 말로 하면, !쿵족의 '치열한 평등주의'는 고도로 개인주의적이며 지도자를 두지 않는 소규모 이동성 사회에서 이기심에 따라 행동하는 사람들 사이에서 일어나는 상호작용의 유기적 결과다. 이러한 소규모 수렵채집 사회에서 자기 이익은 항상 질투의 감시를 받는다. 질투는 모두가 틀림없이 얻은 공정한 몫을 통해 만들어진 개인들의 공정함의 감각에 따라 자신들의 욕구를 조절하면서 비롯된다. 또 타고난 카리스마를 가진 자들은 타고난 권위를 매우 신중하게 행사해야 했다. 요구 공유를 넘어서면 수렵채집인들이 치열한 평등주의를 유지하기 위해 구사하는 가장 중요한 무기는 조롱이다. !쿵족에게서, 또 자료가 잘 남아 있는 다른 여러 수렵채집인 사회에서 조롱은 법적으로 누구에게나, 또 모두에게 가해진다. 그리고 이들의 조롱은 예리하고 정곡을 찌르기는 해도 악의적이거나 잔인하거나 경멸스러운 경우는 별로 없었다.

위계적 사회에서 조롱은 힘이 도덕적 권위를 능가하는 불량배들이 흔히 하는 행동이다. 하지만 약자들이 권력자들을 웃음거리로 만들고 자신들을 돌아보게 만드는 도구와 수단이기도 하다. !쿵족의 사례 가운데 이런 점을 가장 잘 반영하는 것이 '사냥꾼이 잡은 고기를 조롱하는' 전통적 관행이다.

수렵채집인들은 지방, 골수, 고기, 내장 부위를 모든 음식 가운데 제일 '강한' 것으로 본다. 그들이 채집해 온 견과류나 덩이뿌리와 열매에는 부족한 에너지, 비타민, 단백질, 미네랄을 풍부하게 가진 육류—또 육류가 없는 상황—는 가장 침착한 자들도 냉정을 잃게 만드는 몇 안 되는 물건 중의 하나다.

그것은 또 사냥꾼들이 육류를 캠프로 갖고 돌아올 때 절대 칭찬을 기대하지도 않고 받지도 않겠다는 뜻이기도 하다. 대신에 그들은 노력이 조롱당하기를 기대하며, 아무리 굉장한 사냥이라 해도 각자 몫의 고기를 받아야 할 자들이 사냥감이 빈약하다거나 모두에게 돌릴 고기가 부족하다고 불평할 것으로 예상한다. 사냥꾼의 경우, 그는 죽인 동물을 내놓으면서 거의 변명하듯 말하고 자신이 이룬 일에 대해 겸손한 태도를 보여야 한다.

!쿵족은 이렇게 하는 이유가 사냥꾼의 '질투'와 그들이 고기를 분배할 책임을 너무 자주 지게 되면 사회적, 정치적 힘이 어떤 사람에게 너무 많이 몰릴 수도 있다는 걱정 때문이라고 설명했다.

"어떤 젊은이가 동물을 많이 잡으면 그는 자신을 족장이나 거물로, 나머지 사람들을 하인이나 열등한 존재로 여기게 된다"고 유달리 언변 좋은 어느 !쿵족 남자가 리처드 리에게 설명했다. "우리는 이런 사태를 용납할 수 없다. 그래서 항상 그가 잡아온 고기가 하찮은 것처럼 말한다. 이 방법으로 우리는 그의 심장의 열기를 낮추고 그를 오만하지 않게 만든다."[8]

훌륭한 사냥꾼들이 힘든 작업과 기술의 대가로 치러야 하는 것은 조롱만이 아니다. 설사 농담처럼 던져지는 것이리 할지라도 말이다.

고기가 그처럼 강한 감정을 유발하므로, 사람들은 그 분배에 비상하게 신중을 기한다. 사냥감이 너무 커서 모두가 원하는 만큼 먹고도 남을 정도로 충분한 고기가 있다면 문제가 없다. 그렇지 않을 때 누가 어떤 부위를 얼마나 많이 얻느냐 하는 것은 중요한 문제다. 사냥꾼들은 언제나 잘 확립되어 있는 프로토콜에 따라 고기를 분배하지만, 누군가가 자기 몫에 실망할 가능성은 있다. 그런 감정이 질투로 표현된다. 먹는 사람을 매우 황홀하게 만들어주는 것이 고기이므로, 사냥꾼들은 흔히 고기 분배로 인한 압박감이 고기 자체의 가치보다 더 골치 아프다고 생각한다.

!쿵족은 이 문제를 처리할 또 다른 비법이 있었다. 그들은 고기의 실제 소유자, 즉 분배를 책임질 사람은 사냥꾼이 아니라 동물을 죽인 화살의 주인이라고 주장했다. 화살의 주인은 대개 사냥꾼이다. 하지만 사냥

꾼들이 사냥에 관심이 적은 사람들에게서 화살을 빌리는 일이 드물지 않다. 그렇게 하면 고기를 분배해야 하는 부담을 피할 수 있기 때문이다. 이는 연로한 자, 근시인 자, 내반족內反足을 가진 자, 게으른 자도 가끔씩 관심의 중심에 설 기회를 가질 수 있다는 뜻이기도 하다.

기록이 잘 남아 있는 수렵채집 사회가 모두 !쿵족이나 하드자족처럼 위계질서에 반감을 가진 것은 아니었다.

12만 년 전쯤, 어떤 호모 사피엔스가 지금은 수에즈 운하로 양단된 아프리카와 아시아 사이의 육교를 지나 중동 지역에 자리잡았다. 이 사람들이 나중에 언제 이 온난지대를 넘어 중부 유럽과 아시아로 퍼져나갔는지는 불확실하다. 고대의 뼈와 치아에서 수거된 게놈은 오늘날 모든 주요 비아프리카 인구의 유전적 구성의 많은 부분을 설명하는 현생인류의 이주 파도가 6만 5000년쯤 전에 시작되었음을 시사한다. 이것은 마지막 빙하시대가 맹위를 떨칠 때였고, 지구의 기온이 지금보다 평균 5도 낮고, 겨울의 빙판이 빠른 속도로 남쪽으로 확장되어 스칸디나비아, 아시아와 북부 유럽의 많은 부분을 차츰 집어삼키던 시기였다. 영국, 아일랜드 전부가 그 속에 포함되어, 결국 프랑스 남부와 이탈리아 북부에도 툰드라 지대가 형성되었다. 이베리아반도와 코트다쥐르는 오늘날처럼 햇볕에 구워진 장소라기보다는 동아시아의 추운 초원과 더 닮은 모습이었다.

바로 그 게놈 데이터는 확장의 물결의 최전선이 처음에는 일출 방향을 향했다가 나중에, 4만 5000년에서 6만 년 전 사이의 언젠가 오스트레일리아까지 나아갔음을 시사한다. 서쪽과 북쪽으로 나아가서 얼음에 갇힌 유럽 본토까지 확장 과정은 속도가 훨씬 느렸는데, 이는 곧 4만 2000년 전까지는 이베리아반도를 온전히 네안데르탈인들이 차지하고 있었다는 뜻이다.[9] 아메리카 대륙은 지난 3세기 동안 이주한 유럽인에게 그랬던 것과 똑같이 우리 호모 사피엔스 선조들에게도 완전히 신세계였다. 현생인류가 1만 6000년 전에 처음 북아메리카로 건너갔을 무렵, 현생인류는 그 전 27만 5000년도 넘는 시간 동안 이미 남부 아프리카에서 계속 살면서 수렵채집 생활을 영위해 왔다. 그리고 신세계에 도착한 후대의 수많은 이민자처럼 최초의 아메리카인들도 아마 배를 타고 왔을 것이다.[10]

유럽, 아시아, 또 다른 지역의 더 온난한 기후대에 자리잡은 수렵채집인들 가운데 일부는 그들의 아프리카 친척들과 대체로 비슷한 방식으로 생활하고 일하고 계획했다. 하지만 모두가 그런 것은 아니다.

더 추운 기후대에 자리잡은 사람들, 아프리카와 습한 열대와 아열대에 사는 수렵채집인들이 겪는 것보다 계절이 더 명확하게 나뉘는 지역에 자리잡은 사람들은 적어도 한 해의 일부분 동안은 일에 대해 다른 태도로 접근해야 했다. 몇몇 인류학자들은 어떤 면에서 그들은 아메리카 태평양 북서부 해안에 살던 '복합적' 수렵채집인 사회인 콰콰카와크족Kwakwa-ka'wakw 과 코스트 살리시족Coast Salish, 침시안족Tsimshian 을 더 많이 닮았음이 분명하다고 주장했다. 그들은 4400년쯤 전에 등장하기 시작하여 19세기까지도 잘 살아남았던 종족들이다. 체다 나무로 지어진 그들의 우아한 통나무집과 마을은 수용 인원이 흔히 수백 명에 달했고, 북아메리카에서는 알래스카에서 브리티시 콜럼비아를 거쳐 워싱턴주와 오레곤

주까지 태평양 서부 해안의 수많은 만과 후미를 차지하고 살던 수많은 사람들의 집이었다. 또 그들이 조각한 위풍당당한 토템이 대륙 본토와 조각보같이 모여 있는 섬들을 갈라놓은 수로망을 지켜주었다. 사냥, 채집, 어업을 통해 스스로 먹고 살았으며, 그들 환경의 관대함에 대한 확신이 있었다는 유사성을 제외하면 이런 사회들은 수렵채집인들과 외견상의 공통점이 거의 없다. '복합적 수렵채집인complex hunter-gatherers', 혹은 '지연적 보상 수렵채집인' 등으로 다양하게 서술되는 그들은 수렵채집인이라기보다는 최고 생산성을 올리는 농경 사회와 더 닮았다. 그들은 대규모 영구 정착지에 살면서 식량을 대량으로 저장했고, 사회적 지위의 달성이라는 목표에 깊이 집착하여 선물을 아낌없이 베푸는 방식으로 그것을 달성했다. 그렇게 할 수 있었던 것은 그들이 봄에서 가을까지 내내 풍성하게 자라는 베리, 버섯, 부들cattail 같은 계절적인 식량 자원이 놀랄 만큼 풍부한 장소에 살았기 때문이었다. 그래도 그들은 해산물을 선호하는 취향과 어로 기술 덕분에 농경인과는 구별되었다.

매년 한 해 동안 그들은 바다에서 끌어올린 은대구, 쥐노래미, 돔발상어, 가자미, 돔, 조개, 넙서대와 내륙의 강과 호수에서 잡은 송어, 철갑상어를 먹었다. 하지만 그들이 수렵채집인들의 검약한 생활방식을 포기한 것은 해안에서 몇 마일 거리를 헤엄쳐 올라오는 청어나 빙어종인 율라칸 같은 기름기 풍부한 어군과, 초여름에서 가을 사이에 알을 낳기 위해 매년 수백만 마리씩 떼지어 지역의 강을 거슬러 올라가는 다섯 종류 연어 때문이었다. 이런 어종의 포획량이 어찌나 많았는지, 두어 주일만 일해도 그 다음 해 내내 먹고 살 만큼 많은 연어를 잡아서 저장할 수 있었다.

그들의 어업은 계절에 따라 워낙 생산성이 높아서, 이런 사회의 주민들은 한해 대부분의 기간 동안 풍부한 예술적 전통을 개발하고, 정치 게임을 하고, 정교한 제의를 거행하고, 호화로운 제의적 연회—포틀래치 행사—를 개최하는 데 대부분의 시간과 에너지를 썼다. 연회에서 집주인들은 관대한 베풂이라는 기준에서 다른 집주인들을 능가하려고 애쓴다. 물질적 풍요를 반영하는 이런 잔치는 대개 부의 아낌없는 과시를 특징으로 하며 때로는 자산을 제의적으로 파괴하기도 한다. 제의 절차의 하나로 배를 불태우거나 노예를 죽이는 것이 그런 예다. 빈객들이 생선 기름, 정교하게 짜인 담요, 벤트우드 상자, 구리 접시 등의 선물을 카누에 묵직하게 싣고 돌아간 다음에야 집주인은 자신이 추구하는 지위를 얻어주기에 충분히 사치스러운 선물을 마련하느라 빚을 얼마나 졌는지 계산하기 시작한다.

5만 년쯤 전부터 중부와 북부 아시아 및 유럽에 정착한 수렵채집인들이 기원전 1500년에서 19세기 후반 사이의 기간에 태평양 북서 해안 지역에서 번영을 누린 문명과 조금이라도 비슷하게 물질적으로 높은 수준이었다는 힌트는 없다. 그들이 대체로 영구적 공동체에서 살았다는 데는 전혀 의문이 없다. 하지만 계절 의존적인 생업을 갖고 있다는 점이 태평양 북서 해안 지역의 사람들과 비슷하며, 이것이 더 따뜻한 기후대에서 사는 소규모 수렵채집인 사회와 구별되는 중요한 차이점이라고 주장할 만한 좋은 보기들이 있다.

우선, 아시아의 추운 초원에 자리잡은 사람들은 그냥 목숨을 부지하기 위해서만이라도 아프리카 수렵채집인들보다 더 많은 일을 해야 한다. 헐벗은 상태로 돌아다니거나 일 년 내내 노숙할 수 없으니까. 긴 겨울을 견뎌내려면 공들여 만든 옷과 튼튼한 신발이 있어야 하고, 땔감을 훨씬 더 많이 모아야 한다. 또 겨울의 눈보라를 견뎌낼 만큼 튼튼한 숙소를 찾거나 지어야 한다.

거의 영구적인 구조물과 주거지를 건축한 가장 오래된 증거는 예상대로 마지막 빙하 시대 중에서도 가장 추웠던 기간—대략 2만 9000년 전에서 1만 4000년 전 사이—에 인간이 정착한 가장 추운 지역들에서 발견된다. 그런 증거물은 우크라이나, 모라비아, 체코 공화국, 남부 폴란드 등지의 유적지에서 발견된 무겁고 건조한 매머드 뼈를 사용하여 만든 듬직한 돔 형태로 되어 있다. 사람들이 살 때는 아마 이런 돔에 방풍 겸 방수를 위해 동물 가죽을 덮었을 것이다. 그중 가장 큰 것은 직경 6미터가량인데, 그것을 짓는 데 들어간 노력만 보아도 건설자들이 매년 그곳으로 돌아왔음을 짐작할 수 있다. 발굴된 것 중 제일 오래된 것은 2만 3000년 전의 것이었지만, 다른 곳에서도 그와 비슷한 구조물들이 매머드 뼈보다 내구성이 덜한 나무 같은 재료로 지어졌으리라고 믿을 이유는 충분하다.

이런 환경에서 살려면 사람들은 일을 더 많이 해야 할 뿐 아니라 일하는 생활을 다르게 관리해야 한다. 적어도 한 해 중 일부는 그래야 한다. 겨울나기를 준비하려면 아프리카 수렵채집인들보다 상당히 많은 계획을 세워야 한다. 매머드뼈로 집을 짓고 가죽을 묶어두는 것은 첫 겨울 폭풍이 집을 다 날려버리고 나서 할 수 있는 일은 아니다. 또 한 해 내내 자발적으로 두어 시간씩 일하여 신선한 식량을 구한다는 것은 이런 환경에서는 현실적이지도 않고 가능하지도 않다. 지형이 눈과 얼음으로 뒤덮인 몇 달 동안은 채집이 거의 불가능하며 사냥은 훨씬 더 위험하다. 하지만 여러 달 동안 광범위한 동토에서 사는 삶에도 장점은 있다. 식품이 썩지 않으며 첫서리가 내릴 때 도살한 고기를 눈이 녹기 시작할 때까지도 먹을 수 있다. 그들이 정기적으로 매머드 같이 크고 위험한 동물을 사냥했다는 증거는 잉여분을 남기려는 목적이 아니라면 이해하기 힘들다.

한겨울에는 생활과 일의 속도가 그 계절의 얼음에 보조를 맞추게 된다. 가끔 사냥을 나가거나 땔감을 새로 모아오기 위한 탐사를 나가는 일을 제외하면, 불 가까이 웅크리고 앉아 많은 시간을 보내게 된다. 이야기, 예식, 노래, 샤먼의 주술 여행 등으로 분주하던 마음이 즐거워지고 신경이 분산된다. 기민한 손가락은 새 기술을 개발하고 익히려 할 것이다. 고고학자와 인류학자들이 한때 호모 사피엔스가 결정적인 인지의 문턱을 넘어선 표시라고 추정했던 유럽과 아시아에서의 예술 작품의 개화가 긴 겨울철이 낳은 산물이라는 것은 우연의 소치가 아니다. 또 아프리카와 오스트레일리아 같은 지역에서는 그림이 그려진 바위가 지상에 노출된 경우가 많은 데 비해 3만 2000년 전에 만들어진 프랑스 쇼베 동굴 벽을 장식한 매머드, 야생마, 동굴 곰, 코뿔소, 사자, 사슴의 프레스코 같은 그림 대다수가 비를 맞지 않는 동굴의 실내에서 불빛을 받으며 그려졌다는 것도 우연이 아닐 것이다.

이런 거주민들이 겨울철에 불 주위에서 어떤 식으로 바지런히 살아갔는지 알려주는 증거가 유럽과 아시아 전역의 유적에서 발굴된 고대의 뼈, 뿔, 매머드 상아 조각, 정밀하고 교묘한 장신구 같은 형태로 남아 있다. 이 중 가장 유명한 것은 세계의 가장 오래된 표상미술 조각인 홀렌슈타인-슈타델의 '사자 인간Löwenmensch'이다. 3만 5000년에서 4만 년 전 사이에 매머드 상아로 만들어진 이 조각품은 수렵채집인들이 자신과 동물 이웃들의 관계를 존재론적으로 유동적인 것으로 보았다는 사실 뿐만 아니라 재료인 상아의 특성을 다룰 온갖 기술과 도구에도 숙달했다는 사실을 상기시켜준다.

하지만 1950년대에 러시아의 블라디미르시의 동쪽 근교에 있는 클리야즈마강둑의 진흙탕에서 발견된 숭기르Sunghir 유적지는 이런 사람들이 가장 힘든 겨울이 지나가기를 기다리면서 무엇을 하고 지냈는지에 대한 힌트를 주었다. 고고학자들은 그곳에서 석기나 다른 더 관행적인 이런저런 물건들과 함께 무덤 여러 기를 발견했다. 그중에서도 약 3만 년에서 3만 4000년 전에 만들어진 어린 소년 두 명의 정교한 합장묘만큼 놀라운 것은 없었다. 두 소년은 꼼꼼히 조각된 매머드 어금니 구슬 거의 1만 개로 장식된 옷을 입고 매머드 상아를 곧게 다듬은 창 그리고 100마리 이상의 여우 두개골에서 뽑아낸 치아로 장식된 벨트 등의 부장품과 함께 매장되어 있었다.

고고학자들은 이런 구슬을 깎으려면 적어도 1만 시간 정도—1주일에 40시간씩 일하는 개인 노동자를 기준으로 하면 대략 5년 내내 풀타임으로 노동해야 하는 분량—는 일해야 할 것이라고 추산했는데, 그런 상황에서 어떤 사람들은 이 소년들이 일종의 귀족 신분이었을 것이며, 그래서 이 무덤들이 수렵채집인들 사이에도 형식적인 불평등이 있었음을 시사한다고 주장했다.[11] 그러나 그것은 기껏해야 제도적 위계질서가 존재했다는 빈약한 증거에 불과하다. !쿵족 같은 몇몇 평등주의적 수렵채집 사회도 이와 비슷한 정교한 물품들을 만들었으니까. 하지만 매머드 구슬 등의 물건을 제작하는 데 투입된 시간과 기술의 분량을 생각하면 태평양 북서부의 토착인들처럼 이들의 연중 노동의 주기가 계절에 따라 결정되며, 겨울에는 좀더 예술적이고 실내에서 하는 활동에 에너지가 집중되곤 했음을 짐작할 수 있다.

　유럽과 아시아의 수렵채집인들은 이따금 식량을 저장하고 극심한 계절적 변화에 맞추어 노동 일정을 관리하면서 일과의 관계를 더 장기적이고 더 미래에 집중하는 방향으로 나아가는 중요한 한 걸음을 뗐다. 그렇게 함으로써 그들은 희소성에 대해 좀 다른 관계를 발전시키기도 했다. 그것은 어떤 중요한 측면에서 현재 우리가 이뤄낸 경제생활과 닮았다. 하지만 설사 그들이 온난기후대의 수렵채집인들보다 더 미래를 내다보고 계획할 필요가 있었다고는 해도 계절에 따른 환경의 배려에 대한 신뢰는 여전했다. 좀 아이러니하지만, 1만 8000년 전에 지구가 따뜻해지기 시작하고 나서야 사람들은 식량 생산을 향한 운명적인 발걸음을 내디뎠고, 에너지가 남긴 발자국과 일에 대한 집착을 늘리면서 인간이라는 종의 기초를 놓았다.

HISTORY OF
WORK

3부

끝없는
노역

7장

스스로
절벽에서 뛰어내리다

1957년 10월 19일 토요일 저녁, 오스트레일리아 블루마운틴산맥의 고벳츠립 근처의 절벽을 타고 오르던 하이커들이 안경, 파이프, 나침반, 모자를 발견했는데, 모두 개켜진 매킨토시 비옷 위에 단정하게 놓여 있었다. 후에 이것들은 세계적으로 악명 높은 괴짜 고고학자 비어 고든 차일드Vere Gordon Childe 교수의 것으로 판명되었다. 그는 실종 신고가 되어 있었다. 근처에 있는 캐링턴 호텔에 숙박한 그가 그날 일찍 오전 등산을 마친 뒤 점심 약속 장소로 가기 위해 운전사와 만나기로 한 장소에 나오지 않았기 때문이다. 조사팀은 고벳츠립에서 500피트(약 152미터) 아래에 있는 바위를 조사하러 내려갔다가 교수의 시신과 함께 돌아왔다. 잠시 조사한 뒤 그 지역 검시관은 근시인 교수가 안경을 벗고 있다가 발을 잘못 디뎌 추락해 사고를 당했다고 보고했다.

검시관의 판단은 틀렸고, 20년 뒤 진상이 밝혀졌다.

차일드가 캐링턴 호텔에 숙박하기 1년 전, 이 교수는 처음에는 에든버러 대학 고고학 교수로 시작하여 런던대학 고고학 연구소 소장을 지낸 길고 저명했던 경력에 작별을 고했다. 고벳츠립에서 뛰어내리기 며칠 전에 차일드는 연구소에서 자신의 후임인 윌리엄 그라임스William Grimes 교수에게 편지를 썼다. 차일드는 그라임스에게 소문이 퍼지지 않도록 그 편지의 내용을 최소한 10년 정도는 밝히지 말아 달라고 부탁했고, 그라임스는 이를 따랐다. 그는 1980년에 그 편지를 대표적인 고고학 잡지인 〈안티쿼티Antiquity〉에 보내어 전문을 발표하게 하면서 비로소 차일드 사망의 비밀을 공개했다.[1]

"자살을 비난하는 견해는 전적으로 비합리적입니다." 차일드는 그라임스에게 이렇게 썼다. "의도적으로 자신의 생명을 끝내는 것은 사실 호모 사피엔스와 다른 동물들을 구별하는 특징이며, 죽은 이의 제의적 매장보다 더 나아요. 그리고 산의 절벽에서는 더 자연스럽고 쉽게 사고를 당할 수 있습니다." 그는 이렇게 말하고, "삶은 자신이 행복하고 강할 때 끝나는 것이 제일 좋습니다"라고 덧붙였다.

평생 단호하게 독신을 고수한 차일드가 삶을 끝내겠다는 결심을 하게 된 데는 은퇴 이후 넉넉지 못한 연금을 받으며 외롭게 살아가게 될 전망이 미친 영향이 조금은 있었다. 하지만 그라임스에게 보낸 편지에는 무엇보다도 쓸모 있는 일이 없이 무의미하게 삶을 이어가는 것에 관해 감정에 휩쓸리지 않은 생각이 담겨 있었다. 그는 노인들은 젊은이의 에너지와 일을 빨아먹는 기생적 연금생활자에 불과하다는 입장을 밝혔으며, 자신들이 여전히 쓸모 있음을 입증할 결심으로 일을 계속하는 노인들에 대해 어떤 동정심도 표현하지 않았다. 그는 그런 노인들이 진보로 나아가는 길에 놓인 장애물이며, '젊고 더 효율적인 계승자들'이 승진할 기회를 빼앗는다고 주장했다.

1892년에 시드니에서 태어난 차일드는 양차대전 사이의 시기에 최고의 선사학자였고, 평생 경력을 쌓으면서 영향력이 큰 논문 수백 편과 저서 스무 권을 발표했다. 하지만 예순네 살이 된 그는 더 이상 학계에 유용한 기여를 할 수가 없고, 돌이켜보니 자신이 한 일 가운데 많은 부분이 헛수고였다는 암담한 결론에 도달했다.

"난 사실 증거가 말해주는 결론이 내가 지금까지 승인해 온 이론들의 반대쪽으로, 심지어 내가 강하게 반대해 온 것들 쪽으로 기울어질까 봐 겁이 납니다"라고 그는 털어놓았다.

차일드의 자살은 혁명에 큰 의미를 부여해 온 삶에서 그가 스스로 한 마지막 혁명적 행동이었다. 마르크스주의자로 서약한 젊은 시절의 희망, 1차 세계대전의 대학살이 제국주의 시대의 종말을 앞당기고, 전 세계에서 공산주의 스타일의 혁명을 촉발할지도 모른다는 희망을 품었던 그는 오스트레일리아의 많은 사람들로부터 배척당했다. 또 그런 입장 때문에 나중에 미국 여행이 금지되었다. 또 영국의 비밀경찰인 MI5는 그를 '관심 인물'로 규정하고 그의 서신 교환을 정기적으로 감시했다. 하지만 그의 가장 혁명적인 작업은 정치적인 인화성이 훨씬 덜한 선사시대라는 영역에서 이루어졌다. 그는 수렵채집에서 농업으로의 이동이 너무나 깊은 변화를 유발했기 때문에 단순한 변화가 아니라 혁명으로 여겨져야 한다고 주장한 첫 번째 인물이었다. 이 주장은 그의 고고학자 생활 전체에 걸쳐 발전되고 확장되었지만, 1936년에 출판된 가장 중요한 저서

『신석기혁명과 도시혁명Man Makes Himself』에 가장 명료하게 표현되어 있다.

고고학자로 활동하는 동안 그가 주로 사용한 도구는 흙손, 솔, 양동이, 체, 밀짚모자, 상상력이었다. 생애의 종말에 다가가면서 차일드는 점점 더 자신이 내놓은 최고의 사상 가운데 많은 부분이 가치가 없다고 밝혀질 것 같다는 걱정에 빠졌다. 그 무렵 고고학자들은 지질학자, 기상학자, 생태학자 들과 협업을 훨씬 더 많이 하기 시작했으며, 그런 작업의 결과 농경으로의 이행이라는 사연이 그의 책에 썼던 내용보다 훨씬 더 복잡하다는 사실이 밝혀졌다. 이제 그가 농경 채택의 결과라고 생각한 것―영구 정착지 거주 같은 현상―이 실제로는 그 원인일 가능성이 갈수록 더 커지는 것 같았다. 그러나 고든 차일드가 절대적으로 옳았던 부분은 광범위한 역사적 기준에서 볼 때 농경으로의 이행이 그 이후에 일어난 어떤 사건에 못지않게 큰 변화를 가져왔다는 평가였다. 오히려 그 역시 그 중요성을 과소평가했을 정도였다. 그 전후로 기술적 동기에서 이루어진 변화들―불의 숙달된 사용에서 내연기관의 개발에 이르기까지―역시 인간이 틀어쥐고 일에 투입할 수 있는 에너지의 총량을 극적으로 늘렸다. 농업혁명은 인구의 급속한 팽창을 가능케 했을 뿐만 아니라 인간이 주위 세계에 참여하는 방식을 근본적으로 변형시켰다. 그러니까 우주 속 자신들의 위치와 신들과의 관계, 땅, 환경 그리고 서로들 간의 관계를 인지하게 된 것이다.

고든 차일드는 문화에 특별한 흥미를 느끼지는 못했다. 적어도 사회 인류학 분과에 있는 동료들과 같은 방식의 흥미는 아니었다. 또 대부분의 동시대인처럼 그도 오스트레일리아의 애버리지니 같은 소규모 수렵채집인들이 상대적으로 여유를 즐기며 살았고 그들이 이런 배려하는 환경을 영원히 제공받을 거라 여겼다고 믿을 이유가 없었다. 그 결과, 자신의 일을 통해 더 이상 쓸모 있는 존재가 되지 못한다고 믿었을 때 느꼈던 깊은 공허감이 인간이 농경을 포용한 데서부터 유기적으로 발생한 문화적 경제적 변화와 관련된다는 생각을 끝내 하지 못했다. 또 은퇴 이후의 삶에 필요한 재원을 걱정하게 만든 경제시스템의 기초가 되는 가정, 게으름은 죄악이며 근면함이 미덕이라는 사상이 인류의 영원한 투쟁에 포함되지 않는다고는 생각도 못했다. 그런 사상은 수렵채집에서 농경으로의 이행이 낳은 부산물이기도 했다.

■■ 12,500년 전에서 8,200년 전 사이에 재배가 시작된 곳

▨▨ 8,200년 전에서 4,200년 전 사이에 재배가 시작된 곳

≡≡ 그 외 고대의 재배 지역 (시기는 불확실)

식물 재배의 독립적인 중심지들

고든 차일드의 우편물에 숨어 있을 음모의 암호를 찾기 위해 고고학적 발굴보고서를 훑어보던 MI5의 직원들은 '혁명'이라는 단어를 보고 반역 음모의 이미지를 떠올렸다. 하지만 차일드의 대학 동료들은 그 단어를 기존 이론이 자체적 모순의 무게에 짓눌려 조용히 무너지고 그렇게 하여 오래된 문제를 해결하기 위한 새로운 길을 닦아주는 더 온화한 이미지로 상상했다.

인류 역사의 수백만 년 기간을 배경 삼아 살펴볼 때, 수렵채집에서 식량 생산으로의 이행은 그 전후 어느 사건 못지않게 혁명적이었다. 그것은 사람들의 생활방식, 세계관, 일하는 방식을 바꾸었고, 사람들이 획득하여 일에 투입할 수 있는 에너지의 분량을 급속히 늘렸다. 그것은 또 진화적 시간으로는 눈 깜짝할 사이에 벌어진 일이었다. 하지만 이 혁명 속에서 살던 사람들 가운데 누구도 자신들이 뭔가 유달리 놀랄 만한 일을 하고 있다고 생각하지 않았다. 어쨌든 한 인간의 생애, 혹은 연속된 여러 세대를 단위로 보더라도 농경의 채택은 사람들과 관련된 일련의 동식물들 전체가 느리지만 멈춤없이 서로의 운명을 점점 더 단단히 묶고, 그렇게 하는 과정에서 서로를 영구히 변화시키게 되는 점진적인 이행과정이었으니까.

1만 년 좀 더 전부터 시작하여 5000년이 흐르는 동안 서로 무관하던 인간들이 아시아, 아프리카, 오세아니아, 아메리카 전역의 지리적으로 서로 다른 지역에서, 적어도 11군데에서 몇 가지 작물을 길렀고, 다양한 동물들을 사육하기 시작했다. 정확하게 이런 일이 왜, 어떻게 거의 동시적으로 발생했는지는 여전히 수수께끼다. 경이적인 우연의 일치였을 수도 있다. 하지만 처음에는 우연으로 보였던 이 현상이 일련의 기상학적,

환경적, 문화적, 인구학적 그리고 진화적인 운전자들에 의해 촉진되었을 가능성이 훨씬 더 크다.[2]

식물 재배의 명백한 증거로 가장 오래된 것은 레반트 지역의 완만한 계곡과 물결치듯 기복이 있는 구릉지대에서 발견된다. 레반트는 현대의 팔레스타인, 레바논, 시리아, 튀르키예에 걸치는 지역이다. 그곳의 사람들은 1만 2500년 전쯤부터 야생 밀과 병아리콩 같은 콩류의 재배를 시도해 보았고, 1만 1000년 전쯤에는 재배된 밀의 변종이 고고학적 기록에 등장하기 시작한다. 체계적인 동물 사육의 가장 오래된 증거가 발견된 곳은 중동지역이다. 그곳에서는 더 오래전은 아니어도 적어도 1만 4700년 전부터는 인간과 함께 하기 시작한 개[3] 외에 1만 500년 전쯤에는 염소와 양떼를 길렀다는 충분한 증거가 나왔다. 농경을 탄생시킨 발원지 가운데 정말 오래된 또 한 곳은 중국 내륙이다. 중국에서는 양쯔강, 황하, 서요하강의 범람원에 자리잡은 공동체들이 1만 1000년 전쯤부터 수수millet를 길렀고 돼지를 사육하기 시작했다. 2, 3000년 뒤 그들은 현재 동아시아의 가장 중요한 지역적 특산물의 원시적 변종인 콩과 쌀 같은 것들을 기르기 시작했다.[4]

농업이 중동 전역에 정착한 사람들의 주된 생존 전략으로 확립되기까지는 4000년이 걸렸다. 그 무렵이면 중요한 식물과 동물 종류 여러 가지, 보리, 렌틸콩, 완두콩, 강낭콩, 병아리콩, 밀, 돼지, 소, 염소, 양의 운명이 그것들을 기르고 사육하고 소비한 남녀들 손에 쥐어지게 되었다.[5] 또 다른 곳에서도 농업이 시행되기 시작한 것이 대략 이 무렵쯤이었고, 그 결과 6000년전쯤에는 농업이 아시아, 아라비아, 남부, 북부, 중부 아메리카 대륙의 여러 지역에서 생존 전략으로 든든히 확립되었다.

나투프인the Natufians은 농업을 체계적으로 실험한 최초의 종족으로 간주된다. 하지만 그들이 어떤 언어를 썼는지, 자신들을 어떤 이름으로 불렀는지 우리는 전혀 모른다.

1만 2500년에서 9500년 전 사이에 중동의 여러 지역과 관련이 있었던 이 종족의 그런대로 고대적으로 들리는 이름은 일work의 세계를 개척해 나간 훨씬 더 최근 인물인 고고학자 도로시 개러드Dorothy Garrod의 상상력이 만들어낸 산물이다. 개러드는 차일드와 동시대인으로, 이 문화의 증거가 발견된 장소인 당시 영국령 팔레스타인에 속해 있던 고고학적 유적지 와디 알 나투프의 지명을 따서 나투프인이라는 이름을 붙였다.

개러드는 1913년에 케임브리지 대학에 입학해 여성 최초로 역사학 학위를 받게 될 여정을 시작했다. 여러 해 뒤, 그녀는 연구를 잠시 중단하고 영국의 전쟁 수행 지원 업무에 종사한 다음, 옥스퍼드 대학에서 고고학과 인류학의 박사후 연구과정에 들어갔고, 현장 고고학자를 자신의 운명적 경로로 결정했다. 예상 못할 일도 아니지만 그녀는 중요한 발굴 현장의 요원으로 뽑히기 위해 힘들게 사람들을 설득해야 했다. 당시 고고학 유적지 발굴 현장은 파이프를 물고 다니고 진에 찌든 남자들의 전용구역이었으니까. 그들은 여성은 낯선 오지에서 땅을 파들어가는 힘든 작업을 감당할 체력이 없다고 믿었다.

말소리는 조용조용하지만 불굴의 의지를 지닌 개러드는 자신이 페미니스트라고 생각하지는 않았지만, 여성도 모든 면에서 현장에서 남성 동료들과 똑같이 험한 작업을 감당할 수 있다고 확신했다. 옥스퍼드를 떠난 뒤 파리에서 2년 동안 함께 연구한 프랑스 고고학자 아베 브뢰이 Abbé

Breuil⁺도 마찬가지였다. 1925년과 1926년에 그는 그녀를 자기 대신에 지브롤터에서 수행된 일련의 소규모 발굴 현장에 파견했다. 그녀가 "데블스 타워 차일드Devil's Tower Child"라 알려진 지금은 유명한 네안데르탈인의 두개골을 발굴하여 복원하는 데 성공하고 파리에 돌아오자 남성 동료들은 마지못해서라도 그녀의 기술을 인정하지 않을 수 없었다.

1928년에 현실적인 발굴자로서의 평판이 확고해진 개러드는 미국 선사연구학파와 예루살렘에 있는 영국 인류학파를 대표하여 카르멜산과 그 주변에서 진행되는 일련의 새 발굴 작업을 지휘해 달라는 초청을 받았다. 관례와 다르게 그녀는 카르멜 프로젝트를 위해 거의 전부가 여성으로 구성된 발굴단을 결성했는데, 그중의 대다수가 그 부근의 팔레스타인 마을에서 모집된 사람들이었다. 1929년부터 5년이 넘도록 그녀는 카르멜산 지역에서 12번의 대규모 발굴을 진행했고, 그 과정에서 항공 사진을 발굴 보조 자료로 사용하는 방법을 개척했다. 그녀의 노력이 낳은 결과는 1937년에 저서 『카르멜산의 석기 시대The Stone Age of Mount Carmel』로 출간되었다. 그녀는 성별에 따른 고정관념을 깨부수는 또 한 명의 고고학자인 도로테아 베이츠Dorothea Bates와 공동으로 이 책을 썼다.

『카르멜산의 석기 시대』는 돌파구를 연 저술이었다. 그것은 사상 처음으로 인류 역사의 거의 50만 년에 이르는 기간 동안 한 장소에서 일어난 사건들의 고고학적 순서를 기록한 연구를 담았다. 또 네안데르탈인

• Henri Breuil(1877-1961). 유럽과 아프리카에서 발견된 동굴벽화의 권위자로 유명한 고고학자이자 가톨릭교 사제다. 파리의 인류고생물학연구소와 콜레쥬 드 프랑스에서 학생들을 가르쳤다.

과 호모 사피엔스 주민들이 사용한 재료의 순서를 담고 있는 최초의 연구이기도 했다. 하지만 가장 중요한 점은 그것이 카르멜산 주변 지역이 1만 2000년 전 다른 곳과 구별되는 지역 문화의 거점이었으며, 그 문화가 농업 발명의 주체였다고 주장한 최초의 연구였다는 사실이다.

케임브리지 대학의 고고학과에서 1939년부터 1952년에 은퇴할 때까지 줄곧 교수로 있었던 도로시 개러드가 자신이 살던 뉴엄 칼리지의 선임연구원 휴게실에서 셰리나 진토닉을 한잔 마시며 하루를 마치고 싶어했는지 아닌지 기억하는 사람은 아무도 없다. 칼리지에서는 식사 전에 그렇게 하는 것이 관례였고, 케임브리지 대학에서 정교수로 임명된 최초의 여성으로서 그녀도 남자 동료들의 헐뜯는 발언을 견디며 하루를 보낸 뒤 술이 필요한 때가 분명히 있었을 것이다. 하지만 나투프인이 농경으로의 이행에서 중심 역할을 했다는 그녀 이론을 뒷받침할 점점 늘어나는 새 자료 더미에는 그들이 하루 일을 마친 뒤 알코올성 음료를 마시며 휴식했던 최초의 종족이었을 가능성이 크다는 증거도 들어 있다. 나투프인들이 사용한 석제 절구와 절굿공이에서 채취한 화학 잔재물의 현미경 분석 결과에 따르면 그런 도구는 밀과 보리와 아마를 갈아서 가루로 만들어 발효시키지 않은 단순한 빵을 굽는 데만이 아니라[6], 곡물을 발효시키고 맥주를 만드는 데도 사용되었다.

나투프인들이 각자 집에서 맥주 제조에 열성을 쏟았다고 주장한 연구자들이 맥주의 발견으로 인해 나투프인이 농경을 더 빨리 수용하게 되었고 그래서 발효시킬 곡물도 정기적으로 공급할 수 있었다고 믿은

것은 거의 확실하게 옳다. 또 맥주가 주로 제의적 용도로 쓰였다는 그들의 주장도 옳을 것이다.[7]

하지만 고고학자와 인류학자들은 모두 너무 서둘러 세속에서 신성을 찾아내곤 한다. 특히 성관계와 약물에 관련된 경우에는 더욱 그렇다. 유명한 프레스코 벽화들 가운데 일부가 결국은 가벼운 음화인 것처럼, 나투프인들은 지금 우리와 동일한 이유에서 맥주를 마셨을 수도 있다.

나투프인의 선조인 수렵채집인들이 맥주를 마시지 않았던 것은 거의 확실하다. 하지만 그들은 다재다능하고 숙련된 수렵채집인들이어서, 100가지 이상의 식물을 일상적으로 활용했는데, 그중에는 밀, 보리[8], 야생포도, 아몬드, 올리브가 있었다. 그들은 아마 !쿵족처럼 오로지 즉각적인 필요 충족에만 집중하지는 않았던 것 같다. 마지막 빙하시대 동안 레반트 지역에서 계절 변화의 격차가 더 날카로워졌다는 것은 그들이 비록 한 해 중 대부분은 그날 채집하여 그날 먹고 산다 할지라도 일부 기간에는 당연히 춥고 어두운 겨울을 나는 데 도움이 될 약간의 잉여 식량을 얻기 위해 다른 기간보다 더 열심히 일했음을 의미한다.

2만 3000년 전 갈릴리해 가까이 살았던 공동체 적어도 한 곳, 아마 매우 혁신적인 집단이었을 공동체가 일찌감치 곡물 재배를 실험했음을 주장하는 확정적이지는 않아도 놀라운 새 증거가 몇 가지 있다. 이것은 레반트 지역의 수렵채집인들이 !쿵족 같은 종족들보다는 지연보상적 사고방식을 상당히 더 가졌다는 주장을 지지한다. 이 집단에게는 슬픈 일이지만, 고고학적 증거들에 따르면 그들이 해낸 것이라고는 오로지 지금까지도 밀 재배 농부들을 좌절하게 만드는 몇 가지 잡초 종자의 진화를 재촉한 것뿐이다.[9]

고대에 식량 재배 실험이 있기는 했지만, 현대가 속하는 온화한 간빙기가 시작되기 전에는 나투프인 선조들의 식단에서 곡물이 차지하는 비중이 크지 않았던 것으로 생각된다. 그 당시, 레반트 지역에서 자라는 야생 밀, 보리, 귀리는 수확량이 그리 많지 않았다. 그들이 생산한 곡물은 워낙 분량이 적어서, 거두고 탈곡할 수고를 들일 가치도 거의 없었던 것이 분명하다. 이런 특정 식물이 가끔 그것들을 거두어가는 인류의 운명에 영향을 줄 만큼 생산성이 높아지려면 그 사이에 기후가 상당히 돌발적으로 크게 변해야 했다.

기후 변화가 농경의 수용에 관련된다고 보는 기존의 몇몇 이론들의 근거는 대체로 1만 8000년 전에서 8000년 전 사이의 마지막 빙하기에서 현재의 온난한 간빙기로 느리게 이어진 변화가 온갖 생태적 변화의 촉매가 되었으며, 또 그런 생태 변화로 인해 확실한 수렵채집 사회를 이루고 살아가던 사람들이 지독한 고난을 겪었다는 가설이다. 그들은 필요가 발명의 어머니라고 주장했다. 익숙하던 식량이 사라지고 새로운 종류의 식량이 등장함에 따라 수렵채집인들은 새로운 생존 전략을 실험하는 것 외에 달리 선택지가 없었다는 것이다. 일련의 연관 분야들에서 나온 더 새로운 연구들은 기후 변화로 인해 발생한 희소성이 일부 인간들을 식량 생산의 길로 떠밀어보내는 과정에서 중요하게 작용했음을 재확인해주었다. 하지만 그 연구에 따르면 기후변화가 빚어낸 풍요의 기간 역시 그 과정에서 중요했다.

지구는 현재 4기 빙하시대 Quaternary Ice Age라 알려진 다섯 번째 대빙하기에 들어 있다. 4기 빙하시대는 북극의 만년설이 형성되기 시작한 258만년 전에 시작되었지만, 더 짧은 온난한 '간빙기'와 차가운 '빙하기' 사이를 주기적으로 오가는 것을 특징으로 했다. 빙하시대에는 지구의 평균 온도가 간빙기 때에 비해 대략 5도 가량 낮으며, 많은 양의 물이 빙상 ice sheet• 형태로 묶여 있기 때문에 상당히 건조하다. 빙하기는 10만 년 정도 지속되는 것이 일반적이지만, 간빙기 ― 지금 우리가 속한 ― 는 금방 지나가며, 기껏해야 1만 년에서 2만 년 정도 지속된다. 빙하기가 끝나서 지구 온도가 역사적으로 온난한 간빙기와 관련된 수준까지 올라가는 데는 대개 1만 년쯤 걸린다.

태양 흑점 활동, 우주선의 방사, 화산 분출, 천체의 충돌이 모두 과거에 지구 기후의 섬세한 균형을 바꾸는 데 제각기 영향을 미쳤다. 기후를 급격히 변형시키기에 충분할 정도로 대기 구성을 크게 바꾼 살아 있는 유기체는 절대로 화석 연료에 집착하는 인간만은 아니었고, 인간이 최초도 아니었다. 초기 지구에 산소로 숨 쉬는 생명체가 개화하기 전 거대한 산소화 사건이 진행되는 동안 이산화탄소를 먹는 시아노박테리아가 끼친 영향에 비길 만한 충격을 가하기까지는 아직 한참 멀었다. 하지만 지구가 얼어붙은 빙하기와 온난한 간빙기 사이를 오가는 주된 이유는 지구 축의 배열에서 일어난 이동 ― 지구가 회전하는 동안 느리게 흐느적대는 경향 ― 과 다른 큰 천체들의 인력 때문에 앞뒤로 밀고 당겨진 결과 태양 주위를 도는 지구 궤적이 변한 데 있다.

1만 8000년 전에 이런 주기가 집중된 결과 지구는 현재의 온난 기후

• ice sheet. 5만 제곱킬로미터 이상의 넓이를 덮은 대륙빙하. ― 옮긴이

시대에 들어섰다. 그러나 이후 3300년 동안 근본적인 변화에 대해 사람들이 알아차리지 못했다. 그 무렵, 2, 30년이라는 짧은 기간에 그린란드의 온도가 갑자기 섭씨 15도로 치솟아 빙하가 녹았고, 남부 유럽은 그보다는 덜하지만 그래도 섭씨 5도로 올라가서 전면적인 변화를 가져올 만한 위력을 발휘했다. 이 급속한 온난화 기간에 그리고 그 뒤 이어진 2000년은 뵈링-알레뢰드 간빙기 Bolling Allerød interstadial라 불린다. 이 짧은 기간 동안 춥고 건조한 초원 생태계이던 중동 지역이 따뜻하고 습하고 온화한 에덴으로 변하여, 참나무, 올리브, 아몬드, 피스타치오가 자라고 야생 보리와 밀로 가득 찬 초지가 되었으며, 만족한 가젤의 큰 무리가 사자, 치타, 굶주린 나투프인들을 면밀하게 경계하면서 풀을 뜯었다.

이 기간 동안 나투프인이 일종의 원 농업 proto-agriculture 비슷한 형태를 시도하는 계기가 된 것이 더 따뜻하고 습한 여건만은 아니었다. 빙상 氷床이 물러난 현상과 때를 맞춰 지구 대기의 구성성분에서 일어난 작지만 중요한 변화가 밀 같은 곡식이 다른 식물종을 압도하여 번성할 수 있는 여건을 만들어냈다.

이산화탄소 속의 비유기적 탄소를 살아 있는 세포 내의 유기적 탄소 기초 복합물로 변형시키는 작업이 모든 식물에게서 같은 방식으로 이루어지는 것은 아니다. 밀, 콩, 보리, 쌀, 귀리 같은 몇몇 식물은 효소—루비스코rubisco—를 분비하여 스쳐 지나가는 이산화탄소 분자를 붙잡아와서 유기물 복합물로 변화시킨다. 그래도 루비스코는 서투른 납치범이며, 이따금씩 실수로 산소 분자를 인질로 삼는 버릇—광호흡photorespiration이라 불리는 과정—이 있다. 이것은 비싼 대가를 치르는 실수다. 루비스코를 분비하려면 에너지와 영양분을 허비하며, 식물이 성장 과정에서 기회

비용이 발생하기 때문이다. 루비스코가 산소와 묶이게 되는 빈도는 대체로 대기 속의 이산화탄소 대비 산소의 분량에 비례한다. 그 결과, 생물학자들이 부르는 이름에 따르면 이런 'C3' 식물들은 대기의 이산화탄소의 변화에 유달리 잘 감응한다. 대기 속 이산화탄소 비율이 증가하면 광합성 photosynthesis의 비율은 늘고 광호흡 photorespiration 비율은 줄어든다. 이와 반대로 식물종 전체의 거의 4분의 1을 차지하는 사탕수수와 수수 같은 C4 식물은 이산화탄소를 훨씬 더 질서정연하게 소화한다. 그들은 광호흡에 에너지를 허비하지 않도록 일련의 메커니즘을 발달시켰다. 결과적으로 그들은 이산화탄소 수준이 조금 높아질 때는 상대적으로 무심하지만, 이산화탄소 수준이 낮아질 때는 C3 식물보다 잘 해낸다.

그린란드의 빙심 ice core 분석 결과를 보면 마지막 빙하기의 종말은 대기 중 이산화탄소량의 대폭적인 증가로 표시된다. 이 과정에서 C3 식물에서의 광합성이 25퍼센트에서 50퍼센트까지 늘어났고, 그리하여 더 크게 자라서 토양 속 영양분을 얻기 위한 경쟁에서 C3식물이 C4 식물을 힘으로 압도할 수 있었다.[10] 이는 또 토양속 질소 농도가 더 높아지게 자극했고, 그렇게 하여 C3 식물을 더 밀어주었다.[11] 중동 지역이 따뜻해지면서 C3 식물 여러 종류—가장 눈에 띄는 것은 밀, 보리, 렌틸콩, 아몬드, 피스타치오 같은 다양한 곡물, 콩류, 유실수—가 번성했지만 추운 여건에 더 잘 적응한 광범위한 다른 식물 종류들은 쇠퇴했다.

각 지역의 거주자들은 비록 그들 탓은 아니었지만 기후가 온난해지고 대기 중 이산화탄소가 증가함으로써 일부 익숙하게 먹던 식량이 사라지는 동시에 다른 식량의 생산성이 폭증하는 현상 앞에서 종류는 줄고 생산성은 훨씬 더 풍부해진 몇 가지 식물에 점점 더 의존하게 되었다.

수렵채집인들은 기회를 잘 타는 사람들이다. 나투프인들에게는 따뜻한 뵈링-알레뢰드 기간이 수고를 덜 하고도 더 잘 먹을 수 있는 기회였다. 여름은 더 향기로워지고, 겨울은 무자비한 칼날이 없어졌으며, 비가 더 자주 내렸고, 식량 생산이 어찌나 늘었는지, 그 뒤의 몇 백년 동안 여러 나투프 종족은 한때는 꼭 필요했던 선조들의 이동식 생존방식을 즐겁게 포기하고 더 작고 영구적인 마을을 차지하여 훨씬 더 오래 머무는 생활 방식 쪽으로 이동했다. 심지어 일부 나투프인들은 집을 지으면서 튼튼한 자연석으로 벽을 쌓고 돌 화덕을 미리 설치하여 주위의 바닥에 꼼꼼하게 자갈을 까는 수고까지 했다. 그것은 의도적으로 지어진 가장 오래된 영구 구조물이다. 이런 마을의 인근에 있는 묘지로 미루어 보면, 이런 정착지는 여러 세대가 연속적으로 점거하여 사용한 곳이다. 정착 생활을 했다는 것은 또한 나투프인들이 한 숙영지에서 다음 숙영지까지 쉽게 운반될 수 없고 다루기 힘든 도구를 제작하고 사용하는 데 그 이전의 다른 누구보다도 더 많은 시간과 에너지를 기꺼이 투자했음을 의미한다. 이런 도구 중에 제일 중요한 것이 곡물을 빻고, 덩이뿌리를 갈아서 걸쭉하게 만들고, 맥주를 만드는 데 사용되는 매우 무거운 석회암과 현무암 절굿공이다.

식량이 그처럼 풍부했으므로 나투프인들은 다른 기술도 개발할 수 있었다. 나투프인들의 고고학적 유적지에서 발견된 아름답게 장식된 석제와 뼈 도구, 에로틱한 의미가 담긴 석제 조각, 우아한 장신구 등은 그들이 도구와 집을 만들고 자신을 아름답게 꾸미는 데 기꺼이 시간을 썼다는 것을 시사한다. 그들이 불렀던 노래, 그들이 연주했던 음악, 그들이 믿은 신앙에 대해서는 아는 바가 없지만, 죽은 자가 아름다운 차림으로 내세로 잘 떠날 수 있게 보살핀 손길로 보건대, 풍부한 제의 활동도 있었음을 알 수 있다.

나투프인의 묘지는 그들의 삶에 대해 또 하나의 중요한 사연을 이야기한다. 나투프인의 뼈와 치아에 대한 골학 분석에 따르면 그들은 초기 농경 사회에 비해 전반적인 식사 부족이나 식사로 인한 스트레스를 장기간 겪은 일이 거의 없었다. 짐작건대 나투프인들은 신체적으론 너무 힘든 노동을 감당할 필요가 없었을 것이다. 특히 후대의 농경인들과 비교하면 그렇다. 그렇다고는 해도 나투프인도 어려움을 약간은 겪지 않을 수밖에 없었을 것이다. 골학적 증거에 따르면 영구적 정착지에 살던 나투프인들 가운데 서른을 넘긴 사람이 거의 없었다. 이는 아마 그들이 영구적 정착촌에 사는 데 필요한 위생 관련 필수 요건 몇 가지를 아직 알지 못했기 때문일 것이다.

나투프인들은 이 기간 동안 열성적으로 수렵활동을 했고, 일상적으로 오록스auroch, 야생 양, 이벡스ibex, 야생 나귀 등을 잡아먹었다. 뱀, 소나무 담비pine marten, 토끼, 거북도 잡아먹었고, 요르단강에서 민물고기를 낚았으며, 강둑을 따라 덫을 놓아 물에 사는 가금을 잡았다. 하지만 나투프인들의 고고학적 유적지에 흩어져 있는 가젤뼈 무더기를 보면 단백질 영양원으로서는 가젤이 가장 선호도가 높았음을 짐작할 수 있다. 또 목제 화살대를 곧게 펴는 것 외에 다른 눈에 띄는 용도가 없는 홈이 패인 돌이 있으며 나투프인들이 가젤을 선호한 사실을 보면 가장 민첩하고 기민한 유제류를 쏘아잡을 만큼 궁술이 빼어났다는 사실도 알 수 있다. 남부와 동부 아프리카의 수렵채집인들이 훌륭한 발사 무기 없이 가젤 같은 동물을 잡는 것은 거의 불가능하다.

야생밀의 수확량은 현대에 재배되는 변종에 비해 훨씬 적다. 부자가 아니면 '옛날식 곡물'로 구운 빵을 먹을 수 없는 것도 이 때문이다. 하지만 거의 모든 다른 야생의 식물성 식량과 비교하면 야생 곡물은 다른 어떤 것보다도 수확량이 많다. 현대 밀의 고대 선조 가운데 한 종인 에머밀emmer wheat은 제대로 된 여건에서는 최고 1 헥타르 당 3.5톤까지 수확할 수 있지만, 보통은 1헥타르 당 1에서 1.5톤을 거둔다. 현대밀의 또 다른 선조인 아인콘einkorn은 헥타아르 당 최고 2톤까지 거둔다.

식물농학자plant agronomist인 잭 할란Jack Harlan은 일찍부터 식물의 생태 다양성 유지의 중요성을 홍보해 온 사람으로, 1960년대에 남동부 튀르키예를 여행하던 중에 화산인 카라차다그Karacadag산의 낮은 사면에서 넓은 원시 야생밀밭을 만나게 되자 두어 가지 실험 계획을 구상했다. 고대 중동지역의 수렵채집인은 이와 같은 밭에서 한 시간에 얼마나 많은 양을 수확할 수 있었을까? 그는 궁금해졌다.

할란은 자신이 손으로 거둘 수 있는 야생밀의 분량을 쟀다. 또 석편과 도로시 개럿이 30년쯤 전에 발굴한 것과 비슷한 목제 낫을 써서 수확할 수 있는 양을 측정했다. 손으로 수확하여 거둔 곡식 분량은 한 시간 당 2킬로그램 정도였다. 손으로 알곡을 훑기 전에 낫으로 밀을 베면 25퍼센트 가량 수확량이 늘었다. 그렇게 하면 손실량이 적어지지만, '도시 사람의 손'이 쓸려 다치지 않도록 하는 데 도움이 된다는 것이 무엇보다 중요했다. 이 실험에 힘입어 그는 "카라차다그 거점 근처에서 수확하기 시작하여 계절이 흐르는 동안 산 위쪽으로 작업해 올라간 일가족은…3주, 또는 그 이상의 기간 동안 고생을 너무 하지 않고도…일가족이 한 해에 소비할 수 있는 것 이상의 곡물을 거둘 수 있었다"는 결론을 내렸다.[12]

나투프 석제 낫

수렵채집인들이 넘치도록 잘 살지는abundance 않아도 풍요롭게affluence 산 것이 그들의 욕구가 쉽게 채워질 수 있는 소박한 것들이었기 때문에 그리고 그런 소박한 욕구가 지속적으로 채워질 수 있는 환경에 살았기 때문이었다면, 나투프인들은 물질적으로 훨씬 더 풍요한 기반에서 유복하게 살았다. 한동안 그들이 살던 땅의 헥타르 당 생산력은 그들 이후에 훨씬 더 많은 인구를 가진 후대의 농경 사회들의 생산력과 거의 비슷했다. 중요한 것은 나투프인들이 그들만큼 힘들게 일할 필요가 없었다는 사실이다. 미래의 곡물 농부들이 밭 갈기, 준비하기, 심기, 물 주기, 제초, 수확, 곡식 처리 등 각각 특정한 계절적 업무에 할당된 농업 달력의 포로인데 반해 나투프인들은 그저 돌아다니면서 이미 형성되어 있는 야생 밀밭을 찾아내어 수확하고 처리할 뿐이었다. 하지만 그들은 미래에 올 곤궁한 계절에 대비해야 했으므로, 수확하고 잉여 식량을 저장하는 기간에는 다른 때보다 더 분주해졌다. 나투프인들이 맥주를 빚었다는 증거를 발견한 바로 그 고고학자들은 나투프인이 사용한 커다란 돌절구에서 식물의 미세한 흔적도 찾아냈다. 그것은 이런 물건들이 이르게는 1만 3000년 전에 이미 곡식을 저장하는 데 쓰였으며, 맥주도 아마 저장 과정에서 생긴 사고를 계기로 발견되었을 것임을 시사한다.[13]

이것은 고대 나투프인들이 식량을 저장했다는 반박불가능한 유일한 증거일지도 모른다. 그렇다고 해서 나투프인들이 식량을 저장하고 보관하는 다른 방법을 알지 못했다는 뜻은 아니다. 그들이 황마, 양마, 아마, 대마의 식물섬유로 바구니를 짰는데 그것들이 오래전 이미 썩어 없어졌음을 알려주는 증거가 있다. 일부 나투프인들이 돌로 지은 거처의 자갈 깔린 바닥에서 발견된 독특한 구덩이는 일종의 식품저장소였을 가능성도 있다. 또 그들이 죽인 가젤의 수가 많았던 것을 생각하면 그들은 아마 틀림없이 가끔은 고기를 말려서 보존했을 것이다.

온난해진 기후로 얻은 이익이 곡식과 콩류만은 결코 아니었다. 다른 식물도 잘 자랐으며, 이 풍요의 기간 동안 나투프인들은 여러 종류의 덩이뿌리, 버섯, 견과류, 고무, 과일, 줄기, 잎사귀, 꽃들로 식사했다.[14] 하지만 곡물을 일상적으로 소비하고 시큼한 맥주를 좋아하던 나투프인들을 은근히 부추겨 야생 곡물의 치열한 관리자이자 대량 잉여의 축적자가 되는 방향으로 떠민 것은 그보다 훨씬 덜 즐거운 기후 변동의 시기였을 것이다.

뵈링-알레뢰드 기간에 초기의 1800년이 넘도록 기후는 점차적으로 냉각되었지만 한 해와 다음 해가 눈에 띄게 달라질 정도로 추워진 적은 한 번도 없었다. 그러다가 1만 2900년 전의 어느 시점에서 기온이 갑자기 떨어졌다. 그린란드에서 평균 기온이 20년 사이에 최대 섭씨 10도까지 떨어졌고, 그럼으로써 전체적으로 사라지고 있던 빙하가 급속도로 다시 생성되기 시작했으며, 툰드라 지대는 다시 얼어붙었고, 만년설이 빠른 속도로 남쪽을 향해 우격다짐으로 밀고 내려가기 시작했다. 극지방

밖에서는 기온 하락이 그보다는 덜 심했지만 환경을 바꾸는 영향력은 그에 못지않게 컸다. 유럽과 중동 지방 거의 전역이 분명 하룻밤 새 빙하시대로 되돌아간 것처럼 보였을 것이다.

고기후학자들이 영거 드라이아스기 the Younger Dryas •라 부른 이 갑작스러운 일시적 한파를 유발한 원인이 무엇인지는 불확실하다. 지구를 보호하는 오존층을 우주의 초신성이 망가뜨렸다는 설로부터 북아메리카 어딘가에 낙하한 거대한 운석의 충격 때문이라는 설까지 나왔다.[15] 또 생태학적 영향이 각 지역마다 얼마나 심각했는지에 대한 설명도 분명하지 않다. 가령, 대기 중 이산화탄소 수준이 영거 드라이아스기 동안 낮아졌음을 알려주는 증거는 없다. 또 남부와 동부 아프리카 같은 지역에서는 애당초 별 영향이 있었다는 증거도 없다. 이 기간에 레반트 지역이 그 이전의 빙하기처럼 춥고 건조했는지, 아니면 춥기는 했지만 그래도 비교적 습했는지도 불확실하다.[16] 그러나 반기는 이 없는 이런 길고 얼어붙는 겨울과 짧아진 서늘한 여름의 갑작스러운 복귀로 인해 그 이전 1000년이 넘도록 나투프인들이 익숙해져 있던 핵심 식물성 식량의 소출량이 크게 줄었다는 것 그래서 그들이 환경의 배려에 대해서든 한 해 중 대부분의 시간을 즉각적인 필요 충족에만 집중하는 자신들의 능력에 대해서든 한꺼번에 신뢰를 잃었다는 데는 의심의 여지가 없다.

기온이 급전직하한 지 오래지 않아 나투프인들이 영구적 정착촌을 포기할 수밖에 없었다는 사실은 잘 알려져 있다. 주위 환경이 더 이상 그

• 약 12,900년 전 20-30년에 걸쳐 그린란드 주변의 연 평균기온이 5~7°C 정도 하강한 후 유사한 속도로 회복된 기간.—옮긴이

들을 한 해 내내 먹고살게 해줄 만큼 식량으로 넘쳐나지 않았기 때문이다. 또 혹독한 기후가 1300년 동안 계속된 뒤, 기온이 갑자기 떨어졌을 때와 마찬가지로 갑자기 다시 올라가기 시작했다.

그러나 이 선을 넘어 그들이 이런 변화에 어떻게 적응했는가, 또 그런 현상을 이해하려는 그들의 노력이 환경과 자신들의 관계를 어떻게 변화시켰는가 하는 더 중요한 문제에 대해서는 우리도 단지 추측만 할 수 있다. 영거 드라이아스기 직후의 기간에 대한 고고학적 기록을 감안한다면, 이런 변화는 심각했다.

그 무렵 레반트 지역의 수렵채집자들이 환경의 영원한 배려에 대한 확신을 잃었음을 알려주는 명백한 힌트는 용도에 맞게 지어진 곡물창고의 부서진 잔해다. 가장 인상적인 곳은 밀 1000톤까지 저장하기에 충분한 저장공간을 가지고 있었다. 고고학자들이 요르단의 사해 강변 근처에서 이런 곳을 발굴했는데, 그 연대는 영거 드라이아스기가 갑작스럽게 끝난 1만 1500년 전의 것으로 밝혀졌다.[17] 그곳들은 그저 단순한 방이 아니었다. 진흙, 돌, 짚으로 만들어진 이런 건물들은 바닥을 높게 돋워 마루를 깔았고, 특별히 습기를 예방하고 해충을 막기 위해 지능적으로 설계되어 있었다. 의미심장하게도 그런 건축물은 식량 분배 시설로 보이는 곳 인근에 자리잡고 있었다. 또 이런 곳들이 저절로 이루어진 구조가 아니었다는 것도 분명하다. 고고학자들이 더 오래되고 더 원시적인 형태의 곡식창고의 증거는 아직 발견하지 못했지만, 그들이 지금까지 발굴한 것들은 여러 세대에 걸쳐 실험하고 정교하게 다듬은 결과물이었다.

하지만 영거 드라이아스기 동안 뭔가 근본적인 것이 변했다는 가장 강력한 증거는 이런 대형 곡식창고보다 더 야심적이고 기교적인 건축물이었다. 이것은 현재로는 고대 세계에서의 가장 오래된 기념비적 건축물이라고 여겨지는 형태의 구조물이다. 1994년에 튀르키예 남동부의 오렌치크 근처의 언덕에 있는 괴베클리 테페Gobekli Tepe에서 발견된 건물, 방, 거석, 통로의 복합물 유적이 그것이다. 괴베클리 테페가 기원전 열 번째 밀레니엄 중에 건설되기 시작했으므로, 그것은 다수의 사람들이 어떤 장소에 모여 식량 획득과는 전혀 무관해보이는 대형 프로젝트를 함께 작업하기 시작한 가장 오래된 증거이기도 하다.•

괴베클리 테페의 폐허를 발견한 독일 고고학자 클라우스 슈미트Klaus Schmidt는 그곳을 '석기 시대 동물원'이라 부르기도 했다.[18] 이는 이견이 없지는 않지만 선사시대 기념물 가운데 아마 가장 수수께끼 같다고 할 구조물에 대한 공정한 묘사다. 하지만 그런 별명이 붙은 것이 그 속에서 발견된 21종의 상이한 포유류와 60종의 조류 등 수없이 많은 동물 뼈 때문만은 아니다. 유적지에서 발굴되었고, 풍성한 잔치에서 남은 찌꺼기로 생각되는 그런 뼈 때문에 슈미트가 그곳을 동물원이라 부르기는 했다. 그러나 그곳이 그렇게 불린 또 다른 이유는 240개에 달하는 석회암

• 괴베클리 테페는 BC 9000~1만 년에 만들어진 것으로 추정되는 유적. 튀르키예어로 '배 모양의 언덕'을 뜻하는 괴베클리테페는 시리아와의 경계 근처에 있는데, T자 모양의 석회암 거석들이 원형을 이루고 서 있다. 그 거석들 중 일부는 높이가 5미터가 넘고 무게가 50톤 이상 나간다. 스톤헨지보다 시기적으로 6,000년 가량 앞서는 괴베클리테페는 1960년대에 처음 조사가 시작되었으나, 당시에는 중세의 묘지로 여겨졌다. 1990년대에 다시 발굴이 시작되어, 그제서야 축조 시기가 제대로 밝혀졌다. 그러나 쓰레기 구덩이나 난로, 기타 다른 주거생활의 흔적들이 없는 것으로 보아 이곳은 거주지역이 아니었을 것으로 추측된다. 대부분의 전문가들은 이곳을 제식용 장소로 파악하고 있으며, 멀리서부터 참배자들이 찾아왔을 것으로 추측한다.

거석이 자연석 울타리 같은 형태로 체계적으로 세워져 있고, 그 거석 하나하나에 노아의 방주를 묘사하듯 고대 동물들의 생활이 새겨져 있기 때문이다. 그중에는 전갈, 유럽 살모사, 거미, 도마뱀, 뱀, 여우, 곰, 멧돼지, 따오기, 맹금, 하이에나, 야생 나귀 등이 있다. 거의 모두가 저부조로 새겨졌고, 음각 형태로 되어 있다. 하지만 몇몇 가장 인상적인 것들은 고부조 혹은 크고 작은 입상으로 만들어져 있다.

슈미트의 동물원 비유는 동물에만 해당되지 않는다. 각 울타리의 중심에 서서 이 석조 동물 쇼를 지배하는 것은 한 쌍의 T자형 거석 형태로 된 거대한 석회암 동물원지기들의 행진이다. 이것들은 각각 5에서 7피트 높이이며, 가장 큰 것은 무게가 8톤에 달한다. 이 위압적인 석회암 덩어리 가운데 가장 인상적인 것은 분명히 인간을 닮았다. 인간의 팔과 손 그리고 장식적인 벨트와 패턴이 있는 겉옷garment, 허리두르개loincloth도 새겨져 있다.

이 기념물에는 검약하는 요소라고는 전혀 없다. 괴베클리 테페의 건설자들은 확실히 !쿵족 같은 소규모 수렵채집인들의 치열한 평등주의를 유지해 온, 질투심에 자극된 조롱으로 자신들의 야심을 제어한 사람들은 아니었던 것 같다. 또 그들이 식량을 구할 때 외의 시간을 개인적 즐거움을 누리는 시간으로 여기지 않은 것도 분명하다. 장방형 방들과 위압적인 달걀모양 울타리를 연결하는 구불구불한 통로를 가진 이 복합시설을 건설하는 데는 상당한 양의 시간, 에너지, 조직 그리고 무엇보다도 일이 많이 투입되었다.

아직은 일부분만 발굴되었지만, 그 유적은 넓이가 9헥타르를 넘고, 규모 면에서 스톤헨지의 여러 배, 아테네 판테온보다 세 배 크다. 지금까지 울타리 일곱 곳이 발굴되었고, 지질물리학적 조사에 따르면 그 언덕에 최소한 열세 곳이 더 묻혀 있다고 한다.

후대의 여러 기념물들과 다르게 이 복합 단지는 조금씩 나뉘어 지어졌다. 1000년에 걸쳐 주기적으로 새 울타리가 하나씩 추가되었고, 오래된 구조물 몇 개는 땅속에 묻히고 그 위에 새 구조물이 지어지기도 했다. 건설은 계절적으로 이루어진 것이 거의 확실하며, 겨울철에 시행되었다. 또 당시 사람의 수명이 운이 좋아야 마흔을 넘길 수 있었다는 사실을 감안하면, 큰 울타리를 짓기 시작할 때 참여했던 사람이 그것이 완성될 때 여전히 살아서 지켜보았을 가능성은 낮다.

괴베클리 테페가 발견되기 전, 고대 농경 사회가 어떻게 기념물을 지을 수 있었을까를 설명하는 기존 논리는 단순했다. 이 정도로 큰 건설은 제작자들의 재능과 허영, 또 그것들이 기념하도록 지어진 신이나 왕들의 권능의 기념물인 동시에, 집중적인 농경으로 발생한 잉여의 기념물이기도 하다. 이런 구조물을 건설하려면 그런 사업을 운영하려는 야심과 권력을 가진 지도자만이 아니라 힘든 작업을 실행하는 숙련·비숙련 노동력이 충분히 있어야 하기 때문이다.

하지만 클라우스 슈미트와 그의 팀이 괴베클리 테페에 있는 언덕 유적지tell를 파들어가기 시작한 이후 이 논리의 지나친 단순성이 드러났다. 슈미트와 점점 더 늘어나는 고고학자 군단이 더 깊이 파들어갈수록, 또 더 많은 샘플의 연대를 밝힐수록, 농경, 문화, 일 사이의 역사적 역학이 다들 상상했던 것보다 훨씬 더 복잡하며 훨씬 더 흥미롭다는 사실이 드러났다. 괴베클리 테페는 기반을 확고하게 굳힌 농경 민족이 만든 기념물이 아니었던 것이다. 그것의 건설은 1만 1600년쯤 전에 시작되었

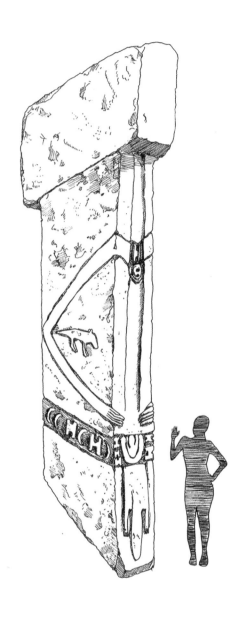

괴베클리 테페에 있는 거석 〈동물원지기〉

는데, 이는 재배된 곡물이나 사육된 동물뼈가 고고학적 기록에 등장한 것보다 1000년도 더 이른 시기였다.[19]

괴베클리 테페 같은 수수께끼 유적은 걸핏하면 그것을 근거로 삼아 환상을 꾸미려는 온갖 욕구에 휘말린다. 그것의 정체가 성서에 나오는 바벨탑의 폐허라거나 노아의 방주로 들어간 생물들의 거대한 목록이라고, 또는 신으로부터 에덴을 관리하라는 임명을 받은 고대의 수호천사 종족의 감독 하에 건설된 신전복합군이라는 등 다양한 주장이 제기되었다.

원기둥에 새겨진 하이에나, 맹금, 또 다른 부식腐食 동물들이 많다는 사실, 또 가공되고 장식된 표시가 있는 인간 두개골이 최근에 몇 개 발굴된 사실 때문에, 일부에서는 괴베클리 테페가 적어도 한동안은 고대의 두개골 숭배가 행해진 시설이었을 것이라고 짐작했다.[20] 그 유적지에 대해 나올 수 있는 또 다른 고고학적 해석은 신전복합군이라는 종교적 해석에서 큰 잔치가 벌어진 고대의 나이트클럽 형태라는 세속적 해석에 이르기까지 다양하다.

괴베클리 테페는 언제나 그 가장 깊은 비밀을 손에 틀어쥐고 내주지 않을 것이다. 하지만 적어도 그것이 인간과 일의 관계의 역사에서 중요한 유적임은 분명하다. 그것은 최초의 농경 실험의 기념물만이 아니라 더 많은 에너지를 얻으려는 일차적인 도전과 무관한 거대한 비전, 그 건설자들 개개의 생애를 한참 넘어서서 오래 존속되도록 설정된 큰 비전을 이루기 위해 사람들이 여러 세대를 이어가며 일할 수 있는 충분한 잉여 에너지가 확보되었다는 최초의 증거다.

괴베클리 테페는 규모와 복잡성 면에서 더 후대의 농경사회가 지은 피라미드나 마야 신전의 수준을 따라가지 못할 수도 있다. 하지만 그것을 건설하기 위해서는 분명히 후대의 것들과 비슷하게 복잡한 노동 분업과 숙련된 석공, 화가, 조각가, 디자이너, 목수들, 또 그들을 먹여살리는 다른 인원들이 필요했을 것이다. 다른 말로 하면, 그것은 고도로 전문화된 전업 직업을 수행하는 사람들이 많이 있는 사회의 존재를 만장일치로 입증하는 최초의 증거다.

8장

제의적
연회와 기근

괴베클리 테페에 최초의 거석이 세워진 지 2000년쯤 뒤, 고대 애나톨리아에는 수백명이, 또는 최소한 수십명이 그곳에 모여 여러 달—여러 해였을 수도 있다—동안 체계적으로 그 깊은 통로와 방, 울타리를 조직적으로 자갈과 모래로 채워 그 유적지가 나중에는 평범한 언덕으로 변하게 만들고, 그로부터 두어 해 만에 식물이 너무 자라서 물결치는 지형 속에 녹아들어가게 한 뭔가가 있었다.

괴베클리 테페가 건설된 지 적어도 1000년 동안은 고대 애나톨리아인의 삶에서 수렵채집이 여전히 중요한 역할을 했다. 고고학적 기록에 따르면 적어도 처음에는 레반트 지역의 여러 공동체들이 식량을 생산한다는 발상에 코웃음쳤다. 생산량이 낮았기 때문이다. 하지만 시간이 흘러 중동 전역의 공동체들이 경작된 곡물에 점점 더 의존하면서 들판과 농장이 야생 동물과 식물을 밀어냈고, 가장 단호한 수렵채집인들일지라도 수렵과 채집만으로 먹고 살기가 점점 더 힘들어졌다.

그리하여 괴베클리 테페가 흙 속에 묻히던 무렵인 9600년 전에는 중동의 많은 지역이 네트워크처럼 연결된 소규모 농경 정착촌으로 바뀌었다. 적어도 중남부 튀르키예에 있는 소도시 규모의 정착촌인 카탈후유크çatalhöyük 의 전성기에는, 그곳을 집으로 삼은 인구가 6000명이 넘었다고 보인다. 이런 정착촌은 시나이 반도에서 서부 튀르키예 전역을 지나 유프라테스와 티그리스강둑을 따라 내륙까지 이어졌다. 이 시기에 속하는 여러 지역적 고고학 유적지에는 재배된 밀과 다른 작물의 변종, 또 수확하고 처리하고 저장하는 도구가 산재한다. 양, 염소, 소, 돼지의 뼈도 마찬가지로, 완전한 사육소 및 사육돼지들이 갖는 매우 확연한 신체 형태 몇 가지, 가령 일부 소 종류에서 볼 수 있는 혹등 같은 것들은 고고학적 기록에서만 널리 나타난다.[1] 일부 레반트인들이 바다로 나가 크레타와 사이프러스에 정착했음을 말해주는 증거도 있다. 그런 곳들은 얼마 안 가서 농경인들이 남부 유럽과 그 너머로까지 뻗어나가는 거점 노릇도 하게 된다.

괴베클리 테페의 거대한 동물원지기들이 침묵의 석조 동물 무리와 함께 집단적으로 땅에 묻힌 것은 분명히 아주 조직적인 예술 파괴 행위이며, 애당초 그것을 지었던 제작자들과 비슷한 수준으로 몰두해야 가능한 행위였다. 베짜기새처럼 인간도 물건을 만들 때처럼 파괴하는 데서도 많은 쾌감을 느끼는 것 같이 보이며, 역사는 그와 비슷한 대규모의 고고학적 삭제 행위로 점철되어 있다. 분개한 다이세Daesh* 청년들이 괴베클

---

* 수니파 이슬람 극단주의 무장단체인 IS를 서방에서 폄하하여 부르는 호칭.—옮긴이

리 테페에서 차로 두어 시간 걸리는 고대 셈족 도시인 팔미라의 신전과 묘지를 엉성하게 폭파한 것도 최근에 일어난 그런 수많은 사례 중의 하나다.

애나톨리아인들이 괴베클리 테페를 돌무더기 밑에 묻어버린 동기가 무엇인지 우리는 절대 모를 것이다. 하지만 그곳이 영거 드라이아스기가 끝날 무렵 야생 곡물을 집중적으로 관리하고, 잉여 식량을 만들고 저장하는 법을 배운 덕분에 누린 풍요를 축하하기 위해 건설된 데 반해, 2000년 뒤 그들의 후손이 그곳을 파괴한 행위는 괴베클리 테페의 거석에 새겨진 뱀들이 그들을 영원한 노역의 삶으로 몰아냈기 때문이라고 생각하고 싶어진다. 어떤 기준에서든 고대의 농경인들은 괴베클리 테페의 건설자들보다 더 힘든 삶을 살았기 때문이다. 실제로 어디에서든 농경인이 그들 자신을 위해서건 신들을 위해서건 거대한 기념물을 건설하는 데 많은 시간을 쏟을 만한 에너지와 자원, 또 그렇게 하려는 의사를 갖기까지는 수천 년이 지나야 했다.

농경 사회의 생산성이 더 높아지고 주위 환경에서 더 많은 에너지를 끌어쓰게 되면서 에너지는 점점 더 부족해지고 기본 필요를 충족시키려면 더 힘들게 일해야 하는 것처럼 보였다. 이는 산업혁명 이전까지는 농경인이 더 열심히 일하고 새 테크놀로지, 테크닉, 작물을 받아들이고 새 땅을 얻거나 하여 생산성이 더 높아지는데도 항상 그것만으로는 먹여 살릴 수 없이 빠른 속도로 인구가 증가하여 효과가 없었기 때문이었다. 그 결과, 농경 사회가 계속 팽창했지만 번영은 대개는 잠깐 반짝하다 끝나버리고, 결핍은 수렵채집인들이 어쩌다 한 번씩 금욕적으로 견디던 간헐적인 불편함이 아니라 거의 영구적인 상황이 되었다. 화석연료의 혁명

이전에 살았던 수백 세대의 농부들은 지금 같은 긴 수명과 살찐 신체를 갖기까지 여러 측면에서 대부분 더 짧고 더 황량하고 더 힘든 그리고 그들의 수렵채집 선조들보다는 거의 확실하게 더 힘난한 삶을 감내해야 했다.

길고 비참한 삶이 짧고 즐거운 삶보다 조금이라도 나은 짐이 있다고 주장하기는 힘들다. 그렇다고는 해도 예상 수명은 물질적, 신체적 복지를 대략 대변해 준다. 인구학이 예상 수명 측정에 쓰는 기준은 전형적으로 두 가지다. 출생 시의 예상 수명과 15세가 된 뒤의 예상 수명이다. 모든 산업 이전 사회에서 이 두 숫자는 큰 차이를 보이는데, 출산 시, 아기 때, 유년 초기의 사망률이 높기 때문에 전체 평균 수명이 대폭 낮아진다. 그리하여 !쿵족과 하드자족의 출생 시 예상 수명이 각각 36세와 34세였지만, 일단 사춘기에 도달한 뒤의 예상 수명은 운이 아주 나쁘지 않으면 예순을 훨씬 넘는다.[2]

세계 어디서든 출생, 사망, 사망 시 연령을 기록하는 포괄적인 인구학적 데이터가 체계적으로 수집되기 시작한 것은 18세기가 되어서였다. 그런 작업이 최초로 시행된 곳은 스웨덴, 핀란드, 덴마크였고, 그 데이터가 유럽 계몽주의와 산업혁명이 일어날 무렵 예상 수명에서의 변화를 검토하는 수많은 연구에 등장하는 것은 이 때문이다. 고대 농경 인구에 관한 예상 수명 데이터는 좀 더 불완전하다. 그것은 주로 고대의 묘지에서 가져온 뼈의 골학적 분석에 의한 것이어서 거의 신뢰하기 힘든 자료다. 특히 같은 수준의 장례 권리가 모두에게 주어졌는지 알 길이 없고,

3부 | 끝없는 노역

묘지에서 수집된 뼈가 그 사회를 얼마나 대표하는지도 모르기 때문에 더욱 그렇다. 후대의 일부 농경인들은 묘비에 명문을 남기는 혜택을 누렸고, 가끔 로마 치하의 이집트에서처럼 부분적인 인구조사 데이터도 남아 있지만, 이런 데이터는 대개 너무 불완전해서 엉성한 안내자 이상은 못 된다. 설사 인구학자들이 초기 농경 사회에서의 예상 수명에 관해 신중하게 발언하더라도, 산업혁명이 본궤도에 오르고 의학의 대단한 발전이 영향력을 발휘하기 전에는 농업혁명이 평균 인간의 수명을 연장하는 데 아무 역할도 하지 못했고, 오지 수렵채집인들의 수명보다 더 짧은 경우가 많았다. 예를 들면, 이견은 있지만 역사상 가장 부유한 농경 사회로 간주되던 로마 제국 시대가 남긴 인간 유골에 대한 포괄적인 연구에 따르면, 그곳의 남자는 대개 서른을 넘기면 운이 좋은 편이었다.[3] 또 사망률 기록에 대한 가장 오래된 분석은 1751년과 1759년에 스웨덴에서 이루어진 것인데, !쿵족과 하드자족이 산업혁명 시작 무렵의 유럽인들보다 조금 더 오래 사는 것으로 예상되었다고 주장한다.[4]

고대인에 대한 골학적 연구는 고대인들의 삶의 질에 대해서도 일부분 파악하게 해준다. 이런 연구에 따르면 고대의 농부들은 수렵채집인들보다 한참 더 고되게 일해야 했을 뿐만 아니라 온갖 등골 휘는 노력을 이처럼 더 많이 해도 그들은 기껏해야 간신히 생계만 유지하는 수준의 삶 외에 다른 보상을 받지 못했다. 그리하여 특별한 대접을 받고 산 소수의 엘리트층의 유골을 계산에 넣지 않는다면, 산업혁명에 이르기까지 전 세계의 거대한 농경 문명이 남긴 묘지는 열성적인 노동의 반복이 낳은 결과인 처참하고 치명적인 부상 그리고 구조적인 영양 결핍, 빈혈, 이따금씩 발생하는 기근, 골격 변형에 관한 끝없는 이야기를 해준다. 고대 농부들의 뼈가 가장 많이 출토된 곳은 카탈후유크이다. 이런 유물은 "거의 12세기에 이르는 정착촌 거주 기간 동안 질병에 더 많이 노출되고, 공동체에 의존하는 대가로 요구되는 노동, 재배된 식물 탄수화물의 생산, 출산율의 고조가 기름을 부은 인구 규모와 밀도의 증가 그리고 고조된 작업 부담으로 인한 스트레스의 증가 등등"의 암담한 그림을 그려낸다.[5]

고대의 농부와 수렵채집인은 모두 계절적인 식량 부족에 시달렸다. 이 기간에 아동과 성인 모두 한동안은 고픈 배를 움켜쥐고 잠들어야 했고, 다들 체지방과 근육 손실을 겪기 마련이었다. 하지만 더 장기적으로 볼 때 더 심각하고 생존을 위협하는 기근을 겪을 위험도는 농경인이 훨씬 더 높았다.[6] 수렵채집은 농업보다 생산성이 훨씬 낮고 에너지 수확량도 훨씬 낮지만, 위험은 훨씬 적다. 첫째, 수렵채집인들은 위험한 한계선상에서 계속 돌아다니기보다는 환경이 설정한 자연적 한계 안에서 잘 살아가는 편을 선택했기 때문이다. 둘째, 자급 농부들이 일반적으로 한두 가지 주식 작물에만 의존하는 데 비해 아무리 황량한 환경에서도 수렵채집인들은 수십 가지 상이한 식량 자원에 의존하며 그래서 변하는 여건에 대한 생태 시스템 자체의 변동에 부응하여 식단을 응용할 능력이 대개는 있었다. 일반적으로 복합적 생태계에서는 한 해의 기후가 한 가지 식물 조합에 맞지 않아도 다른 조합의 식물들에는 맞을 가능성이 분명히 있다. 반면 농경 사회에서는, 장기간의 가뭄 등으로 인해 흉년이 들면 그것은 곧 재앙이 되어버린다.

고대의 농업 공동체의 생존을 위협하는 환경적 위험 요소는 결코 기근, 홍수, 때 이른 서리만이 아니었다. 온갖 종류의 해충, 병균 등도 작물과 가축떼를 망칠 수 있었다. 가축 사육에 에너지를 집중하는 사람은 유순한 성격을 선호하여 가축을 고르기 때문에 포식자들에게 쉽게 잡아먹힐 수 있었고, 따라서 끊임없이 감시해야 했다. 또 가축의 안전을 위해 울타리를 지어야 했다. 하지만 밤이 되어 비좁은 울타리 안으로 가축들을 몰아넣다 보니 미처 알지 못하는 사이에 온갖 종류의 새로운 박테리아성, 진균성 질병이 더 빨리 발전하고 확산하게 되었다. 지금까지도 구제역이나 소 흉막폐렴의 발생은 다른 어떤 것보다도 축산 농가 공동체를 공포에 몰아넣는다.

곡물 재배자들이 만날 수 있는 위험의 목록은 이보다 훨씬 더 길다. 목축인들처럼 그들 역시 야생 동물과 부대끼며 살아야 했지만, 그들의 경우 말썽을 일으킬 위험이 있는 생물종은 잡기 쉬운 먹이를 찾아다니는 날카로운 이빨 달린 최상위 포식자 몇 종류보다 더 많다. 지금도 재배자들이 겪는 문제지만, 북부 나미비아의 카방고 같은 지역에서는 해로운 동물의 종류가 도시의 원예농가들을 괴롭히는 진딧물, 새, 토끼, 버섯, 민달팽이, 검정파리 등보다 훨씬 넓다. 그중에는 한 마리의 무게가 1톤을 넘는 종류도 여럿 있는데, 가장 악명 높은 것이 코끼리와 하마다. 그 외에 부지런한 농부가 어떤 방어시설을 설치해 두든 속도와 민첩성과 지능을 발휘하여 그것을 뚫고 침입하는 원숭이, 바분 그리고 굶주린 곤충떼도 있다.

작물을 재배하면서 고대 농부들은 온갖 종류의 병균, 기생충, 해충의 진화를 재촉하는 데 결정적인 영향을 미치기도 했다. 그런 병균들은 자연도태의 원리에 따라 농부들이 환경에 개입할 때마다 그것에 적응하고

한 다리 걸칠 수 있게 되었고, 놀랄 일도 아니지만, 농부들이 어디로 가든 그들 뒤를 바싹 따라갔다. 이런 것들 중에서 가장 선두에 있는 것이 잡초다. 잡초라는 개념은 단순히 잘못된 장소에 자라는 식물이라는 의미인데도, 인간적 관점에서 바람직하지 못한 것으로 간주되어 농부들의 손으로 적극적으로 제거되어 왔다. 수없이 많은 시간 동안 다양한 방법으로 그들에게 독을 뿌리거나 솎아내 온 농부들의 노력에도 불구하고 살아남기 위해 적응하는 능력 덕분에 비상한 복원력을 발휘하는 식물 종류가 많이 있다. 이런 것들 가운데 가장 주목할 만한 것은 중동의 경작 가능한 잡초들이 속한 대가족이다. 이들은 전 세계에 퍼졌고, 자신들에게 적합한 온갖 땅을 찾아내어 매우 빨리 적응했으며, 밀과 보리의 휴면 주기와 밀접하게 병행하는 휴면 주기dormancy cycle를 발전시켰다.

이런 새 병균의 제물은 농부들의 가축과 작물만이 아니었다. 농부들 자신도 제물이 되었다. 특히 그들의 가축은 새로운 종류의 치명적 병균을 조용히 인간에게 옮기는 제5의 숙주가 되었다. 현재, 인수공통성 병균(동물이 옮기는)으로 인한 질병은 인간 질병의 거의 60퍼센트를 차지하며, 모든 신종감염병의 4분의 3에 달한다. 이것은 대략 25억 건의 인류 질병과 매년 270만 건의 사망에 해당한다.[7] 이 중의 일부는 인간 정착지의 어두운 구석에서 왕성하게 번식하는 쥐, 벼룩, 빈대에 의해 옮겨지지만, 거의 대부분은 우리가 육류와 우유, 가죽, 달걀을 얻고 운송, 수렵에 활용하는 가축에게서 오며, 아이러니하게도 해충을 없애기 위해 기르는 고양이도 그중에 들어간다. 그들 중에는 위장병, 탄저병과 결핵 같은 박테리아 병균, 톡소플라즈마증 같은 기생충, 홍역과 인플루엔자 같은 바이러스성 병원균도 포함된다. 오랫동안 천산갑에서 박쥐에 이르는 야생 동물을 식용으로 소비해 온 결과 사스SARS에서 코로나 19Covid-19 같은 수많은 병균이 인간에게 감염되었다. 다만 먼 과거에도 인구가 비교적 적고 넓게 퍼져 살았기 때문에 이런 재앙 때문에 그 숙주가 죽거나 병균에 대한 면역성이 생기면 수그러들곤 했다는 차이는 있다.

이런 미세 병균은 지금은 과거에 비해 수수께끼 같은 현상이 아니다. 또 그중 일부는 어느 정도 통제될 수 있다. 진화 전체를 보면 언제나 일시적인 통제에 그쳤다 해도 그렇다. 하지만 산업 이전의 농경 사회에서 이런 유능하고 눈에 보이지 않는 살인자는 곧 분노한 신이 파견한 죽음의 천사였다. 또 설상가상으로, 산업 이전 농경 사회에서는 식단이 변덕스럽고 한두 가지 작물 위주로 짜였기 때문에, 그들 역시 구조적인 영양 결핍에 자주 시달렸고, 그로 인해 영양이 충분한 사람들이었다면 떨쳐버릴 수 있었을 질병에도 저항하거나 회복하지 못했다.

고대 농부들이 직면한 또 하나의 결정적인 환경적 어려움은 같은 토양에서도 해를 거듭하면 믿을 만한 수확량이 계속 유지되지 않는다는 사실이었다. 홍수가 주기적으로 발생하여 표토층이 계속 바뀌는 범람원의 곡창지대에서 농사짓는 행운아들에게는 이것이 영구적인 문제가 아니었다. 하지만 그렇지 못한 다른 사람들에게 이것은 존속가능성의 여부를 묻는 가혹한 시련이었다. 그들은 그저 사용되지 않은 새 땅으로 이동하는 것으로 이 문제를 풀었는데, 그런 방법으로 인해 유럽, 인도, 동남아시아로 농업이 확산되는 속도가 빨라졌다.

곡물과 콩류를 교대로 기르는 기초적인 윤작 시스템, 혹은 한동안 밭을 비워두는 방법이 고대의 여러 농경 사회에서 채택되었지만, 장기적인 윤작 시스템의 이득이 어디서든 제대로 확립되는 것은 18세기가 되어서였고 그래서 각지의 고대 농부들은 분명 그와 같은 좌절감을 맛보고 절망에 빠졌을 것이다. 기후가 적절했고, 종자 곡식이 충분했으며, 해충이 날뛰지 않았는데도 수확량이 빈약하여 다음해를 나기에 부족했기 때문이었다.

고전 고대 이후 농경 사회가 겪은 수많은 재난을 증언하는 문서 기록은 충분히 있다. 하지만 농경이 시작된 지 첫 6000년 동안 또는 문자가 없는 농경 사회에 대한 기록은 없다. 최근까지 고고학자들은 고대에 주민들이 저절로 몰살하거나 도시, 정착촌, 마을이 폐허가 되었음을 가리키는 증거를 토대로 하여 그와 비슷한 재난이 고대 농경 사회를 괴롭혔을 것이라고 믿었다. 이제 이런 몰살의 명백한 증거가 인간 게놈에서 발견되었다. 예를 들면, 고대와 현대 유럽인의 게놈을 비교한 결과는 기존 인구의 40퍼센트에서 60퍼센트까지를 말살한 재난이 연이어 일어났음을 가리킨다. 그런 사태는 너무나 극적으로 발생했기 때문에, 후손의 유전자적 다양성이 줄어들 정도였다. 이런 유전적 병목 현상은 중부 유럽 전역에서 7500년쯤 전, 또 북서부 유럽에서는 6000년쯤 전에 농경 사회가 팽창한 것과 명백히 시기가 일치한다.[8]

농경 사회가 겪은 재난이 계속 되풀이하여 발생한 것은 척박해진 토양, 질병, 기근, 나중에는 전쟁 때문이었다. 하지만 이것들은 농업의 성장을 잠시 정지시킨 것에 불과했다. 이런 난관이 있었음에도 결국은 농업의 생산성이 수렵채집보다 훨씬 더 높아졌고, 인구는 두어 세대만 지나면 거의 언제나 회복되어, 미래에 붕괴를 야기할 씨를 뿌리고, 희소성에 대한 불안을 키우며, 새로운 공간으로의 확장을 부추겼다.

건축물의 구조가 복잡할수록 그것을 짓고 유지하기 위해 해야 하는 일은 더 많아져야 한다는 엔트로피의 영원한 명령은 인간의 신체에든 사회에든 똑같이 적용된다. 곡식밭을 빵덩이로 변형시키는 데 에너지가 드는 것과 똑같이 진흙을 벽돌로, 벽돌을 건물로 변형시키는 데도 일이 투입된다. 그에 따라 특정 시간대에 특정 사회가 띠는 복잡성 정도는 그들이 획득한 에너지 분량을 측정하는 유용한 척도가 되며, 이 정도의 복잡성을 구축하고 유지하는 데 필요한 작업 분량(문자 그대로 물리적인 의미의)의 척도이기도 하다.

문제는 인간 역사에서 상이한 시간대에 상이한 사회에 의해 획득되고 작업에 투여된 에너지 분량을 알아내기가 어렵다는 점이다. 그것은 그 에너지가 어디서, 어떻게 추출되었고, 얼마나 효율적으로 사용되는지에 따라 달라지기 때문이다. 놀랄 일도 아니지만, 연구자들은 그런 세부 사항에 대해 좀처럼 합의를 이루지 못한다. 따라서 로마인들이 제국 전성기에 행한 에너지 획득률이 산업혁명이 막 시작하는 시점의 유럽 농부들에게도 광범위하게 해당될 수 있는지, 아니면 더 이른 시기 농경 국가의 전형적 상태와 더 비슷한지에 관해서는 논란이 많다.[9] 하지만 그들은 인류 역사가 이미 사용되고 있던 에너지원에 새것이 추가될 때 획득된 에너지 분량의 순차적인 급증 현상들로 기록된다는 주장을 부인하지 않는다. 또 1인 기준으로 선진 산업국가에 살고 있는 우리가 소규모 수렵채집 사회에 살던 사람들에 비해 50배 정도, 또 대부분의 전산업사회에서 사는 사람들에 비해 열 배 더 큰 에너지 흔적을 남긴다는 주장도 부인하지 않는다. 처음 불의 사용법을 익힌 뒤, 에너지 획득률을 극적으로 증폭시킨 처리법이 두 가지 있다는 데는 대체로 합의가 이루어져 있다. 더 최근의 것은 산업혁명과 결부된 화석 연료의 집중적 이용이었다. 그러나 일을 기준으로 할 때 가장 중요한 에너지 혁명은 농업이었다.

미국의 성인들은 매일 평균 3600킬로칼로리의 식품을 소비한다.[10] 그 식품 형태는 주로 정제된 전분, 단백질, 지방, 설탕이다. 이것은 건강하게 지내는 데 필요한 1일 권장량 2000에서 2500킬로칼로리보다 상당히 많은 양이다. 실제로 몸에 좋은 정도보다 더 많은 음식을 먹는 경향이 있기는 하지만, 식품에서 얻는 에너지는 이제 우리가 획득하여 일에 투입하는 전체 에너지의 극히 일부분에 불과하다. 하지만 식품 생산이 남긴 에너지의 발자국은 또 다른 문제다.

식물이 성장하려면 이산화탄소가 필요하며 토양에는 탄소를 분리할 능력이 있기 때문에, 농업은 이론적으로 기후중립적일 수 있고, 또 그것이 방출하는 것보다 더 많은 이산화탄소를 격리할 잠재력이 있다. 대신에 식량을 기르는 과정은 엄청난 에너지 발자국을 남긴다. 삼림의 체계적 벌채와 초원을 경작가능한 땅으로 전환시키는 일을 계산에 넣는다면, 현재 농업이 배출하는 온실가스는 전체 배출량의 3분의 1이다. 나머지 3분의 2는 제조업과 비료의 부패, 농업이라는 기계와 식량 제품을 처리하고 저장하고 수송하는 데 필요한 기간 시설을 제작하고 운영하는 데 필요한 전력, 부풀어오른 가축 내장에서 배출된 수억 톤의 메테인에서 나온다.

우리가 쓰는 에너지 대부분을 화석 연료의 연소로 얻는 현대의 산업화 사회에서, 탄소가 남긴 발자국은 에너지 획득량을 나타내는 대략적인 대체 지표다. 그것이 대략적인 까닭은 우리가 사용하는 에너지 가운데 바람 등의 '재생가능한' 자원에서 얻어지는 에너지 비율이 많지는 않아도 그래도 점점 늘어나고 있으며, 에너지 획득의 효율성이 훨씬 더 높아지며, 열 발생으로 인한 에너지 손실율을 낮추는 데도 훨씬 더 능숙해지고 있기 때문이다. 이는 거의 모든 경우에 1파운드(약 0.4킬로그램)의 석탄으로 유용한 일을 과거보다 훨씬 더 많이 한다는 뜻이다.

인간이 불을 다룰 수 있게 된 때부터 농업을 처음 조심스럽게 실험했을 때까지의 50만 년이 넘는 시간 동안, 획득된 에너지의 분량과 우리 선조들이 사용한 에너지 총량은 크게 변하지 않았다. 리처드 리가 1961년에 함께 일한 수렵채집인들과 분더버크 동굴에서 몸을 쬐던 고대 인간들의 에너지 획득률은 별로 다르지 않았다. 모든 수렵채집인들의 에너지 획득률이 똑같다거나, 모두가 동일한 분량의 일을 했다는 말은 아니다. 그 차이는 그들이 사는 장소와 음식 중 육류가 차지하는 비율의 차이 때문에 생겼다. 가령 3만 5000년 전 숭기르에서 상아를 조각하는 수렵채집인들이 한 해 동안 얻은 에너지 총량은 지난 10만 년 동안 언제든 어느 종족이든 온난한 기후에서 살던 수렵채집인들의 것보다 더 많았다. 그들은 겨울의 폭풍을 견뎌내기 위해 더 견고한 숙소를 지어야 했고, 두꺼운 의복과 신발을 만들어야 했으며, 더 많은 연료를 태워야 했고, 그저 체온을 유지하기 위해서 에너지가 더 풍부한 식량을 먹어야 했다. 이는 만약 남부와 동부 아프리카의 채집인들이 식량을 얻기 위해 매일 2000킬로칼로리를, 비식량 에너지(창 같은 도구나 타조알껍질 장신구를 만드는 데 필요한 자원이나 연료의 형태로)를 위해 1000킬로칼로리를 더 얻는다면, 추운 북쪽 지방에 사는 수렵채집인들은 아마 한겨울의 추위를 견뎌내기 위해 아마 그 두 배 정도의 에너지를 얻어야 했으리라는 뜻이다.

오늘날 인간의 소비를 위해 생산된 식량의 분량은 어마어마하게 많지만, 일상적으로 소비하는 상이한 식물과 동물의 종류는 그렇게 많지 않다. 세계의 거의 모든 도시에서 이제는 모든 대륙의 수많은 나라를 원산지로 하는 요리를 먹을 수 있지만, 최상류층이라 해도 현대 도시의 근교보다도 별로 넓지 않은 영역에 사는 수렵채집인 식단의 다양성을 따라가기 힘들 것이다. 지구 전체에서 경작되는 땅의 대다수는 한정된 숫자의 고에너지 배출 작물을 기르는 용도로 쓰인다. 지금은 그 땅의 거의 3분의 2가 곡물(주로 밀, 옥수수, 쌀, 보리)을 기르는 데 사용된다. 그 다음으로 큰 부분이 카놀라와 팜 같이 요리, 화장품, 기타 용도로 쓰는 기름 작물 생산에 할애되며, 경작지 전체의 대략 10분의 1을 차지한다. 나머지 30퍼센트 정도의 경작지는 콩류pulse, 사탕수수, 뿌리식물, 덩이뿌리, 열매, 채소, 허브, 향신료, 차, 커피, 목화 같은 비식품 작물, 코카 잎사귀와 담배 같은 중독성 식물의 재배지가 조각보처럼 모여 있다. 경작지의 큰 부분이 소출량이 많은 곡물의 경작에 할애되는 이유 가운데 일부는 그 곡물들이 탄수화물이 풍부하여 적은 비용으로 높은 칼로리를 제공한다는 것 외에도 가축을 살찌워 도축가능한 체중에 최대한 빨리 도달하게 만들거나 엄청난 분량의 우유, 육류, 달걀을 생산하게 만드는 데 필요하다는 것도 있다. 전체 농토의 대략 75퍼센트가 그런 작물을 경작한다.

인류가 역사적으로 식량으로 삼기 위해 수확했던 수천 종의 식물 하나하나는 이론적으로는 충분한 시간과 에너지가 있거나 게놈 조작 테크놀로지를 이용할 수 있는 한 재배가능하다. 세계의 초목원과 식물원에서 식물학자들은 가장 변덕스럽고 민감한 식물도 성공적으로 길러내는 데 필요한 환경을 모방하며, 아마추어 정원사들도 여러 상이한 환경에서 크게 걱정하지 않고도 관목들 속에 심어둘 만큼 튼튼한 새 재배품종을 신속하게 개발한다. 그런 식물종 가운데 마음 놓고 대규모로 기르고 수확할 수 있는 경로를 더 단순하게 개발할 수 있는 것들이 훨씬 더 재배하기 쉽다. 또 몇몇 종은 애당초 제대로 길러내는 데 필요한 것 이상으로 많은 에너지를 발생시키기 때문에 재배하는 편이 훨씬 더 경제적이다. 재배의 경제학economics of domestication은 예상되는 에너지 필요량에 따라 구성되고 있지만, 그에 못지않게 허황되고 변덕스러운 음식 유행 및 번식시키는 데 엄청난 비용이 드는 트러플 같은 이국적인 재료에 기꺼이 엄청난 돈을 쓰는 특권층의 존재에 의해 구성되는 점도 있다. 역사적으로 재배의 경제학은 거의 전적으로 에너지 수익energy returns에 따라 결정되었다.

생물학자들에게 재배는 종이 다른 유기체들 간의 상호작용이 양쪽 모두에게 이익이 될 때 발생하는 공생 형태인 상호주의mutualism의 여러 사례 가운데 하나일 뿐이다. 모든 복합적 생태계는 상호주의적 관계에 있는 네트워크들의 교차에 의해 유지되며, 그런 네트워크는 극도로 미세한 박테리아에서 나무나 대형 포유류 같은 큰 유기체에 이르기까지 상상할 수 있는 온갖 수준에서 발생한다. 상호주의적 관계 모두가 이런저런 종들의 생존에 꼭 필요한 것은 아니지만 그중의 많은 수가 상호의존 관계를 기초로 한다. 가장 명백한 예를 몇 가지 들자면, 식물과 벌, 파리와 그것이 오염시키는 생물들, 해오라기나 소등쪼기새 같이 버팔로에 기생하는 진드기를 옮기는 동물들과 버팔로의 관계, 동물들이 자기 열매를 먹고 배설물을 통해 씨앗을 퍼뜨리게 하는 나무들의 관계 같은 것들이다. 그것처럼 금방 알아보기 쉽지는 않지만 내장에 서식하면서 인간에게 도움이 되는, 예를 들면 섬유질의 소화를 도와주는 박테리아 종류와 인간의 관계도 그런 예다.

물론 농부와 밀의 관계는 다른 상호주의적 관계에 비해 여러 모로 훨씬 중요하다. 재배된 밀이 번식하려면 먼저 농부가 씨앗을 가두고 있는 섬유질이 많은 포장재라 할 엽축rachis*에서 씨앗을 떨어내야 한다. 유전적으로 무관하고 서로 다른 생물종들의 구체적인 개입이나 관심에 의존하여 생명 주기의 중요한 지점을 넘어서는 데 도움을 받는 밀 같은 종류는 몇 안 된다. 그러나 아무리 드물더라도 재배는 대개의 경우 특별히 크게 성공한 형태의 상호주의다. 균류 농사를 짓는 흰개미처럼 식량을 재배하는 소수의 다른 생물종들의 성공이 그 증거다.

애나톨리아의 야생밀과 보리와 동아시아의 토종 수수처럼 몇몇 식물종은 재배를 거의 자청한 것이나 다름없다. 오늘날 우리 식단의 기초를 형성하며 수천 년 전에 재배되기 시작한 이런 작물들처럼 대부분의 기초 작물들의 특징은 그것들이 이미 소출량이 많고 자가수분을 하기 때문에 상대적으로 그리 많은 세대를 거치지 않고도 재배종의 특징이라 할 변이를 이루어냈다는 점이다. 가령 밀의 경우, 부서지기 쉬운 엽축으로의 변이는 더 큰 씨앗을 생산하는 변이와 함께 야생밀의 거의 모든 줄기에서 이미 자주 나타나는 변이인 단일한 유전자에 의해 통제되었다.

마찬가지로 중요한 사실인데, 일부 고대 환경은 다른 환경들에 비해 식물 재배에 더 적합한 온상이 되어주었다. 우리가 지금 주식으로 삼는 식물의 대다수가 구세계의 북위 20도에서 35도 사이에서, 아메리카 대륙의 남위 15도와 북위 20도 지역에서 발원한 것은 우연이 아니다. 그

● 복엽 식물에서 소엽이 붙는 가운데 잎의 줄기를 말한다. 단엽 식물에서는 주맥에 해당된다.

런 지역들은 모두 날씨가 온난했고, 계절적으로 명확한 강우 패턴이 있었으며, 다년생 식물과 마찬가지로 일년생 식물을 키우기에도 알맞았다. 또 농업의 확산이 적어도 처음에는 광범위한 이 위도 지역 내에서 이루어진 것도 우연이 아니다.

수확량이 많고 풍부한 에너지를 가진 토종 곡물이 없던 여러 재배 중심지에서는 거주민들이 대도시나 중앙집권적 국가를 건설하고 유지하는 데 필요한 잉여 에너지를 비축하기가 힘들었다. 비교적 소출량이 적은 작물을 재배했으며, 농경인의 에너지 획득률이 수렵채집인들의 획득률을 별로 많이 능가하지 못했던 오세아니아, 남북 아메리카, 동아시아의 '원시농경horticulturalist cultures' 문화에서 농업이 초보 단계를 거의 벗어나지 못했고, 구성원들은 상대적으로 소규모의 분산된 집단 형태로 이동성 생활을 계속한 이유 가운데 하나가 그것이다. 그들은 또 일차적으로든 전적으로든 농업에 의존하는 사회의 주민들보다 일반적으로 자유 시간을 훨씬 더 많이 누렸다. 쿡 선장의 대항해원정에 참여한 유럽 선원들이 멜라네시아 섬들을 그곳 주민들이 나무에서 열매를 따거나 바다에서 물고기를 건져오는 것 이상의 일을 별로 하지 않아도 되는 낙원처럼 여긴 것도 이 때문이었다.

길들여진 재배품종이 중동 지역의 곡물 생산자들이나 동아시아의 수수와 쌀 농부에 비견될 만한 수확을 거두기까지 인위적 선택 과정이 수천 세대에 걸쳐 힘들고 느리게 진행되어야 했던 경우도 있었다. 9000년쯤 전, 돼지옥수수teosinte의 게놈에서 발생한 비교적 흔한 변이 다섯 번을 거친 결과로 원시적 형태의 옥수수가 만들어졌지만, 그보다 7000년 전에 지중해 지역에서 번성했던 것과 비슷한 규모의 인구와 도시를 먹

레반트 지역의 고대 농경지 지도

여 살리기에 충분한 정도의 옥수수가 생산되기까지는 거의 8000년이 걸렸던 것이 그런 예다.

그런 최고의 소출량과 최고 생산성을 자랑하며 에너지가 풍부한 작물을 기르는 농경 사회가 인류 역사의 궤적을 그렸다면, 왜 이런 사회에서의 삶이 수렵채집인들이 누리던 것보다 훨씬 더 힘들어졌을까? 계몽주의 시대의 개척자적 경제학자 가운데 가장 영향력이 컸으며, 애덤 스미스와 데이비드 리카도David Ricardo처럼 17세기의 영국에서 식량 생산이 발전했음에도 빈곤이 지속되었는지 이해하려고 애쓰던 토머스 로버트 맬서스Thomas Robert Malthus 목사의 마음을 사로잡았던 것은 바로 그 질문이었다.

토머스 로버트 맬서스는 합지증syndactyly으로 고생했다. 이것은 우선 손가락과 발가락이 한데 뭉쳐 있는 모습으로 나타나는 유전적 질병인데, 그 때문에 1805년부터 그가 역사와 정치경제학을 가르치던 동인도회사 칼리지의 학생들은 그에게 '물갈퀴 발가락web-toe'이라는 별명을 붙였다. 그러나 더 심한 문제가 곧 닥치게 된다. 1834년에 그가 세상을 떠난 후 몇십 년도 지나기 전에 인구 과잉 현상이 사회 붕괴로 이어질 것이라고 주장한 그의 대표 저서였던 〈인구 원리에 관한 논문An Essay on the Principle of Population〉은 묵시록적 히스테리로 가득 찬 책으로 취급받아 수없이 조롱당하고 그의 이름마저도 근거 없는 염세주의와 동의어가 되어버린다.

역사는 맬서스에게 불친절했다. 그는 흔히들 생각하는 것처럼 무조건 염세주의자가 아니었다. 설사 그가 세운 가장 유명한 논지에서 세부적으로는 틀린 점이 많았다 하더라도 그 배후에 있는 단순한 원리는 옳았다. 그뿐 아니라 생산성과 인구의 관계에 대한 그의 논지는 농업으로의 전환이 희소성과 인간종의 관계를 어떻게 개조했는지, 그럼으로써 '경제 문제economic problem'를 야기했는지에 대한 설득력 있는 통찰을 제시한다.

맬서스가 해결하고자 했던 중심 문제는 단순했다. 농업 생산성이 수백 년 동안 계속 증가해 왔는데 왜 대부분의 사람은 아직도 힘들게 일하는데도 가난하게 사는가? 그는 이것을 의아하게 생각했다. 이에 대해 그는 두 가지 답을 제시했다. 첫째는 신학적인 대답이었다. 맬서스는 악은 절망이 아니라 행동을 창출하기 위해 세상에 존재한다고 믿었다. 이는 신의 백성들이 게으르게 살아도 될 정도로 번영을 누리는 일이 절대 없도록 하는 것이 신의 계획의 일부라는 뜻이었다.

두 번째는 인구학적 대답이었다. 맬서스는 농업 산출량은 산술적으로

만 증가하더라도 인구는 그의 계산에(틀린 계산법) 따르면 25년마다 두 배가 되는 경향이 있으며, 기하학적으로 혹은 기하급수적으로 증가한다고 보았다. 그는 이런 불균형으로 인해 농업생산성이 개선되어 전체 식량 공급이 늘어나지만 농부들은 그럴 때마다 언제나 먹을 입을 늘리곤 한다고 믿었다. 그래서 1인당 잉여분은 곧 사라진다. 그는 기를 수 있는 식량의 총량을 궁극적으로 제어하는 것이 땅이라고 보았으며, 농업에서는 추가된 노동의 한계 효용이 급속히 줄어든다고 지적했다. 한 명이 수월하게 관리할 수 있는 밭을 열 명이 관리한다고 해서 그 밭의 생산성이 더 높아지지는 않기 때문이다. 오히려 그 밭의 소출을 거기서 일한 사람들에게 분배해야 하기 때문에 결과물은 더 적어진다. 맬서스는 인구와 생산성의 관계가 궁극적으로는 자동제어된다는 입장이었다. 인구 증가가 생산성을 따라잡을 때마다 기근이나 또 다른 형태의 재난이 곧 인구를 줄여 관리가능한 수준으로 되돌린다는 것이다. 맬서스는 자신의 계산법에 따르면 당시 산업혁명 덕분에 어마어마한 인구 폭발을 겪고 있던 영국이 곧 심각하게 교정을 받을 것이라고 주장했다.

맬서스의 평판이 나빠진 것은 그가 곧 닥칠 것이라고 주장했던 재난이 발생하지 않았다고 해서가 아니다. 또 그의 경고를 파시스트들이 지지하여 인종 말살과 유전학에 대한 자신들의 열정을 정당화하는 데 사용했기 때문만도 아니다. 그것은 당대의 렌즈를 통해 보았을 때 그의 주장이 정치 스펙트럼 전역의 사람들을 불쾌하게 만드는 놀라운 일을 했기 때문이기도 하다. 성장에는 명백한 한계가 있다는 맬서스의 주장은 규제 없는 자유 시장과 영구 성장을 지지한 사람들을 언짢게 했고, 지속가능성에 대해 우려하던 사람들에게는 우호적으로 받아들여졌다. 그러나 불평등과 고난이 신의 신성한 계획의 일부이기 때문에 대다수의 사람들은 언제나 빈곤할 것이라는 그의 주장은 몇몇 종교적 보수주의자들을 기쁘게 했지만 세속적 좌파에 속하는 많은 사람들을 크게 분노하게 만들었다.

맬서스가 화석 연료의 시대에는 전 세계 인구 증가의 밀물과 보조를 맞출 수 있을 정도로 식량 생산이 증가할 수 있다는 점을 크게 과소평가했다는 점에 대해 누구도 반박하지 않는다. 또 그는 자신의 논문이 발표된 직후부터 산업 사회의 출생률이 보인 꾸준한 하락 추세를 예견하지도 못했다. 그럼에도 불구하고 생산성의 개선이 어떤 이득을 가져오든 모두 인구 증가에 집어삼켜질 것이라는 그의 관찰은 역사적으로는 인간에 의한 식량 생산이 시작되고 잉여가 발생할 때부터 산업혁명에 이르는 인류 역사의 기간에 대해서는 정확했다. 또 왜 경제적 생산성이 가장 높은 사회들이 그렇지 못한 사회들을 제물로 삼아 팽창하는 경향이 있는지를 설명하는 데도 도움을 주었다.

맬서스의 유산 가운데 두 부분은 살아남았다. 첫째, 인구가 늘어난 탓으로 한 사회의 농업이나 경제적 산출이 소모되어 없어질 때 이것을 맬서스의 덫이라고 설명하는 것이 요즘의 관행이다. 세계 역사를 '실제 소득real income'이라는 둔감한 측정기준으로 환원시키기 좋아하는 경제사가들은 산업혁명 이전에 의심 없이 살던 사회들이 맬서스의 덫에 걸렸다는 훌륭한 증거들을 전 세계에서 충분히 찾아냈다. 또 지능적인 새 테크놀로지를 채택한 덕분에 농업 생산성이 높아져 운 좋게 한두 세대가 잘살게 된 경우에도 인구 증가는 항상 그들을 신속하게 더 비참한 최저 수준으로 도로 끌어내렸다. 그들은 또 질병이나 전쟁의 결과로 인구가 갑작스럽게 줄어드는 반대 효과에도 주목했다. 가령 14세기 중반 유럽에 만연했던 흑사병으로 엄청난 사망자가 발생한 최초의 충격이 잦아들고 나면 그 뒤 두어 세대 동안은 평균적인 물질적 생활 수준과 실제 임금이 상당히 개선되며, 그런 다음 인구는 회복되고 생활 수준은 역사적 평균치로 후퇴했다.

둘째, 그는 농경 사회 사람들이 그토록 힘들게 일해야 했던 주된 이유 가운데 하나를 지목했다. 맬서스는 농부가 그처럼 열정적으로 자식을 낳는 이유가 통제되지 않은 날것 그대로의 욕망 때문이라고 믿었다. 하지만 더 중요한 또 하나의 이유가 있다. 농부들은 한 해 동안 그들이 얼마나 열심히 일하는지와 얼마나 잘 먹는지 사이의 상응 관계를 너무나 잘 알고 있다. 제대로 수확을 하고 가축을 확실하게 건강하게 기르는 일을 통제불가능한 영역으로 몰아내는 가뭄, 홍수, 질병 같은 변수가 많이 있지만, 통제할 수 있는 변수도 많다. 생존을 위협할 정도로 큰 위험의 영향을 그들이 제어하기 위해 할 수 있는 일도 있는데, 모두 일과 관련된 것들이다. 문제는 여분의 노동력을 거의 얻기 힘들기 때문에 대부분의 농부들은 오로지 자식을 더 낳는 것으로 문제를 해결하려 한다. 하지만 그런 방식으로는 맬서스의 덫에 걸리게 된다. 그들이 낳은 새 노동력은 모두가 먹여 살려야 하는 입일 뿐만 아니라, 어느 지점이 지나면 1인당 식량 소출이 눈에 띄게 저하된다.

이 때문에 농부들에게는 선택의 여지가 거의 없었다. 굶주리거나, 이웃의 땅을 얻거나, 새 땅을 개간하거나. 아시아, 유럽, 아프리카 전역에서 급속히 확산된 농업의 역사를 보면 많은 사람들이 마지막 선택지를 골랐다.

비어 고든 차일드가 아직 에든버러와 런던에 있었을 때, 거의 모든 고고학자들은 농업이 확산된 이유가 잘 먹고 사는 농부 이웃들을 찬양하던 수렵채집인들이 열성적으로 농업을 받아들였기 때문이라고 확신했다. 어쨌든 진화 선조들이 지금 우리처럼 새로운 것에 흥분했음을 보여주는 증거는 많이 있었으니까. 또 좋은 발상은(가끔은 나쁜 발상) 상대적으로 고립된 집단에서 다음 집단으로 놀랄 만큼 빠르게 전달된다. 일례로, 암석을 쪼개어 돌칼과 송곳으로 만드는 새 기술의 흔적이 여러 다른 장소의 구조물에서 거의 동시에 한꺼번에 나타나는 이유도 거의 틀림없이 이런 종류의 확산 때문이었다. 농업은 아메리카의 일부 지역에서는 분명히 이런 방식으로 전파되었다.

최근까지 농업이 이런 식으로 전파되지 않았을지도 모른다고 의심할 유일한 이유는 콩고의 음부티족과 탄자니아의 하드자족 같은 소규모 수렵채집인들이 수천 년 동안 농경 사회와 접촉하면서도 수렵과 채집을 계속해 왔다는 몇 안 되는 사례뿐이어서였다. 까마득한 과거에 관한 여러 다른 수수께끼들이 그랬듯이, 농업 확산에 대한 새로운 통찰을 가져다준 것은 고생물 유전학자palaeogeneticist들이 자유롭게 풀어준 기존의 알고리즘이었다. 또 고고학적 데이터와 구전 역사를 함께 고려할 때, 거의 모든 사례에서 그런 사례는 맬서스의 덫을 피한 농업인이 점점 더 많아지면서 기존의 수렵채집인들을 몰아내고displacement 땅을 빼앗고replacement,

심지어는 인종말살까지 행한 이야기를 전해준다.

유럽 초기 농부들의 뼈에서 추출한 DNA를[11] 유럽의 고대 수렵채집인의 뼈에서 추출한 DNA와 비교하면 유럽에서의 농업 확산은 새 땅으로 이동하는 농경인을 통해 이루어졌으며, 그 과정에서 기존의 수렵채집인들을 동화시킨 것이 아니라 다른 곳으로 몰아내고 결국은 그들 자리를 대신 차지했음을 알 수 있다.[12] 또 8000년쯤 전에는 농민 집단이 계속 확대되면서 중동지역을 넘어 사이프러스와 에게해의 섬들을 거쳐 유럽 본토로 퍼졌을 것으로 짐작된다. 이와 비슷한 과정이 동남아시아에서도 벌어졌다. 그런 자료는 쌀농사 집단이 5000년 쯤 전에 양쯔강 유역에서 끊임없이 팽창하여 나중에는 동남아시아를 예속시키고 3000년쯤 뒤에는 말레이반도에 도달했다는 것도 알려준다.[13] 그리고 아프리카에서는 동아프리카에서 중부와 남부 아프리카 전역에서 지난 2000년 동안 거의 모든 토착 수렵채집인들이 차례차례 땅을 빼앗겼다는 거의 확실한 증거를 게놈에서 찾을 수 있다. 이런 사태는 아프리카의 넓은 지역에서 농업혁명이 자체적으로 일어나고 농경인들이 팽창하여 여러 문명과 왕국, 제국들을 차례로 건설한 이후에 일어났다.

나투프인들이 농업을 실험하기 시작했을 때, 전 세계 인구는 대략 400만 명 정도였을 것이다. 1만 2000년 뒤, 산업혁명에서 화석 연료를 쓰는 첫 공장의 초석이 놓였을 때 세계 인구는 7억 8200만으로 늘었다. 1만 2000년 전에는 아무도 농사를 짓지 않았지만, 18세기 무렵에는 세계의 전체 인구 가운데 수렵채집에 의존하는 비율은 눈여겨볼 만한 수준이 아니었다.

　시골의 에너지를 빨아들이며 등장한 몇 안 되는 대도시에서 사는 행운아들, 또는 고되게 일하는 농노 위에서 군림하는 극소수의 인구를 제하면, 삶은 대개 투쟁이었다. 예상 수명이 줄어드는 데도 인구는 급속히 늘었다.

　다르게 표현하자면 자급 농업 사회에게 '경제 문제'와 희소성은 흔히 생사가 걸린 문제다. 그리고 누가 봐도 유일한 해결책은 더 열심히 일하고 새 땅을 개척하는 것뿐이다.

　그렇다면, 지금은 거의 아무도 자신이 먹을 식량을 직접 생산하지 않는다는 사실에도 불구하고, 이 시기에 등장한 경제적 제도와 규범들 및 희소성을 신성시하는 태도가 지금까지도 경제생활을 운영하는 방식의 토대를 이루고 있다는 것도 예상가능하다.

9장

시간은
돈이다

벤저민 프랭클린―천둥번개 속에서 대담하게 연을 날렸던, 미국의 건국 선조이며 이중초점렌즈와 프랭클린 난로와 도뇨관의 발명가―은 일에 대해 모순적인 시각을 갖고 있었다. 한편으로 그는 자신이 세계 최고로 게으른 자라고 한탄했고, 자신이 발명한 것들은 그저 장래의 노력을 모면하려고 고안한 노동절약도구에 불과하다고 빈정댔다. 150년 뒤의 존 메이너드 케인스처럼 그는 또 인간의 창의력 덕분에 미래 세대는 힘들게 노동해야 하는 삶을 겪지 않아도 될 것이라고 믿었다.

"모든 남녀가 매일 네 시간씩 뭔가 유용한 일을 한다면 노동은 삶에 필요한 모든 물자와 위안거리를 조달하기에 충분할 만큼 생산하게 될 것이다." 그는 이렇게 열정적으로 선전했다.[1]

또 한편으로 그는 치열하게 청교도적인 분위기에서 성장했으므로 게으름은 "모든 미덕을 집어삼키는 죽음의 바다"라고 여겼다.[2] 모든 인간은 선천적으로 죄인이며, 구원은 신의 은총을 통해 힘들게 일하며 검약한 자들에게만 주어진다고 믿었다. 결과적으로 그는 깨어 있는 시간을 전부 '삶의 필수품과 위안거리'를 조달하는 데 쓰지 않아도 될 만큼 운이 좋은 자는 나머지 시간을 반드시 다른 유용하고 생산적이고 목적에 맞는 일을 하는 데 써야 한다고 보았다.

프랭클린은 의로움의 길을 걷는 데 도움이 되도록 매일 자신의 처신을 점검할 열세 가지 '미덕'의 목록을 항상 갖고 다녔다. 이 중 가장 신성한 것은 '근면성'이었고, 그것을 그는 '시간을 허비하지 않고, 항상 유용한 일을 수행한다'는 뜻이라고 설명했다.[3] 그는 또 매일 아침 5시에 일어나서 그날의 '결심'을 작성하는 것으로 시작되는 엄격한 일정을 준수했다. 결심을 작성한 다음에는 일, 식사, 잡무 등에 시간이 할당되었고, 하루가 끝날 무렵 매일 밤 10시에 유쾌한 '기분전환'을 약간 즐겼으며, 잠시 그날 행한 일을 돌이켜보며, 잠자리에 들기 전에 신에게 감사 인사를 올린다.

1848년에 프랭클린은 마흔두 살밖에 안 되었지만 시간과 에너지의 많은 부분을 지갑을 두둑히 하기보다는 영혼을 만족시키는 종류의 일에 바칠 여유가 있을 정도로 성공했다. 그가 하는 일은 정치, 기구 만들기, 과학 연구, 친구들에게 주는 자발적인 조언 등이었다. 그가 20년 전에 구입한 언론사 〈펜실베이니아 가제트Pennsylvania Gazette〉의 구독료를 통해 얻는 꾸준한 수입과 노예 두 명(프랭클린은 생애 후반에 노예폐지론자들의 대의를 열정적으로 수용하여 결국 이들에게 자유를 주었다)이 일상 업무를 관리해 주기 때문에 이런 생활이 가능했다. 그 해에 그는 시간을 내어 사업을 처음 시작하는 젊은 사업가에게 편지를 써서 몇 가지 조언을 제공했다.

"시간이 돈이라는 사실을 명심하게." 프랭클린은 젊은 사업가에게 돈이 시간이 흐르면서 대출 이자 형태로든 부가가치라는 형태로든 성장하는 유기적인 힘에 대해 상기시키면서 말했다. "돈이 돈을 낳고, 그 후손은 더 많은 돈을 낳지. 그렇지만 암퇘지를 죽이면 그것이 줄 수 있었을 1000대 후손까지 모두 죽이는 게 된다네."

현재 "시간이 돈이다"라는 구절의 지작권은 흔히 미국 재무성이 발행하는 100달러 지폐에 그 얼굴이 찍혀 있는 프랭클린의 것으로 알려져 있다. 하지만 그것은 프랭클린의 유명한 편지보다 훨씬 더 존경받을 만한 출처에서 나왔다. 크로아티아*의 상인인 베네데토 코트룰리Benedetto Cotrugli가 출간한 학술서 『상술과 완벽한 상인에 대하여Della Mercatura et del Mercante Perfetto』라는 책이 그 구절이 쓰인 가장 오래된 기록이다. 그는 복식부기 원리에 대해 상세히 설명한 최초의 인물이기도 했다. 하지만 이 자명해 보이는 발상 뒤에 있는 감성은 아주 오래된 것으로, 일에 대한 우리 시대의 태도가 그렇듯 그 연원은 농업에 있었다.

시간, 노력, 보상의 상응관계는 수렵채집인들에게나 창고에서 최저임금을 받으며 상자를 포장하는 노동자에게나 똑같이 직관적으로 와닿는다. 땔나무와 야생 열매를 모으거나 호저를 사냥하는 데는 시간과 노력이 필요하다. 또 사냥꾼들은 흔히 추적 활동에서 기쁨을 느끼지만, 수렵채집인들은 현대인들이 슈퍼마켓의 통로를 지나가면서 느끼는 만족감 이상의 정신적 보상을 얻지 못할 때가 많다. 하지만 수렵채집인들이 일

• 과거 라구사 공화국으로 현재의 두브로브니크.

3부 | 끝없는 노역

에서 얻는 즉각적 보상과 패스트푸드 햄버거를 조리하는 주방장이나 주식 거래를 하는 주식중개인이 얻는 보상은 두 가지 면에서 결정적으로 다르다. 첫 번째는 수렵채집인들이 식사를 하고 다른 사람들도 먹게 하는 즐거움이라는 형태로 노동의 보상을 즉각 누리는 반면, 창고 포장 노동자는 나중에 쓸모 있거나 빚을 갚을 어떤 것으로 교환될 수 있는 토큰 형태로 된 미래 보상의 약속만 확보한다는 것이다. 두 번째 차이는 수렵채집인들에게는 식량이 항상 충분하지는 않았지만 시간은 언제나 넉넉했으므로 그 가치가 희소성이라는 세분화된 전문용어로 설명된 적은 한번도 없다. 다른 식으로 표현하자면, 수렵채집인들에게 시간은 소모되고, 예산으로 짜고, 획득되거나 저축될 수 있는 어떤 것일 수 없다. 기회를 날리거나 에너지를 허비할 수는 있겠지만 시간 그 자체는 허비되는 성질의 것이 아니다.

영국의 최고 상징이라 할 신석기 시대의 기념물인 스톤헨지에 서 있는 수수께끼 같은 암석 서클은 그 많은 부분이 고고학적으로는 여전히 풀리지 않은 퍼즐이다. 그들은 지금도 대략 5100년 전부터 1000년이 넘는 기간 동안 브리튼인들이 왜 최대 30톤에 달하는 거대한 암석덩이 아흔 개를 끌고 오는 것이―스톤헨지에서 160킬로미터 떨어진 웨일스 지역의 프레슬리 힐스 채석장에서 30킬로미터 떨어진 월트셔까지 이른다―좋겠다고 판단했는지, 또 어떻게 그 일을 해냈는지에 대해 논쟁하고 있다. 그들은 여전히 이런 고대 건설자들이 무거운 수평 석판을 어떻게 기초석 위에 세울 수 있었는지도 확실히 알지 못한다.

그래도 확실한 것은 이것 그리고 기원전 4000년대 동안 프랑스, 코르시카, 아일랜드, 몰타에 등장한 또 다른 여러 개의 거대한 기념물을 건설한 사람들이 수천 년 동안 서서히 높아지고 있던 농업 생산성의 수혜자였고, 그렇기 때문에 한 번에 몇 달씩 밭에서 손을 떼고 많은 시간과 에너지를 투입하여 거대한 암석을 산과 계곡으로 끌어올리고, 그것들을 조합하여 기념물 구조물로 짜맞추는 일을 하기에 충분한 엄청난 양의 잉여를 안정적으로 생산할 수 있었던 최초의 농부들이었다는 점이다.

또 확실한 것은 스톤헨지가 거대한—해상도는 낮은—달력이라는 사실이다. 그것은 계절이 시작되고 끝나는 것을 기록하고, 하지와 동지를 표시하기 위해 특별히 만들어진 달력이었다. 스톤헨지와 또 다른 신석기 시대의 거대한 구조물들이 가진 공통점이 이것이다. 하지만 농경 사회가 지은 기념물에서 계절의 흐름이 그처럼 공통적인 라이트모티프였다는 것은 의외의 일이 아니다. 농업에서는 무엇보다도 때를 맞추는 것이 전부다. 기후 통제가 가능한 비닐하우스 농업이 등장할 때까지 모든 농부는 계절의 자비에 목숨을 내맡겼으며, 작물과 가축과 태양 주위를 도는 지구의 정규적인 운행에 의해 결정되는 달력의 인질이었다. 지금도 상당수가 그렇다. 1년생 작물에 의존하는 경작자들에게는 시간의 창문이 잠시 열리듯 흙을 준비하고, 비료를 넣고 파종하고, 물 주고, 제초하고, 해충을 없애고, 가지치기하고, 수확하는 특정한 시기들이 있다. 그런 다음에는 수확물을 운반하고 처리한 다음 저장하고 보관하고, 썩기 전에 시장에 내다 팔 시기인 특정한 시간 창문들이 있다. 육류 생산이 산업화함으로써 사정이 좀 달라졌지만, 지난 세기의 후반부까지는 축산 농부들에게도 계절은 이와 비슷하게 융통성 없는 주인이었다. 그들은 일하는 삶을 가축의 번식과 성장 사이클에 맞추어야 했고, 그것은 다시 가축을 먹여살리는 환경의 사이클에 맞춰야 했다.

전통적 농업 사회에서 1년짜리 달력에는 시급한 작업이 줄어드는 기간이 있다. 일에 대한 강박증이 있는 아브라함 종교 추종자들의 경우 이런 휴일도 신의 포고에 의해 강요되어야 했지만. 거의 모든 농경 사회에는 긴 계절적 축제 기간동안 평소와 같은 작업을 하면 욕을 먹거나 작업이 아예 금지된다. 이런 기간은 종교적 예배를 보거나, 제물을 만들고, 연애 대상을 찾고, 먹고, 마시고, 시시한 다툼을 벌이는 데 쓰인다. 그 해에 풍년이 들었다면 축제는 각자의 생업과 신들의 너그러움을 찬양할 기회다. 흉년이 들면, 축제는 그 사람들이 골치 아픈 문제를 잊고, 악문 이 사이로 신들에게 감사 인사를 뱉으면서 술을 마시는 휴식기간이 된다.

북유럽과 중국 내륙처럼 여름은 덥고 겨울은 혹독하게 추운 곳에서도 시급한 작업량이 줄어드는 계절이 있다. 하지만 이런 시기는 모든 일에서 면제되는 기간이 아니라 시간에 쫓기는 시급한 과제가 그저 몇 주일 없어지는 것일 뿐이다. 그동안 해야 하는 일이지만 시간에 그리 쫓기지 않는, 허물어진 곡식창고를 개축하는 따위의 일을 처리할 수 있다. 어떤 장소에서, 또 어떤 시기에는 이런 면제 기간이 농부들이 들판과 초지에서 손을 떼고 한데 모여 먼 곳에서 거대한 바윗덩이를 끌어와서 거대한 기념물을 지을 만큼 길었다. 다른 장소와 시간대에서는 그 기간이 땅을 개간하여 다음 해를 위해 준비하는 데 쓰였다. 어떤 시급하게 해야 할 일이 있는데 그 일을 하지 않음으로써 겪게 되는 영향은 거의 언제나 수렵채집인들보다는 농부들에게서 상당히 더 크게 나타났다. !쿵족은 단순히 그런 일을 할 마음이 나지 않으면 그 이유만으로도 스스로 일을 하루 쉬면서 만족해한다. 설사 배가 고플 때도 식량 탐색을 하루 미룬다고 해서 무슨 심각한 재앙이 닥치지는 않는다는 것을 알고 있었다. 이와 반대로, 농부들의 경우 그저 휴식이 필요하다는 이유로 하루 일을 쉰다는 것은 선택 범위에 들어가지 않는다. 시급한 작업을 시의적절하게 하지 않으면 대부분 상당한 대가를 치르게 되고 노동을 더 하게 된다. 부서진 울타리를 수선하지 못하면 울타리를 수선할 재료를 구하고 수선 작업을 하는 데 드는 시간뿐만 아니라 잃어버린 양을 찾아 며칠씩 시골 곳곳을 헤매다니는 일이 생길 수도 있다. 메마른 작물에 물을 대지 못하면, 최대한 빠른 기회에 해충을 박멸하지 못하거나 잡초를 제거하지 못하면 풍작일 수 있던 것이 흉작으로 변하거나 아예 추수를 못할 수도 있는 차이가 생길지도 모른다. 암소의 젖이 불었을 때 젖을 짜주지 않으면 처음에는 암소가 불편해하는 정도지만 나중에는 염증이 생길 수 있고, 그 상태로 오래 내버려두면 그 암소가 다시 송아지를 낳을 때까지 젖을 짜지 못하게 된다.

하지만 초기 농경 사회에서의 시간과 일의 관계에는 융통성 없는 계절 순환에 묶여 있는 지루한 현실 이상의 것이 있었다. 농경으로의 이행이 남긴 가장 심오한 유산 가운데 하나는 사람들이 시간을 경험하고 이해하는 방식에서의 변화였다.

수렵채집인들은 현재나 곧 당도할 미래에만 거의 모든 관심을 쏟았다. 그들은 배가 고프면 채집과 수렵을 나갔고, 물웅덩이가 마르거나 걸어다닐 만한 거리에 있는 식량공급원이 소진되어 회복하기까지 시간이 필요해지면 숙영지를 옮겼다. 그들이 먼 미래에 대해 생각하는 것은 오로지 아이가 자라서 성인이 되면 어떨지, 늙으면 어디가 아플지, 동년배 그룹 중에 누가 제일 오래 살지 등을 상상할 때뿐이다. 쉽게 충족될 수 있는 욕구가 그처럼 적고, 높은 지위에 올라가려는 자가 조롱받는 사회에서 살기 때문에 그들은 과도한 야심의 포로가 아니었다. 그들은 또 자신들의 삶과 선조들의 삶 사이에 실질적인 차이가 있다고 보지 않았고, 자신들의 세계는 대체로 언제나 그래왔던 그대로라고 여겼다. 수렵채집인들에게 변화는 환경 속에 내재해 있다. 그것은 항상 발생한다. 바람이 불 때, 비가 올 때, 코끼리가 새 길을 낼 때. 하지만 변화는 언제나 주위 세계의 연속성과 예측가능성에 대한 더 깊은 확신감에 의해 제어되었다. 모든 계절은 그 앞의 계절과는 다르지만, 이런 차이는 언제나 예측가능한 변화의 범위 속에 들어간다. 하지만 여전히 선조들과 같은 방식으로 자유롭게 다니는 !쿵족에게는 역사의 무게를 짊어지는 것이 집을 짊어지고 다니는 것만큼 불편하다. 그들은 먼 과거를 포기함으로써 고대의 선례나 미래의 야심에 얽매이지 않고 주위 세계와 자유롭게 소통하게 되었다. 이 때문에 !쿵족은 유전적 계보에 신경쓰지도 않았고, 그것을 따지느라 시간을 쏟지도 않았다. 또 선조들의 이름이나 업적을 내세우지도 않았고, 가뭄이나 영웅적 행위, 과거의 재앙을 다시 끌어오지도 않았다. 실제로 죽은 이는 일단 애도를 마치면 한두 세대 안에 잊히며, 매장지는 찾아오는 사람 없이 방치된다.

식품을 생산하려면 과거와 현재, 미래에 동시적으로 살아야 한다. 농장에서 시행되는 거의 모든 업무는 미래의 목표를 달성하는 것, 혹은 과거 경험을 바탕으로 미래의 위험을 관리하는 데 초점이 맞춰진다. 경작자는 땅을 갈고, 흙을 준비하고, 쟁기질을 하고 관개수로를 파내며, 파종하고 제초하고 가지를 치고 작물에 비료를 주어, 모든 일이 제대로 된다면 계절이 바뀔 때 적어도 그 다음 계절 주기가 돌아올 때까지 작물들이 살아남기에 충분한 수확을 거두고, 다음 해에 심을 종자용 자원을 충분히 얻게 된다. 물론 더 먼 미래를 내다보는 일거리도 있다. 스톤헨지를 세운 영국의 고대 농부들은 여러 세대까지는 아니더라도 여러 해는 지탱하게 한다는 목표를 가지고 그것을 세웠다. 농부가 암소를 씨황소에게 데려갈 때 그는 암소가 40주쯤 후 송아지를 낳아줄 것이며, 보살핌을 잘 받는다면 우유를 줄 뿐만 아니라 송아지도 더 많이 낳을 것이고, 그렇게 하여 도축자의 작업대에서 생을 마감할 때까지 소떼를 계속 늘려줄 것이라는 기대를 품고 그렇게 했다.

하지만 노력의 대부분을 미래의 보상에만 집중시키는 것은 또한 끝없는 가능성의 우주에 머무는 것이다. 그런 가능성은 일부는 좋고, 일부는 가부를 판정하기 힘들며, 대다수는 나쁘다. 그래서 농부들이 곡식이 넘쳐흐르는 창고, 갓 구운 빵, 보관소에서 숙성되어가는 고기, 갓 낳은 달걀, 금방 먹거나 저장될 수 있는 신선한 과일과 야채를 상상할 때, 이런 즐거운 전망에는 가뭄과 홍수, 쥐떼와 바구미들이 빈약한 수확물에 슨 곰팡이 찌꺼기를 서로 차지하려고 싸우며, 질병에 시달린 가축들이 포식자들에게 사냥당하고, 야채밭에는 잡초가 무성하고 과수원에서는 과일들이 매달린 채 썩어가는 모습도 동시에 따라온다.

수렵채집인들이 어쩌다가 생기는 힘든 일을 절제력 있게 받아들이는 데 비해 농부들은 조금 더 열심히 일한다면 상황은 언제든 더 나아질 수 있다고 스스로를 설득했다. 여분의 시간에도 일하는 농부들은 세월이 흐르면 대개 가장 확률이 커보이는 한두 가지 위험에만 대비하는 게으른 자들보다 더 성공한다. 그래서 카방고강 유역에 사는 !쿵족의 농경인 이웃들 중에 가장 부유한 이들이 대개 가장 위험을 꺼린다. 그들은 가축과 염소를 밤의 포식자들로부터 지켜줄 좋은 울타리를 세우기 위해 가장 열심히 일하는 자들이며, 긴 여름날에 자기들 땅으로 이끌려온 새와 원숭이, 기타 다른 동물들을 잡으려고 바쁘게 일한다. 그들은 또 씨앗을 좀 더 깊게 심으며, 가끔 있는 일이지만 우기가 늦어질 때에 대비하여 강에서 양동이로 물을 퍼날라 작물에 물을 대는 수고를 하는 사람들이다.

요리사들이 불을 사용하여 날 것 그대로의 재료를 음식으로 바꾸는 것이나 대장장이가 괴철로에서 철을 단조하여 도구로 만드는 것과 대체로 비슷하게 농부들은 노동을 이용하여 야생의 숲을 초지로, 척박한 땅을 생산성 높은 밭과 정원과 과수원으로 바꾼다. 다른 말로 하면, 농부들은 일하여 야생의 자연 공간을 길들여진 문화적 공간으로 변형시킨다는 것이다.

이와 반대로, 수렵채집인들은 자연과 문화를, 혹은 야생과 길들여진 것을 구별하지 않는다. 적어도 농경 민족이나 지금 도시에 사는 우리가 하는 것과 똑같이 직설적인 방식으로는 아니다. !쿵족에게는 '자연'이나 '문화'에 곧바로 대응될 만한 단어가 없다. 그들의 입장에서 말하자면, 그들 역시 다른 모든 생물과 똑같이 풍경―그들이 '지구의 얼굴'이라 부르는 것―의 한 부분이며, 그것을 생산적으로 만드는 것은 신들의 책임이다.

인간은 농사를 짓기 위해 자신과 환경을 구분해야 한다. 과거에는 전적으로 신들만이 수행하던 책임 일부를 떠맡아야 했으며, 이러한 농부들에게 환경이란 곧 생산의 잠재력을 가진 것으로, 이것을 생산으로 이으려면 반드시 일을 해야만 한다. 따라서 농경 사회는 정기적으로 주위 지형을 문화적 공간과 자연적 공간으로 나눈다. 노동을 통해 생산적으로 된 공간, 농가, 마당, 곡식창고, 헛간, 마을, 정원, 초지, 논밭 등은 길들여진 문화적 공간이며, 직접적인 통제를 벗어난 곳에 있는 것들은 야생적, 자연적 공간으로 간주된다. 결정적으로, 이런 공간 간의 경계는 흔히 울타리, 문, 벽, 해자, 생나무울타리 등으로 표시된다. 이와 비슷하게 그들의 통제를 받는 동물은 길들여졌고, 자유롭게 돌아다니는 동물들은 '야생'에 남겨졌다. 무엇보다 농부들은 길들여진 모든 공간에는 항상 일이 필요하다는 점을 정확히 알고 있었다. 돌보지 않고 방치된 밭은 곧 잡초에 뒤덮이므로 제대로 관리되지 않은 공간은 금방 망가진다. 감독되지 않은 동물은 야생으로 돌아가거나 야생 동물에게 잡아먹혀 사라진다. 그리고 농부들은 자신의 생계가 자연의 힘에 예속되고 자연의 사이클 안에서 작동하는 능력에 의존하고 있음을 깨달은 한편, 길들여진 공간에 방해받지 않고 침입한 자연은 재앙이 된다고 보았다. 쟁기질 된 밭에서 자라고 있는 원치 않는 식물들은 잡초이고, 인간이 원하지 않은 동물은 해로운 짐승으로 간주되었다.

'살아가는 데 필요한 물자'를 생산하기 위해 토지에 노동력을 투입하는 농부들은 수렵채집인들에 비해 환경과 자신들의 관계를 훨씬 더 거래의 관점에 입각하여 파악했다. 수렵채집인들의 경우, 배려하는 환경과 무조건 공유하는 관계였고 그들 또한 타인들과 모든 것을 공유했지만, 농부들은 환경으로부터 미래의 식량을 약속받는 대가로 자신들의 노동력을 제공한다고 생각했다. 어떤 의미에서 그들은 자신들이 토지의 생산성을 높이기 위해 하는 노동 때문에 토지가 자신들에게 수확을 빚지고 있고, 사실상 자신들에게 빚이 있다고 생각했다.

놀랄 일도 아니지만 농부들은 토지와 맺은 노동/채무의 관계를 서로의 관계에도 연장해 적용했다. 그들은 공유하는 관계였지만, 일차적인 가족이나 친족의 핵심 그룹 밖에서 공유는 교환으로 이루어진다. 설사 불균등한 교환일지라도 말이다. 농경 사회에는 공짜 식사 같은 것은 없었다. 누구나 일해야 했다.

스미스는 사람들 사이에서 물건을 '물물교환하고truck, 거래하고barter, 교환exchange'하려는 충동이 인간의 물욕 본성acquisitive nature의 결과인지 인간 지성이 낳은 부산물—그가 '이성과 언어 능력의 필연적인 결과'라 부른 것—인지 확실히 판단하지 못했다. 하지만 흥정 기술을 중요시하는 것이 인간과 다른 종을 가장 분명하게 구별하는 요소들 중의 하나라는 것은 확신했다.

"뼈다귀 하나와 다른 뼈다귀를 다른 개와 공정하고 고의적으로 교환하려는 개는 아무도 보지 못했다"고 그는 설명했다.[4]

또 그는 돈의 일차적 용도가 거래trade를 용이하게 만들려는 것이었고, 원시적인 교환 시스템을 대체하기 위해 돈이 발명되었다고 확신했다. 그가 돈이 원시적 교환에서 진화한 형태라는 주장을 가장 철저하게 지지하기는 했지만, 그런 주장을 한 것이 그가 처음은 아니었다. 플라톤, 아리스토텔레스, 토마스 아퀴나스, 또 여러 다른 사람들이 이미 돈의 기원을 설명하기 위해 비슷한 주장을 개진한 바 있다.

스미스가 화폐의 기원이 거래에 있으며, 그 일차적 기능이 물건을 서로 교환하는 사람들을 지원하는 데 있다고 믿은 것은 의외가 아니다. 스미스가 과부 어머니와 함께 자라난 곳인 스코틀랜드의 파이프Fife 해안에 있는 바람이 휘몰아치는 커콜디Kirkcaldy 마을은 지금은 퇴락한 스코틀랜드 제조업의 산물이다. 하지만 스미스의 어린 시절에 그곳은 상인과 환전상들이 득실거리던 부산한 항구였다. 시장은 분주했고 직물 산업은 번성했으며, 스미스는 돛대 세 개짜리 상선이 북해의 검푸른 물을 가로질러 거의 쉬지 않고 줄지어 들어와서는 아마, 밀, 대륙의 맥주 등을 항구에 부려놓고, 선창 가득 석탄과 소금, 리넨을 채워 다시 출항하는 광경을 바라보며 자랐다.

몇십년 동안 케임브리지, 글래스고, 유럽 등지에서 연구하고 가르치며 나이를 먹은 뒤 애덤 스미스는 유년 시절에 살았던 집으로 돌아가, 가장 유명한 저술인 『국가의 부의 본성과 원인에 대한 연구An Inquiry into the Nature and Causes of the Wealth of Nation』를 써서 1776년에 출간했다. '중농주의자physiocrats'―무엇보다도 국왕이 요구하는 과도한 세금을 게으른 귀족들이 더 많이 부담하게 만들려고 로비했으며, 정부도, 귀족도 시장의 자연스러운 질서에 끼어들지 말아야 한다고 믿었던 프랑스 지성 운동―의 영향을 받은 스미스는 아이작 뉴턴이 천체의 움직임을 지배하는 근본 법칙을 밝힌 것과 같은 방식으로 인간의 경제 행위의 근본 법칙을 밝힐 수 있다고 확신했다.

『국부론』은 성격이 성서와 비슷한데, 이는 무엇보다도 스미스가 복잡한 관념을 전국 각지의 교회 설교단에서 일요일마다 행해지는 설교와 구조적으로 비슷한 깔끔한 우화 형태로 소개하는 비상한 재능이 있었기 때문이기도 했다.

그가 사용한 우화 가운데 가장 자주 인용되는 것은 노동 분업을 다루는 내용이다. 그것은 '야만적' 수렵인 부족에 대한 이야기—아메리카원주민의 이야기에서 영감을 끌어온—인데, 그들이 돌보는 대상은 그 자신 및 자신에게 일차적으로 의지하는 사람들에 한정된다. 그러다가 수렵인 중의 한 명이 자신에게 활과 화살을 만드는 특별한 재능이 있음을 알게 되고 그래서 다른 사람들이 잡은 사슴고기와 바꾸기 위해 활과 화살을 만들기 시작한다. 얼마 지나지 않아 그는 사냥꾼으로 자신이 직접 나가서 얻는 것보다 집에서 활을 만들 때 더 많은 사슴고기를 얻을 수 있음을 알게 된다. 추적에 그리 능하지 않았던 그는 사냥을 아예 그만두고 무기장인이 되기로 한다. 그 작업 덕분에 그는 잘 먹고 만족스럽게 살게 된다. 그의 본을 따라 다른 '야만인'들도 팔방미인식의 접근법이 너무 비효율적이며 전문화가 장래를 위한 길이라고 판단하게 된다. 곧 어떤 사람은 활을 내려놓고 목수가 되며 또 다른 사람은 대장장이, 또 다른 사람은 가죽 무두질장이가 되며, 예전에는 모두가 모든 일을 다 하고 다른 사람들이 한 일을 복제하던 비효율적인 사냥꾼 마을이 고도로 효율적인 숙련 전문인 공동체로 변화한다. 그들은 모두 자신이 노동한 산물을 다른 사람들의 노동 결과물과 즐겁게 교환한다.

"그리하여 모든 사람은 교환으로 먹고살며, 어느 정도는 상인으로 살아간다. 그러면서 사회 자체가 제대로 된 상업 사회로 성장한다." 스미스는 이렇게 결론지었다.[5]

스미스가 지적했듯이, 교환 경제는 단순한 문제 하나에 부딪힌다. 사냥꾼이 목수더러 새 활을 만들어달라고 하고, 목수는 몸이 아프다. 게다가 끼니로 고기를 먹는 게 지겨워졌는데 대장장이가 만든 새 끌이 절박하게 필요한 상황이라면 어떻게 해야 될까? 이 상황에 대한 해결책은 그들이 '이런저런 상품의 형태를 가진 상업의 공통 수단'에 합의하는 데 있다고 스미스는 주장한다. 지금 경제사가들은 그것을 '원시 통화'라 부른다. 그것은 소금일 수도 있고 가축일 수도 있으며, 못, 설탕, 혹은 결국은 그 방향으로 나아가겠지만 금, 은, 주화일 수도 있다.

19세기와 20세기에 사람들은 벤저민 프랭클린과 애덤 스미스가 친구였고, 프랭클린이 스미스에게 『국부론』의 초고에 대한 의견을 말해 도움을 주었다는 설을 믿었다. 이런 계몽주의적 협업에 관한 이야기는 일차적으로 1776년에 있었던 『국부론』의 출판이 미국이 영국 왕실에서 독립을 쟁취해 오는 사건과 시기적으로 일치했을 뿐만 아니라 그 내용이 징세관, 세금, 관세에 대한 품위 있는 비판으로 읽힐 수 있기 때문이었다. 관세와 세금은 애당초 북아메리카 식민지 주민들이 대영제국의 통치가 가하는 족쇄를 벗어던지게 촉발한 계기였다. 나아가 『국부론』은 미국이 나중에 자신들이 이룬 성공의 중심 서사로 내세우게 되는 자유 기업의 경영 정신을 똑똑히 표현해 냈다.

그러나 대서양을 건너 계몽주의를 대표하는 두 거인들 간에 맺은 친교는 허위였다. 프랭클린과 스미스는 양쪽을 다 잘 아는 친구가 몇 명 있었고, 각자 읽은 책이 여러 권 겹쳤다. 또 프랭클린이 1770년대에 대영제국 왕실에 파견된 매사추세츠주와 펜실베이니아주의 대사로 런던에

체류하던 기간에 사교 모임에서 만났을 수도 있다. 하지만 그들의 지적 교류가 프랭클린이 본인이 행한 전기 실험을 설명한 책을 애덤 스미스가 한 권 구입한 것 이상으로 발전했다고 주장할 근거는 없다.[6]

그들의 친교 이야기가 착각이 아니었더라면 그 노동분업의 우화는 다른 형태가 되었을 가능성이 있다. 설사 프랭클린도 돈이 교환의 불편함을 극복하기 위해 발명된 것이 틀림없다고 믿었다 하더라도, 이로쿼이 연방의 '인디언들'과 조약을 협상한 경험을 통해 그들과 같은 '야만인들'이 부를 축적하기 위한 교역 trading에 흥미가 없음을 짐작했기 때문이다.[7] 그는 그들에게는 다른 우선순위가 있다고 믿었고 그래서 자신이 세운 우선순위에 대해 의문을 품게 되었다.

"우리의 근면한 생활 방식을 그들은 노예 같고 저열하다고 평가한다." 프랭클린은 인디언 이웃들을 관찰하여 자신과 식민지의 동료 주민들은 "자연적 필요에 못지않은 갈망의 대상이며 대개는 충족시키기 힘든 무한한 인공적 필요"에 속박되어 있지만, 인디언들은 "원하는 것이 별로 없고 그런 욕구는 모두 노동을 아주 조금만 하면 자연에서 저절로 생겨나는 것으로 쉽게 충족될 수 있는 것들이다. 사냥감이 워낙 풍부한 환경이니 수렵과 어로가 정말로 노동이라 불릴지는 모르지만." 그리하여 프랭클린은 어쩐지 부러워하는 태도로, 인디언들이 식민지 주민들에 비해 풍부한 여가를 즐긴다고 지적했는데[8], 다행히도 인디언들은 게으름이 악덕이라고 보는 그의 입장과 어울리게 이런 여가를 토론과 성찰과 연설 기술을 갈고 닦는 데 사용했다.

경영 정신을 가진 야만인이라는 아담 스미스의 우화는 지금도 거의 모든 경제학 입문서의 첫 장에 무비판적으로 되풀이되고 있고, 인류학자 데이비드 그레버David Graeber가 지적했듯이 경제적 시스템 구축에 관한 창립 신화가 되었다.[9] 그런데 문제는 이 우화에 사실적 근거가 전혀 없다는 점이다. 케임브리지 대학의 인류학 교수인 캐럴라인 험프리Caroline Humphrey는 민족학적, 역사적 문헌을 뒤져 스미스가 서술한 것과 같은 형태의 교환 시스템을 가진 사회를 찾기 위해 면밀히 조사했지만 결국 포기했다. 그녀는 "순수하고 단순한 어떤 교환 경제 사례도 서술된 적이 없으며, 그것으로부터 화폐가 등장한 경우는 당연히 없고, 우리가 접할 수 있는 모든 민족학은 그런 것이 한 번도 존재한 적이 없었다고 주장한다"고 결론지었다.[10]

프랭클린이 쓴 바 있는(그리고 스미스가 야만인 기업가의 모델로 떠올린) 이로쿼이 연방Iroquois Confederacy에 속한 여섯 부족에게는 성별, 연령, 성향에 따른 명확한 노동 분업이 있었다. 각 개인은 옥수수, 콩, 서양호박 같은 작물을 기르고 수확하고 처리하는 업무, 사냥하기와 덫 놓기, 베짜기, 집짓기, 도구 제작 등의 업무를 전문화하여 분담했다. 하지만 그들은 각자의 노력의 산물을 거래하거나 교환하지 않았다. 대신에 그들은 모든 물자를 커다란 롱하우스longhouses*에 공동으로 보관했고, 여성 장로회가 그런 물자 분배의 책임을 맡았다. 그래도 이웃들과의 정교한 제의적 교환은 있었다. 하지만 이런 교환은 스미스가 상상한 무원칙적인 교환도, 스미스가 노동 분업에서 논리적으로 이어질 것이라고 주장한 원시적 통

---

* 미국 이로쿼이 인디언 부족의 전통적인 공동주택형태.

화에 근거한 거래와도 비슷하지 않았다. 무엇보다도 그것들은 상징적 물건의 거래였고, 한 부족의 젊은이들이 다른 부족의 젊은이와 충돌하여 살해했을 때와 같은 종류의 도덕적 채무를 갚음으로써 평화를 구매한다는 으뜸가는 목적에 봉사했다.

경제학자들은 다른 분야의 사람들이 그들 학문이 내세운 근본적 가정에 대해 거북한 의문을 제기하면 그쪽 의견에 이끌리는 경우가 많다. 그렇기는 해도 이제는 압도적이 된 증거를 무시하기는 갈수록 힘들어진다. 화폐가 일차적으로는 가치 저장고이자 교환 매개자로 사용되지만 원래는 교환이 아니라 농부들—실제로는 투입한 노동의 대가를 토지가 지불해 주기를 기다리는—과 잉여 산물의 처리를 맡은 사람들 사이에서 발생하는 신용과 채무 관리에서 시작되었다는 증거 말이다.

브리튼인들이 웨일스에서 윌트셔까지 거대한 바위를 부지런히 끌고 가던 무렵, 국왕, 관료, 사제, 군대를 가진 최초의 농경 국가가 중동 지역과 북아프리카에서 등장하기 시작했다. 이런 국가들은 유프라테스강과 티그리스강 유역, 그 뒤에는 나일강 계곡의 비옥한 충적토에 뿌리를 둔다.

우루크 같은 가장 초기의 메소포타미아 도시국가들은 농부들이 그곳을 먹여 살릴 만큼 충분히 생산력이 높았던 최초의 사회였다. 그곳에서는 발에 흙을 묻혀 가며 들판을 갈아엎기를 원치 않거나 그럴 필요가 없었던 도시 주민의 수가 많았다. 또 음각된 점토판 형태의 장부로 화폐의 유형적 증거를 남긴 최초의 장소이기도 했다. 이 화폐는 은과 곡물로 계산되기는 했지만 실제의 물질 형태로 유통되지는 않았다. 거래는 대개 신전 회계사들이 기록하는 약식차용증서IOU의 형태로 이루어졌다. 그렇게 해야 거의 현금을 쓰지 않는 현재 디지털 세계의 도시에서와 대략 같은 방식으로 가치가 다른 사람에게 가상으로 이동할 수 있기 때문이다.

이런 도시국가에 사는 사람들은 고대 농경 사회가 세기적인 기념물을 짓기를 좋아한 것과 동일한 이유에서 신용에 기초한 교환을 행했다. 농부들의 삶은 농경 달력에 예속되어 있으며, 한 해 동안 그들을 먹여 살려줄 늦여름의 예측가능한 수확에 대한 기대를 토대로 작동된다. 그리하여 한 해 동안 농부들이 양조장과 상인과 신전 관료들로부터 신용 대출을 받는 것은 사실상 토지가 그들에게 진 빚을 이전하는 것일 뿐이다. 또 경제활동이 대부분 지연보상을 근거로 하고 있어 이들 신용 사회에서 채무는 추수를 했을 때만 일시적으로 처리되는 것에 불과하다.

다른 말로 하면, 즉각적 보상 경제를 행하는 수렵채집인들은 서로의 관계를 식량을 공유하는 환경과 자신들이 갖는 관계의 연장으로 보았고, 지연 보상 경제에 사는 농부들은 서로의 관계를 그들에게 노동을 요구하는 토지와의 관계의 연장으로 보았다.

'시간이 돈'이라는 벤저민 프랭클린의 입장에는 근면한 노력은 언제나 보상을 받을 가치가 있다는 그의 믿음도 반영되었다. 상업은 오로지 노동과 노동의 교환일 뿐이며, 그렇기 때문에 사물의 가치를 가장 공정

 I owe you의 발음을 딴 약어.─옮긴이

하게 측정하는 것은 노동이라고 그는 설명했다.[11]

　힘든 노동이 가치를 창출한다는 메시지는 거의 어디서나 아이들에게 직업 윤리의식을 심어주려는 희망에 따라 머릿속에 주입된다. 그렇다고는 하지만 오늘날 세계 최대의 경제 체제에서는 누가 보아도 일한 시간과 화폐적인 보상이 거의 상응하지 않는다. 최고 소득자는 연간 소득의 많은 부분을 배당금과 보너스 형태로 받아가고, 중간과 중상위 소득자는 월급을 받고, 저소득자들은 시급으로 받을 뿐이다. 어쨌든 경제학자들은 가치는 궁극적으로 시장에 의해 할당되며 '공급과 수요'가 노동 활동과 깔끔하게 상응하는 일은 간혹 일어날 뿐이라고 주장한다.

　노동을 향한 노력과 화폐적 보상 간의 상응 관계가 항상 그처럼 엉망진창이지는 않았다. 화석 연료 에너지 혁명이 일어나기 전에는 소수의 귀족, 부유한 상인, 장군, 사제들을 제외한 거의 모두가 노동의 노력과 보상이 명료하고 유기적으로 상응한다고 믿었다. 놀랄 일도 아니지만, 노동이 가치를 창출한다는 개괄적인 원칙은 고전 시대의 유럽, 중동 지역, 인도, 중세 기독교, 유가의 철학과 신학이 가진 뚜렷한 특징이었다. 예를 들어 고대 그리스 철학자들은 힘든 육체노동을 멸시했을 수는 있지만 그래도 그것이 근본적으로 중요하다는 것은 인정했다. 비록 실제로 일하는 것은 그들이 아니라 노예들이지만 말이다. 이와 같은 원리는 토마스 아퀴나스 같은 14세기 학자들의 글에서도 논의된다. 그는 어떤 것이든 상품 가치는 그것을 개선시키기 위해 소모된 노동의 양에 비례하여 증가해야 한다고 주장했다.[12]

　스미스가 커콜디에 돌아가서 『국부론』을 쓸 때 이 원리는 여전히 서유럽 전역에서 우선적으로 통용되는 개념의 지위를 누리고 있었다. 유럽

인구의 과반수가 여전히 소농으로 생계를 잇고 살았고 그래서 자신들이 열심히 일하는 것과 잘 먹는 정도가 명백하게 상응한다고 보았다.

스미스는 다들 노동과 가치가 유기적으로 연결된다고 생각한다는 것을 잘 알고 있었다. 하지만 그는 또 물건을 사고 파는 상황에서는 가치란 것이 제조자가 자기 제품에 매긴 가치보다 사람들이 지불할 준비가 되어 있는 가격에 따라 성립된다는 점도 지적했다. 따라서 그가 볼 때 활 따위의 물건에 매겨진 노동 가치는 그것을 만드는 데 투입된 일의 양이 아니라 구매자가 그것을 얻는 대가로 얼마나 많은 일을 해줄 준비가 되어 있는지에 따라 결정되었다.

여러 다른 버전의 노동가치이론 가운데 애덤 스미스와 비슷한 시기에 살았던 경제학자 데이비드 리카도David Ricardo와 가장 유명한 인물 카를 마르크스Karl Marx의 것이 가장 유명하다. 리카도의 버전은 프랭클린 이론의 정교한 후렴구 같은 형태였다. 그는 어떤 물건의 노동 가치는 그것을 만드는 데 필요한 노력의 총량을 수용해야 한다고 주장했다. 이는 재료를 얻는 데 들어간 노력의 분량과 그 물건의 제조에 투입된 노력 그리고 기술을 얻고 그 물건을 제작하는 데 필요한 도구를 만드는 데 드는 노력도 고려해야 한다는 뜻이다. 따라서 고도로 숙련되고 값비싼 도구를 쓰는 장인이 한 시간을 들여 만든 물건의 노동가치는 미숙한 노동자가 한 주 내내 구덩이를 파는 데 투입한 일의 가치와 대등할 수 있다고 그는 주장했다.

마르크스주의가 나중에 얼마나 심각하게 비아메리카적인 모든 것의 화신으로 간주되는지를 생각하면 놀랄 일인데, 그는 미국의 건국 선조들을 대단히 찬양하는 사람이었고, 그중에서도 벤저민 프랭클린의 이름은

3부 | 끝없는 노역

『자본론』의 여러 부분에서 긍정적으로 언급된다. 그는 또 저명한 프랭클린이 자신만의 노동 가치 이론을 개발하도록 고취시킨 사람이라고 지목했다. 그가 '가치 이론the law of value'이라 부른 그 버전은 애덤 스미스나 데이비드 리카도가 제안한 버전들에 비해 상당히 더 복잡하고 발전한 이론이다. 그것이 섬기는 목표 또한 다르다. 마르크스는 노동을 가치의 공정한 판정자로 재확립하고자 한 것 외에 그 자신의 가치 법칙도 개발했는데, 그 목적은 특히 자본주의자들이 노동자들에게 지급받는 임금 이상의 가치를 작업장에서 창출하도록 강요함으로써 이윤을 발생시킬 수 있다는 사실을 입증하기 위해, 또 그럼으로써 시간이 흐르면 자본주의가 몰락할 수밖에 없는 근본적 모순이라고 스스로 믿은 것을 폭로하기 위해서였다. 그가 이렇게 한 것은 자본주의에서 어떤 물건의 교환 가치가 어떻게 사용 가치와 무관해지는지를 폭로하기 위해서였다. 사용가치란 인간이 신발 한 켤레 같은 물건에서 실제로 충족시켜야 하는 근본적인 필요다.

이자라는 형태로 '돈이 돈을 낳는다'는 발상, 혹은 돈이 보상을 낳는 방향으로 투자됨으로써 '일하게 만들 수 있다'는 발상은 지금은 모두에게 너무나 익숙하여, 시간과 노력과 보상의 관계처럼 거의 직관처럼 느껴진다. 그러나 !쿵족이나 아직 화폐 경제의 기본을 채 이해하지 못한 다른 사람들에게는 이 발상이 전혀 직관적으로 와닿지 않는다. 그들은 그것이 터무니없다고 느낀다. 공무원이나 경제 발전 달성의 책임을 진 사람들의 귀에 코끼리의 죽음이나 아이의 출생이 기후를 바꿀 수 있다는 주장이 터무니없이 들리는 것과 똑같다.

!쿵족은 돈이 돈을 낳는다는 생각을 괴상하게 여기지만, 물 사정이 더 나은 칼라하리 주변지역에서 목축을 하는 이웃들은 그렇지 않다. 그들은 두 번째 밀레니엄에 아프리카의 남부, 중부, 동부에 퍼져 살던 복잡한 농경 사회의 후손인데, 역사적으로 화폐를 쓰거나 대도시에 모여 살거나 물건을 교환하고 거래하고 흥정하는 데 관심을 두지는 않았다. 다만 부와 영향력과 권력에는 관심이 있어서, 자신들이 소유한 가축 수와 품질, 또 아내의 수에 따라 지위를 판단했다.

금이나 은 외에 잘 관리된 소를 통해서도 부는 증식할 수 있다. 지금은 소가 대부분 두 살도 되기 전에 도살장으로 끌려가지만, 운이 좋아 자연사할 수 있다면 소의 일반적 수명은 18년에서 22년정도다. 또 그중 많은 기간 동안 새끼를 낳을 수 있다. 따라서 전체 생애 동안 암소는 평균적으로 송아지를 6마리에서 8마리까지 낳으며, 씨숫소는 수백 마리를 수정시킬 수 있다. 투자 적격 등급의 자산처럼 농부가 자본을 망칠 일을 하지 않는 한, 소를 기를 공간이 있는 한 그들은 자본이 자본을 낳으리라고 기대할 수 있다. 소는 소를 낳으니까. 놀랄 일은 아니지만, 거의 모든 목축 사회에서 소의 임대를 통해 대개 이자가 생긴다. 임대된 동물은 관행상 혼자서 복귀하는 것이 아니라 임대된 동안 낳은 새끼의 일부도 함께 돌려받기 때문이다.

유럽, 중동, 동남아시아의 농경 사회는 대개 아프리카의 유랑 문명처럼 소에 집착하지는 않지만, 자산이 어떻게 저절로 번식되는가 하는 문제에 관해서는 그들과 같이 생각했다. 유럽 언어에 있는 재정적 용어―capital, cattle, stock 같은 단어들―의 대다수가 축산업에 어원이 있다는 것도 우연이 아니다. 가령 "capital"이라는 단어는 라틴어의 capitalis의 어근에서 발생하는데, 그것은 머리를 뜻하는 원-인도-유럽어 단어인 kaput에서 왔다. 그것이 지금까지도 가축을 지칭할 때 사용되는 주된 단어*로 남아 있다. 요금fee이라는 단어도 이와 비슷하게 오래된 원-게르만어와 고딕어에서 가축을 가리키는 단어인 feoh가 가공된 형태인데, feoh는 소나 무리를 뜻하는 라틴어 단어인 pecu를 어근으로 하는 pseo처럼 금전적이고 돈에 관련된 의미를 가진다. pecu 자체는 산스크리트어에서 역시 소를 가리키는 pasu와 같은 어근에서 나온 것으로 알려졌다.

하지만 대부분이 동물 제품의 소비보다는 대규모 재배에 더 많이 의존하는 이런 사회에서 특히 소의 가치는 고기나 젖에서 나오지 않는다. 그보다는 그들이 하는 육체적인 일, 인간을 위해 쟁기를 끌고, 다른 무거운 짐을 운반하는 기능에 달려 있다. 그들의 쓸모가 이런 데 있기 때문에 소는 송아지를 낳음으로써만 아니라 하는 일을 통해서도 가치를 지닌다. 적어도 이 측면에서 소는 지금 우리가 의존하는 기계와 별로 다르지 않다.

---

* 소 1두, 2두 등을 지칭한다.

10장

최초의 기계

18세의 메리 셸리Mary Shelley가 본인이 설계하고 생명을 준 괴물로부터 달아나는 빅터 프랑켄슈타인 박사를 처음 구상했을 때, 그녀의 목표는 남편인 시인 퍼시 비시 셸리Percy Bysshe Shelley를 놀라게 하고, 논쟁을 좋아하고 자아가 강한 낭만주의 운동의 우두머리인 바이런 경Lord Byron에게 감명을 줄 만큼 지능적인 '유령 이야기'를 쓰려던 것이었다. 1816년의 비 오던 여름날 그들은 스위스에서 바이런 경과 함께 휴가를 보내고 있었다. 하지만 프랑켄슈타인 박사의 비자연적 야심이 육신을 얻는 이야기를 창작하는 과정에서 그녀가 창조해 낸 것은 진보의 위험과 파괴적 테크놀로지의 과장된 상징을 담은 우화였다. 인공지능이 그 창조자들의 오만을 벌하는 그런 우화 말이다.[1]

프랑켄슈타인 박사의 인공지능 괴물이 '신과 같은 과학', '공학', '강력한 엔진 작업'의 자식인 것은 우연의 소치가 아니다. 그보다 4년 전, 이번에는 영국 북부에서 또 다른 강력한 동력이, 〈리즈 머큐리Leeds Bercury〉지의 주장에 따르면 혼란스럽던 찰스 1세 시절 이후 처음인 소요 사태에 불을 붙였다. 반란자들은 '러다이트Luddites'들이었다. 그 집단의 이름은 메리 셸리의 우화만큼 오래 살아남게 되는데, 그녀의 여행 동반자인 바이런 경이 그들의 몇 안 되는 저명인사 지지자 중의 하나로 꼽혔다. 러다이트들이 터뜨린 분노의 대상은 증기기관 및 증기기관으로 움직이는 자동화된 방적기, 방직기 그리고 영국 북부에서 예전에는 번성하던 시골 마을을 거점으로 하던 직물 산업을 질식시키던 그런 기계를 소유한 집단이었다.

러다이트라는 운동의 이름은 네드 러드Ned Ludd의 이름을 따서 지어진 것이다. 전해지는 말에 따르면 러드는 방직 공장에서 일하는 고분고분하지 않은 젊은 도제였는데, 1779년의 어느날, 분노가 폭발하여 나무 망치를 쥐고는 양말 편직기 두 개를 두드려 부숴 불쏘시개로 만들어버렸다고 한다. 이 사건이 있고 나서 공장에서 일하던 중에 우연히 기계를 부수게 되면 그들은 "네드 러드가 그랬다"고 하면서 무표정하게 자신은 죄가 없다고 단언하는 유행이 생겼다.

처음에 러다이트들은 그 이름으로 대표되는 정신을 퍼뜨리는 데 만족했다. 그들은 면화 편직기를 망치로 부수고는 강한 메시지를 보냈다고 만족하면서 집으로 돌아가곤 했다. 하지만 엔진이 최고의 주류 세습 귀족들에는 미치지 못하더라도 그 이하의 모든 부류를 능가할 정도의 경제적, 정치적 영향력을 가져다주리라는 것을 너무나 잘 알고 있던 공장주들에 의해 저지당한 러다이트들은 결국 조직적 태업, 방화, 암살의 길로 나아갔다. 이처럼 사태가 악화하자 그 운동은 종말을 맞기 시작했다. 1817년에 의회는 기계 파괴를 중범죄로 선언하고, 혼란 지역에 군대 1만 2000명을 파견했다. 러다이트들은 체포되었고, 유형지로 보내지거나 사형선고를 받아 반란은 갑작스럽게 종식되었다.

러다이트 운동은 이제 기술공포증의 약칭으로 쓰이지만, 러다이트 본인들은 스스로를 그런 식으로 보지 않았다. 그들이 세운 운동의 목표는 두 가지였다. 그들은 더 이상 지능적인 기계와 경쟁할 수 없었고 숙련된 장인들의 생계와 생활 방식을 보호받기를 원했다. 둘째, 공장에서 노동하는 것 외에 다른 선택지가 없는 사람들이 계속 늘어나는 상황에서 그들의 비참한 여건을 완화시키기를 원했다. 첫 번째 목표에 관해 그들은 완전히 실패했지만 두 번째 목표에 관해 그들이 남긴 충격은 오래 지속되었다. 러다이트 사상은 그 뒤 두 세기 동안 서유럽 및 다른 지역에서의 정치 생활에 너무나도 극적인 영향을 준 노동 운동으로 변한다.

메리 셸리의 우화는 1818년에 출간된 이후, 새로운 독자 세대에게서 꾸준히 공감을 얻었다. 그들은 계속 밀려와서 자신들의 삶을 변형시키는 경이롭지만 끔찍하기도 한 테크놀로지의 파도에 적응하고 순응해야 했던 세대다. 프랑켄슈타인의 괴물이 메리 셸리의 상상 속에 처음 출현한 지 거의 두 세기 뒤인 이제야 마침내 성년이 된 것으로 보인다면, 그것이 로봇공학과 인공지능에 대한 우리들의 두려움의 화신이기 때문이다. 하지만 일work의 긴 역사라는 관점에서 본다면, 인공지능 기계가 주인을 공격할 지도 모른다는 인간의 불안은 전례가 없지 않다. 셸리의 우화는 현대적인 것이지만 황제들의 시대에 로마의 원로원과 평민회 모두에게서, 또 카리브해와 미국 남부의 설탕과 면화 대농장 주인들에게서, 또 중국의 은나라, 고대 수메르, 마야, 아즈텍의 귀족들에게서도 어떤 식으로든 공감을 얻었을 법하다. 실로 그것은 그들이 노예로 삼은 자들을 인간 이하의 존재로 취급함으로써 노예제를 합리화한 모든 사회에게서 공감을 얻었을 것이다.

프랑켄슈타인 박사가 그와 비슷한 괴물을 오늘날 만들었더라면, 그것의 인지 회로는 인간 사유의 유연성, 창의성, 수평 사고lateral thinking● 능력을 모방하도록 설계되었을 것이다. 또 죽은 인간의 육신을 다시 살아나게 하는 것은 아직 우리가 할 수 있는 일이 아니지만, 로봇의 신체는 거의 언제나 인간이나 다른 동물의 신체를 닮게 된다. 쉬지 않는 로봇공학의 세계에서 가장 다재다능하고 솜씨 좋은 자율 시스템을 구축하는 엔지니어들은 영감을 얻기 위해 점점 더 자연 세계를 바라본다. 신식 드론 테크놀로지는 말벌과 벌새와 꿀벌의 비행 메커니즘을 모방한다. 신형 잠수함은 상어, 돌고래, 오징어, 가오리를 닮게 만들어진다. 가장 손재주가 좋고 민첩하며 위협성이 제일 적을 것 같은 로봇은 개를 본딴 것들이다.

현재로서는 진공청소기보다 조금이라도 더 나은 기능을 가진 대량생산형 가정용 로봇을 들라면 소니의 아이보Aibo가 있다. 3000달러짜리

● 상식이나 기성의 개념에 구애되지 않는 사고방식. 영국 에드워드 데 보노 박사의 저서 『수평사고의 세계』에 나오는 용어. 데 보노는 사태를 냉정하게 관찰하면서 면밀히 검토하여 논리적으로 생각을 전개해 나가는 수직 사고vertical thinking에 대해 얼핏 봐서는 정신착란적으로 한 아이디어에서 다른 아이디어로 이리저리 전전하면서 기웃거리는 사고방식을 수평사고라고 명명하여 수직사고를 보완하는 것으로 보았다.

이 애완로봇의 2018년형은, 1999년에 처음 제작되어 홍보는 많이 되었지만 어설펐던 버전에 비하면 생명 감각으로 반짝인다. 하지만 관절염에 걸린 것 같은 그 움직임을 보면 아무리 최신 버전일지라도 진짜 강아지를 두고 그쪽을 선택하지 않으리라는 것은 금방 알 수 있다.

단점은 있어도 소니의 강아지가 언젠가는 최초의 범용형 가정용 로봇으로 활약하리라는 사실과 대칭을 이루는 사례가 있다. 인간 종족이 자율적 지능을 가진 존재에 의존한다는 이야기는 2만 년 전, 인간이 살과 뼈를 가진 살아 있는 강아지와 맺은 최초의 조심스러운 관계로 거슬러 올라간다.

1914년에 독일 본 외곽 오버카셀 지역에서 구덩이를 파던 일꾼들이 고대의 무덤을 발굴했는데, 그 속에서 그들은 사슴뿔과 뼈로 만들어진 소박한 장신구들과 함께 매장된 남녀의 부식된 유해를 발견했다. 이들은 대략 1만 4700년 전의 것으로 추산되었다. 또 나중에 생후 28주로 밝혀진 강아지의 뼈도 발견되었다. 그 뼈와 치아의 골학 분석 결과에서 강아지가 죽기 두 달 전에 개홍역에 걸렸음이 밝혀졌다. 그 병은 집에서 기르는 개가 전염될 경우 거의 절반이 죽을 만큼 치명적이다.[2]

강아지 뼈의 발견은 가축화의 반박불가능한 가장 오래된 증거다. 이 밖에도 개홍역 바이러스에 감염된 개는 인간의 보살핌이 없이 이 강아지만큼 오래 살지 못한다는 사실을 생각하면 놀랍다. 즉, 이 강아지는 일하는 용도로는 별 쓸모가 없었는데도 그 주인들은 병이 들자 그를 보살피느라 에너지를 쓴 것이다.

오버카셀의 강아지가 만난 아이보

지금까지 자주 사용되어온 게놈의 알고리즘은 인간종이 개와 맺은 오랜 관계의 사연에 세세한 내용과 혼란을 여러 겹 추가해 왔다. 2016년에 옥스퍼드 대학 연구자들은 고대와 현대의 개 뼈 분석과 게놈 데이터를 기반으로 개의 가축화가 각각 따로 두 번에 걸쳐 진행된 것으로 추측된다고 발표했다.[4] 그다음 해에 독일에서 나온 더 많은 분량의 개 뼈에서 추출한 게놈에 대한 자세한 분석을 기초로 하는 또 다른 연구팀의 데이터에 따르면 가축화는 단 한 번 발생했으며, 시기는 대략 2만 년에서 3만 년 전 사이라고 했다.[5] 그리고 고대의 미토콘드리아 DNA 가운데 일부는 개의 가축화가 유럽에서 처음 발생했음을 가리키지만, 현대 개의 미토콘드리아와 게놈 데이터의 분석은 동아시아, 중동, 중앙아시아도 개의 가축화의 중심지였다고 알려준다.

개가 다른 동물들보다 훨씬 일찍 가축화되었으며 지금도 인간과 가장 가까운 동반 관계를 맺고 있다는 사실에서 우리는 지금은 대부분의 가축이 식용으로 길러지지만 가축화의 역사에서 오랫동안 대부분의 가축용 동물의 일차적 임무는 일을 하는 것이었고, 일을 통해 인간과의 관계가 가끔 충성과 사랑의 관계로까지 변했다는 사실을 상기하게 된다.

1만 5000년 전, 인간과 개의 동반 관계가 다른 이웃들보다 좀 더 특별한 어떤 것으로 진화하기 시작했을 때, 인간과 가축화된 동물이 차지하는 비중은 지구상 전체 포유류 생물자원 가운데서 거의 측정하기도 힘들 만큼 작았다. 그러나 그 이후 인간과 가축 동물 덕분에 포유류 생물자원의 전체 크기가 대략 4배 가량 늘었는데, 이는 농업이 다른 생물자원biomass을 살아 있는 살코기의 형태로 바꾸는 능력을 발휘했기 때문에 가능했다. 그리고 다른 포유류의 서식지를 농업과 인간 정착에 맞도록 적응시킨 결과, 이제는 인간과 가축 동물이 지구상 모든 포유류 생물자원에서 차지하는 비중은 놀랍게도 96퍼센트에 달한다. 인간은 그 전체의 36퍼센트, 인간이 기르고 살찌운 다음 도살장에 보내는 가축이 60퍼센트를 차지한다. 남은 4퍼센트는 인간이 세운 산울타리 안에서 웅크리고 있고 자연보호구역과 국립공원과 점점 좁아지는 야생 피신처 안에서 관광객들 앞에서 포즈를 취해주고 밀렵자를 피해 달아나는, 계속 줄어들고 있는 야생 동물의 몫이다. 야생 식물군도 사정이 별로 더 낫지 않다. 매년 대략 660억 마리의 닭이 인간의 소비를 위해 생산되고 도살되므로, 살아 있는 생물 자원 가운데 가축화한 가금의 분량이 야생 조류의 세 배에 달하는 것으로 추산된다.[6]

가축은 어떤 농업 사회가 가장 많은 에너지를 획득하고 가장 빠른 식물을 기르며, 가장 많은 인구를 부양하는지를 판정하는 데서 결정적인 역할을 한다. 가축은 처음에는 인간이 먹지 못하는 식물을 먹고 그 에너지를 비료로(그리고 고기로) 전환시키며, 둘째는 근육의 힘을 써서 쟁기를 끌고, 통나무를 운반하며, 사람들을 실어나르고 잉여 물품을 분배한다. 현재는 살아 있는 거세 수소 한 마리의 가치가 도살하기에 최적의 무게에 달했을 때 생산된 육류, 가죽, 기타 동물 부산물 형태로 나뉘는 부분들이 가진 가치의 총합보다 적지만, 산업혁명 때까지는 어디서든 쟁기를 끌 수 있는 한 가축은 죽었을 때보다 살아 있을 때 더 가치가 있었다.

나투프인들이 처음 야생밀 관리를 시도하기 시작한 지 1만 2000년이 흐르는 동안 개인이 획득하여 일에 투입할 수 있는 에너지의 양을 대폭 확장하는 기술 혁신은 매우 적었다. 바퀴, 도르래, 지렛대는 모두 큰 차이를 만들어냈다. 더 튼튼하고 더 정밀하게 제작되고 오래 가는 도구를 만들게 해주는 야금술과 관련된 테크놀로지도 그렇게 되었다. 하지만 기원전 3세기에 물레방아가 발명될 때까지, 또 기원후 1세기에 로마 치하의 이집트에서 풍차가 발명될 때까지 식량 외에 새로 에너지를 얻을 가장 중요한 동력원은 라마, 낙타, 나귀, 황소 같은 동물이었다. 아시아에서 코끼리와 말은 강제로 인간을 위해 노역했고, 증기기관과 좀 더 뒤에 내연 기관이 발명될 때까지는 인간 이외의 일차적 동력원이었다.

지금은 완전히 길들여진 각 생물종들이 애초에 각각 어떻게 인간의 우리에 들어가게 되었는지는 분명하지 않다. 일반적으로는 다양한 경로가 있었는데, 처음에는 먹이로 꾀거나 때려서 데려온 것이 아닌 경우도 일부 있었다. 집고양이와 개처럼 돼지는 음식 찌꺼기를 찾아 인간의 마을 주위를 어슬렁거리다가 점진적으로 인간 세계에 스며들었거나, 아니면 사냥꾼이 붙잡아와서 살찌운 뒤 잡아먹으려고 키운 결과였을 수도

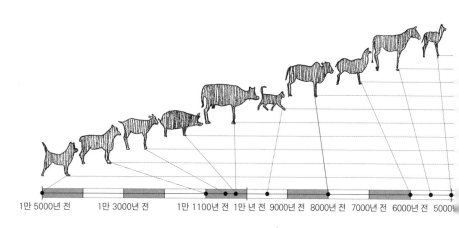

1만 5000년 전 1만 3000년 전 1만 1100년 전 1만 년 전 9000년 전 8000년 전 7000년 전 6000년 전 5000

주요 동물의 길들임에 대한 추측된 시기와 위치를 나타낸 시간표

있다.

개 외에 가장 먼저 길들여진 동물은 아마 양과 염소일 것이다. 이들은 중동 지역에서 발견된 고고학적 기록에 재배밀과 같은 시기쯤에 등장한다. 이 최초의 초식동물 길들이기 과정에는 개의 도움이 있었을 수도 있다. 야생 염소와 양이 서로 어울리고 무리를 결성하게 만드는 바로 그 유전자 때문에 무리 주위에서 짖어대는 개에 반응하게 되었을 수도 있기 때문이다.

양과 염소는 살이 맛이 있고 지방분이 풍부하다. 그것들은 또 젖을 분비하며, 일부 경우에는 양털도 주지만, 실제로 일을 하는 기준에서는 그리 쓸모 있지 않다. 동물 길들이기의 가장 놀라운 사례는 아마 1만 500년쯤 전에 시작된 다섯 종의 소였을 것이다. 소는 거의 모두가 다리가 길고

　　　　　　　　　　　　　　　　　　　　　　　3부 | 끝없는 노역

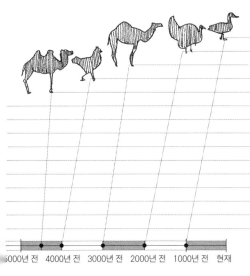

오리, 1000년 경, 아시아/중동
칠면조, 2000년 경 북미
단봉낙타, 3000년 경, 중동
닭, 4000년 경, 동아시아/중동
쌍봉낙타, 4500년 경, 중앙아시아
알파카, 5000년 경, 남미
말, 5500년 경, 중앙아시아
라마, 6000년 경, 남미
혹소, 8000년 경, 남아시아
고양이, 9500년 경, 중동
소, 10300년 경, 중동
돼지, 10300년 경, 중동
염소, 10500년 경, 중동
양, 11000년 경, 중동
개, 15000~35000년 경, 유라시아

5000년 전 4000년 전 3000년 전 2000년 전 1000년 전 현재

큰 뿔을 가진 거대 소 종류인 오록스auroch의 후손으로, 거대한 무리를 형성하여 유럽 전역, 북아메리카, 중앙 아시아를 배회했다. 오록스는 1만 500년 전에 중동에서 처음 길들여졌고, 그와 무관하게 6000년쯤 전에 인도에서도 가축화되었으며, 또 2000년쯤 뒤 아마 아프리카에서도 길들여졌을 것이다. 야크yak와 반텡 들소banteng 같은 또 다른 소 종류의 길들임 사례 가운데 제일 중요한 것은 습지 들소swamp buffalo다. 습지 들소는 4000년쯤 전에 길들여졌다. 그것은 오로지 일을 할 용도로 길들여진 몇 안 되는 종류 중의 하나라고 생각된다. 그렇게 생각하는 이유는 그들이 길들여졌다는 고대의 증거가 동남아시아에서의 쌀 생산이 강화된 상황, 즉 부지런히 호미질하는 것이 아니라 쟁기를 써서 깊이 갈아내는 방식이 쓰이게 된 것과 대체로 시기가 일치하기 때문이다.

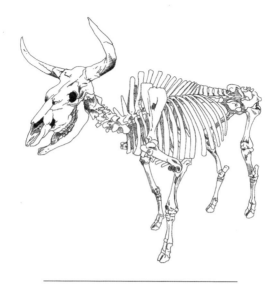

1만년 전 오록스의 골격(체중 1000kg, 신장 2m).
1905년에 덴마크의 빅에서 발견됨.

아프리카 동부와 중부, 남부 목축 부족의 '소 문화cattle cultures'가 소를 부와 권력의 상징으로 여겼는데, 고대 농경 국가에서도 소는 부와 권력으로 나아가는 통로가 되었다. 쟁기질 같은 힘이 필요한 작업에서 든든한 황소 한 마리는 덩치 좋은 남자 다섯 명 몫의 일을 할 수 있기 때문이다. 다른 말로 하면, 소의 가축화가 중요한 이유는 사람들에게 단백질을 제공하기 때문이 아니라 곡물 농업을 더 강화해 주고 잉여 산물을 시골에서 도시로 운반할 수단이 되어주기 때문이었다. 더욱이 그들은 인간이 먹지 못하는 식물에서 에너지를 얻어내고, 그들의 노동과 거름과 나중에는 그런 식물을 인간이 먹을 수 있는 살로 전환시킨다.

역시 크고 유순하고 쉽게 훈련될 수 있는 초식동물인 말이 길들여지자 여러 지역에서 소는 점차 신성시되고 존중받는 작업 동반자의 지위에서 식량의 지위로 좌천되는 현상이 일어났다. 말은 소에 비해 사람을 빠른 속도로 장거리로 운반하는 데 훨씬 더 효율적이었을 뿐만 아니라, 수레를 끄는 큰 말은 큰 황소보다 두 배의 일을 할 수 있고, 작업 속도가 30퍼센트에서 50퍼센트 더 빠르다는 이점도 있었다.[7] 말 때문에 소의 지위가 내려가지 않은 유일한 곳은 열대지방으로서, 혹등 소humpback cattle는 말에 비해 더위를 더 잘 견디며, 물소는 특히 질척거리는 습한 들판을 잘 헤쳐나가고 열대의 병균에 대한 저항력이 더 강하다.

1618년에, 스물두 살이던 르네 데카르트는 나중에 '30년 전쟁'으로 일컬어지는 근대적 전쟁에서 나사우의 군대를 지휘하는 개신교 공작[나사우 백작 마우리츠]의 병사로 지원했다. 유약한 체질인 그는 공병대에 배치되어, 대포탄의 궤적이나 군대에 필요한 말의 수를 계산하는 것 같은 수학적 문제를 푸는 데 열중했다. 경기병대와 중기병대는 전투에서 결정적인 역할을 하는 경우가 많지만, 대포와 텐트와 식량을 실은 수레와 화약과 대장간 화로와 총알과 공성기와 또 다른 재료들을 이리저리 싣고 다닐 짐수레 무리, 또는 첩자와 전령들을 싣고 다니는 조랑말도 그들 못지않게 중요하다. 데카르트가 저 유명한 '환상의 밤'을 맞은 것은 이런 활동을 한창 하던 1619년, 독일의 노이베르크에서였다. 환상의 밤이란 자신의 존재 입증은 추론 능력만으로 충분하다고 판단하여, 지금은 유명해진 코기토 에르고 숨cogito, ergo sum, '나는 생각한다 그러므로 나는 존재한다는 공리를 탄생시킨 일련의 꿈을 말한다. 그 꿈에서 그는 육신은 흙으로 만들어진 조각상이나 기계에 불과하며, 군대를 지지해 주는 전투마 등의 동물들은 이성적 능력이 결핍되었으므로 보리와 귀리를 연료로 하는 정교한 자동기계에 불과하다고 판단했다.[8]

물론 동물 세계라는 것이 다양한 형상의 유기체 로봇 속에 들어간 소니 아이보들의 방대한 집합이라고 상상한 철학자가 데카르트가 처음은 아니었다. 동물이 생물학적 자동기계라는 발상은 영혼에 의해 생기를 얻는 것은 인간 신체뿐이고 동물은 그저 존재만 할 뿐이라고 주장하는 과거의 신학적, 철학적 논쟁 속에서도 울려퍼졌다.

수렵을 통해 고기를 얻는 사회는 대부분 동물도 인간 영혼과 완전히 똑같지는 않더라도 일종의 영혼을 가졌다고 여긴다. 또 사냥꾼들이 사실상 영혼을 거두는 사람이라는 사실을 도덕적으로 언짢게 여기는 사람들이 많았으며 그래서 동물을 죽이는 행위를 합리화할 다른 방법을 들고 나왔다. 이누이트와 유카기르 같은 시베리아 수렵채집인들이 사냥한 동물이 인간이 식량과 동물 부산물로 쓰도록 자신의 몸을 선물로 주었다고 주장한 것은 이런 이유에서다. 그에 비해 !쿵족 사냥꾼들은 그들이 추적한 동물들이 사유하는 복합적 존재라고 여겨, 그들에게 영혼의 존엄함도 부여했다. 적어도 !쿵족의 표현에 따르면 동물도 일종의 생명의 힘 같은 것을 가진 존재라는 것이다.

육류 생산을 담당하는 농부나 정육업자들에게는 창이나 활을 들고 직접 달려서 동물을 잡는 사냥꾼들이 느낄 만한 친밀함이 자리잡을 여지가 없다. 죽은 동물들의 영혼이 감정적으로 그들이 감당하기 힘든 무게가 될 것이기 때문이다. 하지만 인간은 사회적 본성에 동의하는 공감을 선택적으로 사용할 능력을 개발했다. 대규모 도살장의 노동자들에게는 다행한 일이지만, 공감의 부정은 상대적으로 쉽다. 사냥꾼이 만나는

3부 | 끝없는 노역

사냥감은 대개 최고로 장엄한 모습인 데 반해 도살업자들이 만나는 동물은 도살장 밖의 울타리에 서 있는 동안 죽음의 냄새를 들이마시고 위축되어 최악의 상태에 있기 때문이다.

그렇다고는 해도 농경 사회는 동물을 죽인다는 윤리적 문제를 다룰 수많은 다른 접근법들을 채택했다. 몇 가지는 단순하게 그 지저분한 업무를 숨기기로 했다. 현재 많은 도시들이 이 방식을 택한다. 살아 있던 동물들이 대중의 눈길에서 멀리 떨어진 곳에서 도살자들의 손에 의해 스테이크, 케밥, 버거로 변형되는 것이다. 그리하여 보이지 않으면 마음도 멀어진다는 이 접근법은 동물이 영혼을 가진다는 발상을 폐기하지 않는 신학적, 철학적 전통이 있는 곳에서 흔히 선택된다. 동물에게 인간 영혼의 축소된 버전이 들어 있다고 여기는 힌두 전통에서는 동물을 죽이고 육류와 동물 부산물을 취급하는 일을 가죽 노동자인 차마르와 백정인 카티크 같은 하층에게 떠맡겼다. 동물의 피로 스스로를 더럽히고 싶지 않은 더 높고 순정한 카스트 구성원들은 그런 카스트의 거주지와 작업장이 있는 지역을 철저하게 피한다.

또 다른 방법은 규제다. 이것 역시 동물 복지에 관한 수많은 규칙과 명령으로 동물의 사육과 최종적인 도살을 관리하는 현대 산업 사회의 특징이다. 아브라함의 종교 추종자들은 이 접근법을 택했다. 따라서 전통적 유대교는 살아 있는 동물의 사지를 잘라내어 먹는 것은 신을 거스르는 죄라고 주장한다(창세기 9장 4절). 도살은 언제나 목을 신속하게 따서 동물이 겪을 고통을 최소한으로 줄여줘야 한다. 암소와 송아지는 절대로 같은 날에 죽이면 안 된다. 어린양의 고기는 절대로 그 어미의 젖과 함께 내놓으면 안 된다(레위기 22장 28절, 신명기 14장 21절). 일하는 소는

(사람처럼) 안식일에는 하루 쉬어야 한다(출애굽기 20장 10절, 23장 12절). 사람들은 동물들을 항상 잘 먹여야 한다.

마지막은 데카르트와 같은 접근법으로, 동물은 그저 기계에 불과하며 살아있는 동안에도 이미 죽은 존재라고 생각하는 것이다. 따라서 농부와 군인들이 동물을 죽도록 부려먹는 것이 비도덕적인 처사일까봐 걱정할 필요가 없다.

철학 밖의 영역에서 데카르트가 현대 세계의 형성에 끼친 가장 중요한 공헌은 해석기하학의 분야에서 이루어졌다. 예를 들면, 삼각형의 빗변 길이를 계산하는 피타고라스 정리가 일상적으로 $x^2 + y^2 = z^2$라는 단순한 공식으로 표시되는 것은 그가 고안한 수평인 x와 수직인 y축을 사용하여 그래프 위의 좌표를 측정하는 방식 덕분이었다. 하지만 데카르트가 기하학에 관한 한 본인을 피타고라스의 후계자쯤으로 여겼을지는 몰라도, 오로지 도살자의 무례한 칼날을 피하게 해주기 위해 살아 있는 동물을 시장에서 사들이는 단호한 채식주의자인 피타고라스의 습관은 인정하지 않았을 것이다.

동물에 대한 피타고라스의 이런 감수성은 고대 그리스에서도 흔치는 않았고, 그곳에서도 아리스토텔레스와 같은 입장이 더 일반적이었다. 설사 아리스토텔레스가 데카르트처럼 동물에게 축소된 영혼이 들어 있다고 믿었을지라도, 그는 동물에게는 이성이 부족하며, 그 때문에 죄책감 없이 죽이고 소비해도 좋다고 주장했다. 그의 마음에서 이것은 모두 자연적 질서의 일부였다. "식물은 동물을 위해 존재하며 다른 동물은 인간을 위해 존재한다."[9]

동물이 인간을 위해 존재한다고 주장한 아리스토텔레스의 입장에는 단지 식량만이 아니라 황소, 말, 사냥개 같은 동물들이 하는 일도 포함되어 있었다. 이런 일 역시 사물의 자연 질서의 일부였다. 아마 놀랄 일도 아니겠지만 그는 노예제도 비슷한 방식으로 합리화했다. 그는 노예제가 자연적 여건이며, 불운한 탓으로 합법적으로 노예가 된 사람도 있지만 다른 노예들, 특히 육체 노동을 하는 노예들은 "노예로 타고난 자"들이라 했다.

"노예의 쓸모는 동물의 쓸모와 별로 다르지 않다." 양쪽 모두 "생활에 필요한 것을 위해 신체적인 봉사"를 제공하기 때문이라고 그는 설명했다. 또 아리스토텔레스가 노예제가 자연적이면서 도덕적이라고 여겼기 때문에, 그의 상상 속에서 노예제가 더는 제도로서 존재하지 않을 유일한 상황은 오로지 노예가 할 일이 없을 때뿐일 것이다. 그리고 그는 그런 일이 일어날 수 있는 유일한 상황은 타인의 의지에 복종하고 예견하여 자동적으로 일할 수 있는 기계가 발명되고, 그럼으로써 작업 반장들이 하인이나 마스터나 노예를 원하지 않게 되는 상황이라고 믿었다.[10] 하지만 그에게 그것은 환상이거나 종교적인 사람들이 이야기하는 허황한 이야기의 세계에서나 일어날 수 있는 일이었다. 마치 황동으로 불을 내뿜는 황소를 만들고 황금으로 노래하는 처녀를 만들어내는 신들의 대장장이 헤파이스토스처럼 말이다.

아리스토텔레스는 이성을 사용하여 불확실성의 본성을 탐구함으로써 명성을 쌓았을 것이다. 그러나 그는 노예의 존재 이유가 자신과 같은 사람이 식량을 생산하고 음식을 준비하기보다는 수학 문제를 풀고 지능적인 논쟁을 벌이면서 시간을 보낼 수 있게 하려는 데 있다고 믿어 의심치 않았다. 노예제에 대한 그의 방어논리를 보면 어떤 사회에 속한 사람이든 전혀 다른 경제적, 사회적 규범과 제도가 모두 자연을 반영한다고 주장해 왔다는 사실을 떠올리게 된다.

아테네, 테베, 스파르타, 코린트 같은 고대 그리스의 도시국가에서 노예제와 농노제로서 농업 생산에 의존하는 경제를 유지했다. 그 노예들 대부분이 들판에서 힘겹게 일하긴 했어도 할 수 있다면, 더 머리 쓰는 일을 해도 좋다고 여기던 때도 있었다. 실제로 고대 그리스에서 정치를 제외하면 사유인이 아니어도 어떤 직업이든 가질 수 있었다. 또 노예들은 정의상 어떤 재산도 본인이 소유할 수 없기 때문에 노동에 대한 어떤 보상도 요구할 자격이 없었지만, 법률가, 관리, 상인, 기능공으로 일하는 노예들은 공식적인 지위를 훨씬 웃도는 영향력을 누리고 살았다.

아리스토텔레스와 같은 사람들이 육체 노동을 멸시했을지 모르지만 고대 그리스의 역사상 힘들게 일하는 것이 도덕적인 의무로 간주되던 기간은 짧지 않았다. 그러므로 〈일과 나날들 Work and Days〉에서 시인 헤시오도스는 기원전 700년의 그리스에서의 농민의 삶, 그리스 버전의 전락의 이야기를 전했다. 거기서 분노한 제우스는 인간을 처벌하기 위해 하루만 일해도 일 년을 먹고 살 수 있는 방법을 숨기고 알려주지 않는다. 그는 또 신들은 '게으르게 사는 사람'에게 분노하며, 힘들게 일함으로써만 '인간은 자손이 번성하고 부유해질 수 있다'고 주장한다.[11]

1982년에 자메이카에서 태어난 사회학자 올란도 패터슨 Orlando Patterson은 고대 그리스와 로마에서 중세 유럽, 식민지시대 이전의 아프리카와 아시아를 포함하는 노예제 사회 66곳에 대한 기념비적인 비교 연구를 집대성해 출판했다. 그것은 노예제에 대한 법적인 정의 혹은 자산을 기초로 하는 정의보다는 사회학적 정의를 확립하기 위해 여러 해 노력한 연구의 결과물이었다.[12] 그 책에서 그는 노예로 사는 것은 무엇보다도 '사회적 사망'의 한 형태이며, 어떤 일을 하건 노예들은 자유민의 행동을 지배하는 사회적 규범에 호소하지 못한다는 점에서 한계로 내몰렸거나 수탈당하는 사회적 계급과 구별된다고 지적했다. 노예는 결혼할 수도 없고, 빚을 지거나 빚을 줄 수도 없으며, 사법 제도에 호소할 권리도 없고, 그들에게 상해를 가하는 것은 그들 주인에 대한 상해가 되고, 그들이 가진 모든 소유물은 법적으로 그들 주인에게 예속되므로 그들은 아무것도 소유할 수 없다. 이는 그들이 데카르트의 로봇 동물과 달리 이성을 가진 인간인데도 영혼 없는 자동 인형 취급을 받았음을 의미한다. 프랑켄슈타인의 괴물처럼 온전한 인간으로 받아들여지기란 언제나 꿈에 그칠 수밖에 없는 존재였다. 따라서 로마의 군단장이 전쟁에서 포로가 되면 그의 가문은 그가 전사했을 때와 똑같은 장례를 치르게 된다.

일부 노예들에게는 그들이 감내해야 하는 사회적 죽음이 신체적 죽음보다 더 나쁜 경우가 많았다. 그런 노예들은 결국은 처형을 피하지 못할 줄 알면서도 주인을 공격하는 일이 가끔 있었다. 그러나 다른 노예들은 이를 악물고 주어진 상황을 최대한 이용했고, 다른 노예들과 엉성하게나마 친족관계와 연대를 맺고 공동체를 결성했으며, 가끔은 자신들이 섬기는 자들과도 그런 관계를 맺었다. 많은 것을 빼앗겼지만 많은 노예들, 특히 근육의 힘 외에 다른 것도 활용할 수 있었던 몇몇 운 좋은 자들은 자신들이 하는 일에서 목표와 자부심과 의미를 발견했다.

그리스인에 비하면 부유한 로마인이 사소한 일로 분별을 잃고 노예들을 죽이거나 고문하는 정도가 더 높았다. 하지만 그런 경우를 제외하면 노예와 일을 대하는 태도는 고대 그리스인과 비슷했다. 또 거의 2000년 뒤의 빅토리아 시대 영국인들처럼 자신들이 고대 그리스 문명의 상속자라고 여겼다. 그들 역시 육체적인 일이 비천하다고 여겼고, 먹고 살기 위해 일하는 것을 품위를 해치는 일이라고 보았다. 시민이라면 마땅히 큰 사업이나 정치, 법률, 예술, 군사적 목표에 종사해야 한다.

로마 제국에서 노예는 원로원 의원들, 집정관, 황제의 거대한 야심을 마구잡이로 팽창하는 제국으로 전환시키는 데 사용되는 근육이었다. 그들은 로마의 장엄함을 와해되지 않게 유지해 주는 모르타르이자 어떤 사람들에게는 부유한 지주로 은퇴하려는 평민적인 꿈을 이루게 해주는 수단이었다. 하지만 공화국의 초반에 로마인들이 보유한 노예의 수는 후대에 비하면 상대적으로 적었다. 로마가 제국으로 확대되면서 해외 원정에서 잡아온 노예들이 유입되자 소규모 자영농이 곡물을 공급하여 로마를 먹여살리던 농업 모델에서 라티푼디움이라 불리는 대규모 농장이 농업 생산을 지배하는 쪽으로 변했다. 그런 장원들은 모두가 가축과 마찬가지로 농장의 재산목록으로 등록된 노예들에게 거의 전적으로 의존했다.

기원전 200년에서 기원후 200년 사이의 4세기 동안 로마와 대이탈리아 인구의 약 4분의 3이 노예였다고 생각된다. 그중 대다수는 농장이나 채석장의 노동자로 일했고, 그들이 만드는 잉여 생산물은 도시로 흡수되었다. 그러나 로마시에서는 고대 그리스와 마찬가지로 거의 모든 기술적 직업이 노예들의 손으로 수행되었다. 검투사와 창녀들 그리고 큰 가문이나 중소 가문에서 노예들이 수행했다고 기록된 89개의 직업 외에도[13] 노예들은 생각할 수 있는 거의 모든 직업에서 일했다. 사실 그들이 배제된 유일한 직업은 군대였다. 또 고대 그리스에서만큼 널리 퍼진 현상은 아니었지만 로마 노예들은 가끔 중요한 관리와 비서직을 맡기도 했는데, 세르부스 푸블리쿠스servus publicus, 즉 공공 노예라 불린 그들의 소유권은 개인이 아니라 로마시 자체에 있었다.

시민의 관점에서 볼 때 로마의 경제가 지적 노동 기계라 할 만한 것에 의해 지탱되었다는 사실에서 대규모 자동기계와 비슷한 경제 문제가 발생했다. 그 문제 중의 하나가 부의 불평등이었다.

초기의 로마는 이탈리아 전역에 걸친 소지주 농부들의 네트워크에 의해 유지되었으며, 그 결과로 가내 노동의 노력과 보상의 상응도는 비교적 높았다. 하지만 대부분의 노동이 노예들의 손으로 넘어가자 이런 경제적 상응관계는 유지되기 힘들어졌다. 자본과 노예가 많은 자들은 가난한 로마 시민들보다 몇 곱절 더 많은 부를 쌓을 수 있었지만, 빈곤한 시민들은 노동 시장에서 생계를 위해 노동을 해야 했는데, 그런 시장에서는 경제적인 이유로 인해 유능한 노예가 항상 선호되었다.[14] 소규모 농부들은 대농들과 경쟁하기가 힘들어져 대다수 소농들이 농토를 대지주에게 팔고 살길을 찾아 도시로 떠났다. 일부의 계산에 따르면 로마 제국의 마지막 세기에는 세 가문이 고금을 통틀어 가장 부유한 개인적 대지주였으리라고 한다.[15]

일자리를 놓고 노예와 경쟁하는 로마인들이 도움받을 길은 있었다. 런던 지하철의 기관사들이 자율주행차나 원격조종 열차에 맞서서 일자리를 지키기 위해 노조에 의존하는 것과 대체로 같은 방식으로, 일반 로마인들은 노예들이 자신들의 이익을 훼손하지 못하게 막아주는 직업 길드를 조직했다. 콜레기아collegia, '장인 학교artisan colleges'라 불리는 이런 종교적, 사회적, 상업적인 혼성의 조직들은 폭도가 침투한 사교 클럽 같은 역할을 맡았으며, 나중에 중세 유럽에서 상당한 권력을 휘두르게 되는 직업 길드의 선조가 되었다. 구성원들의 능력을 활용하여 수익성 높은 공공 계약을 확보해 주는 것 외에 많은 콜레기아들이 범죄조직으로도 활동하여 적어도 부의 일부가 아래로 흘러내릴 길을 확보했다. 직조공, 모직축융업자fuller, 염색공, 제화공, 대장장이, 의사, 교사, 화가, 어부, 소금상인, 올리브유 상인, 시인, 배우, 수레꾼, 조각가, 소 장수, 금세공사, 석공 등의 직업마다 별도의 길드가 세워졌고, 로마에서 일어나는 모든 일에는 이런 길드들이 반드시 개입했다.

장인들의 콜레기아가 가진 권력이 막강했지만, 그래도 그들이 할 수 있었던 것은 고작해야 부유한 가부장이나 그들이 의존하는 후견인들의 식탁에서 떨어지는 부스러기를 놓고 싸우는 일에 불과했다. 종국적으로 로마의 몰락을 재촉한 것은 그 핵심에 들어 앉아 주위를 부식시키는 불평등이었다.

로마가 군단을 파견하여 유럽 거의 전역과 지중해에 팍스로마나Pax Romana —로마의 평화—를 강요하기 이전에도 수많은 도시국가들이 정복을 통해 제국으로 올라섰다. 다만 그들은 제국을 유지하는 데는 별로 유능하지 못했다. 2250년쯤 전에는 메소포타미아에서 잠시 꽃을 피웠던 사르곤 대제 치하의 아카드 제국이 있었다. 나일강 유역을 따라 현재의 수단까지 확장되었던 이집트 제국이 있었고, 키루스, 크세르크세스, 다리우스의 페르샤 제국이 있었다. 페르샤 제국은 크기가 줄어들었다가 나중에 마케도니아의 알렉산더가 세운 광대하지만 단명했던 제국에 잠시 합병되었다. 그러다가 마우리아 제국 같은 경우도 있었다. 마우리아 제국은 알렉산더를 물리친 뒤 기원전 322년에서 187년까지 인도 아대륙의 대부분을 다스린 왕조다. 그리고 현대 중국 땅에는 진秦나라와 한漢나라가 있었다. 그런데 이런 고대 제국들이 거의 통일되자마자 다시 쪼개진 데 비해 로마 제국은 500년간 존속했다.

고전학자들은 지금도 로마 제국의 특별함의 원인이 무엇인지를 놓고 논쟁을 벌인다. 하지만 그것을 지탱해 준 여러 요인 중 하나가 모든 길이 로마로 통한다는 사실이었다는 데는 거의 모두가 동의한다. 대제국 이탈리아로 위상을 떨치던, 당시 노예 노동을 통해 조달된 자원 덕분에 전성기의 로마는 제국 전역의 농부들이 만들어낸 잉여 에너지를 빨아들여 100만 명의 시민과 군단들, 수많은 관료들, 원로원 의원, 노예, 길드, 극단을 유지할 수 있었다.

오늘날도 세계의 번성하는 메트로폴리스의 상황이 그렇듯이, 로마의 대도시들에 살고 있는 개인들이 남긴 에너지 발자국은 땅에서 일하는 개인들의 발자국을 크게 웃돌며, 그런 격차는 대체로 노예들 덕분에 생겼다. 이 에너지는 수로, 도로, 원형 극장, 대로를 짓는 데 투입되었다. 또 물건들이 로마 시장을 거쳐 유통되도록 관리하며, 몇몇 최고 부유층의 화려한 생활을 유지하는 데도 들어갔다. 그리고 로마의 더 음침한 거리에서 근근이 생계를 이어가는 평민들은 중심지에 살고 있어 귀족들에 비해 자신들의 빈곤을 끊임없이 상기했지만, 시골에서 밭을 갈던 농민들에 비하면 훨씬 형편이 좋았다. 그리하여 몇몇 고전학자들은 로마 제국의 시골 도시에 사는 하층민들도 "19세기까지 서유럽에서 살던 그 누구와도 비교되지 않는 높은 생활 수준을 누렸다"고 주장해 왔다.[16]

로마는 그 군사적 정복을 로마 스타일의 도시, 장원에서 사는 로마인들이 주둔하고 운영되는 식민지로 바꿔놓았다. 그런 도시와 장원은 부를 빨아들이는 동시에 약탈물과 세금과 공물을 로마로 실어 보냈다. 이 부의 일부는 금과 은, 광물, 직물, 사치품으로 구성되지만 대부분은 잉여 농산물 및 기타 식품이다. 그 결과, 수도에 사는 100만 주민 및 주요 시골 도시의 주민들은 포르투갈산 올리브, 스페인산 멸치젓갈garum, 브레타뉴산 굴, 지중해와 흑해에서 잡힌 생선, 카르타고산 무화과, 그리스산 포도주 그리고 제국 전역에서 생산된 꿀, 향료, 치즈, 건과, 방향제 등을 즐겁게 소비했다. 하지만 제일 중요한 것은 그들이 밀과 보리로 만든 빵과 죽을 먹었다는 것이다. 이런 것들은 집정관이든 황제 치하에서든 로마 재무성이 비용을 부담하여 최대 20만 명의 빈민들에게 매달 정기적으로 분배되었다. 집정관과 황제는 팽창한 도시에서 시민들의 반항을 통제하려면 평민들을 잘 먹이고 가끔씩 사치스러운 개선식과 서커스와 다른 대중 여흥에 관심을 빼앗기도록 해야 한다는 것을 알고 있었다.

로마의 지도자가 시민들이 다른 것에 흥미를 갖도록 하려는 온갖 수고, 로마의 콜레기아가 노예들로부터 자신들의 직업을 방어하려고 행하는 노력은 일의 역사에서 농업이 처음 수용된 이후 찾아온 대변화를 상기시킨다. 갈수록 많은 사람이 대도시와 소도시에 모여들어 일어난 변화 말이다. 그런 곳에서는 인간 역사상 최초로 사람들이 하는 일 가운데 더 많은 부분이 살아남는 데 필요한 에너지를 끌어모으는 것이 아닌 다른 곳에 투입되었다.

HISTORY OF
WORK

4부
도시의
유물

11장

꺼지지 않는
불빛

2007년 8월, 새디어스 구리랍Thadeus Gurirab은 옷과 코팅된 졸업증서를 허술한 트렁크에 넣고, 아프리카 동부 나미비아에 있는 작은 가족 농장을 떠나 수도인 빈트후크Windhoek로 향했다. 새디어스의 부모는 자신들이 가진 작은 농장으로는 한 가족밖에 부양하지 못한다는 것을 알고 있었다. 그들은 자식 넷 중 둘째인 새디어스에게 학교를 다니고 도시에서 직업을 얻으라고 종용했다.

빈트후크에 도착한 새디어스는 삼촌과 숙모, 그들의 세 자녀와 숙모의 어머니까지 여섯 식구와 함께 살게 되었다. 그들은 수도의 외곽 언덕 위에 세워진 무허가 정착촌인 하바나의 돌투성이 땅에 지은 함석 오두막에 살았다.

10년 뒤에도 새디어스는 여전히 하바나의 같은 장소에서 살고 있었다. 그의 삼촌과 숙모가 2012년에 다른 곳으로 이사하면서 그 땅을 그에게 넘겨주었다. 그는 이제 보안요원으로 일하는 동시에 도시 이주민들이 일요일마다 행운을 위해 기도하러 모이는 어느 복음교회에서 청소원으로 일하는 제2의 직업을 가졌다. 그리고 그 땅에 새로 지은 또 하나의 함석 오두막을 세 주어 여윳돈을 번다. 그 오두막은 매트리스 하나가 들어갈 만한 넓이다. 그곳은 아프리카 동부에서 막 도착한 두 젊은이의 거처이며, 그들 역시 보안요원으로 일한다. 한 명은 낮에 그 오두막에서 잠을 자고 밤 근무를 하며, 다른 한 명은 낮 근무를 하고 밤에 잔다.

새디어스는 이런 상황에 만족했다. 누군가는 항상 집에 있으면서 지킬 수 있으니 말이다. 2012년부터 하바나의 규모는 전보다 두 배로 커졌고, 예전처럼 안전한 곳이 아니었다. 그가 처음 왔을 때는 오두막에서 내려다보이는 언덕에 아무도 살지 않았는데, 지금은 그의 집이 있는 쪽 사면에 건물이 가득 들어차 있다. 그런데 새로 온 사람들 대부분이 일자리를 구하지 못했으므로 그저 구걸이나 절도로 연명하는 수밖에 없다.

50만 명가량의 인구가 사는 빈트후크는 크기로 보면 세계의 수많은 수도의 한 조각에 불과하다. 그곳에서 일어나는 일은 개발도상국의 다른 많은 지역에서 일어났던 일에 비해 규모는 작지만 비슷하다.

1991년으로 거슬러 올라가면, 나미비아 전체 인구의 4분의 3가량이 시골에 살았다. 그 이후 고작 25년쯤밖에 지나지 않았지만 나미비아의 전체 인구는 거의 두 배로 늘었다. 하지만 시골 인구의 증가율은 고작 5분의 1에 불과하다. 나미비아의 도시 인구는 규모 면에서 4배로 늘었는데, 주로 시골이 포화상태가 되자 새디어스 같은 사람들이 도시로 향하기 때문이다. 그 결과 1991년의 나미비아 전체 인구 정도의 숫자가

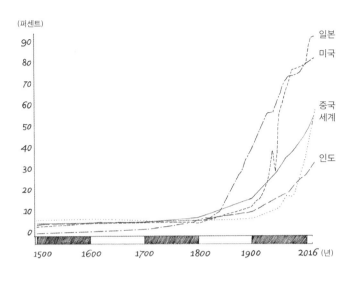

(퍼센트)

일본
미국
중국
세계
인도

1500년에서 2016년 사이의 도시 지역 거주 인구의 비율

지금은 도시에 살고 있다. 그리고 정부가 주거 문제와 젊은층 전체의 46퍼센트에 달하는 실업률 문제를 충분히 해결하지 못하고 있어, 이런 새 이주자들 대부분은 하바나 같은 비공식 정착지에서 임시변통으로 살아야 한다.

새디어스는 2007년에 도시로 이주한 전 세계 7500만 명 중의 하나였다. 이주민 대다수는 그가 그랬듯이 도시나 소도시에서 성공하려고 시골집을 떠났다. 그들은 각자 우리 인간이 중요한 역사적 문턱을 넘어서도록 밀어붙이는 데서 소소한 역할을 했다. 2008년 초엽에는 인류 역사상 처음으로 도시 거주자가 시골 거주자보다 많아졌다.

자신의 환경을 애써 바꿀 생각이 별로 없던 생물이 거대하고 복잡하고 가공된 집단거주지에 사는 것들로 변해가는 속도는 진화의 역사에서 전례가 없다. 흰개미, 개미, 벌꿀의 도시화는 수백 년 동안 진행되지만, 인간의 도시화는 진화의 눈이 한 번 깜빡하는 동안 진행되었다.

인간은 최근 들어서야 비로소 !쿵족이 '도시의 생물creatures of the city'이라 묘사한 존재가 되었는지도 모른다. 그렇다 하더라도 고대 최초의 소도시들은 중동, 중국, 인도, 메소아메리카, 남아메리카에서 결성되기 시작한 이후 창의성, 혁신, 힘, 다양성의 도가니 역할을 해왔다. 그들은 주민에 관련된 일에 과도한 영향력을 행사하기도 했다. 세계 각지의 도시 주민이 보통 어떤 지역에서든 전체 인구의 5분의 1 이상을 차지하게 된 것은 산업혁명이 일어나고 나서의 일이었다. 하지만 그때쯤이면 이미 도시에서 벌어지는 일이 그 이후 5000년 간 인간 역사가 밟을 궤적을 지시하고 있었다.

호모 사피엔스가 도시 인종으로 변신하는 사연 가운데 가장 최근의 것들은 대다수가 인구 과밀한 판자촌, 개발도상국 세계의 도시와 소도시 주변에서 번성하는 하바나 같은 곳들에서 느낄 수 있는 즉흥적이고 수시로 혼란에 빠지는 자유 화법으로 서술되어 있다. 현재 16억 명에 달하는 사람들이 슬럼과 판자촌에 살고 있다. 그중 가장 큰 곳─케냐의 키베라, 멕시코시티 외곽의 시우다드 네자, 파키스탄의 오랑기 타운, 뭄바이의 다라비 같은 곳─은 인구가 수백만에 달하며, 어떤 면에서는 도시 속의 도시가 되어 있다. 그런 곳의 거미줄 같은 대로는 무계획적으로 한없이 뻗어나가며, 어찌나 빠른 속도로 커지는지, 그에 대해 지역 자치 당국이 내놓을 수 있는 대책이라고는 기껏해야 필기판을 손에 들고 물, 하수도, 전기 시설 같은 기본 업무의 유지비용이 얼마인지, 그것들을 개량할수 있는지 계산하면서 변화의 뒤를 정신없이 따라가는 것뿐이었다.

도시로 이동하는 인류의 이야기 가운데 최근에 속하는 다른 장들은 전체적으로 글씨체가 더 가지런하다. 그중에서 가장 인상적인 것은 현대 중국의 도시 계획가와 설계자들이 쓴 지나치게 큰 글씨다. 40년 전, 중국인 다섯 명 중 넷은 시골에 살았다. 이제는 다섯 중의 셋이 유리, 시멘트, 철강으로 지어진 집과 일터에 산다. 이런 것 중의 많은 수가 넓고 자로 잰 듯 곧은 아스팔트 도로를 중심으로 조직되고, 통합 관리되는 상하수도, 에너지, 쓰레기 처리와 통신용 기간 시설 등의 서비스를 누리고 있다. 1979년에서 2010년 사이에 급속도로 성장하는 제조업 부문에서 일자리를 얻기 위해 도시로 움직인 시골 중국인은 무려 2억 5000만 명으로, 이는 인류 역사상 가장 거대한 움직임이었다. 그로 인해 아직도 주민이 별로 없는 새 '유령 도시'가 하룻밤새 출현했을 뿐만 아니라 기존의 도시들이 시골 지역까지 확장되면서 조용한 시골 마을, 동네 농장, 소도시들을 연이어 집어삼키는 사태가 벌어졌다.

비어 고든 차일드에게 '도시혁명'은 농업혁명의 핵심이라 할 제2단계였다. 첫 단계는 점진적으로 가축, 곡물, 또 다른 식량 작물을 여러 세대에 걸쳐 길들이는 괴로울 정도로 느린 절차를 포함했다. 인공 관개, 쟁기질, 짐말, 벽돌 제조, 야금술 같은 단순한 테크놀로지가 점진적으로 발전하고 다듬어지는 것 또한 도시혁명의 전형적인 특징이었으며, 그것이 쉽게 늘어날 수 있게 함으로써 인간종의 생물학적 복지를 입증할 수 있도

록 증진시켰다.⁴

이와 반대로 도시는 농업적 생산성에서의 결정적인 문턱이 극복되고 농부들이 관료, 예술가, 정치가, 그 외 다른 사람들을 더부살이꾼으로 여기지 않고 너그럽게 먹여살릴 만큼 많은 잉여를 꾸준히 만들어낼 수 있게 된 뒤에야 오게 되는 단계다. 도시혁명은 상인이 보급을 맡고 군주가 통치하며, 사제, 군인, 관료가 운영하는 도시의 출현을 특징으로 한다.

차일드는 거의 틀림없이 옳았다. 적어도 일의 역사라는 기준에서는 그랬다. 고대 도시들은 지역 농부들이 들판에서 일하지 않아도 되는 많은 인구를 안정적으로 먹여 살릴 만큼 충분히 많은 에너지 잉여를 생산할 수 있게 된 뒤에야 출현했다. 그리고 에너지가 충분한 경우, 베짜기새처럼 사람들은 제일 먼저 괴베클리 테페나 스톤헨지 같은 거대한 거석 기념물을 세우는 데 그런 에너지를 사용했고, 제대로 된 도시와 소도시를 세우는 것은 나중 일이었다.

아시아, 중동, 아메리카에 세워진 최초의 도시들은 그 지역 주민들이 가진 창의력의 증명이자 지리학적 우연의 산물이었다. 예를 들어, 파푸아 뉴기니와 중국의 주민들은 모두 대략 1만 년 전에서 1만 1000년 전쯤 전에 농업을 시도하기 시작했다. 하지만 4000년쯤 전에 중국의 농부들은 운 좋게도 수확량이 많은 쌀과 수수를 재배하여 대량의 잉여산물을 꾸준히 생산함으로써 최초로 도시에 거주하는 황제가 지배하는 왕조의 첫 계보를 세우고 유지할 수 있었지만, 파푸아뉴기니의 농부들은 타로와 얌을 재배하고 돼지를 쳐서 얻는 약소한 에너지로 큰 마을 이상의 규모를 끝내 개발하지 못했다. 사실 뉴기니에 제대로 된 도시가 계속 남아 있게 된 것은 쌀 등의 소출량 많은 곡물이 그곳에 수입된 식민지 시

4부 | 도시의 유물

대 이후의 일이었다. 중앙아메리카인들 역시 이와 비슷하게 고소출 식량 작물이 없었기 때문에 강해지지 못했다. 그들이 도시를 유지하기에 충분한 잉여 산물을 생산하게 된 것은 지금으로부터 1000년도 채 안 되는 시기였다. 수천 세대에 걸친 인위적 선택을 거듭한 끝에 그때쯤에야 마침내 지금 우리가 아는 소출량 많은 옥수수 비슷한 것에 도달한 것이다.

지리학적 방정식에서 운 좋게 적합한 토착 품종을 만나는 것 외에 중요한 두 가지 변수가 기후와 지형이다. 중동, 동남아시아, 인도 아대륙에서 최초의 도시들이 모두 곡식 생산에 특히 잘 맞는 기후대와 계절적 범람이 발생하는 큰 강 수계의 범람원에서 발전했다는 것은 우연의 소치가 아니다. 비료의 가치를 알아내거나 잘 운영된 작물 순환의 원칙을 확정하기 전에는, 이런 지역의 주민들은 상류에서 떠내려오는 비옥한 유기물과 충적토로 표토를 새롭게 하기 위해 강의 신이 일으킨 홍수에 의존했다.

몇몇 과학자들은 엔트로피란 지구에서 생명의 출현이 거의 필연적인 일에 가깝다는 의미라고 주장하는데, 이와 유사하게 역사는 인간의 식량 생산성이 높아질 때마다 크고 작은 도시가 형성될 수밖에 없었다고 주장한다.

살아 있는 유기체처럼 도시도 에너지를 얻어서 그것을 일에 투입함으로써 태어나고 유지되고 성장한다. 이런저런 이유로 인해 또 다른 도시가 필요한 에너지를 확보할 수 없게 되면, 공기와 식량과 물을 빼앗긴 유기체처럼 엔트로피와 부패에 굴복하여 죽는다. 인간이 도시에 살기 시작한 역사의 초기에 이런 현상은 생각보다 더 흔했다. 가끔 도시와 소도시는 그들을 포위한 경쟁자들에게 질식당했다. 아니면 가뭄, 역병, 또 다른 신의 행위로 소멸했다. 고고학자들이 뚜렷한 이유 없이 하룻밤 새 망해버렸다고 본 수많은 고대 도시, 소도시, 정착촌의 운명이 이런 것이라고 여겨졌다.

산업혁명이 일어나기까지는 고대 로마처럼 고도로 세련되고 생산적인 문명에서도 다섯 중 넷은 시골에 살았고 밭을 갈았다. 하지만 최고의 생산성을 자랑하는 고대 농업 경제에서 도시 거주자 다섯 중 하나는 완전히 새로운 작업 방식을 개척한 사람들이었다.

식량 생산에 시간이나 노력을 전혀 쓰지 않는 사람들이 처음으로 대규모로 모여 살게 되면서 그들은 잡다한 상황과 호기심과 지루함의 혼합물에 유도되어 자신들의 에너지로 할 만한 다른 창조적인 일을 찾아나섰다. 그리고 충분히 배를 채운 베짜기새들이 일을 하라는 엔트로피의 요구에 따르는 것처럼 도시가 주변의 농토에서 더 많은 에너지를 얻어 올수록 도시는 더 커지고 시민들은 더 분주해진다. 그 에너지의 많은 부분이 기간 시설을 짓고 관리하고 갱신하는 재료를 조달하는 데 투입되었다. 이로 인해 목공, 석공, 건축, 공학, 수리학, 하수도 관리 같은 새로운 전문 직업이 등장했다. 신전 건설과 신성한 교단을 유지하고, 요구하는 신들에게 제물과 공물을 바쳐 비위를 맞추는 데도 많은 에너지가 소모되었다. 또 소규모의 작은 이동성 집단을 이루어 30만 년 동안 살아온 선조들의 후손인 그들이 대규모로 모여 살게 되자 질서 유지라는 완전히 새로운 과제에도 도전하게 되었다. 이로써 관료, 판사, 군인 그리고 질서를 유지하려고 사람들을 한데 묶어 공통의 가치와 믿음과 목표를 가진 도시 공동체를 구성하는 데 특화된 직업인들이 필요해졌다.

　　버려진 쌍둥이 로물루스와 레무스의 이야기, 처음에는 늑대 젖을 먹
고 자라다가 나중에 로물루스가 형제를 살해하고 로마를 세웠다는 이야
기처럼 고대 도시의 기원을 전하는 전설은 인간의 집단 역사의 빈 구멍
을 메워준다. 거의 모든 경우에 우리는 왜, 어떻게 작은 마을이 농업에서
얻는 잉여 에너지로 지원가능한 팽창의 수준을 넘어 소도시나 도시로 마
구 커지는지는 짐작만 할 수 있다. 당연히 아테네, 로마, 쳉주Chengzhou•,
이집트의 멤피스, 남부 아프리카의 대 짐바브웨와 마풍구브웨, 멕시코시
티 지하의 폐허에 누워 있는 테노치티틀란 같은 고대 메트로폴리스의
설립으로 이어지는 길이 많이 있는 만큼 그런 곳들로 들고 나는 길 또한
많다. 몇몇 도시는 거의 확실하게 제의적 중심지나 지리학적으로 좋은
위치에 있던 만남의 장소로 처음 형성되었고, 그곳에서 사람들은 철에
따라 모여 사교하고, 숭배하고 선물, 사상, 두려움, 꿈, 배우자를 교환했
다. 분쟁이 벌어질 때 방어하기에 확실하게 더 유리한 장소에 세워진 도
시들도 있다. 강자가 약자를 후원하거나 보호해 주며, 사람들이 거대한
야심과 부풀어 오른 자아를 소유한 카리스마적 지도자의 마법 아래에
굴복하게 되는 그런 곳 말이다.

　　도시들이 살고 죽는 것은 공통된 행동 규칙과 그 시민들이 공유된 경
험, 신념, 가치를 가지고 함께 연대하고, 그다음에는 이런 것들을 자신들

• 정주 또는 은나라의 옛 수도인 은허. 허난성 안양현 샤오툰촌에 있다.

을 먹여 살리는 시골까지 확장하는 능력에 달려 있었다.

에너지가 더 많아지면서 농경 인구가 늘어나고, 영토와 비옥한 토지와 물 같은 자원의 이용도 더 큰 가치를 갖는다. 게다가 추수가 끝나 식량이 충분해지고 거대한 거석 기념비를 지을 일이 없을 때 남자들은 여자들에게 어떻게 강한 인상을 남길지, 서로서로 감명을 줄지, 그동안은 바쁘게 일하느라 곪게 방치되었던 불평과 모욕과 적대감을 어떻게 처리할지, 생각할 시간을 갖게 된다. 따라서 한가해진 계절에는 사람들이 수시로 한데 모여 스톤헨지 같은 기념물을 건설하는 데 힘썼지만, 모여 싸우기도 했다. 초기 신석기 유럽의 유적지를 발굴하는 데 관심을 가진 고고학자들이 많은 시간을 들여 요새화된 마을과 공동묘지에서 고문과 제의적 살인, 가끔은 식인의 증거도 보여주는 매장 흔적들을 발굴할 것으로 기대하는 것은 이 때문이다.[5]

신석기시대 초기의 사람들이 계곡 건너편 마을 주민들에게 살해될 위험 때문에 끊임없이 경계 상태를 유지하기는 했지만 그래도 자신들을 군인으로 여긴 사람은 거의 없었고, 가끔씩 분노하여 전투 분장을 한 한두 마을의 농부들도 군대 행세를 하지는 않았을 것이다. 신석기 초기에 있었던 거의 모든 무장 분쟁은 분명히 누어Nuer와 딩카Dinka 같은 식민지 이전의 아프리카 농경 사회에서, 또 남아메리카의 야노마모Yanomamo 같은 원예농업 문명에서, 또 파푸아 뉴기니의 서로 경쟁하는 마을들에서 발생했던 것과 분명히 비슷했을 것이다. 다르게 표현하자면, 참혹한 학살이 일어나는 경우는 분장하고 허세부리고 포즈를 취하고 욕을 해대는 제의적 전투보다 훨씬 드물었다.

그러나 도시와 국가의 출현으로 모든 것이 변했다. 도시 거주자들이

하는 일은 에너지 사용의 요구에 따라 결정되었는데, 그것이 사용된 첫 번째 일 중의 하나는 도시 성벽 안에서 평화를 유지하고, 에너지 자원을 보호하거나 그것에 접할 통로를 더 넓히는 전문적 상설군대를 개발하는 일이었다.

도시민들이 식량 생산이라는 난제에 얽매인 인질의 신세를 벗어나게 되자, 최초의 도시들에서는 새로운 직업이 꽃을 피웠다. 그리고 도시에서는 이런 직업 가운데 일부가 유랑하는 수렵채집인이나 작은 마을에 살던 농부들이라면 상상도 못했을 정도의 사회적 중요성을 갖게 되었다. 우리가 아는 한 가장 오래된 본격적인 도시인 메소포타미아의 우루크에 사는 거의 모든 사람에게 일하는 삶이란 산업혁명 전성기의 파리, 런던, 뭄바이, 상하이 시민들의 일하는 삶과 아마 크게 다르지 않았을 것이다. 우루크의 폐허는 현대 이라크의 사마와 동쪽 30킬로미터 지점의 유프라테스 강이 휘어지는 비옥한 강변에 있다. 그 도시는 대략 6000년쯤 전에 세워졌고, 7세기에 메소포타미아가 이슬람에게 점령된 뒤 마침내 버려졌다. 전성기이던 5000년 전에는 그곳을 집으로 삼은 주민이 최대 8만 명에 달했을 거라 예측된다. 그리고 그 뒤에 등장한 다른 대도시에서도 다들 그랬듯이, 우루크에서 비슷한 직업에 종사하는 사람들은 같은 구역에서 함께 모여 살고 일하는 경향이 있었다.

지금도 런던의 많은 거리는 특정한 직업과의 밀접한 역사적 관계를 그대로 유지한다. 이런 직업 가운데 일부는 사라졌고, 쇼핑몰, 온라인 소매업, 슈퍼스토어, 젠트리피케이션의 등장으로 특정한 직업과 오래된 동네들과의 뚜렷한 연합association 관계가 사라진 곳이 많지만 몇몇 곳에서는 그 관계가 여전히 유지되고 있다. 런던의 할리가, 해튼 가든, 세빌로, 소호, 스퀘어 마일은 모두 여러 세기 동안 지속되어온 특정 직업과의 밀접한 연합이 계속 유지되는 곳이다. 색다른 도시형 패션업과 관계가 있는 캠든이나 전자업계와 관계 있는 토트넘 로드는 상대적으로 새로운 직종과 결부된다.

특정한 동네와 특정 직업의 역사적 연합 관계는 변덕스러운 지역 규제나 신중한 도시계획에 따른 결과물이 아니었다. 또 특정한 물품을 구하려는 소비자가 도시의 특정 구역에 가서 판매대에 놓인 여러 물건들을 비교할 수 있게 하는 것이 상업적으로 훌륭한 판단이라는 사실이 낳은 결과도 아니었다. 그것은 대도시 주변 약동하는 여러 개 도심에서 사람들이 비슷한 일을 하면서 비슷한 경험을 공유하는 사람들이 어울려 서로 위안을 구했고, 이로써 도시 사람 개개인의 사회적 정체성이 그들이 수행하는 직업과 융합되었기 때문이었다.

로마 제국 시대의 묘비명과 문자 기록에는 고대 로마인들이 추구한 다양한 직업 268개가 설명되어 있다. 관료, 건축, 공학, 기능공, 상업, 군대 직업, 그 외에 로마인들이 수행한 많은 다른 직업들은 현재 영국 같은 주로 도시적인 국가에 있는 대부분의 직업을 구성하는 일부 서비스 부문 업종들의 선조였다. 그리고 로마의 서비스 부문 인력으로는 법률가, 필경사, 비서, 회계사, 요리사, 행정관, 자문관, 교사, 매춘부, 시인, 또 일하는 삶 전체를 각자의 특정한 예술을 완성하는 데 바칠 수 있는 음악가, 조각가, 화가, 예능인 그리고 코르티잔courtesans ─제대로 된 후원자를 얻거나 본인이 부유하다고 가정할 경우─이 있다.

신석기 시대 초기와 수렵채집인 공동체에서는 개인적 소속감, 공동체와 정체성이 대부분 지리, 언어, 신념, 친족 관계를 공유함으로써 형성되었고, 비슷한 종류의 일을 함께 한다는 사실로써 보강되었다.

반면 고대 도시의 사람들은 지리적으로 구별되며 친족관계라는 끈으로 연결된 하나의 공동체에 소속되는 데서 오는 안정감을 갖지 못했다. 또 만나는 사람들이 모두 아는 사람들이라는 사치도 누리지 못했다. 오늘날의 도시 거주자들처럼 그들은 전혀 모르는 사람들과 부대끼며 긴 시간을 보내야 했고, 대부분 공통된 지도자에게 충성하고, 공통의 언어를 쓰며, 같은 규범 아래, 같은 지역에서 사는데도 상당히 다른 형태로 살아간다. 그리고 도시에서 상이한 직업을 가진 사람들 사이에서 일상적으로 이루어지는 정상적인 상호작용은 그런 역할 수행의 맥락에서만 발생하는 경우가 대다수다. 예를 들어 고대 로마의 어떤 요리사가 그가 마련한 향채로 속을 채운 겨울잠쥐 요리를 맛있게 먹는 토가 입은 가부장과 또 노숙하는 겨울잠쥐잡이 그리고 다른 요리 재료를 조달하는 상인과 잠시 정상적으로 교류했을 수 있다. 그러나 일의 맥락을 벗어나서 그가 그들과 관계될 일은 거의 없을 것이며, 설사 사교적인 장소에서 마주치더라도 분위기는 어색했을 것이다. 하지만 주방의 동료들, 작업자들과는 아주 오랜 시간을 보내며, 그들과 지내는 시간이 아마 집에 있는 가족들보다도, 또 일과가 끝난 뒤 가끔 포럼에서 너클본 놀이*를 하는 지인들보다도 더 길 것이다. 주방에서 배운 기술에 의해 형성되고 다듬어진 세계관을 갖고 있고 팔에 남은 화상 흉터로도 티가 나는 동료 요리사들과

---

* 뼈로 만든 공기놀이.

도 시간을 보냈을 것이다. 간단히 말해 그들은 군인들, 원로원 의원, 술 담당 관원, 전업 겨울잠쥐잡이들보다 그들끼리 갖는 공통점이 훨씬 더 많다. 다른 숙련된 전문직업 종사자들도 사정은 이와 마찬가지다.

현재도 그렇지만, 고대 로마에서 요리사나 시인이나 벽돌공이 되려면 공통의 경험과 대개 오랜 도제 기간을 거쳐 숙달되는 공통의 기술을 토대로 하여 세워진 실천공동체community of practice에 가담해야 했다. 그리고 다른 많은 도시에서도 그렇지만 로마에서 시간이 흐르면서 비슷한 직업에 가담하는 사람들은 다세대적 소공동체로 융합된다. 그런 소공동체에서 자녀들은 한데 어울려 놀고 그 속에서 결혼하며 종교적 관행과 가치와 사회적 지위도 공유한다. 실제로 도시 사회가 점점 더 확고하게 자리를 잡아가면서 직업은 사회적, 정치적, 심지어 종교적 정체성과도 더 많이 융합된다. 이런 과정이 다른 어디보다 더 현저하게 나타나는 곳은 인도다. 인도에서 개별 직업은 각 개인이 어디서 살고 누구와 함께 살며 누구를 숭배하고 어떤 대우를 받으며 자녀들이 어떤 직업을 가질지도 지정해 주는 엄격한 카스트와 떼려야 뗄 수 없는 관계가 되어 있다.

로마에서는 이런 실천공동체가 기능공 콜레기아의 토대가 되었다. 콜레기아는 또 핵심 직업의 노동자들이 노예 때문에 나쁜 대우를 받지 않게 보호할 뿐만 아니라 개인들에게 공동체 감각, 시민적 정체성, 소속감을 준다. 그 결과, 시장이 생사를 건 경쟁의 소굴이라는 당대의 이야기와는 달리 길고 긴 역사에서 비슷한 직업을 가진 사람들은 대개 협동하고 협업하며 서로를 지원하는 경우가 많았다.

이렇게 엄격하게 묶이는 공동체가 발전한 것은 그들 직업에 특유한 기술과 경험을 공유하는 사람들이 세계를 비슷한 방식으로 형성하는 경향이 있기 때문이며, 또 사회적 지위도 흔히 직업에 의해 규정되었기 때문이다. 이는 지금도 그렇다. 우리 중의 대부분이 동료들과 함께 회사 생활을 꾸릴 뿐만 아니라 직장을 벗어나서도 삶의 많은 부분을 그들과 함께 한다.

사람들이 도시에 모여 살면서 수많은 새 직종들이 등장했는데, 이 중 완전히 새로운 두 종류의 직업에 특히 주목해야 한다. 하나는 문자의 발명이 낳은 부산물이며, 다른 하나는 에너지 및 각지에서 조달되는 자원들의 할당과 분배를 통제하는 상인 권력이 낳은 부산물이다.

모든 수렵채집인과 신석기 초기의 사회는 시각 문화를 풍부하게 보유하고 있었고, 의미가 듬뿍 담긴 수많은 상징을 통해 소통했다. 하지만 문자처럼 다재다능한 시각적 표현 시스템을 개발한 것은 도시가 출현하고 나서부터였다.

농업이 그랬듯이 문자 시스템도 비교적 짧은 기간 안에 세계의 여러 다른 지역에서 서로 아무 관계가 없는 사람들에 의해 독자적으로 개발되었다. 오늘날 우리가 잘 아는 거의 모든 현대적 글쓰기의 연원인 완전히 자족적인 문자 시스템 가운데 적어도 세 가지가 중동, 동남아시아, 메소아메리카에서 출현했다. 기원전 600년에서 500년쯤에 멕시코만에 살던 올멕인들이 사용했으며 1000년 뒤에 마야 문자 시스템에 받아들여진 풍부한 그림 문자glyph와 상징들의 기원과 의미는 확실하지 않다. 중국의 가장 오래된 문자 표본에 새겨져 있는 이미 정교해지고 표준화된 신호와 상징들[갑골문자]의 기원 역시 마찬가지인데, 그것들은

3500년 전 상商 왕조 시대의 동물뼈와 거북 껍질에 새겨진 형태로 남아 있다.

하지만 우리가 알고 있는 가장 오래된 쓰기 시스템인 우루크의 수메르 문자의 기원을 파악하기는 더 쉬웠다. 그 시스템에 특유한 설형 문자의 진화 과정은 3단계로 추적되었다. 가장 오래된 단계는 아마 1만 년쯤 전에 시작되어 4500년에 걸쳐 진행되었고, 물건의 단위를 나타내는 점토 토큰을 사용하여 거래량을 계산했을 것이다. 다음 단계는 이런 3차원적 토큰을 점토판에 그려진 그림문자로 바꾸고, 그것을 다시 회계에 사용하는 과정이다. 그리고 마지막 단계는 알파벳 문자의 전 단계로서 약 5000년 전쯤 시작되었고, 구어를 체계화한 표현인 그림문자가 사용되었다.

문자 이해가 담고 있는 특정한 인지적 함의에 대해서는 논의가 계속되고 있다. 어리고 인지적으로 유연할 때 습득되고 숙달되는 다른 복잡한 기술처럼 그것은 확실히 두뇌가 구성되는 방식과 세계를 사유하고 인지하는 방식을 형성하는 데 어느 정도 영향을 미친다. 그 논의의 초점은 이것이 발생하는지의 여부가 아니라 그 결과가 얼마나 심오한지에 맞춰진다. 어떤 사람들은 문자 이해로 인해 발생한 인지적, 심리적 변화가 근본적이라고 주장한다. 그들은 그로 인해 다른 감각에 비해 시각이 특별 대접을 받는 결과가 발생했으며, 더 과학적이고 시각적으로 정리되고 합리적인 세계관의 발전이 권장되었다고 주장한다. 하지만 다른 사람들은 이 주장에 훨씬 더 회의적이다. 그들은 읽고 쓰기에 필요한 근본적인 지적 구조는 우리가 쓰는 소리를 번역하여 의미 있는 음성 발언으로 만드는데, 혹은 모래에 남은 동물 흔적 또는 다른 의미있는 시각적 신호를 해석하는 데 필요한 것과 다르지 않다고 본다.

설사 구어와 복잡한 발상들을 적어 상징 형태로 충실하게 표현하는 능력이 인간의 주위 세계 인지 방식을 근본적으로 바꾸지는 않았다 할지라도, 그것이 없었다면 인간에게 역사, 철학, 시가 없었을 뿐만 아니라 수학, 과학, 공학에서의 가장 중요한 발견을 가능하게 만든 복잡한 추상적 모델을 개발하는 데 필요한 도구 역시 없었으리라는 데에는 이의가 없다. 문자의 발명이 예전에는 상상도 못 했던 완전히 새로운 책상 업무와 직업, 필경사에서 건축가에 이르는 직업들을 발생시키는 쪽으로 이어졌다는 주장에도 이의가 없다. 그런 직업들 가운데 많은 수는 적어도 문자 이해에 통달하는 데 투입된 에너지와 노력 덕분에 상대적으로 높은 지위를 누린다. 기원전 세 번째 밀레니엄에 이집트에 살던 어느 아버지가 아들을 학교로 떠나보내면서 "가슴 속에 문자를 넣어두면 어떤 힘든 노동에서든 보호받게 될 것이다"라고 한 이야기는 유명하다. 그는 이렇게 덧붙였다. "필경사는 육체 노동에서 해방된다", 그리고 그는 지시하는 사람이라고.[6]

문자 이해가 권력의 본성과 행사 방식도 근본적으로 변모시킨 것은 분명하다. 문자 이해가 초기 국가들이 유능한 관료들을 세워 사법 체계를 형식화하는 수단을 제공했기 때문에 그렇게 된 것이다. 그런 수단을 통해 국가들은 훨씬 더 많은 인구를 조직하고 관리할 수 있고, 훨씬 더 야심적인 기획을 시행할 수 있었다. 그것은 또한 읽기와 쓰기에 숙달한 자들에게 신의 말과 의지를 접하는 특권적인 통로를 차지할 능력도 안겨주었다.

문자 이해가 공식적인 통화, 복잡한 회계 기록, 재정적, 금융적 제도의

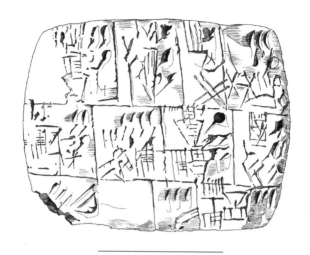

세계에서 가장 오래된 급여 기록:
대영박물관에 전시된 기원전 3000년 노동자에게 지급된 급여를 기록한 설형문자

창조, 또 흔히 장부 형태로만 존재하는 부의 축적을 가능케함으로써 상업 세계를 변모시켰다는 것은 틀림없는 사실이다.

고고학자들이 발굴한 수메르의 설형 문자 유물은 10만 건이 넘는데, 그중에는 편지, 요리법, 법률 자료, 역사, 시, 지도 및 상업에 관련된 문서가 많이 있었다. 그 중에는 우루크의 목마른 시민들이 피라미드를 건설한 이집트 노동자들처럼 노동의 대가로 맥주를 받는 데 만족했다는 사실을 보여주는 5000년 묵은 임금 지불표도 있다. 또 동물 부산물에서 직물에 이르는 온갖 물건의 거래를 기록한 4000년 묵은 영수증 그리고 기원전 1750년경에 쓰인 이제껏 알려진 것 중에서 가장 오래된 항의 편지, 불량품을 배달한 상인에게 분개한 고객이 불평을 써서 보낸 편지도 있다.

도시에서 물질적 안정성이 유지될 수 있으려면 식량 에너지나 다른

4부 | 도시의 유물

원료 물질의 생산이 아니라 그 분배와 사용이 통제되어야 한다. 아테네의 넓게 펼쳐진 아고라에서 고급 상점이 있는 좀 더 정돈된 로마의 포럼에 이르기까지 모든 고대 도시에는 시장이 있었다.

우루크 같은 고대 도시에서 시장이 발달한 것은 소규모 농업 정착촌에서 사람들 사이에서 이루어지는 전형적인 교환 관계가 도시에서는 도저히 성립할 수 없기 때문에 나타난 결과이기도 했다. 농촌 공동체에서는 사람들이 주로 자신들이 알거나 관계 있는 사람들과 물건을 교환하고 공유하는 경향이 있는데 비해 도시에서는 대부분 낯선 자들 사이에서 교환이 이루어진다. 이는 호혜성과 상호 의무에 관한 전통적인 규범과 관습이 적용될 수 없다는 것을 의미한다.

이런 의무에서 해방된 도시의 상인들은 상업이 부와 권력을 얻을 수 있는 경로임을 재빨리 알아차렸다.

농경 공동체에서는 사람들이 기본적인 필요를 충족시키는 데 집중했으나, 도시와 소도시에서는 상이한 필요와 욕망들이 사람들의 야심을 부추겨 그들이 일하는 방식과 이유를 만들어가는 데에 영향을 끼쳤다.

12장

끝없는
욕망

하바나에 있는 새디어스의 판잣집에서 빈트후크의 도심으로 가려면 아침과 저녁의 러시아워에 길을 막고 혼란을 유발하는 낡은 택시들을 피해갈 수 있을 경우 차로 25분쯤 걸린다. 그 경로는 먼저 두 개의 구시가지를 통과하는데, 아파르트헤이트 시절에는 흑인과 '혼혈인'들이 그곳에서 살아야 했다. 다음에는 중산층이 사는 빈트후크의 북서부 근교를 지나고, 그 다음에 마침내 잘 관리된 도심지에 닿는다. 도심에 있는 힐튼 호텔의 옥상 테라스에서는 대형 쇼핑몰, 레스토랑, 에어컨이 돌아가는 고층 사무실 건물이 보이며, 하바나의 부엌 화덕에서 올라오는 연기가 멀리서 눈에 들어온다. 하바나에서 도심으로 가는 동안 길옆에 주차된 자동차들이 점점 화려해지고, 주택과 상점, 사무실 건물들이 점점 더 거창해지는 모습을 통해 점점 부유한 곳으로 가고 있음을 알 수 있다. 그것

4부 | 도시의 유물

은 정교한 보안 시스템으로도 드러난다. 하바나에서의 보안이란 주로 믿을 만한 이웃의 눈과 귀에 의거한다. 면 단위 지역township에서의 보안은 방범창이 설치된 창문과 든든한 자물쇠가 채워진 현관문 그리고 단순한 시멘트 블록 주택 주위를 둘러싸는 낮은 담벽의 형태로 시행된다. 그러나 도시에 들어가면 담벽 위에 철조망이나 깨진 유리조각을 박은 낮은 담장으로 둘러싸인 작은 집들에서 시작하여 불길하게 전기 튀는 소리를 내는 전기 울타리가 설치된 높은 담장, 적외선 감지기, 높은 곳에 설치된 카메라, 곤봉과 채찍과 때로는 총을 든 제복 입은 보안 요원들이 있는 곳도 있다. 새디어스 같은 보안 요원들 중에는 하바나 출신이 많다. 또 그들은 집과 상점과 사업체를 하바나에서 오는 다른 사람들로부터 지키려고 그곳에 있다.

빈트후크에 사는 그 누구도 이러한 그들의 보안이 과잉 살상이라고는 생각하지 않는다. 그곳에서 일어나는 강도 사건들이 남아프리카의 인근 도시에서 자행되는 범죄들처럼 무감각할 정도로 잔혹한 경우는 드물지만, 빈트후크에서는 부자든 빈민이든 강도나 절도의 제물이 된 사람이 태반이다. 부유한 빈트후크인들은 범죄가 통제되지 않고 있고 그것이 인종 탓, 경찰의 부도덕함과 무능 탓이라고 끊임없이 불평하지만, 그들 모두 짧은 시일 내에 상황이 변하지 않으리라는 것을 알고 있다.

빈트후크의 사건들 중의 일부는 그저 강도가 배가 고파서 저지른 행동이다. 침입자가 당신 집의 보안을 뚫고 들어갈 수 있다면 그들이 제일 먼저 가는 곳은 주방이다. 하지만 시내에서는 다른 종류의 결핍에 촉발된 사람들로 인한 사건도 많다. 그것은 끊임없이 자신들보다 훨씬 더 많이 (또 더 나은 것을) 가진 사람들을 만나게 된다는 사실 때문에 저질러진다.

이런 의미에서, 빈트후크는 세계의 다른 어느 도시들과 똑같다. 인간이 이 도시에 모여 살기 시작한 이후 언제나 그들의 야심은 자급농부들이 느끼는 결핍감과는 다른 종류의 결핍감, 절대적 필수품보다는 열망, 질투, 욕망의 언어로 발언된 형태의 결핍감에 의해 만들어졌다. 그리고 대부분의 사람들에게 이 종류의 상대적 결핍감은 더 오래 일하고, 사회적 사다리를 더 높이 올라가고 동료 이웃들을 따라잡게 만드는 박차 역할을 한다.

경제학자들은 대부분 애당초 사물이 결핍되었다고 보이게 할 수 있는 특정 필요나 욕망을 따져보는 일에 신중하다. 그들은 다이아몬드처럼 필수품이 아닌 것들이 왜 물 같은 필수품보다 더 비싼가 하는 따위의 질문을 '가치의 패러독스'로 치부하여 다루지 않고, 대개의 경우 필요를 유발하는 이유나 원인제공자에 대해서는 별로 상관하지 않는다. 필요의 상대적 가치는 시장에 의해 판별될 것이기 때문이다.

자동기계가 경제 문제를 해결해 줄 것이라고 주장한 존 메이너드 케인스는 이 관점을 놓고 여러 동료들과 갈라섰다. 그는 경제 문제를 구성하는 뚜렷한 요소가 둘 있는데, 자동기계는 그중의 첫 번째 요소만 해결할 수 있다고 주장했다. 즉 인간의 '절대적 필요absolute needs'를 채우고자 하는 충동이라고 그가 묘사한 것을 다루는 요소 말이다. 식품, 물, 온기, 위안, 동반자 관계, 안전 같은 이런 필요는 보편적이고 절대적이며, 사슬에 묶인 죄수든 궁궐에 사는 군주든 모두 똑같이 겪는다. 그리고 이런 필요는 결정적으로 중요하지만 케인스는 그것들이 무한하지는 않다고 믿

4부 | 도시의 유물

었다. 무엇보다도 이미 충분히 따뜻할 때 불에 나무 하나를 더 넣으면 너무 더워질지도 모른다. 또는 충분히 배가 부른데 또 더 먹으면 속이 거북해질 것이다. 경제 문제의 두 번째 요소는 케인스가 우리의 '상대적 필요relative needs'라 부른 것을 채우고자 하는 욕망이다. 그는 이런 욕망이 진정으로 무한하다고 믿었으며 그것을 채우는 즉시 더 채우려 한다. 이런 끝없는 필요는 사람들로 하여금 일터에서 동료들을 따라잡고 승진을 원하게 하고, 더 큰 집을 사고, 더 좋은 차를 운전하며, 더 맛있는 음식을 먹고 더 큰 권력을 성취하고자 하는 마음을 갖게 한다. 나아가 그는 이런 필요가 절대적 필요 수준을 채운 뒤에도 사람들이 더 맹렬히 일하게 만드는 동기라고 믿었다.

케인스는 자신이 절대적 필요라고 여긴 것의 범위에 음식에 어울리는 와인을 집어넣을 것인지, 주말을 지낼 시골 별장, 파이프에 채울 훌륭한 튀르키예 담배도 포함시킬 것인지는 분명하게 말하지 않았다. 하지만 절대적 필요와 상대적 필요를 구분할 때 사회적 맥락과 지위가 사람들의 욕망을 형성하는 데서 갖는 중요성은 인정했다. 이 측면에서 그의 사유 방식은 왜 몇몇 맥락에서는 다이아몬드가 물보다 더 중요한데 칼라하리 사막에 사는 전통적인 수렵채집 공동체 같은 다른 맥락에서는 다이아몬드는 가치 없고 물은 값을 따질 수 없을 정도로 귀중한지를 이해하는 데 관심을 둔 사회인류학자들에 더 가깝다.

불평등이 자연적이고 피할 수 있는 것이 아니라는 생각은 수많은 정치가들의 수사학에 못지않게 베다교, 유가 사상, 이슬람교, 유럽 고전철학에서도 자주 등장했다. 인간이 도시에서 살고 자신들의 생각을 글로 기록하기 시작한 이래 아리스토텔레스처럼 불평등성이 피할 수 없는 사실이라고 주장한 사람들이 항상 있었다. 물론 이에 동의하지 않는 목소리도 많이 있었다. 평등의 메시지가 경제적, 사회적, 정치적 집단의 밑바닥에 있는 자들에게 공명하는 사람들, 동요와 반란과 혁명의 시기에 주기적으로 도로 위에 급조되는 바리케이드 뒤에서 비명을 지르던 사람들의 목소리 말이다.

!쿵족을 보면 인간이 엄격한 위계 속에 살 수 있지만 그에 못지않게 치열하게 평등주의적인 사회에 맞춰 살아갈 능력도 있음을 상기하게 된다. 그 결과, 많은 역사가들은 설사 불평등이 인간 본성에 있는 잔혹한 사실은 아니더라도 동물을 매개로 전염되는 질병, 전제주의, 전쟁처럼 농업의 수용이 초래한 직접적이고 즉각적인 결과일 것이라고 주장해 왔다. 그들의 추론에 따르면 인간이 저장하고 교환하고 분배할 만큼 큰 잉여를 갖자마자 인간 본성의 더 비참한 천사들이 인간을 장악했다.

하지만 극단적 불평등성이 선조들의 농경으로의 이행이 낳은 즉각적이고 유기적인 결과는 아니었다. 고대의 농경 사회는 현대의 도시 사회보다 훨씬 더 평등한 경우가 많았다. 고대의 시골 마을과 동네에서 사람들은 협동하여 일하고 노동의 산물을 고르게 나누었으며, 잉여를 저축하는 것은 오로지 집단적 이익을 위해서였다. 또 이런 키부츠적 평등주의의 고대적 형태가 계속 유지된 것은 그것이 거듭 반복하여 나타나는 물질적 희소성, 즉 빠른 속도로 성장하는 농업 인구가 일상적으로 겪었던 사태를 관리할 효율적인 방법이었기 때문이라고 주장할 증거도 충분히 있다. 그리하여, 고고학자들은 기원전 첫 번째 밀레니엄 시기에 현재 스

페인과 포르투갈에 해당하는 지역의 대부분을 차지했던 소규모 자영농이야말로 단연코 평등주의적이었다고 생각한다.[1] 로마 군단이 기원전 1세기에 지평선에 나타나기 전까지는 그랬다.

지금까지 발견된 도시 정착촌 유적 중 거의 가장 오래된 곳인 튀르키예의 카탈후유크는 아마 그와 비슷하게 물질적으로 평등했을 것이다. 그러나 그 뒤에 이어진 다른 고대 도시와 소도시들은 전부 그곳과 달랐다. 카탈후유크의 폐허에는 크기가 비슷한 가정용 주거 수백 개가 거의 벌집의 칸막이와 비슷하게 바싹 붙어 있어서, 어느 주민도 다른 주민보다 크게 부유하지 않았음을 짐작할 수 있다. 또 그곳에는 시장이나 광장, 신전, 플라자 같은 눈에 띄는 대중적 공간도 없고, 공공의 대로나 통로나 도로도 없어서, 고고학자들은 사람들이 장소를 이동할 때는 지붕 위를 건너다녔고, 지붕을 넘어 이집 저집에 들어갔으리라고 결론지었다.

도시 유적에서 개별 주거의 크기와 배치를 근거로 볼 때 극단적인 물질적 불평등성의 증거가 없다고 해서 그곳이 치열한 평등주의를 특징으로 하는 소규모 수렵채집 사회인 !쿵족과 비슷한 평등사회였다고 볼 수는 없다. 예를 들어, 순수하게 가정용 주거의 배치를 근거로 보자면 지난 1500년 동안 아프리카의 중부와 동부, 남부 전역에 퍼져 있던 대 반투 문명은 첫눈에는 매우 평등적으로 보일지도 모른다. 하지만 실제로는 전혀 그렇지 않았다. 여러 세기 동안 이 사회는 거대한 야심, 정치적 음모, 권력 다툼을 동력으로 삼아 움직였으며, 연령대별, 성별 그리고 마을 반경에서 한참 벗어난 곳에서 조차 목동이 몰던 풀을 뜯는 소의 수에 따라 위계질서가 구축되었다. 실제로 거처의 크기는 전 세계의 심하게 상품화된 자산 시장에서 살고 있는 우리 같은 자들에게는 확실한 부의 지표지만 여러 농경 사회에서는 그리 중요한 대접을 받지 못했다. 이와 비슷하게, 위계 구조를 가진 여러 사회에서도 족장, 귀족, 평민, 노예가 한 건물에 사는 일이 흔했다. 부가 아주 추상적인 방식으로 측정될 때가 많았다는 것도 중요한 사실이다. 여러 아메리카원주민 문명에서, 특정한 관모crest를 사용하거나, 특정한 노래를 부르고 제의를 수행할 권리는 지위와 권력을 판정하는 기준이었고, 이와 마찬가지로 여러 아프리카 사회에서는 지식을 접할 권리가 그 기준이 되었다. 일부 신석기 시대의 소규모 농경 정착촌이 고도로 평등주의적이든 아니든 간에, 세계에서 가장 큰 도시에서의 생활은 가끔 혁명적 사고방식의 소유자들이 시정하려고 노력했음에도 불구하고 전혀 평등적이지 않았다.

도시에 대한 가장 오래된 역사책은 우루크의 고대 왕인 길가메시의 업적을 서사시 형태로 서술한 것이다. 길가메시는 도시의 성벽을 건설하고 나중에는 신이 되기로 한 존재다. 현재까지 발견된 설형문자로 기록된 『길가메시』의 버전 중 가장 오래된 것은 4100년 전에 쓰인 것으로, 아마 여러 세대를 거치면서 신중하게 수식된 구전 서사를 명문화한 버전일 것이다. 길가메시 서사Epic of Gilgamesh는 역사라기보다는 전설이다. 사실보다는 금빛 찬란한 아첨에 더 가깝다. 하지만 그것을 같은 시대에 쓰인 다른 설형문자 문서들, 수메르 왕 우루카기마Urukagima가 시행한 개혁 정책을 펴던 4500년 전, 시민들의 권리와 의무를 자세히 설명하는 문서들과 함께 읽어보라. 그러면 길가메시 서사에서도 이 가장 오래된 고대 도시 중심부에서의 삶에 대해 놀랄 만큼 섬세한 통찰을 얻을 수 있다.

이것들은 우루크 또는 다른 메소포타미아 도시국가 사람들이 추구하던 여러 상이한 직업에 대해서만이 아니라 우루크가 오늘날의 뉴욕, 런던, 상하이처럼 전혀 평등하지 않았고, 역시 뉴욕이나 런던이나 도쿄처럼 상인과 금융인들이 귀족과 성직자에 비견될 지위를 얻기 위해 잉여의 공급과 분배에 대한 통제권을 행사할 수 있었다는 사실도 말해준다.

4500년 전 우루크의 시민들은 각기 다른 다섯 개의 사회 계급으로 나뉘었다. 그 집단의 꼭대기에는 왕족과 귀족이 있었다. 그들은 길가메시 같은 고대 왕의 후손이라거나 신과의 친척관계를 내세워 특권적 지위를 요구했다. 그들 바로 밑에는 성직자, 남녀 사제가 있었다. 그들의 권력은 왕과의 가까운 관계 그리고 신성한 장소와 물건의 보호자로서 인간과 신을 중재하는 역할에서 나왔으며, 가장 중요한 도시 공간을 담당하는 관료로서 더 세속적인 역할도 맡았다. 제대로 된 인간으로 취급되지 않는 노예를 제외하면 그 집단의 밑바닥에는 지금으로 치면 '노동자계급'이라 불릴 존재들이 있었다. 이 계급에는 주로 성벽 밖에서 사는 농부들 그리고 성벽 안에 사는 사람들로는 상인, 여자들, 도살업자, 어부, 술 담당 관원cup bearers •, 벽돌공, 양조업자, 술집주인, 석공, 목수, 향수제조업자, 도공, 금세공사, 수레꾼 등이 있었는데, 수레꾼은 다른 사람에게 고용된 경우도 있고 독자적으로 영업하는 사람도 있었다. 그들과 성직자 사이에 끼어 있는 것이 군인, 회계사, 설계사, 점성술사, 교사, 고급 창녀, 부유한 상인들이었다.

우루크 같은 곳에서 일반인이 귀족과의 사이에 놓인 간극을 이으려

• 국왕에게 잔 올리는 임무를 맡은 관리, 또는 시종.

면, 혁명을 일으키는 것 외에 부유한 상인이 되는 수밖에 없었다. 다른 말로 하면, 부의 축적은 가장 열심히 일하고 가장 운이 좋고 가장 꾀가 많은 사람들에게 상향 이동의 기회를 주었다.

고대 수메르 도시 유적의 고고학에 따르면, 그렇게 사회적 사다리를 올라갈 야심을 가진 사람들이 택할 수 있는 가장 전망 좋은 직업은 양조업과 맥주판매였던 것 같다. 부분적으로는 맥주가 밀이나 은처럼 통화의 한 형태로 쓰였기 때문이기도 하다. 또 맥줏집이 무일푼의 농부들에게 돈을 빌려주는 곳이기 때문이기도 했다. 농부들은 아마 술에 취하지 않았더라면 절대 꿈도 꾸지 않았을 수준의 이율과 손해배상 조항default penalty에 동의했을 것이다. 술집주인들이 가진 상향 이동 기회가 얼마나 컸는지는 확실하지 않지만, 고대 수메르 군주 명단에 올라 있는 유일한 여성인 쿠바바 여왕이 젊었을 때는 미천한 술집 주인이었다가 키시시에서 권력을 장악했다는 것은 의미심장하다. 그녀는 키시를 100년간 다스렸다고 기록되어 있다.

어떤 나라에서든 농업에 종사하는 인구의 비율은 그 나라의 부를 측정하는 아주 좋은 척도다. 농업 관련 직업의 비율이 가장 높은 곳은 일반적으로 최빈국에 속하며, 농업 생산성이 가장 낮은 수준이고 산업화의 수준도 가장 낮다. 노동력의 4분의 3 이상이 여전히 자신들을 농부로 여기는 10개국 모두가 사하라 이남의 아프리카에 있다. 이와 대조적으로 미국에서는 노동력 가운데 2퍼센트만이 하이테크 농업에 종사한다. 그들이 생산하는 잉여가 워낙 엄청나기 때문에, 매년 1인당 300킬로그램에 가까운 음식이 밭과 접시 사이의 유통과정에서 헛되이 버려진다.[2] 이는 지난 300년 동안 노동집약적인 사업이던 농업이 생산성의 대폭적인 증가와 함께 인간 노동 의존성을 크게 줄여주는 일련의 신기술과 업무 수행을 통해 자본집약적인 사업으로 변한 최고 산업화 국가에서 늘상 보는 현상이다.

18세기에 일어난 영국의 산업혁명북부의 중심지가 될 도시와 소도시의 급속한 팽창이 전적으로 새로 생긴 공장, 광산, 공방의 노동 수요를 충족시키기 위한 변화는 아니었다. 또 낙천적인 시골 민중들이 돈을 벌거나 결혼으로 행운을 잡으려는 야심을 품고 도시로 몰려든 탓만도 아니었다. 그보다는 기술 발전에 의한 농업 생산성의 실질적이고 급속한 개선이 자극제로 작용했다. 이 현상은 부유한 농부들의 손에 농토가 합병되는 추세와 함께 빠른 속도로 늘어나는 농촌 인구가 시골에서 할 만한 일이 별로 없었다는 것을 의미한다.

초기 농업 국가에서 농부들의 삶은 르네상스 시대 유럽의 농부들의 삶과 별로 다르지 않았다. 그들이 쟁기질하고 파종하고 수확하고 제초하고 관개하고 작물을 처리하는 데 쓰는 기본 테크놀로지는 시간이 흐르면서 더 다듬어지기는 했겠지만, 또 상이한 환경에 쓰도록 영리하게 응용되었을 수는 있겠지만, 16세기 후반까지는 여러 측면에서 근본적으로 변한 것이 없었다. 그 무렵에는 일련의 새 기술과 테크놀로지들이 거의 동시적으로 개발되고 널리 적용되어 유럽의 농장에서 에너지 산출량이 대폭 늘어났다. 이 중 가장 중요한 것은 효율이 높은 네덜란드식 쟁기Dutch plough를 쓰기 시작한 것인데, 그것은 예전의 기구들보다 떼를 더 잘 뒤엎을 수 있었고, 노역 동물 한 마리로도 끌 수 있었다. 자연 비료와 인공 비료가 집중적으로 사용되고, 선택적 교배가 더 집중적으로 시행되었으며, 작물 순환 시스템이 더 정교하게 다듬어졌다. 1550년에서 1850년 사이에 영국에서 경작된 밀과 귀리의 1에이커당 소출량은 네 배로 늘었고, 호밀과 보리의 소출량은 세 배, 콩류의 소출은 두 배 늘었다.[3] 이같은 생산성 증가는 인구 성장을 큰 폭으로 늘리게 하는 자극제였다. 1750년에 영국의 인구는 570만 명 정도였다. 그러나 농업 생산성의 증가 덕분에 그 수는 1850년에는 그 세 배인 1660만 명으로 늘어났다. 1871년에는 또 다시 그 두 배가 되었다. 1650년에는 영국 노동력의 대략 절반이 농부였는데 1850년에는 그 비율이 5분의 1로 줄었다.

노예제, 식민지주의, 신세계와의 거래가 그런 과정을 더 가속화했다. 노예 무역에서 얻는 이익이 영국의 직물 공장 건설을 위한 자금원이 되었다는 사실을 제쳐두더라도, 1860년경 미국에 있는 400만 명 가량의 아프리카인 노예들이 영국의 가장 큰 대규모 산업인 면직업의 원재료 90퍼센트를 공급했다.

산업혁명 이전 시대에는 영국 동인도회사의 효율적인 관리를 받던 무굴 제국 치하의 인도가 당시 세계 어느 곳보다도 큰 제조업자이자 수출업자였다. 상대적으로 값싼 사라사chintz, 무명, 캘리코 직물이 도시 유럽의 부유층에게서 소비자 혁명을 일으켰고, 그 결과 당시 영국에서 주로 가내수공업으로 모직 의류를 생산하던 안정적인 산업이 위기에 처했다. 1700년에는 분노한 목동, 실 잣는 사람, 염색공, 실 감는 사람들이 지역 정치인이라면 누구든 붙들고 호소하기 시작했다. 의회는 1차 캘리코 법안을 제정했고, 그 법에 따라 영국으로 들어오는 완제품 면직물의 수입과 판매가 처음에는 제한되었다가 다음에는 아예 금지되었다. 그러나

이 법안은 처음에는 목동과 베 짜는 사람과 염색공들에게 희소식으로 들렸지만 나중에는 최악의 결과를 낳았다. 북아메리카의 대농장에서 목면 원재료가 봇물 터진 듯 밀려들어와서 그 빈틈을 채웠고, 직물 공장을 활성화시켜 가내수공업이던 직물 산업을 완전히 무너뜨렸기 때문이다.

수백만 명에 달하는 카리브해 지역의 노예 역시 그에 못지않게 중요했다. 북아메리카 남부 주들의 노예가 면화를 따느라 손이 너덜너덜해질 때, 카리브해의 노예들은 사탕수수밭에서 낫을 휘두르고 생 수숫대를 당밀과 설탕과 럼으로 바꾸는 데 필요한 불을 피우면서 나날을 보냈다. 설탕 제품은 곧 제국주의 영국이 신세계에서 들여오는 식량 수입품 가운데 가장 중요한 품목이 되었다. 카리브해 식민지들이 엄청난 양의 설탕을 만들고 수출하기 전에는 설탕이란 유럽 도시의 부유층에서나 소비되는 유행 타는 사치품이었다. 일반인들이 뭔가 달콤한 것을 먹고 싶다면 잘 익은 과일을 먹거나, 운이 좋다면 꿀로 해결해야 했다.

하지만 18세기 후반에서 19세기의 영국에서 설탕은 점점 더 구하기 쉬워졌고, 사람들은 설탕을 엄청나게 먹어댔다. 아주 단 싸구려 잼을 잔뜩 바른 빵 한조각에 곁들여 아주 달콤하고 따뜻한 차 한 잔을 마시는 것이 기나긴 근로 시간을 버티게 해주는 가성비 높은 방법임을 알았기 때문이다. 그리하여, 1792년에는 카리브해의 대농장 노예제를 종식시키자는 운동을 벌인 변호사 윌리엄 폭스William Fox 같은 노예폐지론자조차도 설탕이 "사치품이 아니라 생활 필수품으로서 항상 사용된다"는 사실을 받아들였다. 20세기의 새벽이 밝아올 무렵, 영국에서의 1인당 설탕 소비량은 치아를 썩게 할 정도로 많은 1일 4분의 1 파운드에 달했다.[4] 영국인들의 설탕 소비량은 21세기까지도 계속 유지된다.

설탕은 영국 산업혁명 과정에서 수많은 노동자들을 위해 신체에 연료를 대주었다. 하지만 공장, 수송선, 철도, 배가 소모하는 연료는 석탄이었다.

일부 수렵채집인들은 75000년 전에 이미 석탄이 연료로 연소될 수 있음을 알아냈고, 중국의 청동 주조자들은 4600년 전쯤 그것을 일상적으로 사용했다.[5] 그러나 동아시아 밖에서는 다량의 에너지를 소모해야 하는 기계와 엔진이 발명되기 전까지는 그것을 별로 활용하지 않았다. 무엇보다도 석탄은 찾아내기가 쉬운 물질이 아니었다. 또 단단하기도 했고, 캐낼 때 위험도 따르며, 수송하는 것도 힘들고, 태우면 악취와 유황 성분의 연기와 끈적거리는 시커먼 검댕도 생긴다. 더 중요한 것은, 대부분의 지역에는 가정용 화덕에 때기에 충분하고도 남을 나무가 있었다. 석탄이 가정용 연료로 나무와 경쟁한 유일한 장소는 석탄이 얕게 묻혀 있어서 쉽게 캐낼 수 있거나, 인구 밀도가 높아서 그 지역의 숲이 대부분 땔감으로 소모된 곳이었다.[6] 다른 곳에서 석탄과 다른 화석 연료가 중요한 에너지 자원이 된 것은 증기기관이 광범위하게 사용된 뒤의 일이었다. 이것은 사람들이 연소가능한 연료의 잠재력을 알게 되면서 그런 연료에 대한 수요가 급상승했기 때문만은 아니라, 습한 탄광에서 증기기관으로 물을 퍼내어 광부들이 예전보다 더 많은 석탄을 채굴하기 시작했기 때문이기도 했다.

최초의 초보적인 증기기관은 계몽주의 과학자들이 이런 기계가 얼마나 많은 일을 할 수 있는지 측정할 방도에 대해 고심하기 오래 전에 건조되었다. 로마 치하의 이집트에 살던 엔지니어인 알렉산드리아의 헤로Hero of Alexandria는 1세기에 증기회전장치aelopile라 부른 초보적인 회전

기원후 50년에 알렉산드리아의 헤로가 묘사한 최초의 증기기관

식 증기기관을 만들었다. 하지만 역시 본인이 만든 풍력 음악 오르간처럼, 그는 그것이 회전하면서 휘파람 소리를 내어 파티에 온 고위급 인사들을 즐겁게 해주는 것 이상의 쓸모를 생각하지 못했다. 압력식 증기 터빈의 이 단순한 버전은 매년 전 세계 수천개의 학교 교실에서 지금도 재생산되고 있다.

1000년쯤 뒤 오스만 튀르크와 그 뒤 르네상스 프랑스의 엔지니어들역시 초보적인 엔진을 만드는 실험을 했지만, 증기를 진지하게 사용하게된 것은 영국의 군대 엔지니어인 토머스 세이버리 Thomas Savery 가1698년에 '불의 추진력에 의해 물을 높은 곳에 올리고 온갖 종류의 공장 작업에 동력을 발생시키는 새 발명품'의 특허를 냈을 때였다. 광부의 친구들이라는 별명이 붙은 그의 엔진은 움직이는 부품이 하나도 없는 단순한 콘덴서였다. 그 기계는 밀폐된 방에서 뜨거운 증기를 냉각시켜 부분적인 진공을 만들어냄으로써 물을 위로 끌어올렸다. 또 걸핏하면 폭발하여 기계를 다루는 사람들 위로 뜨거운 쇳조각이 비처럼 쏟아지게 했다. 하지만 그 기계는 광산의 갱도에서 물을 퍼낼 만큼 힘이 충분했기 때문에 이런 처절할 만큼 비효율적인 기계를 계속 작동시키기 위해 필요한 분량 이상의 석탄을 캐낼 수 있게 도와주었다.

세이버리는 크고 움직이지 않는 엔진 덕분에 역사책에서 신과 같은 위치를 얻었다. 그러나 아마 그가 자신의 독점적 특허권을 연장해 주도록 영국 의회를 설득했기 때문일 테지만, 오래지 않아 다른 사람들도 다른 설계에 의거한 더 효율적인 새 엔진을 들고 나타나게 되었다.

가장 중요한 새 설계는 1712년에 석탄과 주석 광부들을 위한 장비를 전문으로 만드는 철물장인인 토머스 뉴코멘Thomas Newcomen의 것이었다. 그의 엔진은 따로 분리된 피스톤을 움직였고, 그로 인해 세이버리의 것보다 훨씬 더 효율적이고 힘이 좋았다. 그렇기는 해도 뉴코멘의 엔진은 주로 탄광에서 물을 퍼내고, 재활용가능한 물을 물레방아에 공급하는 용도로만 쓰였다.

뉴코멘 엔진의 여러 버전들이 널리 사용되어오다가, 20년 동안 새 엔진 설계를 시험해 온 제임스 와트James Watt가 1776년에 콘덴서와 피스톤을 따로 떼어놓고 더 효율적이고 다용도로 쓸 수 있는 엔진을 설계하는 방법을 알아냈다. 18세기에 이런 엔진에 불을 넣던 사람들에게는 다행한 일이었지만, 공장에서 석탄이 광범위하게 사용되어 철 생산의 양과 품질이 높아졌고, 그럼으로써 더 높은 압력에서도 폭발하지 않고 작동할 수 있는 더 정밀하게 가공되고 튼튼한 엔진을 제작할 수 있게 되었다. 그 결과, 그 다음 세기에는 와트 엔진의 새롭고 더욱 효율적인 다목적 변형들이 연이어 빠른 속도로 등장했다. 1780년 이후 고정식 엔진이 유럽 전역의 공장에 설치되었고, 공장 마루에 줄지어 늘어선 풀리, 레버, 기어, 윈치 등 당황스러울 만큼 복잡한 기계 시스템을 움직이는 데 사용되었다. 또 이동 가능한 것들은 한 세기 전이었더라면 목이 부러질 만한 빠른 속도로 큰 화물차를 움직일 수 있는 운송 기간시설에 동력을 제공했다.

1760년에서 1840년 사이에 증기력으로 움직이는 대형 직물 공장들이 처음에는 몇 십개 단위로, 그 다음에는 수백개씩 세워져서 영국의 도시와 소도시에 몰려온 사람들이 할 새 직업이 수천개씩 생겨났다. 그러나 처음에는 그로 인한 새 직업이나 업종이 아주 많이 만들어지지는 않았다. 오히려 기존의 안정적인 직업, 또 가끔은 아주 오래된 직업들, 가령 베 짜는 사람이나 편자박는 사람farrier 등 온갖 종류의 직업들이 대량으로 도태되는 것이 산업혁명 초반의 특징이었다. 또 한편으로는 드물게나마 엔지니어 지망생, 과학자, 디자이너, 발명가, 설계사, 흥행사 등을 망라하는 새로운 노동자 계급이 생기기도 했다. 그런 직업은 거의 모두가 사립중등학교와 옥스브리지에서 교육받은 도시 출신 계급에게 돌아갔다. 공장 바닥에서 일하도록 운명지워진 사람들에게 고용주가 원하는 자질은 그들이 실제로 갖고 있는 기술이 아니었다. 그들이 요구하는 것은 다축 방적기spinning jenny와 수력방적기water frame와 역직기power loom를 조작할 수 있게 훈련된 신체뿐이었다.

리처드 아크라이트Richard Arkwright처럼 최고 수준의 계몽된 고용주들—당시의 암담한 기준에 따른—밑에서 일하는 사람들에게도 삶은 힘들었다. 실 묶는 기계인 정방기spinning frame*의 발명가인 그는 1771년에서 1792년 사이에 영국 북부 전역에 공장들을 연이어 세웠고, 러다이트 혁명의 주된 과녁 중의 하나였으며, 지금은 흔히 '공장 시스템의 발명가'라고 불린다. 그의 공장에서 일한 사람들은 일주일 중 엿새 내내 16시간씩 근무했으며, 지각하면 이틀 분의 임금을 삭감당했다. 그는 직원들에게 매년 한 주씩 무급 휴가를 허용하되, 휴가 동안 도시를 떠나지 않는다는 조건을 달았다.

산업혁명의 첫 몇십 년 동안 그리고 고대 도시가 유프라테스강 계곡에서 뭉치기 시작한 이후 처음으로, 농부들이 수많은 도시 사람들보다 자신의 형편이 낫다고 느낄 이유가 생겼다. 그들은 신선한 공기를 마시고 깨끗한 물을 마셨지만, 도시 거주자들은 더 긴 시간 일하고 더 나쁜 음식을 먹었고, 연기 섞인 더러운 공기를 마시고, 더러운 물을 삼키며, 결핵 같은 질병—1800년에서 1850년 사이에 영국에서 기록된 전체 사망자 수의 3분의 1이 결핵 때문이었다—을 견뎌야 했다. 그런 질병은 비좁게 모여 살고 끝없이 기침을 해대는 셋집 주민들 사이를 휩쓸었다. 19세기 전반부에 공장 노동자들의 실질 임금이 서서히 오르기는 했지만, 남녀 모두의 평균 신장과 예상 수명은 줄어들었다.

더 중요한 건, 농부는 적어도 자신들이 평생 쌓아올린 기술을 매일 농

• 방적공정에 있어서 조방공정 뒤에 단사를 방출하는 기계. 단사란 조방된 조사에 드라프트와 '꼬기'를 해서 만들어진 실.

장에서 만나는 문제를 푸는 데 창조적으로 적용하면서 즉시 만족감을 느낄 수 있는데 비해, 공장 노동자들은 거의 모두가 정신을 마비시키는 반복적 노동을 끝없이 감내해야 했다는 것이다.

공장주들에게는 다행한 일이었지만, 도시로 이주하는 전직 농부들은 힘든 일을 처음 하는 사람들이 아니었다. 또 빈자리를 메울 성인이 없거나 비좁은 공간에 들어설 만한 작은 신체나 큰 기계의 복잡한 부품을 고치는 데 잽싼 손가락이 필요할 경우, 어린아이들을 지역 고아원에서 얼마든지 데려올 수 있었다. 아이들은 워낙 고분고분하고 여러 용도로 일을 시킬 수 있기 때문에, 19세기로 접어들 무렵 영국에서는 전체 공장 노동자의 거의 절반이 14세 미만이었다. 그러나 공장에서 아이들을 일상적으로 부려먹는 상황이 보편적으로 인정된 것은 아니었다. 그 결과, 1820년에 국왕 전하의 정부에 의해 통과된 공장법Factory Act은 9세 이하의 아이를 전업으로 고용하지 못하게 금지했다. 그 법안에는 1833년에 수정되어 9세에서 13세 사이의 모든 아동은 매일 최소한 2시간의 교육을 받아야 했고, 13세에서 18세 사이의 아동에게 한 번에 12시간 이상 주간 근무를 시키지 말아야 한다는 내용이 담겨 있다.

산업혁명의 초반 몇십 년은 공장에 속한 사람들에게는 비참한 시절이었겠지만, 오래지 않아 이 증기기관을 통해 그들에게도 얼마간 이득이 생겼다.

처음에는 산업화가 창출한 엄청난 새로운 부가 경제적 계층의 맨 위층과 중간에 있는 사람들에게만 돌아갔고, 이미 계급으로 고착되어 있던 사회에서 불평등성을 심화시켰다. 그러나 1850년쯤에는 그런 부의 일부가 임금과 주거 수준의 개선이라는 형태로 공장 바닥에서 일하는 노동자들에게도 흘러내리기 시작했다.

공장법 같은 법안을 넘어서는 유의미한 정부 개입이 없는 상황에서, 지금 같으면 '기업의 사회적 책임'이라 불릴 만한 것의 초기적 형태가 최고부유층 공장주 여러 명에 의해 주도되었다. 그중의 몇 명은 노동자들을 더 잘 지원하는 것이 기독교도로서의 임무라고 느꼈지만, 대부분은 노동자들이 생산력을 더 높이려면 살기에 적합한 장소와 충분한 음식과 가끔씩 사치를 누리기에 충분한 소득이 있어야 한다는 것을 깨달았기 때문이었다. 그들은 상업의 새 군주로서 눈이 휘둥그레질 정도로 많은 재산의 일부분을 노동자들이 공장까지 편히 걸어다닐 수 있는 거리에 대규모 주거 단지와 대중 시설을 짓는 데 쓰면서 과거의 봉건 영주들을 흉내내기 시작했다.

18세기와 19세기 영국의 경제적 데이터는 파편적이어서 연구자들은 이 상황이 언제, 어떻게 시작되었는지에 대해 합의를 보지 못한다. 몇몇 경제학자들은 실질 임금—인플레이션에 맞게 수정된 임금—을 척도로 삼아 1780년 이후의 70년 동안 영국 노동자들의 1가구 소득이 두 배로 늘었다고 주장했다. 하지만 다른 학자들은 그 데이터가 위의 주장을 지지하지 않는다고 따졌다.[7] 이들의 주장에 따르면 1840년까지 공장 노동자들이 느끼기에 늘어난 것은 오로지 그들 위에 쌓이는 박탈감과 비참함뿐이었다.[8] 그렇다고는 해도, 19세기 중반 이후 거의 모든 공장과 작업장 노동자들은 물질적으로 생활의 질이 확실하게 상승하는 낌새를 알아차리기 시작했고, 생애 최초로 돈을 약간 모아서 최근까지는 중산층과 상류층만이 누리던 영역인 사치품을 사는 데 돈을 쓸 수 있게 되었다.

그것은 또한 많은 사람이 자신의 일을 오로지 더 많은 물건을 구매할 수단으로만 보게 되고, 그럼으로써 현대 경제의 많은 부분을 지탱하고 있는 생산과 소비의 폐쇄 회로를 닫아버리는 상황의 출발점이었다. 사실, 그 뒤 200년의 많은 기간 동안 노동운동 및 후대의 노조는 거의 모든 힘을 그들의 직업을 흥미롭고 성취감 있는 것으로 만들려는 노력보다는 구성원들에 대한 더 나은 봉급과 그것을 쓸 더 많은 자유 시간을 확보하는 데 쏟아붓게 된다.

17세기와 18세기가 흐르는 동안 농업 생산성의 증가와 그에 상응하는 장인 제조업의 증가 그리고 식민지에서 들어오는 리넨, 도자기, 상아, 타조 깃털, 향신료, 설탕 같은 이국적 신제품의 수입은 유럽의 더 부유한 지역에서 막 움트던 '소비자 혁명'에 불씨를 키웠다.

과시적 소비의 행태는 처음에는 귀족과 유복한 상인층에만 한정되었지만, 점점 더 많은 사람들이 자신들이 일한 산물보다는 현금으로 지급되는 임금에 의존하게 되면서, 소비는 나중에 노동계급으로 불리게 될 사람들의 재산과 열망의 형성에 점점 더 큰 영향력을 갖게 되었다. 물론, 유럽의 소비자 혁명에 기름을 부은 새로운 사치품목 가운데 많은 수는 그것을 소유함으로써 소유자가 어떤 지위를 얻게 되는지와는 무관하게 그 자체로 쓸모가 있었다. 얇은 목면 셔츠는 꺼끌꺼끌한 모직 조끼보다 무더운 여름철에는 훨씬 더 편안했다. 고급 럼주 한 모금은 뒷골목 홍등가에서 마시는 진 한잔보다 위장에 주는 부담이 훨씬 적다. 세라믹 도자기는 나무로 거칠게 다듬은 접시와 주석 컵보다 훨씬 더 씻고 보관하기 쉽다. 훨씬 더 깨지기 쉬운 물건이어서 더 자주 교체되겠지만 말이다. 하지만 다른 여러 사치품목들의 쓸모는 전적으로 지위 추구의 욕구에만 한정한다. 사람들은 어떤 물건을 가진 다른 사람들을 따라하고 싶다는 것 외의 다른 이유는 없이 그 물건을 갖고 싶어한다. 따라서 귀족들은 왕족을 따라하려고 애쓰고, 포부를 가진 상인들과 교육받은 전문직 계급 구성원들은 귀족을 따라하고 싶어하며, 소매상인은 더 큰 상인을 따라하고, 그 계층의 맨 아래에 있는 자들은 중간 구역에 있는 자들을 따라하고 싶어한다.

의류와 직물이 영국 산업혁명에서 제일 먼저 대량 생산된 품목인 것은 우연이 아니다. 농부들은 역사적으로 하루 일을 하려고 옷을 입을 때 실용성 외에는 생각하지 않는 경향이 있지만, 도시 주민들은 인상을 남기려고 옷을 입을 때가 많았다. 고대 도시에서도 마찬가지였다. 그래서 도시의 광장에 있는 군중 속에서 귀족과 평민이 똑같은 옷을 입고 있다면 구분할 방법이 없다. 전 세계의 도시에서 낮은 계급과 카스트에 속한 사람들이 더 높은 사회적 지위를 가진 사람들을 따라하려는 경향은 역사적으로 시각적 효과에 의해 결단코 서열을 유지하려는 엘리트층의 많은 불만과 짜증을 유발했다. 일부 도시 엘리트들은 허세적인 가발을 쓰고 번쩍거리는 옷차림을 하고 태양왕 루이 14세 치하의 베르사이유 궁전의 정원을 거닐던 궁정인들처럼 미친 듯이 정교하고 빈민들은 도저히 따라 하겠다고 꿈도 꾸지 못할 만큼 값비싼 패션으로 치장해 목적을 달성했다. 다른 경우, 로마인들은 각 계급마다 사람들이 입을 수 있는 의복의 종류에 제한을 두는 법령을 실행하여 목적을 이루었다.

이는 또 중세 유럽의 많은 지역에서 채택되었으며, 지위에 집착하던 영국에서 특히 열정적으로 수용된 방안이기도 하다. 영국에서는 에드워드 3세 치세(1327-77) 이후 산업혁명 때까지 농민과 상인들이 귀족 행세를 하지 못하게 막으려고 구상된 온갖 법안들이 실행되었다. 이런 사치규제 법안들은 흔히 경제적 민족주의의 인민주의적 언어로 포장되곤 했다. 그리하여 1571년의 의회법은 겉으로는 지방의 모직 생산자, 직조공, 염색공을 지원하는 것이라 알려진 것으로, 세습 귀족을 제외한 6세 이상의 남성과 소년들은 모두 일요일과 다른 모든 축일에 각기 다른 모직 모자를 써야 한다고 명령했다. 그리하여 영국에서는 계급 정체성의 필수적인 표지로서 독특한 납작한 모자를 쓰게 되었다. 그 관행은 21세기까지도 지속되어, 지금은 유행광들이 유복함의 상징으로 즐겁게 재활용한다.

사치규제법안의 문제는 사치를 규제한다는 것이 거의 불가능하며, 그 법안이 있어 열망이 강한 민중들을 더욱더 상위계층 사람들처럼 차려입겠다는 결심을 하게 만들었다는 데 있다. 17세기 후반의 영국에서 이런 열망은 상위 계급이 버린 중고 의류 시장이 번창하게 된 원인이었다. 또 일부 고민 많은 귀족들이 분수에 넘치게 차려입는 하층민들과 자신들을 구별하기 위해 신분보다 더 낮은 계급처럼 입고 다녔는데 프랑스의 장르 블랑 신부abbé Jean le Blanc 같은 대륙에서 온 방문객들은 이를 보고 기겁했다. 그는 영국에서는 "주인이 하인처럼 입고 공작부인이 시녀 흉내를 낸다"고 신랄하게 지적했다.[9]

의복은 집 밖에서 지위를 즉각 드러내는 표시였다. 그러나 영국의 도시들이 17세기와 18세기가 흐르는 동안 팽창하기 시작하면서, 야심 많은 가족들은 집안에서도 더 부유한 계급을 따라하려고 애썼다. 특히 가정 용품이 지위를 나타내는 중요한 지표로 등장했다. 도시로 들어온 이주민들을 수용하기 위해 줄지어 늘어선 똑같은 주택에 살고 있는 사람들에게서 그런 현상이 특히 심했다. 놀랄 일도 아니었지만, 오래지 않아 야심적인 사업가들이 저렴한 도자기와 세라믹 집기, 거울, 빗, 책, 시계, 양탄자, 그밖에 온갖 종류의 가구들을 대량 생산할 기회를 찾아 나서기 시작했다.

17세기와 18세기에 유럽 전역에서 한때는 매우 부유한 계층들만 누릴 수 있었던 사치품을 소비하고 싶어하는 도시 빈민들의 욕망은 화석 연료가 담고 있던 에너지를 이용하는 테크놀로지를 발명해 일의 역사를 형성하는 데서도 역시 큰 영향력을 발휘했다. 그것이 없었다면, 대량생산된 품목을 위한 시장이 없었을 것이며, 시장이 없었다면 공장은 결코 세워지지 않았을 것이다. 경제의 많은 부분의 작동 규칙이 그 때문에 새로 정해졌다. 영국 경제의 성장이 제조업 및 기타 산업 분야에 고용된 사람들이 받은 임금을 자신과 그 공장 노동자들이 제조한 바로 그 제품들에게 소비하는 현상에 끌려 가는 정도가 점점 더 심해졌다.

1887년에 보르도 대학에서 최초의 사회학 교수로 임명된 에밀 뒤르켐Emile Durkheim은 최신 패션이 부유하고 유력한 자들을 따라하고 싶어하는 더 가난하고 더 주변적인 자들에게 재빨리 수용되는 경우가 많다는 사실을 전혀 의심하지 않았다. 그는 또 그 패션이 실상 덧없는 것이라는 것도 의심하지 않았다. "모두가 어떤 패션을 채택하게 되면 그것의 가치

4부 | 도시의 유물

는 전부 사라진다"고 지적했다.[10]

특히 새로이 유행하는 이론들이 철마다 달라지는 변덕스러운 학계에서 뒤르켐이 패션의 덧없음에 대해 우려할 이유가 충분히 있었다. 이미 그는 학교를 갓 졸업한 20대 중반부터 사회의 연구가 단지 새로운 지적 활동일 뿐만이 아니라 그 자체로 하나의 과학으로 인정될 자격이 있음을 프랑스와 독일의 거물 지식인들에게 설득하려고 나섰다. 사회학의 설계자로 자임한 그는 자신의 야심이 한 세기 전에 경제학을 설립한 애덤 스미스와 동일하다고 여겼다. 덧붙여 말하지만, 뒤르켐의 야심 가운데 스미스처럼 노동의 분업에 대한 지속적인 관심으로 형성된 것도 있었다. 하지만 스미스와는 달리 뒤르켐은 교환, 거래, 흥정에 별로 흥미가 없었다. 또 공장 내 생산 과정을 재편함으로써 이룰 수도 있을 경제적 효율성에도 별로 주목하지 않았다. 그럼에도 노동 분업에 대해 성찰할 때에는 그는 개인의 삶과 사회 전체가 형성되는 과정에서 '일'이 어떤 역할을 맡았는지를 훨씬 더 폭넓게 내다보고 있었다. 적어도 그에게 있어서 복잡한 도시 사회에서 사는 사람들이 직면한 수많은 난관은, 현대 도시에서 사람들이 온갖 상이한 종류의 일을 하고 있다는 사실과 분명 관계가 있었다.

뒤르켐은 원시적 사회와 복잡한 현대 사회의 결정적인 차이가 단순한 사회는 쉽게 대체될 수 있는 부품들로 이루어진 초보적인 기계처럼 작동하고, 복잡한 사회들은 살아 있는 신체와 더 비슷하게 기능하며 간과 신장과 두뇌 같이 다른 것으로 대체될 수 없는 매우 다르고 고도로 전문화된 기관으로 구성되어 있는 데 있다고 믿었다. 따라서 단순한 사회에서 족장과 샤먼들은 동시에 수렵채집인, 사냥꾼, 농부, 건축가가 될 수 있었지만, 복잡한 사회에서는 법률가는 부업으로 외과의사 일을 할 수 없고, 해군 제독은 부업으로 설계사 일을 할 수 없다. 뒤르켐은 또한 원시 사회의 사람들이 일반적으로 더 복잡한 도시적 사회의 사람들보다 훨씬 더 강한 공동체 의식과 소속감을 가졌으며, 또 그 정도 만큼 더 행복하고 자기 확신이 강하다고도 믿었다. 그는 원시 사회의 각 구성원이 맡은 역할이 교체 가능한 것이라면 그들은 공유된 관습과 규범과 종교적 신념으로 쉽게 강화될 수 있는 일종의 '기계적 연대감'에 묶여 있는 것이라고 보았다. 그는 이것을 현대의 도시 사회에서의 삶과 대비시켰다. 그가 볼 때 현대 도시 사회에서는 사람들이 흔히 매우 상이한 역할을 여러 가지 수행하며, 그래서 각자의 세계관도 매우 달라졌다. 그리고 이 때문에 사람들을 한데 묶기가 더 힘들어질 뿐만 아니라 잠재적으로 치명적인, 그가 '아노미anomie'라는 별명으로 부른 사회적 질병이 계속 악화되었다고 주장했다.

뒤르켐은 자신의 첫 번째 저서 『사회에서의 노동 분업The Division of Labour in Society』에서 아노미라는 발상을 도입했고, 두 번째 논문인 〈자살: 사회학의 한 연구suicide: A Study in Sociology〉에서 그것을 한층 더 발전시켰다. 그 논문에서 그는 당시에 대개 깊은 개인적 실패를 반영하는 행동으로 여겨지던 자살에 사회적 원인이 있는 경우가 많으며, 그렇기 때문에 사회적 해결책도 있을 수 있음을 보여주는 것을 목표로 했다. 그는 그 용어를 이용하여 강렬한 이탈 감정, 불안감, 또 반사회적으로 행동을 촉발하고, 절망적일 때는 자신의 목숨도 버리도록 사람들을 몰아붙일 정도의 분노를 묘사했다. 이같은 아노미 개념으로 뒤르켐이 밝히려던 것은 산업화에 의해 유발된 급속한 변화가 어떻게 개인의 복지에 영향을 미치는가 하는 것이었다. 그는 특히 프랑스에서의 산업화에 동반된 부의 증가가 더 많은 자살과 더 큰 사회적 스트레스를 낳았다는 거의 모순적인 사실에 당혹해했다. 이로 인해 그는 도시화 및 산업 발전과 결부된 변화가 아노미의 주요 동인이라고 결론짓게 되었다. 그가 제시한 보기는 테크놀로지의 발전으로 인해 본인의 기술이 갑자기 쓸모없어졌고, 그 결과 가치 있고 유용한 사회 구성원으로서의 지위를 잃게 되었으며, 예전에 그들의 일이 가져다주던 목적의식purposefulness을 박탈당한 삶을 견뎌야 했던 전통적 장인들의 사례였다. 뒤르켐은 아노미를 자살에 연루시켰을 뿐만 아니라 당시까지는 흔히 나쁜 성격 탓으로 돌리던 범죄, 무단 결석, 반사회적 행동 등 수많은 사회적 문제의 원인으로도 인식했다.

뒤르켐은 산업혁명과 결부된 변화에서 발생하는 개인적 혼란dislocation보다 더 심각한 상태가 아노미 안에 있다고 믿었다. 그는 아노미의 특징이 자신이 '무한한 열망의 질병malady of infinite aspiration'이라 부른 것이라고 주장했다. 그것은 인간이 "무엇이 가능하고 무엇이 가능하지 않은지, 무엇이 공정하고 무엇이 부당한지, 어떤 주장과 기대치가 합법적이고 어떤 것이 과도한지를 더 이상 알지 못하기 때문에 인간의 열망에 한계가 없어질" 때 발생하는 조건이다.[11]

드러내놓고 그렇게 하려던 것은 아니었지만, 그는 '무한한 열망의 질병'을 논하면서 희소성의 문제를 경제학자들과 다른 놀랄 정도로 독창적인 시각에서 다루었다. 애덤 스미스와 그 이후 여러 세대를 거치며 경제학자들은 인간이 항상 무한한 욕망에 사로잡힌다고 확신했지만, 뒤르켐은 달성불가능한 기대로 인해 어깨가 무거워지는 것은 정상적인 현상이 아니라 한 사회가 산업화 등의 외적인 요소들로 인해 설 자리를 잃는 위기와 변화의 시절에만 발생하는 사회적 탈선이라는 견해를 내놓았다. 그는 바로 그런 시절에 살았다.

뒤르켐의 주제는 음울할 때가 많지만 그의 수많은 글에는 순수한 낙관주의의 맥이 흐르고 있다. 그는 아노미의 원인에 대해 진단이 내려졌으니 무한한 열망의 질병을 치료하기에 충분할 만큼 강한 사회적 약품이 고안되는 것은 시간 문제라고 믿었다. 또 자신이 독특한 과도기에 살고 있으며, 시간이 지나면 사람들은 산업 시대의 생활에 적응할 것이라고도 믿었다. 그렇게 되기까지의 막간에 그는 온건한 형태의 민족주의를 채택하면 무한한 열망의 질병이 치유될지도 모른다고 생각했다. 자신이 프랑스에 대해 느끼는 신사적인 충성, 또는 고통받는 도시민들에게 소속감과 공동체 의식을 가져다줄 고대 로마의 콜레기아와 같은 무역 길드의 설립 같은 형태의 민족주의 말이다.

돌이켜 생각하면 그 질병이 쉽게 치료될 수 있다고 한 뒤르켐의 생각은 분명히 틀렸다. 아노미는 변화가 유발한 사회적 소외의 분석에서 수없이 여러 번 거듭 거론되지만, 그 치료법에 대한 뒤르켐의 낙관론을 공유하는 사람은 거의 없다. 뒤르켐 역시 1917년에 사망할 무렵에는 그 점에 대해 강한 확신을 잃었다고 생각할 근거도 있었다. 1914년에 그가 사람들의 아노미 증상을 치료해 줄 수 있을 것이라 믿었던 민족주의는 뭔가 지독하게 추한 것으로 변신하여, 유럽 지도자들의 끝없는 야심 그리고 파괴적 무기를 산업적 규모로 계속 더 생산할 수 있는 새로운 능력과 합쳐져 대륙 전체를 산업 시대의 첫 번째 전쟁에 던져넣었다. 그 전쟁은 뒤르켐이 아끼는 많은 제자들과 1915년에는 외아들인 앙드레의 목숨까지 앗아갔다. 그는 그 상실을 겪고 무너졌으며, 1917년에 심장발작을 겪은 지 얼마 안 되어 세상을 떠났다.

그 이후 뒤르켐이 산업화에 뒤이어 결국 정착할 것이라고 상상했던 것 같은 종류의 안정성은 거의 손에 닿을 것 같다가도 다시 멀리 달아나서 좌절감을 안기는 또 하나의 무한한 열망과 비슷해졌다. 대신에 에너지 획득률이 높아지면서 새로운 테크놀로지가 등장했고, 도시들은 계속 팽창하고, 예측불가능한 끊임없는 변화가 곳곳에서 새로운 정상 취급을 받았다. 아노미는 점점 더 현대의 영구한 여건 비슷한 것이 되어갔다.

13장

최고의
인재

"유능한 직업인이란 자신이 얼마나 느릿느릿 일할 수 있는지 확인하는 데 상당한 시간을 쏟으면서도 고용주에게는 자신이 제대로 일하고 있다고 납득시키는 사람이 대부분이지요." 프레드릭 윈슬로 테일러Frederick Winslow Taylor 는 1903년 6월에 열린 미국 공학 엔지니어 협회the American Society of Mechanical Engineers 회의에서 이렇게 설명했다.[1] 그는 인간이 편하게 살고 싶어 하거나 작업장에서 '빈둥대고' 싶어하는 천성적 경향이 가진 위험성에 대해 강의했다. 그는 그 현상을 '은밀한 태업soldiering'이라 불렀다. 그는 또 자신의 과학적 관리 방법을 엄격하게 적용하면 공장주들은 은밀한 태업을 없앨 수 있을 뿐만 아니라 제조 공정에서 상당한 시간과 비용을 절약할 수도 있다고 설명했다.

평소에도 신경이 너무 심하게 흥분한 상태가 유지되어 밤에 잠을 자려면 구속복으로 몸을 꽁꽁 묶어야 했던 테일러는[2] 빈둥대는 사람과는 정반대 유형이었다. 그는 강판을 용접하거나, 기계 도구를 설계하거나, 보고서와 추천서와 문서를 쓰거나, 한 손에는 초시계를 들고 빈틈없는 시간과 동작에 관한 연구를 지휘하거나, 그것도 아니면 테니스나 골프를 쳤다. 여가를 즐길 때도 일할 때와 똑같이 미친 듯이 치열한 태도로 열중했다. 그는 1881년에 전미 테니스 선수권 대회에서 우승했으며, 19년 뒤에는 1900년 하계 올림픽에서 미국 국가대표팀 골프 선수로 경기에 참가했다. 메이플라워호로 도착한 순례자들의 후손인 유복한 퀘이커 교도의 아들로 태어난 테일러는 학교를 졸업한 뒤 예상되던 직업 노선을 따르지 않았다. 하버드 대학에 있을 때 제안받은 일자리를 거절한 뒤 그는 필라델피아의 수력펌프 공장the Enterprise Hydraulic Works에 들어가 4년간 기계 견습생 생활을 시작했다.

1856년에 태어난 테일러는 미국의 대형 공장에서 배출되는 유황 섞인 연기를 들이마시면서 성장한 미국인 첫 세대에 속했다. 1915년에 세상을 떠난 그의 장례식에서는 헨리 포드 같은 무표정한 산업계의 거인이 조사에서 그를 '효율성 운동의 아버지'라 일컬었고, 경영자문인들은 일의 과학에서의 뉴턴이나 아르키메데스 같은 존재라 단언했다.[3]

공장 노동자들은 그가 남긴 유산을 복잡한 심정으로 바라보았다. 그는 노동자들이 적절한 임금을 받고, 노동 시간을 합리적으로 정하고, 휴식 시간을 갖도록 로비한 사람이었지만 그래도 그의 방법은 노동자가 일을 하면서 자유롭게 행사할 수 있었던 약간의 주도권마저 앗아갔다. 그의 방법은 또 관리자에게 노동자들이 하는 일에 끼어들 권한을 훨씬 더 많이 주었다. 테일러의 과학적 방법에 따라 운영되는 공장은 상상력과 야심과 창의성보다 인내심, 복종, 가열로에서 기계 해머가 두드리는 금속성 박자에 자신을 매몰시키는 능력이 훨씬 더 우수한 자격증이 되는 작업장이었다.

그보다 먼저 등장한 벤저민 프랭클린처럼 테일러는 시간이 돈이라는 금언을 따르기로 맹세했다. 하지만 프랭클린이 성실한 노력에 소모된 모든 시간이 영혼을 살찌운다고 믿었던 반면 테일러는 비효율적인 작업에서는 어떤 의미도 찾지 못했다. 그리고 프랭클린이 시간 면에서 규율을 지키는 것으로 만족한 데 비해 테일러는 어디에 가든 호주머니에 넣고 다니는 초시계에 맞추어 1분 1초까지 이익으로 바꾸려고 했다.

수력펌프 공장에서 견습생으로 있던 시절 테일러는 동료들에게서 그다지 큰 감명을 받지 못했다. 그들은 은밀한 태업을 하면서, 대부분은 일을 대충 해치웠으며, 테일러의 기준으로 보면, 가장 근면한 사람조차 짜증스러울 정도로 비효율적이었다. 그래도 그는 견습 시절이 끝난 뒤에도 공장 현장에서 일하기로 결정했고, 곧 미드베일 스틸공장의 기계 부문에 노동자로 취직했다. 그곳은 군수품과 공학을 응용하는 고품질 합금 부품 제조업체였다. 그는 그곳을 좋아했고, 관리부도 그를 좋아했다. 일개 선반공이던 그는 순식간에 작업반장이 되었고, 나중에는 주임 엔지니어로 승진했다. 그가 초시계를 들고 실험하고, 꼼꼼하게 관찰하며 상이한 과제의 수행 시간을 재어 다양한 핵심 절차의 수행 시간을 몇 초라도 줄일 수 있는지 알아보고, 노동자들이 노력을 허비하기 힘들게 만들기 위해 일자리에 따른 역할을 재설계하기 시작한 것도 그곳에서였다.

테일러에게는 미드베일에서 효율성 실험을 할 자유가 있었지만, 그와 비슷하게 혁신적이고 야심적인 다른 사람들이라도 그의 과학적 관리 테크닉을 적용한 작업장에서 일한다면 그런 자유가 허용되지 않았다. 대신에 그들은 엄격했고, 목표에 내몰렸고, 반복적인 작업 시스템에 구속당했다. 그 시스템에서 혁신은 금지되고, 관리자들의 가장 중요한 역할은 노동자들이 지시받은 대로 수행하게 만드는 것이었다.

테일러식 과학적 방법론의 기초는 모든 생산 과정을 최소한의 구성 단위로 분해하고, 각 단위를 수행하는 데 걸리는 시간을 재고, 그 단위의 중요성과 복잡성을 평가한 다음 최고의 효율성을 염두에 두고 그 절차를 밑바닥에서부터 재조립하는 데 있었다. 그가 고안한 해결책 가운데 일부는 불필요한 소소한 움직임을 없애기 위해 작업대에 도구와 장비를 놓아두는 위치를 바꾸는 것 정도로 단순했다. 다른 것들은 훨씬 더 포괄적인, 생산 절차 전체를 재조직하거나 공장을 재설계하는 작업 같은 것들이다. 테일러는 "방법론의 표준화의 강요, 최고의 장비와 작업 여건 채택의 강요, 협동의 강요가 있어야만 이런 더 빠른 작업이 확실해질 수 있다"고 『과학적 경영 Scientific Management』에서 설명했다.

나중에 테일러주의라 불리게 되는 그 방법론은 많은 작업장에 채택되었지만, 그중 가장 유명한 곳은 바로 포드 자동차회사였다. 1903년 헨리 포드는 테일러를 고용하여 이제는 아이콘같은 존재가 된 T모델 포드를 만들 새 생산 절차를 개발하는 데 도움을 얻고자 했다. 포드와 테일러의 협동으로 인해 개인용 자동차는 허세 가득한 사치품이 아니라 사용하기 쉽고 매우 실용적이며, 성공과 힘든 노동의 상징으로 변신했다. 숙련된 정비공의 팀이 첫 단계에서 완성까지 맡아 자동차를 조립하는 것이 아니라 자동차의 골조 chassis가 생산 라인 위에서 밀려가고, 작업자 팀은 라인 옆 각자의 자리에서 상대적으로 단순한 작업만 수행했다. 이는 포드가 숙련된 정비공을 고용할 필요가 없다는 의미였다. 그에게 필요한 것은 몇 가지 간단한 기술을 익히고 지시를 부지런히 따를 줄 아는 사람이면 충분했다. 또 더 많은 차를 예전보다 더 빠르게, 더 값싸게 만들어 낼 수 있다는 뜻이기도 했다. 그는 포드 T모델 한 대의 생산 시간을 12시간에서 93분으로 단축시켰고, 그와 함께 가격도 1대당 825달러에서 575달러로 낮추었다.

테일러주의를 채택한 회사의 주주와 고위급 경영자들은 그것을 엄청난 성공으로 여겼다. 어쨌든 그것은 더 큰 생산성과 눈이 부실 정도의 배당금을 즉각 안겨 주었으니까. 그러나 공장 현장에서 일하는 작업자의 시각에서 볼 때 테일러주의에는 장단점이 모두 있었다. 긍정적인 측면에서 보면, 테일러는 빈둥대는 사람들 때문에 이를 갈기는 해도 일급 노동자들은 높은 생산성에 대해 보상을 받아야 한다고 믿었다. 테일러는 대부분의 사람들이 일자리를 구하고 출근하는 이유가 근본적으로 금전적인 보상 및 그것으로 물건들을 살 수 있기 때문이라고 생각했다. 그래서 그는 노동자들에게 각자의 효율성이 가져온 이익의 일부가 성과급으로 주어져야 하며, 그럼으로써 그들을 더 고액연봉자로 만들고 더 많은 휴가를 누리게 해야 한다고 주장했다.

과학적 경영 접근법을 통해 기업의 기능인 '인적자원 관리'의 기초를 놓는 데도 기여한 테일러는 각각의 일에 대한 적임자를 찾아야 한다고 굳게 믿었다. 다만 한 가지 문제는 테일러가 설계한 대부분의 비경영적 일자리의 적임자는 상상력이 빈곤하고, 인내심은 무한하며, 똑같은 반복적인 과제를 고분고분하게 기꺼이 매일매일 수행하려는 사람이라는 점이다.

테일러의 주장에 대해 비판자도 많았다. 그중 가장 목청이 큰 사람은 미국노동연맹의 설립자이자 카리스마적인 의장이던 새뮤얼 곰퍼스Samuel Gompers였다. 노동연맹은 행상인, 모자 제조업자, 이발사, 유리 부는 직공, 담배 제조업자 등을 포함하는 수많은 숙련 장인 조합을 대신하여 로비를 벌이는 단체였다. 뉴욕의 거친 길바닥에 나온 젊은 이민자이던 그는 담배를 마는 법을 익히고, 스스로 고도의 기술이 필요한 만족스러운 기능이라 여긴 일을 하면서 큰 만족감을 느꼈다. 그가 볼 때 테일러주의의 문제는 그것이 공장주들에게 만들어주는 이득이 아니라, 노동자를 '큰 기계의 나사 하나, 또는 너트나 핀 하나'처럼 취급하고 공장에 설치된 '자동화된 고속 기계'에 불과한 존재로 바꾸어놓음으로써 자신들이 수행하는 일에서 의미와 만족감을 찾을 권리를 노동자들로부터 박탈했다는 데 있었다.[4]

테일러주의는 곰퍼스 같은 사람들로부터 많은 비판을 받았겠지만, 러다이트운동과 똑같이 테일러의 비판자들도 수익성을 추구하는 역사의 물결에 역행하여 헤엄치고 있었다. 그리하여 테일러의 『과학적 경영』은 출간된 지 90년 뒤인 2001년에 경영학 연구소Institute of Management 회원들의 투표를 통해 '20세기의 가장 영향력 큰 저서'로 뽑혔다. 하지만 테일러가 수력 펌프 공장에서 견습 생활을 하지 않고 하버드 대학에 입학하여 사람들의 기대에 따라 법대로 갔더라도, 누구든 다른 사람이 '효율성 운동efficiency movement'의 제사장 역할을 했을 것이다. 효율성이라는 개념은 산업혁명이 처음 준동하기 시작한 이후 항상 대기 속에 감돌고 있었다. 애덤 스미스는 효율성 운동의 기본 원리를 『국부론』에서 이미 개략적으로 서술했고, 19세기에는 세계 각지의 공장주들도 생산성과 효율성, 수익 간의 방정식을 이해했다. 그것을 달성할 최고의 수단은 아직 궁리해 내지 못했을지라도 말이다. 특히 생산성이 높아지면서 육체노동자들의 노동 시간은 급속히 줄어들었다. 테일러의 천재성은 그저 그 문제를 과학자가 실험실에서 실험할 때처럼 체계적으로 접근한 최초의 사람이었다는 데 있었다. 또 현대에 오면 모든 사람이 제작을 위해서가 아니라 돈을 벌려고 일터에 간다는 사실을, 실제로 물건을 만드는 것은 공장 자체라는 사실을 깨달은 최초의 인물이기도 했다.

찰스 다윈의 친구이자 이웃인 1대 에이브버리 남작 존 러복 경Sir John Lubbok, 1st Baron Avebury은 근대 빅토리아시대 신사의 완벽한 모델이었다. 또 그와 비슷한 시대에 살았던 프레드릭 윈슬로 테일러처럼 그 역시 매우 바쁜 인물이었다.

1913년에 79세로 세상을 떠난 러복은 지금은 석기시대 수렵채집인들과 가장 오랜 농경 문화를 각각 서술하기 위해 구석기시대와 신석기시대라는 용어를 만들어낸 인류학자이자 고고학자로 기억된다. 하지만 그는 다른 여러 가지로도 기억되어야 한다. 적어도 영국과 그 과거 식민지이던 곳에서는 그의 업적 가운데 하나가 여전히 매년 8번이 넘는 행사로 기념되고 있다. 존 러복은 켄트주 메이드스톤 선거구 의원으로서 1871년에 의회가 은행 휴일 법안Bank Holiday Act을 제정하도록 추진한 인물이었고, 그 덕분에 거의 모든 영국인과 영연방 국가 시민들이 지금도 매년 '은행 휴일bank holidays'●을 즐긴다.

● 은행이 업무를 쉬는 휴무일.

4부 | 도시의 유물

1870년대에 '성인 러복'이라고 다정하게 불린 그는 일찍부터 건전한 일과 삶의 균형a good work-life balance의 유지를 열정적으로 옹호한 인물이었다. "일은 생존에 필요하다. 그러나 휴식이 곧 게으름은 아니다. 왜냐하면 가끔 여름날 나무 아래 풀밭에 누워 물이 졸졸 흐르는 소리를 듣거나, 하늘에서 구름이 흘러가는 것을 바라보고 있는 것이 절대 시간 낭비는 아니기" 때문이다.[3]

그런데 러복처럼 바쁜 인간이 멍하니 구름을 바라볼 시간을 낸다는 것은 상상하기가 힘들다. 그는 의회 의원만이 아니라 켄트주 크리켓 대표팀 선수였고, 축구로 1875년 FA컵 결승전에 진출했으나 우승하지 못했다. 가문이 소유한 은행을 경영했고, 영국 은행 연구소UK Institute of Bankers의 창립 의장이기도 했다. 런던 자치회 의장이었으며, 여왕의 추밀원 고문관이었고, 왕립 통계학회 의장이었으며, 왕립 학회 부의장이었다. 인류학 연구소 소장이기도 했다. 그런 와중에도 또 어떻게든 시간을 만들어내어 연구를 진행하여 호평을 받은 저서를 여러 권 쓰기도 했다. 변덕의 산물인 것도 몇 권 있는데, 두 권짜리 『삶의 즐거움The Pleasures of Life』이 그 범주에 들어간다. 그 책에서 그는 휴식과 일, 스포츠와 자연의 중요성을 역설했다. 빈틈없는 조사를 바탕으로 한 영국 식물생태와 곤충에 관한 몇 편의 논문 같은 글은 과학적으로 엄정하며 타당하게 논리가 전개되었다. 다른 글들은 더욱 야심적이었는데, 그중에서도 그의 가장 유명한 저술인 〈고대의 유물과 현대 야만인들의 전통예절과 관습의 삽화로 예시된 선사시대Pre-historic times, as illustrated by ancient remains, and the manners and customs of modern savages〉는 1865년에 출판되어 명예 학위와 상을 여러 개 줄줄이 가져다주었다.

러복의 저술을 읽다보면 그에게 있어서 금융업과 정치는 강요된 의무였지만 과학 연구는 가치 있는 몰입의 대상이었다는 결론이 쉽게 내려진다. 또 일과 여가의 관계에 대한 그의 견해가 그가 원했더라면 250에이커 넓이의 가문 장원인 런던 외곽의 하이 엘름High Elms에서 이탈리아 양식의 저택과 잘 꾸며진 광활한 정원을 보살피는 제복 입은 하인, 하녀, 요리사, 정원사, 집사 등의 시중을 받으면서 안락하고 게으르게 살 수 있는 상황을 바탕으로 형성되었다는 느낌을 피할 수 없다. 실제로 러복이 그랬던 것처럼 애완 푸들인 벤에게 읽기를 가르치는 일에 몇 달씩 열중하려면 대단한 특권이 있어야 한다.

러복은 이 측면에서 특이한 사례가 아니었다. 찰스 다윈, 부세 드 페르트, 벤저민 프랭클린, 애덤 스미스, 아리스토텔레스, 심지어 광적인 프레드릭 윈슬로 테일러도 그랬지만 러복의 가장 중요한 업적은 오로지 자신이 하고 싶어하는 바로 그 일을 할 수 있을 만큼 부유했기에 가능했다. 그가 하이 엘름을 관리하는 직원들, 아니면 공장과 농장에서 일하는 수천명의 남녀, 아동들처럼 오래 일해야 했더라면 의회에서 은행 휴일 법안을 추진할 만한 영향력을 갖지 못했을 것이며, 고고학 연구를 하거나 운동을 하고, 정원에 사는 곤충의 습관을 면밀히 기록할 시간과 에너지를 낼 수 없었을 것이다.

러복이 1871년 의회의 상임위원회에서 은행 휴일 법안을 통과시킬 당시에 영국 공장과 작업장의 노동 조건은 규제 대상이 아니었고, 노동조합 결성은 금지되었으며, 주인에게 불손하거나 산업행동을 선동하는 노동자는 주인과 하인 법률Master & Servant Act에 따라 유죄 판결을 받아 여왕 폐하의 교도소에서 장기간 복역할 위험을 졌다. 노동자의 권리에 관런된 유일한 실질적 규제는 1833년에 제정된 공장 법안Factory Act이었는데, 그것은 여성과 18세 이하의 아동에게 노동 시간을 1주일에 60시간 이하로 한정했지만, 남성에게 요구되는 노동시간에는 아무 제약이 없었다. 남성 노동 시간에 대한 규제가 영국의 성문법전에 실리고 유럽 연합European Union의 노동 시간 지시가 이행되기까지는 128년이 더 있어야 했다. 그렇기는 해도 1870년에는 여러 공장에 고용된 대부분 남녀의 노동시간이 주 78시간이다가 매일 10시간 근무로 6일간 출근하는 60시간 정도로 줄어들었다.

러복은 자기연민을 드러내는 흔치 않은 순간에 "큰 부에는 빈곤에 비해 더 많은 노동이 따라오며, 근심할 것은 확실히 더 많다"고 썼다.[6] 그것은 그의 저작집에 실린 발언 가운데 그와 같은 배경을 가진 많은 사람이 그랬듯이, 노동자계급이 실제로 얼마나 긴 시간 일하는지, 또 그들의 작업이 얼마나 불유쾌한 것인지 그가 알지 못했음을 시사하는 여러 사례 중의 하나다. 어쨌든 하원의 위원회 회의실에서 꾸벅꾸벅 졸다가 중간에 은행가 재단 임원들과 4코스짜리 점심을 먹으면서 하루를 보내는 것과 얼어붙을 듯 추운 성냥 공장에서 유황과 인이 섞인 증기에 목이 막히면서 14시간 동안 상자를 풀로 붙이는 작업을 하는 것은 상당히 다른 상황이다. 다른 말로 하자면, 사람들이 러복 성인에게 감사해한 것은 그가 그들에게 개인의 관심사나 취미 활동을 할 여분의 시간을 약간 벌어주었기 때문이 아니라 일 년 중 몇 번 그들이 일에 지친 몸을 쉬게 해주고 최대한 아무 일도 하지 않고 지낼 하루를 확보해 주었기 때문이다.

1871년에 통과된 은행 휴일 법안은 노동자들이 휴일을 대하는 태도에 일어난 엄청난 변화의 신호였다. 이 과정을 가속시킨 것이 같은 해 후반에 있었던 노조의 합법화 그리고 1888년에 영국 역사상 최초의 합법적 파업의 성공이었다. 그때 영국 최대의 성냥 공장인 브라이언트앤메이에서 일하는 '성냥 여공들'이 거리로 나와 자신들의 해로운 작업 여건에 대해 항의하고 14시간 근무를 중단시켜달라고 요구했다.

노조가 점점 더 힘과 영향력을 키워갔지만 노동 시간은 여전히 길었고, 거의 모든 사람들은 1918년에 1차 세계 대전이 끝날 때까지는 매주 6일, 56시간 노동을 해야 했다. 그때 솜, 이프르, 파셴데일의 전장에서 벌어진 참상으로 인해 형성된 사회적 태도의 변화와 테크놀로지의 발전 그리고 윈슬로 테일러의 과학적 경영 기법이 광범위하게 적용되어 생산성이 증가한 덕분에 노동 시간은 매주 48시간까지 급속히 줄어들었다. 헨리 포드—당시 미국에 있는 자신의 공장에서 20만 명 가까운 직원을 고용하고 있었고, 유럽 수도들, 캐나다, 남아프리카, 오스트레일리아, 아시아, 라틴아메리카 등에 있는 공장에서도 그만큼의 직원을 고용하고 있던—의 주도 하에 10년이 더 지나기 전에 8시간씩 5일제 근무와 주말 2일 휴무를 기초로 하는 매주 40시간 근무제가 거의 모든 대형 제조업에서 규범이 되었다.

대공황이 발생하여 회사들이 생산을 줄이자 노동 시간을 줄이라는 압력이 더해졌다. 이 절차는 움트기 시작하던 작업시간 축소 운동에 박차를 가했으며, 루스벨트 행정부를 설득하여 블랙-코너리 30시간 법안[the Black-Connery 30-Hours Bill]이라는 형태로 매주 30시간 노동을 입법화하는 단계에 접근했다. 그 법안은 1932년에 찬성 53 반대 30으로 상원을 통과했다. 그러나 마지막 순간에 루스벨트 대통령이 용기를 잃고 물러서는 바람에 그 법안은 부결되었고, 대공황의 최악의 순간이 지나가자 노동

시간은 다시 꾸준히 늘어나서, 1939년 가을에 히틀러의 탱크부대가 폴란드로 굴러갈 무렵에는 직장이 있는 미국인들은 거의 모두가 다시 매주 38시간 일하고 있었다.

2차 세계 대전 동안 노동 시간이 늘어난 것과는 별개로, 1930년에서 1980년 사이에 미국에서의 평균 노동 시간은 주당 37시간에서 39시간 사이를 꾸준히 유지했다. 이것은 대부분의 다른 산업화 국가들에 비해 두세 시간 짧았다. 하지만 20세기의 마지막 몇십 년 동안 그 시간은 다시 서서히 늘어나기 시작한 반면 다른 산업화 국가에서의 전체 노동 시간은 서서히 줄어들었다. 1980년 이후 미국에서의 평균 주간 노동 시간은 서유럽 경제의 시간과 대체로 비슷했지만, 연간 휴가에 대한 지원이 박하기 때문에 대부분의 미국인들은 1년 전체를 볼 때 덴마크, 프랑스, 독일 같은 나라에서 같은 일자리에 있는 사람들에 비해 수백 시간 더 많이 일한다.

2030년쯤이면 선진국에서의 생활 수준이 1930년에 비해 '4배에서 8배 정도 좋아질 것'이라는 케인스의 신념은 경제 성장이 매년 2퍼센트 정도의 비율로 꾸준히 증가한다는 가정을 기초로 한 것이었다. 2007년에 예일 대학의 경제학자 파브리치오 질리보티 Fabrizio Zilliboti는 케인스의 예언을 다시 꺼내 들었다. 그는 성장률을 기초로 하여 생활 수준의 4배 상승은 1980년에 이미 이루어졌고, 성장 추세가 그대로 계속된다고 가정할 때 2030년쯤이면 "생활 수준이 17배 높아지게 되고, 케인스가 예상한 최고 지점의 두배가 넘는 수준에 도달하게 될 것"이라고 계산했다.[7] 자산과 소득의 분배가 불균등했기 때문에 산업화 경제에 사는 사람들은 거의 대부분 케인스가 예상한 "절대적 필요"가 적절하게 충족되는 시점

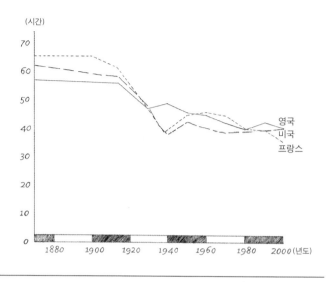

(시간)

1880   1900   1920   1940   1960   1980   2000 (년도)

영국
미국
프랑스

1870년에서 2000년 사이의 영국, 미국, 프랑스에서의 주간 노동 시간의 변화 그래프

의 기본 생활 수준과 비슷한 것을 이제는 대부분이 달성했을 것이다. 예를 들어, 미국에서 각 가정당 중위가계순자산median net wealth•은 2017년에 9만 7000달러(한화 약 1억 2000만 원)였다.[8] 그것은 1946년의 수준에 비해 3배 높은 것이지만 서브프라임 위기로 인해 세계 경제가 급격히 악화되기 직전인 2006년 수준보다는 한참 많이 낮다. 당시 1가구 당 중위가계순자산은 1946년의 것보다 6배 정도 높았다.[9] 의미심장하게도 그것은 미국에서 평균 가계순자산의 7분의 1 정도에 불과했는데, 심한 부의 불평등 때문에 실제보다 높게 계산된 수치였다.

하지만 노동 시간은 케인스의 예견처럼 줄어들지 않았다. 사실, 2차

• 순자산은 총자산에서 부채를 제한 것.

       4부 | 도시의 유물

세계 대전이 끝난 뒤 산업화 국가에서의 노동생산성이 대략 4배에서 5배 정도 늘었음에도 불구하고 주당 평균 노동시간은 1주에 40시간을 조금 밑도는 수준에 계속 수렴되었고, 그런 다음 그 지점에 요지부동으로 고착되어 버렸다.

오랫동안 경제학자들은 왜 주간노동시간이 그처럼 고집스럽게 높게 유지되는지에 대해 토론해 왔지만, 전 세계 베스트셀러 시리얼 브랜드 자리를 계속 유지하는 어느 회사의 이야기에 그에 대한 대답 중의 일부가 들어 있다는 데 다들 동의한다.

매년 켈로그 아침식사용 시리얼 1280억 인분이 수억 명의 배고픈 입에 들어간다. 켈로그 브랜드는 그 포장 상자와 광고에서 미소짓는 얼굴로 숟가락을 휘두르는 광고 캐릭터들과 동의어가 되었다. 그런 캐릭터 중의 누구도 그 회사의 창립자인 존 하비 켈로그 John Harvey Kellogg와는 별로 닮지 않았다. 켈로그는 반항적 성향이 있는 안식교 교도로서, 건강한 삶에 대한 열정과 성관계에 관련된 모든 것에 대한 병적인 증오심을 가진 인물이었다. 그는 할례를 하면 소년들이 수음하기를 꺼리게 된다고 믿었기 때문에 할례를 누구에게나 시행하자고 주장했으며, 자신이 1886년에 설립한 채식주의자들의 '건강을 위한 안식처'인 배틀크리크 요양원에 입원한 환자들의 열정을 누그러뜨리기 위해 특별한 아침식사용 시리얼을 몇 가지 발명했다.

그의 시리얼은 특별히 맛을 내려고 만든 것은 아니었다. 존 하비 켈로그는 맛이 강하고 진하고 달콤한 음식은 원치 않는 성적 충동을 유발하지만 평범한 음식은 그 충동을 가라앉힌다는 견해를 갖고 있었다. 그가 1895년에 특허를 낸 콘플레이크는 성적 충동의 불을 끄기 위해 개발한 식품이었다.

어쨌든 켈로그가 세운 요양원에 입원한 환자들은 그가 만든 바삭바삭한 시리얼을 좋아했다. 시리얼은 요양원 식사 시간에 먹는 무염식 채식 요리에서 벗어날 수 있는 반가운 휴식 같은 것이었다. 하지만 존 하비 켈로그는 그 시리얼을 상업화하는 데는 흥미가 없었다. 그의 시리얼을 전 세계적으로 인정받는 브랜드로 변신시키는 일은 켈로그의 양자인 윌 켈로그Will Kellogg에게 넘어갔다. 윌은 아버지의 청교도적 세계관에 공감하지 않았다. 그는 노인이 정한 조리법에 설탕을 약간 더했고, 1906년에는 그 시리얼을 대량생산하기 시작했다. 그는 또 마케팅 행사에도 설탕을 추가했다. 자사 제품이 고객들의 성적 충동을 경감시킬지도 모른다는 생각을 없애기 위해 그의 첫 대규모 콘플레이크 광고 캠페인은 청년들더러 예쁜 잡화점원들에게 도발적으로 윙크를 하라고 부추겼다.

그 뒤 40년 동안 윌 켈로그는 미국의 식품 생산에 혁명을 일으켰다. 연이어 혁신을 시도한 그는 경영과 생산과 마케팅에서의 최신 동향을 모조리 실험하고 적용했는데, 테일러주의도 그런 동향 중의 하나였다. 1920년이 되자 그의 회사와 그 주력 상품은 미국의 어느 가정에나 비치되어 있는 품목이 되었으며, 얼마 지나지 않아 국제적으로도 퍼져 나갔다.

1929년에 대공황이 닥쳤을 때 켈로그의 회사는 이미 대고용주가 되어 있었다. 당시에 우후죽순처럼 솟아나는 아침식사 시리얼 시장에서 제대로 된 경쟁자는 포스트뿐이었다. 포스트는 경제적 불확실성의 시대에 다른 기업인들이 여전히 하던 대로 행동했다. 즉 비본질적인 소비를 모두 줄이고 현금을 최대한 보유한다는 목표 하에 종이 클립, 호치키스, 잉크 등의 재고도 비축했다. 켈로그는 전혀 다른 방향으로 나아갔다. 그는 광고 비용을 두 배로 늘리고, 생산도 늘렸다. 그 전략은 성공했다. 알고 보니 사람들은 힘든 시절에 값싸고, 달달하고, 바삭바삭한 곡물을 우유에 말아서 먹는 것을 좋아했고, 포스트 회사의 주주들이 배당금을 기다리다가 참을성이 바닥나는 동안 그의 수익은 하늘로 치솟았다.

켈로그는 또 한 가지 평범하지 않은 일을 했다. 자기 공장에서의 전업 노동 시간을 1주일 40시간이라는 이미 합리적인 수준에서 6시간 노동에 5일 근무를 기초로 하는 편안한 1주일 30시간 근무제로 줄인 것이다. 이렇게 함으로써 그는 미국인 중의 4분의 1이 실직자이던 시절에 근무 교대 회수가 1차 늘어난 수만큼의 새 전업 일자리를 창출할 수 있었다. 다른 이유에서 보더라도 그렇게 하는 것이 합리적인 것 같았다. 1930년 대에 미국의 노동자들은 생산성이 별로 증가하지 않았는데도(수익성의 증가는 있었다) 이미 헨리 포드 같은 회사가 주말 휴무와 5일제 근무 제도를 도입한 뒤 더 짧은 노동 시간을 주장하며 로비를 벌이고 있었다. 그래서 켈로그는 주당 30시간 근무제가 역사적 추세로 보아 옳은 편에 서는 것이라고 믿었다. 그것은 켈로그의 최종 결산 결과를 위해서도 올바른 일임이 밝혀졌다. 작업에 관련하여 생산을 중단시키는 사고 발생 빈도가 크게 줄어들었고, 업무 경상비도 대폭 줄어들었으므로, 켈로그는 1935년 의 신문기사에서 "우리는 이제 예전에 8시간 노동에 대해 지불하던 보수를 6시간만 노동시키고 지불해도 될 여유가 생겼다"고 자랑했다.

1950년대까지는 켈로그의 공장에서 주당 30시간 노동이 정규로 유지되었다. 그러다가 켈로그 공장 직원의 4분의 3이 8시간 근무와 주당 40시간 노동으로 돌아가는 편을 선호하는 쪽으로 표를 던져 경영진을 놀라게 했다. 일부 노동자들은 6시간 근무를 하게 되면 집에 돌아가 성질 나쁜 배우자들에게 휘둘려야 하는 시간이 너무 길기 때문이라고 이유를 댔다. 하지만 모든 것이 분명했다. 그들은 미국의 전후 유복한 시기에 시장에 나오는 끊임없이 수준이 높아지며 끊임없이 등장하는 소비재를 구매하기 위해 더 긴 시간 일하여 더 많은 봉급을 받고 싶어한 것이다.[10]

1940년대 후반과 1950년대 초반에, 전쟁으로 지친 미국인들은 탱크 대신에 쉐보레 벨에어를 생산하고, 쌓여 있던 탄약 더미를 질소 비료로 바꾸며, 레이더 기술을 전자오븐으로 용도변경하기 시작했다. 이 현상은 변형된 아메리칸 드림을 만들어냈다. 가정용 냉동기에 들어 있는 아이스크림, 미리 조리된 냉동식품과 패스트푸드를 연료 삼아 멀리 다른 주로 놀러가는 연차휴가를 배경으로 하는 아메리칸 드림 말이다. 노동조합원 자격증은 어느 때보다도 인기가 높았고, 모든 전쟁을 끝내기 위한 전쟁the war to end all wars *으로 얻은 평화 배당금은 끊임없이 팽창하고 갈수록 번영하는 중산층을 살찌웠다.

이 같은 번영을 목격한 캐나다 태생의 하버드 대학 경제학 교수 존 케네스 갤브레이스John Kenneth Galbraith는 미국 같은 선진 경제가 이미 그 모

● 영국 작가 H. G. Wells가 쓴 기사에 나온 표현으로 1차 대전을 가리킨다. 후에 같은 내용이 『The War That Will End War』라는 제목의 책으로 출판되었다.

든 시민들의 기본 물질적 필요를 충족시킬 만큼 생산성이 충분히 높아졌고, 그래서 존 메이너드 케인스가 규정한 경제 문제가 대체로 해결되었다고 판단하게 되었다. 그는 1958년에 출판되어 대단한 호평을 받은 자신의 가장 유명한 저서 『풍요한 사회The Affluent Society』에서 이런 느낌을 드러냈다.

갤브레이스는 미국 경제학사에서 우뚝 솟은 존재였는데, 그의 키가 2미터가 넘다보니 정면에서 눈을 맞출 만한 사람이 거의 없기 때문만은 아니었다. 2007년 12월에 세상을 떠났을 무렵 그는 몇십 년 동안 하버드 대학의 교수를 지낸 것 외에도 700만 권 이상 팔린 20세기에 가장 널리 읽힌 책을 쓴 경제학자였다. 그는 또 〈포천Fortune〉의 편집자로도 여러 해 일했으며, 루스벨트, 케네디, 클린턴 행정부에서 고위급 직책도 여럿 맡았다. 갤브레이스는 자신이 전통적 형태의 경제학자라고 생각하지 않았다. 또 자신이 선택한 전문 분야를 그다지 높이 평가하지도 않았다. 갤브레이스는 경제학이 일차적으로 "경제학자를 고용하기 위한 형태로서 지극히 유용하다"고 묘사한 적도 있으며, 자신의 동료들이 특히 통화정책 같은 문제가 제기될 때 불필요한 복잡성을 이용하여 그 기술의 천박성을 위장한다고 고발했다.[11] 농부의 아들인 그가 경제학에 입문한 것은 온타리오주에 있는 고향 마을에서 가장 큰 쇼트혼 소 목장을 경영하고 싶다는 어린 시절의 꿈 때문이었다. 그 목표를 이루기 위해 그는 농업경제학에서 두 개의 학위를 얻었다. 그 과정에서 그는 농업 같은 일차적 생산과 나머지 경제 사이의 근본적 관계에 대한 솔직한 견해를 피력했다.

『풍요한 사회』에서 갤브레이스는 더 이상 물질적 희소성이 경제활동의 일차적 추동력이 아니게 된 전후 미국의 상황을 약술했다. 그는 미국이 전쟁 이후 생산성이 너무 높아져서 "너무 적게 먹기 때문이 아니라 너무 많이 먹어서 죽는 사람이 많아졌다"고 주장했다. 그럼에도 불구하고 그는 미국이 그 부를 그리 잘 활용하고 있지 못하다고 판단했다. "고통받는 세계에서 우리가 자신의 유복함을 활용하는 수준이 어찌 그리 낮은가 하는 것만큼 사려 깊은 사람들을 혼란스럽게 만드는 문제는 없다"고 그는 서술했다.

갤브레이스가 이런 입장을 보인 주된 이유 가운데 하나는 전후 미국인들이 필요하지도 않은 물건을 구매하려는 겉보기에는 무한한 욕구였다. 갤브레이스는 1950년대에는 거의 모든 미국인들의 물질적 욕망이 그 욕망을 충족시키려고 구매되는 제품들처럼 생산되었다고 믿었다. 대부분의 사람들의 기본적 경제적 필요가 이제는 쉽게 충족되기 때문에, 생산자와 광고자는 공모하여 공공 사업에 투자하지 않고 생산과 소비의 쳇바퀴를 계속 굴리기 위해 새로운 인위적 필요를 발명했다고 그는 주장했다. 다른 말로 하면, 진짜 희소성은 과거의 일이 되었다.

갤브레이스는 광고를 현대적 현상으로 여겼을지 모르지만, 욕망의 생산은 최소한 최초의 도시만큼 오래된 것이다. 고대의 메트로폴리스에서 광고는 지금 우리에게도 익숙한 여러 가지 형태를 취했다. 폼페이의 홍등가 벽을 장식했던 유혹적인 포르노그래프 판화에서부터 중국의 송 왕조 장인들이 나눠준 우아하게 인쇄된 전단지, 귀여운 로고와 멋진 구호로 장식된 벽보 등이 모두 그렇다. 그러나 광고가 다들 혼자서도 하는 어떤 일이 된 것은 최근 들어서였다. 그것은 모두 대량으로 유통되는 신문 때문에 바뀐 현상이었다.

미국에서 자체적으로 수익을 발생시키는 산업으로서 광고를 탄생시킨 것은 다름 아닌 벤저민 프랭클린으로 알려져 있다. 1729년에 〈펜실베이니아 가제트Pennsylvania Gazette〉지를 사들인 뒤 프랭클린은 신문판매만으로 이익을 내려고 애를 쓰면서, 새 사업을 널리 알리고 싶어하는 지역 상인과 제조업자들에게 신문의 공간을 판매하여 간행 비용을 감당할 수 있을지 알고 싶어했다. 처음에는 그의 계획이 통하지 않았다. 아무도 지역 신문에 현금을 지불해서 무슨 소용이 있으리라는 것을 납득하지 못했기 때문이었다. 재정이 쪼들리자 프랭클린은 좀 다른 방식으로 접근했다. 자신의 발명품인 프랭클린 스토브를 눈에 잘 띄게 광고하여, 효과가 있을지 시험해 본 것이다. 그 방법은 그에게 두 가지 성공을 가져다주었다. 프랭클린 스토브의 판매가 치솟자, 다른 상인들도 곧 이 사실을 알아차리고 〈펜실베이니아 가제트〉지의 광고 지면을 사들이기 시작했다. 그렇게 하여 프랭클린은 새로운 소득원을 찾았고 마침내 미국 광고업계 명예의 전당에 존경받는 자리도 확보했다.[12] 다른 신문과 잡지들도 재빨리 프랭클린의 뒤를 따랐지만, 제대로 된 광고회사—순수하게 고객을 위해 광고를 구상하고 신문에 그 광고를 싣는 일에 집중하는 사업체—가 처음 만들어지기까지는 다시 한 세기가 더 지나야 했다.

전 세계의 상업에서 광고가 높은 지위에 오르게 된 것은 궁극적으로는 산업화 덕분이었다. 프랭클린의 마케팅 실험이 있은 뒤 한 세기 가까이 지나는 동안에도 대부분의 광고는 지루한 설명으로 이루어졌고 그 대상은 오로지 지역민들뿐이었다. 하지만 이런 상황은 대량 생산의 시대가 당도하여 거창한 야심을 가진 기업인이 출신 지역을 넘어서는 넓은 시장에 진출하려면 광고를 할 필요가 있다는 사실을 깨달으면서 달라졌다. 그들은 또 자신들을 비슷한 제품의 국지적 공급자들과 구별할 필요가 있다는 것도 깨달았으므로, 광고업자들은 갈수록 여러 가지 글자체로 멋진 구호를 만들고, 그림도 추가하여 독자들의 눈을 사로잡는 데 집중하기 시작했다. 1930년대에 광고는 켈로그와 포드 같은 대표적 브랜드에게 생산 작업의 다른 부분들과 똑같이 중요해졌다. 헨리 포드는 "돈을 아끼려고 광고를 중단하는 것은 시간을 절약하려고 시계를 멈추는 것과 같다"는 유명한 말을 남겼다.

미국의 풍요가 제조업자와 광고업자의 동맹에 의해 낭비되는 과정을 진술하면서 갤브레이스가 비판한 대상은 켈로그, 또는 포드 자동차회사 같은 부류가 아니었다. 그가 생각할 때 그런 회사는 최소한 유용한 제품을 만들었다. 그의 적대감은 사람들의 열망을 조작하고, 지위를 이용하고 "상대적 필요"를 고조시킨다고 믿은 자들을 향했다.

갤브레이스가 『풍요한 사회』를 출판했을 1958년 무렵, 사람들의 집과 작업장에다 곧바로 메시지를 쏟아넣는 전례없는 TV의 위력을 광고업자들이 깨달으면서, 느긋하고 호화로운 생활을 즐기던 광고업계는 자세를 바꾸어 속도를 높였다. 미국 역사상 가장 영향력 강한 광고 문구로 간주되는 "다이아몬드는 영원히"라는 구호를 N.W.에이어 회사가 들고 나온 이후[1947년] 막 10년이 지났을 때였다. 세계의 가장 부유한 사치품 시장에서 영원한 사랑과 다이아몬드를 단번에 결합시킨 이 광고는 남자들이 약혼할 때 약혼자의 손가락에 다이아몬드 하나를 세팅한 반지를 선물하는 관습을 확립했고, 그렇게 함으로써 1940년 이전에는 그 누구도 별로 관심을 두지 않던 제품의 수요를 지속적으로 만들어냈다.

1950년대 후반쯤이면 어디서나 다이아몬드 반지를 볼 수 있게 되자, 갤브레이스는 이렇게 언급했다. "과거에는 다이아몬드를 충분히 인상적으로 과시하면 지극히 뚱뚱하고 역겨운 신체도 관심을 끌 수 있었다. 다이아몬드는 특권계층의 상징이기 때문이었다. 그런데 이제는 바로 그 다이아몬드가 TV스타나 재능 있는 매춘부도 가질 수 있는 것이 되었다."

갤브레이스에게 광고는 생산과 소비의 회로를 굴러가게 만드는 것 외에 직관적으로는 하지 말아야 할 또 다른 목적에 봉사한다. 그는 그것이 사람들이 불평등에 대한 관심을 줄인다고 생각했다. 사람들은 이따금씩 새 소비재를 구매할 수 있다면 자신들이 상향 이동하고 있고, 그래서 타인들과의 거리를 줄이고 있다고 느낀다는 것이다.

"보수진영과 리버럴 진영 모두가 보기에 총산출량을 늘리는 것이 재분배의 대안, 나아가서는 불평등을 줄이는 것에 대한 대안임이 명백해졌다."**13**

이런 상황은 일부 분석가들이 지금 "거대한 분리Great Decoupling˚"라 부른 현상이 실제로 발동하기 시작한 뒤인 1980년대에는 모두 바뀌었어야 했다.

그러나 바뀌지 않았다.

20세기의 대부분 동안 미국과 다른 산업화 국가에서 노동생산성과 임금의 관계는 비교적 안정적이었다. 이는 경제가 성장하고 노동 산출이

˚ 실질 GDP와 노동 생산성이 증가하는데도 가구의 소득과 일자리는 증가하지 않는 현상.

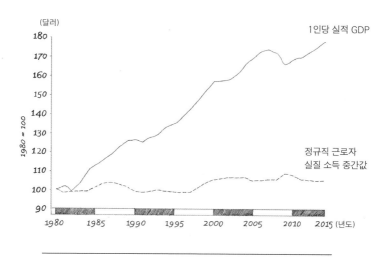

(달러)

1980 = 100

1인당 실적 GDP

정규직 근로자
실질 소득 중간값

1980   1985   1990   1995   2000   2005   2010   2015 (년도)

미국에서 1인당 실질 GDP가 1980년에서 2015년 사이에 두 배로 늘었지만
실질 소득 중간값은 정체되어 있다.14

늘어나면서 사람들이 월급봉투에 담아 가져가는 돈의 액수가 비슷한 비율로 는다는 뜻이다. 이는 부자들이 이익의 더 큰 몫을 가져간다는 뜻이기는 했지만, 그래도 다들 자신을 고용하고 있는 회사가 부유해지면 자신들도 그렇게 될 것이라고 느꼈다.

그러나 1980년에 그 관계가 무너졌다. '거대한 분리의 시대'에 생산성, 산출, 총가계 생산이 모두 계속 늘어났지만 최고소득자를 제외한 모두의 임금 상승폭은 미미했다. 시간이 흐르면서 많은 사람들이 똑같이 수익성 높은 사업에서 같은 일을 하고 있는데도 자신의 월급이 예전만큼 늘어나지 않는다는 사실을 알아차리기 시작했다.

거대한 분리는 주간 노동 시간 단축을 요구하던 잔존 압력을 전부 없애버렸다. 다들 그냥 더 짧은 시간 일해서는 자신들의 생활 스타일을 유지할 수 없었다. 많은 사람들은 갈수록 더 많은 개인부채와 가계부채를

4부 | 도시의 유물

떠안게 되었는데, 마침 대출 이자는 매우 낮았다. 노동인구 중에서도 더 고임금을 받는 부류들은 노동 시간의 증가를 부추겼다. 최고 업적을 이룬 이들에 대한 잠재적 보상이 갑자기 하늘로 치솟았기 때문이다.

거대한 분리를 일으킨 원인이 무엇인지는 아직 분명치 않다. 몇몇 경제학자들은 심지어 그런 현상이 실재한다는 사실조차 의심한다. 그들은 생산성과 중간 실질 임금이 명백하게 서로 갈라지는 상황을 나타내는 그래프가 부정확하다고 주장한다. 그런 그래프는 미국의 고용인들에게 주로 늘어나는 건강보험료 형태로 지급되는 부수 소득의 비용 상승에 대해 해명해주지 않으며, 또 인플레이션을 측정하는 표준 방법으로는 실제 상황을 그려내지 못하기 때문이라는 것이다.

그래도 다른 많은 경제학자에게 거대한 분리는 테크놀로지의 팽창이 노동력을 잡아먹고 부가 더 소수의 손에 집중된다는 첫 번째 명백한 증거였다. 그들은 1964년에 텔레콤 거인인 AT&T의 가치는 현재의 달러 가치로 환산하면 2670억 달러에 달했고, 고용인 수는 75만 8611명이었다고 지적했다. 이 계산법에 따르면 고용인 1명의 가치가 대략 35만 달러. 이와 반대로 오늘날의 IT업계 거인인 구글은 자산가치가 3070억 달러에 달하지만 고용인 수는 고작 5만 5000명에 불과한데, 이는 고용인 1인당 가치가 600만 달러로 매겨진다는 뜻이다.

그 과정은 일련의 중요한 정치적 발전들로 인해 더 수월하게 진행되었다. 시장에 대한 규제가 없어졌고, '낙수효과 경제'가 마거릿 대처와 로널드 레이건의 지지를 받았으며, 나중에는 공산주의가 붕괴하고, 과거의 소비에트 공화국들이 과두적 자본주의를 수용했다. 또 중국이 국가 자본주의를 포용한 데 자극받은 동남아시아에서는 '호랑이 경제' 체제로 성장세를 구가했다.

케인스가 경제적 약속의 땅으로 가는 길을 구상했을 때 그는 우리 모두를 그곳으로 인도하는 것이 열심히 목적에 충실한 화폐 제조자들─야심적인 CEO와 금융인들─일 것이라고 생각했다. 하지만 그는 또 우리가 그곳에 도달하면 곧 "남은 사람들은 더 이상 그들에게 갈채를 보내고 격려해야 할 필요도 없어질 것"이라고도 믿었다.

이 점에서 그는 틀렸다.

1965년에 미국 상위 350개 회사의 회장들은 평균 노동자 임금 대비 약 20배 정도 높은 보수를 받았다.[15] 1980년에는 같은 최고 등급의 회사 CEO들이 평균 노동자 연봉의 30배에 달하는 보수를 받았으며, 2015년에는 그 수치가 300배 조금 못 미치는 수준으로 늘어났다. 미국의 대부분 노동자들이 받는 실질 임금은 1978년에서 2016년 사이에 인플레이션에 맞춰 조정되어 고작 11.7퍼센트 늘었지만, CEO들은 일반적으로 937퍼센트 증가한 보수를 받아 누렸다.

회사 고위급이 받는 보수 수준의 상승은 미국만의 현상이 아니었다. 2008년에 온 금융위기 이전 20년 동안, 세계 각지의 대기업들은 '최고의 인재'를 끌어오려면 터무니없는 거액의 급여를 제안해야 한다는 입장을 받아들였다.

그런 히스테리를 처음 시작한 것은 세계적 컨설팅 기업 맥킨지McKinsey & Company였다. 그들은 1998년에 고객과 잠재적 고객들에게 보내는 브리핑 소식지인 〈쿼털리Quarterly〉의 어느 회차 서두에 "인재를 얻기 위한

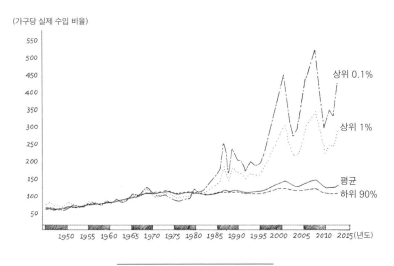

(가구당 실제 수입 비율)

상위 0.1%

상위 1%

평균
하위 90%

1950 1955 1960 1965 1970 1975 1980 1985 1990 1995 2000 2005 2010 2015 (년도)

1943-2015년 미국 가계 소득의 변화16

전쟁The War for Talent"이라는 제목을 붙여, 계속 늘어나는 기업체 관련 발언의 용어집에 '인재'라는 단어를 도입했다.17 공허하고 구호만 잔뜩 붙은 이런 기사 형태의 광고는 기업인들에게 대개 필요하지도 않은 무형의 서비스를 받기 위해 현금을 쓰도록 설계된 것들이었다. 대부분은 회장들의 메일함에서 읽히지 않고 사장되거나 기껏해야 화장실에서 대충 살펴보고 넘어가게 된다.

맥킨지는 대부분의 독자들이 보이는 관심의 지속기간이 짧다는 것을 알고 있기 때문에, 자신들의 브리핑에다 눈에 확 띄는 부제를 붙였다. 전쟁 지역에 간 종군기자가 보낸 기사 제목이었다고 해도 이상해 보이지 않을 만한 광고 제목이었다.

"인재를 두고 전쟁이 벌어지고 있고, 더 치열해질 것이다." 한편에서는 이렇게 단언한다. "모두가 다치기 쉽다"고 다른편이 경고한다.

재정, 공급망, 마케팅 같은 기업의 핵심적 기능을 맡은 동년배들로부터 전반적으로 멸시의 눈으로 하급자 취급을 받아오던 인사부 담당자들, 세계적인 기업들에서 사랑받지 못하고 낮은 평가를 받아온 인적 자원 담당자들에게 이 브리핑은 하늘이 내려준 만나였다. 그것은 그들이 동료들, 이사회, 회장들 앞에 기쁘게 내놓아도 눈만 굴리다가 하품하지 않게 만들 수 있는 내용이었다. 좋은 회사와 나쁜 회사 간의 차이가 그들이 어떤 절차를 준수했는지 혹은 얼마나 효율적인지가 아니라 머리 좋은 사람이 이런 기업체의 조종간을 잡고 있는지에 달려 있다고 말했기 때문이다. 고위급 회장들과 매우 비슷한 그런 사람들이다.

그 브리핑의 핵심은 맥킨지가 불길하게도 '전시1 Exhibit1'이라는 제목을 붙인 그래프에 담겨 있었다. 그것은 유엔과 함께 일하는 몇몇 인구학자들이 2년 이내에 35세에서 44세 사이 미국인의 숫자가 예상된 최고 수치보다 15퍼센트가량 낮은 수준에 머무를 것이라고 추측했음을 말해주는 그래프다. 돌이켜보면 이 추측은 엉터리였다. 하지만 그들이 그 추측에서 도출한 결론—최고 기업의 이사회는 소수의 유능한 고위급 회장에 어울리는 인재를 확보하려고 무자비하게 싸운다는—은 아무리 봐도 터무니없는 헛소리다. 그것은 교육에서의 추세도, 매년 더 많은 수의 졸업생과 MBA가 직업 시장에 들어오고 있다는 사실도 인지하지 못했다. 또 이민자 수는 거론되지도 않았고, 점점 더 세계화되는 고위급 채용 시장에서 인재란, 지역의 인구학적 경향과는 상관없이 어디에서도 뽑아 쓸 수 있는 것이라는 사실도 언급되지 않았다.

미래의 역사가들에게 '인재를 찾는 전쟁'은 모든 시대를 통틀어 가장 치밀한 기업 음모의 하나로 보일지도 모른다. 미래의 경제학자들은 이것을 그 전후를 막론하고 나타난 어떤 것에도 못지않게 비합리적이고 불가피한 시장의 거품으로 볼지도 모른다. 하지만 다른 사람들, 우리 대부분 역시 아첨에 혹한다는 것을 아는 사람들은 그것에 더 공감하며 바라볼지도 모른다. 어쨌든 보수가 증가한 혜택을 얻은 사람들은 자신들이 보수의 가치에 걸맞은 존재임을 확인받았다는 점을 매우 높이 평가한다. 실제로 역사상 귀족 혈통, 영웅주의, 신과의 유사성을 기준으로 하여 상대적으로 높은 지위를 정당화한 도시 엘리트들처럼 이런 '우주의 주인들'도 자신들이 혜택을 받을 만한 자격이 있는 존재라고 확신했다.

〈쿼털리Quarterly〉의 기사를 작성한 맥킨지의 팀은 또 다른 기회의 냄새를 맡았다. 그들은 즉시 그 기사를 손질하여 텅텅 빈 소리가 울릴 만큼 공허하지만 그럼에도 불구하고 기업 경영 도서 분야의 최고의 베스트셀러가 된 책으로 변신시켰다. 놀랄 일도 아니지만 그 책의 제목은 『인재 전쟁The War for Talent』이었다. 다른 대형 컨설팅 회사들 역시 곧 행동을 시작했고 사방의 인사 담당 관리자들은 자신의 부서가 지루한 행정 업무 직원들을 판촉행사 담당자, 운명 결정자, 세계적 대회사들의 최고 지위에 앉을 자격이 있는 핵심적 기업 기능의 담당자로 변신시키는 것을 지켜보았다.

인재에 관련된 이야기가 헛소리라고 단정 짓는 관찰자들이 나오기까지는 그리 오래 걸리지 않았다. 스탠포드 경영대학원의 조직행동 연구 교수인 제프리 페퍼Jeffrey Pfeffer는 '인재 전쟁에 참전하는 것은 당신 조직의 건강을 위협한다Fighting the war for talent is hazardous to your organization's health'는 제목의 논문을 발표했다.[18] 그 논문에서 그는 기업이 성공하는 것은 그 기업이 협력적이기 때문이라는 누가 보아도 명백한 요점을 전개하면서, 개인에 대한 과대평가는 기업 문화를 해친다고 밝혔다. 그 뒤 얼마 지나지 않아 말콤 글래드웰Malcolm Gladwell은 〈뉴요커〉의 2002년 판에서 그 자신이 '인재의 신화'라 부른 것을 신랄하게 비판했다. 그는 모든 상황이 봉급을 너무 많이 받은 맥킨지의 경영진이 자신들의 우수함을 신화처럼 믿은 데서 시작되었다고 주장했다. 그는 또 맥킨지와 그들의 인재 위주의 사고방식이 아끼는 고객 가운데 하나인 엔론을 무너뜨린 데 영향을 끼친 부분의 연관성을 언급했다. 엔론은 2001년에 파산신고를 했는데, 나중에 사기 조사단이 무척 분주하게 일하여 그 수뇌부 몇 명을 감옥에 보냈다.[19]

페퍼와 글래드웰의 항의는 무척 설득력이 있었지만 주식 시장의 상승 신호와 온 사방에서 소비재 가격이 치솟는 소리에 묻혀버렸다. 그러나 이런 사태는 "최고 인재"와는 거의 상관이 없다. 그보다는 소비자주의를 수용한 동남아시아의 새 고객 수십억 명에 의해, 또 미국과 유럽에서 최근에 탈규제화되고 급속히 팽창하는 은행들이 부패한 자산을 조각내고 매장하는 데 사용한 지능적 알고리즘이 마침내 붐앤버스트 경제boom and burst economy를 종식시켰다고 스스로와 정부를 설득했기 때문에 가능해졌다. 붐앤버스트 경제란 20세기 동안 계속 상승하던 경제 성장 추세를 이따금씩 중단시킨 붕괴와 회복의 주기를 말한다. 또 설사 그들이 어떻게 그렇게 했는지 정확하게 알지 못했을 수도 있지만, 그들은 사람들이 심한 적자 상태인데도 소비를 계속할 수 있도록 값싼 대출상품을 시장에 잔뜩 풀어 놓았다.

2008년과 2009년에 주식 시장이 붕괴하면서 산업 소비재 가격이 폭락하고, 공황에 빠진 중앙 은행이 미친 듯이 몇조 달러를 찍어내어 흔들거리는 경제에 다시 돈을 풀어놓기 시작했을 때, 잠시 대기업의 고위급 회장들의 부풀어 오른 봉급과 터무니없는 보너스가 곧 큰 소리를 내며 터질 거품처럼 보였다. 또 금융 위기 속에서 최고 인재인 마이더스의 손길이 태산 같은 가짜 금만 만들어냈음이 드러났을 때 대중이 '최고 인재'의 우수함에 대한 신뢰를 잃을 것처럼 보이기도 했다.

하지만 그 거품은 터지지 않았다. 그때쯤 아무리 허약한 사업에서도 인재라는 서사가 제도적 기본 바탕에 내린 뿌리가 너무 깊어서, 많은 사업체들은 비용 절감을 위해 직원들을 줄이고 작업장을 폐쇄하기 시작했을 때도 고위급 수뇌부들이 있어야만 새로 만나는 위험한 물길을 헤치고 길을 찾을 수 있을 것이라는 기대를 품고 빈약한 현금 주머니를 뒤져 그들에게 거액의 근속 보너스를 나눠주었다.

최고위직에 있는 사람들이 어떻게든 더 큰 보상을 가져오는 데 성공했더라도 그때의 붕괴로 인해 경제학자들에 대한 대중의 신뢰가 급락한 것은 사실이었다. 전문가라는 사람들이 위기가 오는 것을 알아보지 못했다면, 그들의 전문성에 의문을 품을 충분한 이유가 있다. 경제학이 너무나 오랫동안 학문이라는 위장을 써왔기 때문에 사람들은 전문가 일반을 보는 눈길에 의심이 더 많아지게 되었다. 이로 인해 물리학과 의학같이 훨씬 더 견고한 기반을 가진 학문에 대해서도 전문 지식을 회의적으로 따지기 시작했다. 그 결과, 인간에 의해 발생한 기후 변화의 위험에 대해 경고하는 기상학자나 예방접종의 이점을 설명하려고 애쓰는 감염학자들 같은 사람들에 대한 거의 보편적이던 신뢰가 무너지는 일도 금융 위기가 낳은 더 예상치 못했던 재앙에 포함된다.

　금융 위기가 발생한 뒤 월스트리트나 그밖에 다른 전 세계 금융 수도를 점령했던 몽상가와 불평분자들이 즉흥적으로 손을 잡고 내놓은 메시지 가운데 유일하게 통제된 것은 '부자를 불태우자burn the rich'와 같은 노선을 따른 것들이었다. 하지만 불평등을 집중조명하려는 그들의 노력은 대중의 인식을 바꾸는 데 별 효과가 없었다. 그 뒤에 이어진 수많은 연구 프로젝트들에서 대부분의 불평등 국가의 사람들이 불평등의 수준을 일상적으로 과소평가하는 데 반해 국부의 큰 부분이 대규모의 중산층의 손에 들어 있는 국가에서는 불평등의 수준을 더 정확하게, 때로는 과대평가하기까지 한다는 것이 밝혀졌다.[20] 현실과 인지 사이의 그 간극은 반세기 동안 물질적 불평등의 정도가 극도로 심해진 미국에서 특히 심하다.[21] 그곳에서 행해진 조사에 따르면, 금융의 붕괴 이후에도 우두머리와 비숙련 노동자들이 받는 급여 간의 비율은 대부분의 일반인이 생각하는 것보다 열 배 이상 더 높았다.[22]

　미국과 영국 같은 곳에서 물질적 평등성이 더 클 것이라는 환상이 대중에게서 계속 유지되는 것은 부분적으로는 부와 힘든 노동 사이에 명백한, 심지어는 실력에 따른 상응관계가 있다는 생각이 계속 남아 있다는 증거다. 따라서 아주 부유한 사람은 자신이 그런 재정적 보상을 누릴 자격이 있다고 믿고 싶어 하며, 더 가난한 수많은 사람들은 더 열심히 일하면 자신들도 이룰지도 모르는 꿈을 깨뜨리고 싶어 하지 않는다. 그들에게 시스템이 그들에게 불리하게 되어 있다고―힘들게 오래 일하는 것보다 돈이 돈을 낳는 경우가 훨씬 많다고─인정하는 것은 자신들의 주체의식과 자신들의 나라는 누구든 열심히 일하면 원하는 사람이 될 수 있기 때문에 특별하다는 소중한 믿음을 포기하는 것이나 마찬가지일 것이다.

미국 같은 장소에서 불평등과 그 원인에 대한 지각은 사람들이 스스로를 진보와 보수 가운데 어느쪽으로 보느냐에 따라 명확하게 둘로 쪼개진다. 그리하여 부와 복지를 대하는 태도에 대한 2019년의 조사에 따르면 카토 연구소Cato Institute는 강경 리버럴은 부를 쌓게 해주는 최고의 요인이 가족 인맥(48%), 유산(40%), 행운(31%)이라고 보며, 강경 보수파는 힘든 노동(62%), 야심(47%), 자제력(45%), 위험 감수(35%)로 본다고 지적한다.[23]

실제로 지난 십 년 동안 불안과 소셜미디어가 증폭시킨 양극화 가운데 적어도 일부는 자동화가 우리에게 떠안긴 비상한 경제적 사회적 변화를 관리할 방법에 대한 생각이 다른 학파들을 중심으로 뭉친 사람들 때문이라는 결론을 피하기 힘들다. 따라서 한편으로는 생득설[이민배척주의]nativism, 경제적 민족주의 그리고 다양한 종교적 교리와 힘든 노동 같은 관념을 기초로 하는 초월적 미덕으로의 복귀를 옹호하는 사람들이 있다. 또 다른 편으로는 설사 그것이 무엇인지 아직은 분명하지 않더라도 훨씬 더 변형적인 의제를 수용하는 진보파가 있다.

도시적, 산업화한 경제에서 미래에 대한 불안 때문에 점점 더 심해지는 고통이 결코 정치적 양극화만은 아니다. 그런 경제에 속한 많은 사람들에게 개인적 삶과 직업적 삶을 나누는 경계선은 거의 사라졌다.

14장

월급쟁이의
죽음

전쟁 지역에서의 삶과 죽음을 기록하는 데 열중하는 신문기자, 비상근 지방통신원, 프리랜서들 무리에 속한 사람들에게는 유탄에 맞고 목청 큰 복면인들에게 납치당하고 폭탄에 맞아 몸이 터지는 것 모두 직업의 일부다. 권력자들의 더러운 비밀을 폭로(혹은 매장)하거나 범죄 네트워크의 어두운 속내를 파고들거나 도발하고 불쾌하게 만들고 분노를 살 의도로 여론을 조작하는 일을 하는 기자들 역시 일 때문에 자신들이 위험에 처할 수 있음을 인정한다. 하지만 대부분 언론계는 안전한 직업에 속한다. 예를 들면 교통 정체나, 금융시장의 흐름을 보도하거나, 최신 기계장치와 유행의 동향을 비평하거나, 시의회 내의 미세 정치를 이루는 지루한 전투를 기록하다가 죽을 것이라고 예상하는 기자는 없다.

그러나 일본의 공공방송사인 NHK의 기자 사도 미와Sado Miwa의 경우에는 이런 예측이 맞지 않았다. 그녀의 취재 구역은 지역 자치정부였는데, 2013년 7월 24일에 도쿄도 의회 선거와 참의원 선거를 취재하던 중에 그녀는 사망했다. 시신의 손에는 휴대전화기가 그대로 쥐어져 있었다.

의사들은 곧 사도 미와가 선천적 심부전증으로 인해 사망했다고 확인했다. 그러나 일본 노동성이 행한 조사에서 그녀의 공식적 사망 원인은 '과로사karoshi'로 변경되었다. 죽기 전 한 달 동안, 사도는 공식적으로 159시간의 잔업을 수행하여 탈진할 지경이었다. 그 정도 시간이면 1주 5일간 1일 2회 8시간 근무를 4주간 계속한 것과 같다. 비공식적 잔업은 아마 그보다 더 많았을 것이다. 그녀의 사망 뒤 몇 주 동안 비탄에 빠진 그녀의 아버지는 전화기와 컴퓨터 기록을 샅샅이 뒤졌다. 그의 계산에 따르면 그녀가 죽기 전 한 달간 추가로 근무한 시간이 무려 209시간에 달했다.

사도의 죽음은 그 해 보고된 그 비슷한 여러 사례 가운데 하나였다. 일본 노동성은 공식적으로 과다 근무의 직접적 결과로 인한 사망의 범주를 두 가지 인정했다. '과로사'는 사도의 경우에서처럼 수면 부족, 영양실조, 운동 부족 등 탈진 탓으로 발생한 심장질환의 결과 발생한 사망을 가리킨다. '과로 자살'은 직장인이 과다 업무로 빚어진 정신적 스트레스로 인해 자살하는 것을 말한다. 그해 말, 노동성은 2013년에 과로사나 과로자살로 인한 사망이 190건 발생했으며, 과로사의 수가 과로자살 수의 두배에 달한다고 확인했다. 이것은 그 전 십 년 동안의 연간 평균 발생 수와 대략 비슷하다. 하지만 일본 노동성은 오직 특별한 상황에서 발생한 사망 그리고 그 노동자가 합리적인 수준의 과도 근무 한도를 대폭 초과했음이 의심의 여지 없이 입증될 수 있을 때 그리고 사망에 기여한 다른 중요한 요인(심각한 고혈압 같은)이 없을 때에만 과로사나 과로자살로 인정할 것이다. 그 결과, 일본 과로사 변호단 전국연락회의[혹은 과로사 희생자를 위한 국민 변호 자문회의] — 일본에 세워진 수많은 반과로사 단체 중의 하나 — 의 간사장인 카와히토 히로시川人博, Kawahito Hiroshi 같은 몇몇 인물은 그 문제가 진정으로 얼마나 큰지를 정부가 인정하기 꺼린다고 주장한다.[1] 그가 볼 때 실제 희생자는 발표된 것의 열 배에 달한다. 당연히, 일본에서 과도한 업무의 결과로 심각한 정신적, 신체적 건강 장애로 고통받는 사람들의 수는 다시 여러 배 증가한 것으로 생각된다. 근무 중에 탈진한 탓에 작업장에서 사고를 일으키는 사람들의 수 또한 마찬가지다.

1969년에 주요 신문사의 배송부서에 근무하는 29세의 회계원이 울고 싶을 정도로 과중한 초과근무를 한 뒤 책상에서 졸도하여 숨을 거둔 뒤 과로사가 일본에서 최초로 공식 인정되었다. 그 용어는 곧 대중적인 어휘로 사전에 등록되었고, 점점 더 많은 사망의 원인이 곧바로 과도한 업무 탓으로 돌려짐으로써 전국적으로 화제로 떠올랐다. 그것은 이미 많이 등장한 일본에 특유한 일과 관련된 질병의 명단에 추가되었다. 그중 가장 유명한 것이 과장병kacho-byo이라는 것인데, 그것은 관리자의 병이라는 뜻으로, 과장급 중간관리자들이 승진 문제, 팀을 실망시키고, 자신과 가족들에게 수치를 안기고, 더 심하게는 상관을 실망시키고 회사를 약하게 만들지 않을까 걱정하느라 느끼는 과도한 스트레스를 포괄하는 용어다. 하지만 과장병이 화이트칼라 근로자들만 걸리는 병인데 반해, 과로사는 관리자, 교사, 보건관련 종사자, 회장들만이 아니라 블루칼라 근로자들도 열심히 노리는 공평한 살인자다.

　　　　　　　　　　　　　　　　　4부 | 도시의 유물

동아시아의 국가 가운데 점심식사도 작업장에서 서둘러 해치울 정도로 스트레스에 짓눌린 직장인들이 과로가 초래할 수 있는 치명적인 결과에 대해 신경 쓰는 나라는 비단 일본만이 아니다. 영국이나 오스트레일리아에 비해 평균적으로 연간 400시간 이상을 더 일하는 한국은 과로사라는 일본어 표현을 그대로[2] 받아들여 동일한 현상을 설명했다. 중국도 마찬가지였다. 중국이 1979년에 국가 자본주의를 신중하게 수용한 이후, 그들의 경제는 목이 부러지도록 빠른 속도로 성장했으며, 규모면에서 약 8년마다 두 배씩 커졌다. 이에 테크놀로지가 큰 역할을 했지만, 중국의 성장에 자극제가 된 것은 전 세계의 기업체에서 생산 작업을 빨아들이고, 중국을 세계 최대의 제품 생산자이자 수출자로 바꾸어놓은 통제되고 저렴한 노동력이었다. 하지만 이 현상은 의도치 않게 과로로 인한 사망자 수를 대폭 늘리는 결과를 낳았다. 대개 좋은 소식이 아니면 과장법을 쓰지 않는 국영방송사 CCTV는 2016년에 50만 명 이상의 중국 시민들이 매년 과로로 사망한다고 발표했다.[3]

공식 통계에 따르면, 한국, 중국, 일본의 노동 시간은 지난 20년 동안 상당히 감소했는데, 감소폭이 가장 큰 나라는 한국이었다. 이 변화는 부분적으로는 반과로사 변호단들이 더 조화로운 일과 삶의 균형을 추구한 덕분이었다. 가령, 일본에서는 2018년에 노동자들의 공식 평균 노동 시간은 매주 1680시간에 달했는데, 이는 2000년에 비해 141시간 줄어든 기록이었다. 이것은 독일 노동자들의 연간 노동 시간에 비해서는 350시간 많지만, 멕시코 노동자들에 비하면 500시간 적다. 그것은 또 명목상으로 자유무역에 몰두하는 세계 국가들의 엘리트 클럽인 OECD Organisation for Economic co-operation and Development 의 평균보다 적다.[4] 그러나 이들 국가에서는 노동 시간을 줄여 보고하는 관행이 확실하게 있었고, 또 고용인들에 대한 조사 데이터에 따르면 많은 사람들에게 일은 항상 그렇듯이 모든 것을 지배하는 요소였다. 일례로 일본 정부가 주도하여 든든한 자금을 지원받으면서 가끔씩이라도 휴가를 가도록 설득하는 캠페인이 벌어진 적이 있었다. 그런데도 새 밀레니엄이 시작된 후 일본 노동자들 대부분은 여전히 주어진 완전 유급 휴가 일수의 절반도 채 쓰지 않았다.[5]

중국의 인구와 고용 통계부의 보고에 따르면 2016년에[6] 도시 근로자들은 매일 한 시간 가량 잔업하는 것이 일상이었으며, 매주 40시간 노동이라는 최저 한계선을 적어도 8시간 초과하는 노동자가 전체의 30% 가량이었다. 이 집단에서 가장 힘들게 일하는 사람들은 "업무 지원 인력"과 "생산, 운송, 장비 다루는 사람들"이었는데, 그들의 노동 시간은 매주 48시간 노동을 40퍼센트 초과했다. 하지만 실제 노동 시간은 십중팔구는 보고된 것보다 훨씬 더 많을 것이다.

대체로 시골 지역에 사는 사람들이 여전히 관리가능한 작업 리듬에 따라 일하는 편인데 반해, 광저우, 센전, 상하이, 베이징 같이 분주한 도시 허브에서 일하는 민간 부문 노동자들의 경우, 장시간 노동이 거의 일상이었다. 이것은 특히 바이두, 알리바바, 텐센트, 화웨이 같은 회사가 주도하는 중국의 미친 듯한 하이테크 분야에서 일하는 사람들의 경우 더욱 그렇다. 그들은 이제 노동 생활을 '996'이라는 주문에 맞춘다. 일터에서 뭔가를 이루고 싶은 야심을 가진 직원들이라면 오전 9시에서 오후 9시까지 12시간 동안 그리고 일주일에 엿새간 일하라는 것이 두 개의 9와 6의 의미다.

피로 골절°과 노동으로 굵어진 농경인의 골격은 우리 선조들이 활과 땅 파기 막대를 쟁기와 괭이로 바꾼 이후 과로로 인한 사망이 유행했음을 보여준다. 역사상 '농토를 살리려고 애쓰다가' 죽은 수많은 사람들 외에도 타인들이 휘두르는 채찍 아래에서 죽도록 일한 영혼은 무수히 많다. 고대 로마인들이 광산과 채석장에 보낸 노예들, 아메리카 대륙의 목화와 설탕 농장에서 야만적인 대우를 받으며 힘들고 짧은 삶을 살았던 아프리카에서 납치된 남녀들의 후예들, 20세기에 범죄에 대한 처벌로서 또는 이런저런 주의나 정치형태나 인물들의 잘못된 진영에 속한 탓으로 굴락, 노역식민지, 감옥, 강제노동수용소에서 사라진 수천만 명 그리고 레오폴트 국왕 치하의 콩고에서 고무를 채취하던 자들이나 콜롬비아의 푸타마요 강변에서 일한 자들은 그저 대체가능한 싸구려 노동력 정도로만 취급되었다.

그러나 과로사와 과로자살의 개별적 사연들과 위의 상황과의 차이는 사도 미와 같은 사람들이 죽거나 자살하게 만든 원인이 힘든 고생이나 가난해질 위험이 아니라 고용주들의 기대를 통해 왜곡된 그들 자신의 야심에 있다는 것이다.

부의 추구와 책임감, 충성, 명예라는 유가적 윤리의 복합물이 현대의 서울, 상하이, 도쿄 같은 도시에서 과로로 인한 사망자 수가 높은 까닭을 설명해 줄 수도 있겠지만, 과로로 인한 사망은 20세기 후반과 21세기 전반의 동남아시아만의 고유한 현상이 아니다. 사실 이 측면에서 유가

● 뼈의 질환이나 외상이 없는 상태에서 심한 훈련이나 작업 등으로 장기간 압박이 계속될 때 골조직이 찢어지면서 발생하는, 뼈가 완전히 부러지지 않은 골절이다.

문화권의 경제가 독특한 것은 그곳의 과로로 인한 사망이 다른 어디보다 더 흔하기 때문이 아니라 그곳 사람들이 그것을 기꺼이 문제시하여 개입하려 한다는 점이다.

서유럽과 북아메리카에서는 과로로 인한 사망이 대개 고용주나 정부의 행동이나 잘못 탓이라기보다는 개인 탓으로 돌려진다. 그렇기 때문에 과로사는 전국적인 대화의 주제가 되지 않고, 뉴스 1면에 실리지도 않는다. 슬퍼하는 친척들이 고용주의 사과나 정부의 행동을 요구하지 않는다. 그렇다고는 해도 그 문제가 가끔 관심을 유발하는 일은 있다. 예를 들면, 지난 10년 동안 프랑스 텔레콤에서는 자신들이 회사에 심어놓은 해로운 노동 문화의 결과인 '도덕적 괴롭힘'의 혐의로 CEO는 자리에서 물러나야 했고, 고위급 경영자 여러 명은 재판을 받았다. 검사들은 그런 문화 때문에 2008년에서 2009년 사이에 임원진 35명이 자살했다고 주장했다.

영국이나 미국 같은 국가에서 이제는 일터에서의 정신 건강에 대해 훨씬 더 많은 논의가 이루어지고 있다. 또 통계를 신뢰할 이유도 충분히 있다. 영국 건강과 안전 집행부HSE*의 보고에 따르면, 2018년에 거의 1500만에 가까운 노동일이 일터에서 비롯한 스트레스, 우울증, 불안의 결과로 사라졌고, 그 해에 전체 노동력 2650만 명 가운데 거의 60만 명이 직업 관련 정신 건강 문제로 고통받고 있다고 보고했다.[7] 하지만 일

• Health and Safety Executive: 작업장에서의 건강, 안전, 복지 조처를 권장, 통보, 강요할 권한을 가진 영국의 정부 기구. 1974년에 제정된 건강과 안전 등에 관련된 법령Health and Safety at Work etc. Act에 의거하여 세워졌다.

터에서의 정신 건강 문제가 더 많이 진단되는 이유가 과거에는 완전히 정상적인 스트레스와 불안으로 간주되던 것이 지금은 병으로 간주되는 추세 때문인지 어떤지는 이 데이터로 판단하기 힘들다. 또 그런 것을 질병으로 간주하는 경향을 잘 보여주는 특히 중요한 사례가 '워크홀릭증상'을 치명적인 결과를 가져올 위험이 있는 실제로 존재하며 진단가능한 문제 상태로 받아들이는 광범위한 추세다.

1917년, 사우스캐롤라이나주 그린빌에서 태어난 웨인 오츠Wayne Oates 목사는 할머니와 누나의 손에서 가난한 어린 시절을 보냈다. 어머니는 대공황 시절에 그 지역 면화 공장에서 오랜 시간 동안 일하며 생계를 유지했다. 하지만 그는 깊은 기독교 신앙을 통해 자신이 받은 축복을 이해하는 법을 배웠고, 그 다음에는 심리학과 정신의학이라는 매우 세속적인 세계를 종교적 신념과 융화시키기 위해 노력하겠다고 결심했다. 켄터키주 루이스빌에 있는 남침례교 신학대학교Southern Baptist Theological Seminary에서 저명한 강사로 활동하면서 53권의 저서를 낸 왕성한 저술가이기도 한 그는 자신의 '끊임없이 일하려 하는 강박증'과 자신이 조언해 주는 알코올중독자들의 행동에 공통점이 있음을 발견했고, 일 중독자 즉 워크홀릭workaholic 및 그것을 설명하는 내용으로 워크홀리즘workaholism이라는 용어를 고안했다. 1971년에 첫 출간된 『어느 워크홀릭의 고백The Confessions of a Workholic』은 지금은 절판되었고, 그의 조언은 대부분 잊었지만, 그가 고안한 새 용어인 '워크홀릭'은 사람들이 일상 사용하는 어휘록에 금방 채택되었다.

그 용어를 소개한 지 얼마 지나지 않아 워크홀리즘은 열렬한 심리학적 논쟁의 주제가 되었다. 다만 그것을 어떻게 다룰지는 물론 어떻게 정의하고 어떻게 측정할지에 대한 합의는 내려져 있지 않다. 몇몇 사람들은 그것이 도박이나 쇼핑 같은 중독 현상이라고 주장한다. 또 일부는 폭식증 같은 병증이라고 본다. 다른 사람들은 그것을 행동 패턴으로 보고 또 다른 사람들은 '높은 추진력'과 '낮은 작업 만족도'의 불행한 결합에서 생긴 신드롬이라고 본다.

워크홀리즘에 대해 일반적으로 합의된 정의가 없는 터라 그것이 널리 퍼진 현상임을 시사하는 유용한 통계는 거의 없다. 그에 관한 체계적인 통계 작업이 수행된 유일한 국가는 노르웨이다. 베르겐 대학의 연구자들은 베르겐 일중독 척도Bergen Work Addiction Scale라 부른 평가 방법론을[8] 개발했다. 대기실 같은 데서 읽는 생활 잡지에 실리는 대중 심리 퀴즈를 상기시키는 베르겐 평가법은 간단한 발언 7개에 대한 표준화된 응답을 기초로 하여 점수를 매기는 과정으로 구성된다. "당신은 일을 하지 못하게 저지당하면 스트레스를 느낀다" 또는 "당신은 취미나 여가 활동보다 일을 우선시한다" 같은 발언들이다. 이런 질문에 항상 또는 자주라는 대답이 과반수일 경우 그 테스트의 주관자는 당신이 워크홀릭일 것이라고 추론한다. 베르겐 연구 그룹은 1124명의 시험자들의 반응에서 얻은 데이터를 이용했고 일련의 다른 인성 테스트 결과와도 교차검토했다. 최종적으로 그들은 노르웨이 전체 인구의 8.3퍼센트가 워크홀릭이며, 워크홀리즘이 18세에서 45세 사이의 성인들에게서 가장 많이 유행하며, 일반적으로 호감을 주는 성품이나 지적인 동기에서 행동하는 사람, 또는 신경과민인 사람들이 걸릴 확률이 훨씬 높다고 결론지었다. 그들은 또 대중 건강의 문제로 우려의 대상이 될 만큼 그 현상의 보급률이 높다고 지적했다.

존 러복이 신중한 과학 연구와 긴 논문의 집필을 여가활동으로 여긴 것과 대략 비슷하게 대부분의 사람들에게도 어떤 활동을 하는 데 대해 보수를 받는지 아니면 자신이 선택한 것인지의 차이 외는 일과 여가를 구분하는 기준이 없다. 여가 때 그렇게 선택한 일을 하느라 정규 직업에서 번 돈을 쓰는 경우도 많다.

일터에 가고 오는 데 걸리는 시간과 쇼핑, 가사노동, 자녀 양육 등의 필수 가사노동을 하는 데 걸리는 시간을 감안할 때, 표준인 40시간 노동을 하고 나면 여가 시간은 별로 많이 남지 않는다. 당연한 일이지만, 전업으로 근무하는 대부분의 사람들은 순수한 여가 시간의 많은 부분을 TV시청 같은 수동적인 휴식 활동에 쓴다. 하지만 산업혁명의 초기와는 달리 거의 모든 직장인들은 주말을 자유시간으로 누릴 뿐만 아니라 매년 유급 휴가를 여러 주일 얻는다. 또 이런 귀중한 시간을 휴식만이 아니라 자신들이 선택한 취미 활동을 하는 데 쓰는 사람들도 많다.

컴퓨터 게임(실제 노동을 흉내내는 행동이 흔히 포함되는) 속으로 사라져 버리는 경우를 제외하면 사람들이 자유 시간을 보내려고 고르는 대중적인 취미에는 과거에는 보수를 받고 했거나 지금도 사람들이 보수를 받으면서 하는 그런 작업 활동이 많다. 수렵채집인들에게는 낚시와 사냥이 일이었지만, 지금은 비용이 많이 들지만 매우 인기 있는 여가 활동이다. 식물 재배나 정원 가꾸기는 농부들에게는 지겨운 노동이지만 이제 많은 사람들에게 큰 만족감과 즐거움을 준다. 또 바느질, 뜨개질, 도예, 미술은 과거에는 꼭 필요했던 수입원이었지만 지금은 사람들이 그런 활동의 느슨하고 흔히 반복적인 리듬 속에서 평화를 찾는다. 정말로 많은 취미와 여가 활동에는 인류가 진화의 역사를 거쳐오는 동안 의존했고, 현대의 작업장에서는 점점 사라지는 종류의 육체적, 지적 기술의 발전, 정련, 활용이 포함되어 있다.

심리학자들이 워크홀릭을 정의하고 측정하려고 애쓴 또 하나의 이유는 인간이 도시에 모여 사는 한 자신의 일을 단순한 생계 수단을 훨씬 넘는 어떤 것으로 보는 사람이 많았기 때문이다. 에밀 뒤르켐은 아노미 문제의 해결책을 고심하면서 작업장에서 형성된 관계가 과거에 사람들을 잘 통합된 소규모 마을 공동체로 묶어주던 '집단적 의식'을 구축하는 데 도움이 될 수도 있겠다고 인정했다. 사실, 그가 도시에서의 사회적 소외 문제를 다루기 위해 제안한 해법 가운데 하나는 고대 로마에서 형성되었던 수백 개의 콜레기아와 비슷한 근로자 길드를 형성하자는 것이었다.

그것은 가볍게 던진 제안이 아니었다. 로마의 장인 콜레기아는 그 구성원의 이익을 위해 로비하는 단순한 직업 조직이 아니었다. 그들은 일을 기초로 하여 후밀리오레스humiliores —하층 계급— 의 시민적 정체성을 확립하고, 그런 다음 그들을 묶어 로마 사회를 묶어주는 더 큰 위계질서로 연결하는 과정에서 핵심적인 역할을 했다. 여러 측면에서 콜레기아는 도시 내의 자율적 마을처럼 작동했다. 각 콜레기아에는 자체의 관습, 제의, 의복 양식, 축제가 있었고, 그들 자체의 후견인, 행정관, 또 로마 원로원을 모델로 하며 포고령을 내릴 권력을 가진 총회가 있었다. 몇몇 콜레기아는 자체 민병대도 보유했다. 하지만 무엇보다도 그들은 일과 가치와 규범과 공통의 사회적 지위를 근거로 하여 사람들을 치밀하게 조직된 소공동체로 한데 묶어주는 사회적 조직이었다. 그 속에서 통혼이 흔히 이루어졌고, 구성원과 그 가족들이 그 속에서 사교생활을 누렸다.

　지금 많은 사람들은 로마인들에 비해 훨씬 빠른 속도로 도시의 이쪽에서 저쪽으로 이동하게 해주는 대량 운송 시스템을 이용하는 대도시 생활에 익숙해졌다. 이제 지리적 여건에 구애되지 않고 역동적이고 활동적인 공동체를 형성하게 해주는 수단을 손에 쥐고 있는 데에도 익숙해졌다. 그런데도 현대의 도시 거주자들은 거의 모두가 여전히 놀랄 만큼 작고 흔히 산만한 사회적 네트워크 속에 자리잡는 경향이 있다. 그런 네트워크가 그들 개개의 공동체가 된다.

　고인류학자 로빈 던바Robin Dunbar는 잡담과 털 다듬기가 우리 진화적 선조들의 언어 능력의 발달에서 중심 역할을 했다고 주장하면서, 그 주장의 근거 가운데 하나로 상이한 영장류 종들이 가진 두뇌의 크기 및 구성과 각 영장류 종들이 형성하는 능동적인 사교의 규모와 복잡성이 갖는 관계에 대한 검토를 내세웠다. 그는 그 사이에 명확한 상관관계가 있음을 간파했다. 던바는 다양한 다른 영장류 종들에 관한 데이터를 활용하여, 인간 두뇌 크기를 기준으로 보면 대부분의 인간은 각자 150명으로 이루어진 능동적인 네트워크를 유지할 수 있을 것이며, 개체수가 더 많아지면 힘들어질 것이라고 계산했다. 더 큰 규모가 되면 개체들 사이의 상호작용과 상호관계를 파악하고 이해하기가 너무 복잡해지기 때문이다. 전 세계 인류학자들이 수집한 마을 크기에 관한 데이터, !쿵족과 하드자족이 이루는 사회적 네트워크의 크기, 심지어 사람들이 페이스북 같은 소셜미디어 사이트에 능동적으로 참여하는 친구의 숫자 같은 데이터도 함께 고려한 결과, 그의 의견이 대체로 옳았음이 판명되었다. 요즘도 사람들이 한 번에 능동적으로 유지할 수 있는 관계는 대개 150명 정도의 범위 내에서 이루어진다.[9]

인류 역사상 오랫동안 이런 일차적인 사회적 네트워크는 여러 세대에 걸쳐 형성된 공동체의 형태로 나타난다. 그런 공동체는 공통된 지리라는 토대 위에서 친족 관계를 통해 표현되고 종교적 신념과 제의, 실천, 가치 등을 공유하며 동일한 환경에서 일과 생활을 영위하고 비슷한 것들을 체험함으로써 양분을 공급받는다. 하지만 인구밀도가 높은 도시에서 개인들의 확대된 사회적 네트워크란 거의 모두가 전혀 판이한 수많은 관심과 취미들에 간여함으로써 이리저리 짜 맞춰지고 복잡하게 교차하는 관계들이 이루는 모자이크 형태를 띤다. 그리고 아마 당연한 일이겠지만, 우리 중 많은 사람이 일상적으로 일터에서 만났거나 함께 일한 사람들로 이루어진 사회적 네트워크에서 살아간다.

대부분의 사람들이 가족들보다도 동료들과 함께 상당히 많은 시간을 보내고 일과 관련되어 해야 하는 것들을 중심으로 일상 생활의 일정을 세운다는 사실을 넘어서서, 우리가 자주 하는 일이 사회적인 초점이 되며 그런 초점이 또한 우리의 야심과 가치관과 정치적 성향을 형성한다. 도시에서 사교 모임에 가면 처음에는 필시 낯선 사람들의 분위기를 살피게 된다. 그들이 하는 일에 대해 묻고 그들의 대답에 들어야 그것을 근거로 그들의 정치적 견해와 생활 스타일과 심지어 배경까지도 합리적이고 믿을 만한 추론을 할 수 있다. 또 작업장에서의 연애에 대한 유일한 정규적 조사에 따르면 미국인 셋 중 한 명 정도가 일을 통해 만난 사람들과 장기적 성적 관계를 적어도 한 번은 유지하며, 16퍼센트는 배우자를 일터에서 만났다.[10]

이것을 이상하게 여길 이유는 별로 없다. 사람들의 개인적 경력이 밟는 길은 흔히 자신들의 배경, 학연 및 그에 따르는 수련의 선택에 의해 결정된다. 그 결과, 사람들은 갈수록 세계관과 기대치를 선생과 동료 근로자들의 것과 맞추게 되고, 또 비슷한 사람들 사이에서 일하려고 하며, 그렇게 하기 위해 가능한 한 기존의 사회적 네트워크를 활용하려고 애쓰게 된다. 따라서 골드만 삭스의 인사 담당 관리자들은 고리대금을 죄악시하는 사람들이 보낸 이력서를 받지 않아도 되고, 징병관은 뼛속 깊은 평화주의자들로부터 지원서를 받을 일이 없고, 경찰 모집관은 공언한 무정부주의자들로부터 이력서를 받을 일이 없다. 그리고 일단 일터에 가면 공통의 목표를 추구하고 공통의 성취를 축하하는 과정에서 동료들과의 연대가 강화되기 때문에 각자의 세계관을 동료들의 것과 계속 맞추어가는 경향이 있다는 것 또한 중요하다.

하지만 일이 사람들에게 공동체 의식과 소속감을 주기는 하지만 뒤르켐이 일터를 중심으로 하여 결성될 것이라고 상상한 종류의 공동체는 그가 예언한 수준으로 실체화하지 않았다. 뒤르켐이 미래의 도시가 일에 기초한 공동체의 모자이크로 구성된다고 상상했을 때, 그는 산업 시대에서의 고용과 일의 가변적 본성을 제대로 파악하지 못한 것이다. 그는 산업화에 의해 잉여가 되어버린 직업 기술이 더 지속적이고 유용한 여러 가지 새 기술들로 곧바로 대체될 것이라고 생각한 것 같다. 예를 들면, 그는 프레드릭 윈슬로 테일러가 개발한 "과학적 경영" 방법에 따라 작업이 수행되는 일터를 상상하지 못했다. 그런 일터에서는 실제 기술이 불필요한 잉여가 된다. 하기야 그는 테크놀로지의 발전으로 인해 현대 산업 시대의 일터가 얼마나 끝없이 변동하는 장소로 변신하게 될지도 제대로 상상하지 못했다. 그런 일터에서는 현재의 십년 간 필요했던 최첨단 기술이 다음 십년 동안에는 이미 잉여가 되어버린다.

1977년에 일리노이주에 고용된 공무원인 벤 애런슨Ben Aronson은 내출혈로 쓰러졌다. 그는 수술로만 치료되는 심각한 심장 장애 진단을 받았다. 그는 자신의 병을 작업 관련된 스트레스 탓으로 돌렸고, 〈플로리다 타임스 유니언Florida Times-Union〉지의 기자에게 자신의 휴가와 병가를 전부 다 써도 고작 4주에 불과한데, 의사는 그의 허약한 상태로는 직장에 복귀할 수 없다고 주장했다고 전했다.[11]

그러나 애런슨은 과로한 탓으로 고통받는 수많은 사람중 하나가 아니었다. 이 이야기가 기자들의 관심을 잠시 끌었던 이유는 그의 심장 장애가 일을 적게 한 결과로 생겼기 때문이었다.

애런슨이 쓰러지기 몇 달 전, 그의 고용주는 그를 해고하려고 했는데, 이는 2, 3년 만에 두번째였다. 두 경우 모두 애런슨은 그를 불법 해고로 고소했고, 두 경우 모두 법원은 그에게 승소판결을 내리고 고용주에게 그를 다시 출근시키라고 명령했다. 그들은 그 명령에 따르기는 했지만 두 번째 판결에 대해서는 원망하면서 마지못해 응했다. 그들은 애런슨에게 1730달러라는 후한 월급(지금 가치로 따지자면 7500달러 가량, 한화 약 941만 원)은 계속 지급되겠지만 업무는 전혀 주어지지 않을 것이라고 통보했다. 그런 다음 그들은 그의 사무실에서 전화기를 없앴고, 우편실에게는 그의 우편물을 전해주지도 가져가지도 말 것이며 다른 직원들에게 그를 무시하라고 지시했다.

슬프게도 애런슨의 사연은 계속 취재할 만큼의 뉴스 가치는 없었고, 그가 의미 있는 일거리를 받지 못하여 건강이 나빠져 자리를 비운 결과로 직업 아닌 직업에서 결국 해고되었는지 어쩐지는 알려지지 않았다. 하지만 그의 기묘한 개인적 상황이 자신에게도 해당된다고 여길 사람들은 많이 있다.

평생 아무 책임도 없이 좋은 보수를 받는 일자리를 꿈의 일자리로 여길 사람도 있다. 하지만 다른 사람들에게는 그런 자리가 주는 새로운 맛이 사라지고 나면 직업이 아무리 세속적이든 아무리 보수가 형편없든 간에 자신들이 일을 하며 얻은 유용한 존재라는 느낌, 공동체 의식, 일의 구조를 그리워할 것이다. 그리고 그 직업에 기술이 포함되는 것이라면 그들은 거의 틀림없이 그 기술을 발휘하면서 느끼던 조용한 기쁨을 그리워할 것이다. 사실 복권에 당첨되었거나 먼 친척들로부터 예상치 못했던 부를 상속받았는데도 별로 흥미롭지도 않은 원래 직업을 예전과 똑같이 유쾌하고 근면하게 계속하는 많은 사람들이 이 범주에 들어간다.

우리 경제의 서비스 부문에서 일하는 사람들 가운데 애런슨의 이야기에 부합하는 사례가 있다. 사무실 이메일과 사내 인터넷 계정이 갑자기 차단되어 컴퓨터와 전화기가 사라지고, 동료들은 그들을 무시하라는 지시를 받는 상황에 처하여 자신들이 그냥 사라져도 조직의 재산에는 아무런 변화가 없으리라는 것을 뼛속 깊이에서부터 느끼는 사람들 말이다.

영국의 국가통계청UK Office of National Statistics에 따르면 현재 영국의 근로자 83퍼센트가 형태 없는 '서비스업'이나 '제4차 산업' 부문에 고용되어 있다고 한다. 때로는 4차 산업이라 지칭되는 서비스 부문에는 원재료를 생산하거나 수확하는 일이 아닌, 원자재로 칼이나 포크, 핵미사일 같은 물건을 제조하는 일이 아닌 모든 일자리가 포함된다.

세계의 부국들 가운데서 전체 노동력의 그처럼 많은 부분이 서비스업 부문에 고용되어 있는 영국이 보기 드문 경우는 아니다. 영국은 노동 인구 거의 모두가 어떤 식으로든 서비스 부문에 고용되어 있는 룩셈부르크와 싱가포르 같은 국가에는 뒤진다. 하지만 탄자니아 같이 대대수 국민들이 여전히 밭을 갈아 생계를 잇는 대부분의 저개발국에 비하면 한참 앞서 있다. 또 중국같이 최근 들어 서비스업 부문의 일자리가 계속 늘어나는데도 인구의 절반 이상이 여전히 농업, 어업, 광업, 제조업에 종사하고 있는 국가들에 비해서도 상당히 앞서 있다.

여러 국가 경제에서 서비스 부문이 우세해지는 현상은 비교적 최근의 일이다. 16세기에 유럽 전역에서 농업 생산이 크게 늘어나기까지, 영국인의 4분의 3 정도는 여전히 농부, 석공, 숲지기, 어부로 살아가고 있었다. 1851년에 산업혁명이 제 속도를 내기 시작하자 그런 사람들의 수는 국민 전체의 30퍼센트를 조금 넘는 정도로 줄어들었고, 노동 인구의 45퍼센트 가량이 제조업에 고용되고 나머지 25퍼센트가 서비스업에 종사했다.[12] 그 비율은 1차 세계 대전이 끝날 때까지 크게 변하지 않았다. 그러다가 가정과 산업체가 전선망에서 에너지를 곧바로 끌어 쓰기 시작하고, 내연기관 같은 새 테크놀로지가 야심 있는 가정과 개인들이 소비할 완전히 새로운 것들의 발명과 제조를 자극하면서 서서히 다시 상승하기 시작했다. 이 추세는 2차 세계 대전이 끝난 뒤에도 계속되어 1966년까지 이어졌다. 그때부터 영국의 제조업 부문은 급격한 쇠퇴 추세를 꾸준히 이어갔다. 1966년에는 노동력의 40퍼센트 가량이 제조업에 고용되어 있었지만, 1986년에는 이 수치가 26퍼센트로 떨어졌고, 2006년에는 더 떨어져 17퍼센트까지 내려갔다. 테크놀로지와 자동화는 한때 노동집약적이던 제조업을 자본집약적인 산업으로 변형시키는데서 중요한 요인으로 작용했다. 대부분의 노동집약적인 산업이 점차 영국에 비해 임금이 더 낮은 지역으로 옮겨가기 시작하면서, 세계화 역시 같은 영향을 미쳤다.

많은 경제학자들이 서비스 부문의 급속한 팽창은 대규모 산업화가 낳는 불가피한 결과라고 여겼다. 또 그것은 요즘 포스트-산업화 사회의 등록상표 같은 특징으로 간주되기도 한다. 적어도 그것이 현재 잘 확립되어 있는 경제의 '3부문 모델 이론'의 개발과 가장 밀접하게 관련된 경제학자인 콜린 클라크Colin Clark의 견해다. 1940년에 클라크는 영국 같은 국가의 경제에서 이후 80년 동안 서비스 부문이 팽창하리라는 것을 정확하게 예견했다. 그는 어느 경제의 전체 자산이 자본의 성장, 테크놀로지 발전, 생산성 증가로 인해 늘어나면서 서비스업에 대한 요구도 높아지며, 그리하여 어업, 농업, 광업(1차 산업)에서의 일자리 손실이 메워진다고 주장했다.[13]

클라크는 사회적 사고방식을 가진 경제학자였다. 그는 안정적이고 생산적인 경제를 창출하기 위해 일할 뿐만 아니라 개인과 집단 간의 부의 공정한 분배의 실현에 기여하는 것이 경제학자의 도덕적 임무라고 믿었다.[14] 그렇기는 해도 그가 제시한 포스트-산업화 시대의 모델은 그 이후

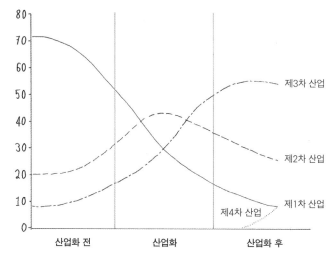

고용인구(퍼센트)

제3차 산업

제2차 산업

제4차 산업   제1차 산업

산업화 전   산업화   산업화 후

서비스업 부문의 고용이 1차 산업과 2차 산업에서의 쇠퇴를 보완해 줄 것임을
시사하는 클라크의 3부문 모델 그래프

심한 비판을 받아왔는데, 특히 경제적 좌파에 속한 해설자들은 자본주의
의 발전 모델이 인류 발달의 모델로 가장하고 있다고 비판했다.

시간의 흐름에 따른 세 산업 부문 간의 관계 변화를 묘사하는 클라크
의 유명한 도표 모델은 서유럽과 일본, 미국의 경제에서 무슨 일이 벌어
졌는지를 놀랄 만큼 정확하게 표현한다. 중국 등의 다른 경제 역시 클라
크가 예언한 경로를 따라가는 것처럼 보인다. 서비스업 부문이 차지하는
비율은 농업의 쇠퇴에 반비례하여 꾸준히 상승하며, 제조업의 필요성도
갈수록 줄어든다. 하지만 서비스업 부문의 대폭 증가를 실제로 그것이
진정으로 필요한 데서 발생한 반응이라거나 그 중요성을 우리에게 설득
하려는 광고업자와 유력인사들의 노력 때문이라고도 말하기는 힘들다.

클라크의 모델에 있는 또 다른 문제는 서비스업 부문에 고용된 인구가 전체 인구의 절반을 넘는 상황은 확연히 새로운 현상이지만, 서비스업 자체는 가장 오래된 도시만큼이나 오래되었다는 점이다. 서비스업이 그 도시 성벽 너머로 멀리 확산되지는 않았다고 해도 그렇다. 고대 도시 가운데 가장 큰 로마 같은 곳에서 제조업은 상대적으로 등급이 낮은 산업이었고, 과시 소비는 최고로 부유한 가부장과 상인들의 독점물이었다. 우루크 같은 고대 도시에서도 상황은 거의 분명히 동일했다. 그런 도시에서 인구의 과반수가 사제, 행정관, 회계사, 군인이 인구의 과반수를 차지했는데, 바텐더도 그중에 포함되었던 모양이다. 우루크, 멤피스, 뤄양, 로마 같은 고대 도시에서 서비스업 부문이 우세해진 것이 제조업 생산성의 급증을 배경으로 하는 서비스업의 수요가 증가했기 때문이라고 설명하기는 힘들다.

일과 인간의 관계를 훨씬 더 장기적인 시각으로 본다면, 경제가 점점 더 '포스트-산업화'됨에 따라 서비스업 부문의 급속한 확장이 갖는 의미를 해석할 다른 방법도 있을 것으로 생각된다.

하나는, 많은 서비스업이(결코 전부는 아니지만) 근본적인 인간의 필요에 응한다는 사실을 인정하는 것이다. 그런 필요는 인간이 진화에서 물려받은 유산의 일부분이며, 사람들이 밀접하게 조직된 소규모 사회적 공동체를 떠나게 되면 도시에서는 쉽게 충족될 수 없다. 의사의 존재 이유는 인간이 살고 싶어하며 고통을 싫어하기 때문이다. 화가와 연예인은 사람들에게 즐거움을 가져다주기 위해 존재한다. 미용사는 일부 인간들이 예쁘게 보이고 싶어하거나 자기 말을 들어줄 귀를 필요로 하기 때문에 존재한다. DJ의 존재 이유는 사람들이 춤추기를 좋아하기 때문이다.

관료들이 존재하는 것은 극렬한 무정부주의자도 버스가 제 시간에 운행되기를 바라기 때문이다. 이런 종류의 서비스업에 대한 수요는 제조업이 개선된 결과로 늘어난 것이 아니다. 그것은 항상 존재했다. 다만 많은 사람들이 시간과 에너지의 대부분을 물건의 생산과 제조에만 집중하지 않아도 될 만큼 농업과 제조업의 생산성이 높아지고 나서, 이와 같은 또 다른 근본적 필요가 커졌다.

서비스업 부문의 팽창이 어떤 의미인지 해석하는 또 다른 길은 농업혁명 이후 인간의 내면에 깊이 각인된 일의 문화의 관점에서 설명하는 것이다. 그것은 무임승차자를 관용하지 않고, 유급 고용을 토대로 하는 상호간 사회적 접촉을 원칙으로 삼는 문화다. 설사 사람들을 분주하게 만드는 것 외에 별다른 목적이 없는 직업이 많다고 해도 말이다. 이는 또 삶, 에너지, 질서, 엔트로피 간의 근본적 관계에 대해 발언한다. 베짜기새와 바우어새가 잉여 에너지를 정교하고 불필요한 구조물을 짓는 데 사용하는 것과 비슷하게, 인간들도 잉여 에너지가 지속적으로 생기면 항상 뭔가 의도를 가진 행동에 그 에너지를 쏟아 넣었다. 이 관점에서 본다면 고대에 수많은 서비스업 부문 직종이 등장한 것은 그저 언제 어디서나 대규모의 에너지 잉여가 지속적으로 생길 때마다 사람들(그리고 다른 생명체도)은 그것을 써서 일할 창조적인 방식을 발견한 데서 생긴 결과였을 뿐이다. 인간의 경우, 경이적이고 매우 다른 수많은 기술들, 그것을 익히고 실행하는 과정 자체가 매우 만족스러운 기술들의 개발이 이 발견에 포함된다. 도시들이 항상 장인기, 음모, 호기심, 발견의 도가니였던 것이 바로 이 때문이다.

신경외과 의사, 대학교 강사, 은행가, 햄버거 요리사, 양자―진동―탄 트라 점성술사 등을 모두 합친 서비스업 부문은 이제 너무나 크고 다양 하여, 직업 시장의 조류를 이해하려고 애쓰는 애널리스트들에게 그다지 도움이 되는 구분법이 아니다. 학자들에게 이제 클라크의 경제 부문 구 분법은 구식이다. 몇몇 학자들은 컴퓨터, 코딩, 연구 및 유전체학genomics 같은 다른 최첨단 하이테크 산업들을 특정적으로 수용하기 위해 '4차 산업' 부문을 추가하자고 제안했다. 하지만 디지털 테크놀로지가 다른 경제 부문들에 미치는 영향을 고려할 때, 이 제안 역시 문제가 있다. 그 결과, 애널리스트들은 대부분 산업 부문을 접객업과 관광업, 금융업, 보 건 등등의 더 작은 단위의 기능으로 쪼개는 편을 선호한다.

다른 사람들은 서비스 부문 및 경제 전반에 대한 더 근본적인 재구상 을 제안했다. 이런 구상 가운데 몇 가지는 전쟁 이후 시절의 서구 경제에 서 유래한다. 그때는 각국 정부들이 좋은 경제 정책을 수립하고 그것에 어떤 사회적 이익을 묶어둘 수 있을지 궁금해하기보다는 좋은 사회 정 책을 설계하고 그것들을 실현할 비용을 어떻게 마련할지 머리를 짜내는 데 더 관심이 있던 시절이었다. 그 모든 구상의 중심에는 시장의 가치 할 당 방식이 대부분 사람들의 할당 방식을 공정하게 반영하는 경우가 거 의 없다는 사실이 있다.

아이들을 가르치거나 자녀들을 교육하거나 우리가 아플 때 우리를 돌보는 일을 하는 사람들이 받는 보수는 부자들에게 세금 내지 않을 방 법을 마련해 주거나 원치 않는 광고를 쏟아 부을 새로운 방식 구상하는 사람들에 비해 상당히 적다. 그 결과, 몇몇 애널리스트들은 상이한 종류 의 직업들이 창출하는 비화폐적 종류의 가치―건강이나 행복 같은 것—에 대해 더 잘 해명하기 위해 서비스 부문을 더 작은 단위로 쪼개고 싶어한다. 아무도 의사, 간호사, 교사, 쓰레기처리반, 배관공, 청소부, 버스 운전사, 소방관들이 제공하는 노력의 비화폐적 가치를 의심하지 않는다. 또 무엇이 오락인지에 대해 사람마다 생각이 다르더라도 연예인, 요리사, 음악가, 여행안내원, 호텔리어, 마사지사, 그밖에 다른 사람들을 행복하게 해주거나 그렇게 되도록 자극하고 고취하는 사람들의 일 또한 중요하다는 사실을 반박하는 사람도 거의 없다.

서비스 부문의 역할을 재분류하는 새로운 방식 하나는 인류학자 데이비드 그레버David Graeber가 제안한 방식이다. 2013년에 써서 그 이후 입소문을 널리 탔고 나중에는 저서 한 권의 토대가 된 짧은 논문[15]에서 그는 교육, 의학, 농업, 과학 연구같이 진정으로 유용한 일과, 다른 사람들에게 일거리를 주는 것 외에 다른 뚜렷한 목적 없이 겉으로만 화려해 보이는 다른 직업들을 구분했다. 이 두 번째 범주에 들어가는 것이 법률가, 홍보회사 사장, 보건 부문과 학계의 행정관, 금융업 종사자 등인데, 그는 그런 직업을 '불쉿 직업bullshit jobs'이라 부른다. 그것은 완벽하게 무의미하고 불필요하고 해롭기 때문에 그 일에 고용된 사람들조차 그 일자리의 존재 이유를 옹호하지 못하는 형태의 일이라고 정의된다.[16]

"마치 누군가가 오로지 우리 모두에게 일을 계속 시키려는 목적만으로 무의미한 직업을 계속 만드는 것 같다"고 그는 주장했다.[17]

스스로 불쉿 직업이라고 생각할 수도 있는 일을 하는 사람들 중에는 물론 거의 동일한 일을 하고 있으면서도 만족감과 목적의식과 성취감을 느끼는 사람들도 있다. 그렇다고는 해도, 일터에 대한 조사 결과 더 많은 사람들이 자신들이 하는 일에 만족하지 못한다는 것이 밝혀진다는 사실은 그런 느낌이 대개는 그저 대응기제*에 불과한 것임을 시사한다. 그것은 목적과 의미가 있어야 한다는 생각 때문에 진화의 역사가 너무 심오하게 바뀌어버린 생물종들이 보이는 특징이다.

포스트 산업화 사회의 특징이라 할 신흥 서비스업 부문에서 무의미한 직업이 왕성하게 번식하는 현상을 처음 알아차린 사람은 그레버가 아니었다. 요즘 조직적 관료제가 팽창하는 경향은 시릴 노스콧 파킨슨Cyril Northcote Parkinson의 이름을 따서 '파킨슨의 법칙'이라 불린다. 파킨슨은 1955년에 〈이코노미스트the Economist〉에 발표한 어느 신랄한 기사에서 그 법칙을 제안했다. 엉성한 업무로 악명 높은 영국의 식민지국에서 자신이 겪은 경험을 기초로 세운 파킨슨 법칙은 "일은 그것이 완성되는 데 쓰일 수 있는 시간을 채워 넣기 위해 늘어나지 않을 수 없고,"[18] 그에 상응하여 관료제는 항상 내부적인 일거리를 충분히 만들어낼 것이다. 일이 늘어나도 결과물은 늘어나지 않는다고 해도 자신들이 계속 존속하고 성장하기에 충분할 만큼 분주하게 보이도록 말이다. 파킨슨이 그 기사를 쓸 때 그런 의도는 분명 없었겠지만 그의 화법은 슈뢰딩거 같은 과학자가 일과 에너지와 삶의 관계를 묘사할 때 쓴 화법을 놀라울 정도로 연상시킨다. 파킨슨의 법칙에 따르면 관료제가 존속하고 성장하려면 그들은 반드시 현금의 형태로 된 에너지를 지속적으로 수확해야 하고, 활기 넘치는 베짜기새처럼 그저 에너지를 소모하는 것 외에 다른 목적이

---

* 대처기전: 위기에서 벗어나기 위해 채택하는 반응양식.

없는 일일지라도 그 일을 해야 한다.

이제 파킨슨의 법칙은 기업의 규모를 줄이려는 CEO들이나 빚에 짓눌리면서도 더 엄숙하게 위엄을 뽐내려는 정부들을 제외하면 별로 거론되지 않지만, 그래도 경영 임무를 맡은 많은 사람들은 그 법칙의 이름은 모를지라도 직관적으로는 그에 대해 알고 있다. 어쨌든 많은 조직에서 '최고 인재'를 인정받는 데 필요한 최고의 기술은 방대하지만 궁극적으로는 무의미한 프로젝트를 집행하기 위해 많은 예산과 더 많은 직원을 따내려고 능숙하게 입찰하는 능력이다. 주어진 예산을 다 쓰지 않는 것은 초라한 퇴장으로 향하는 지름길이다.

어느 곳에서든 관료제는 팽창하지만 그것이 얼마나 크게 팽창하는지 보려면 대학교처럼 기본적 목적이 여러 세기 동안 실질적으로 변하지 않는 조직과 제도에 그것이 어떤 피해를 입히는지를 보아야 한다.

1736년에 개교한 하버드 대학이 최초의 대학인 미국에서 대학 학비를 인플레이션에 맞춰 환산하면 1990년에 비해 지금은 평균적으로 두 배에서 세 배 정도 올랐다.[19] 가장 오래된 대학이 12세기에 세워진 영국에서 영국 거주자들은 1998년까지 4차 교육을 무료로 받았을 뿐만 아니라 학생들은 거의 모두가 지역 당국으로부터 소득 조사에 따른 생활비 보조를 받았다. 그것은 학생들이 학기 중에 생계를 잇기 위해 유급 일자리를 찾으러 다니지 않고도 비교적 안락하게 살아갈 수 있게 해주는 관대한 조처였다. 그러나 등록금 제도가 1998년에 도입되자 학비는 900퍼센트 증가했다. 영국과 미국 두 나라 모두 최고 부유층 출신이 아니면 학생들은 빚더미에 올라앉게 되고 졸업 이후 수십년 동안 갚아나가야 한다. 영국에서의 엄청난 학비 증가는 경제 불황 탓도 약간은 있지

4부 | 도시의 유물

만, 학비 상승을 정당화하는 주요인은 더 늘어난 행정 기능에 소요되는 자금을 마련할 필요였다. 예를 들면, 캘리포니아 주립대학에서 관리와 전문적 행정업무를 담당하는 인원이 1975년에는 3800명이었는데, 2008년에는 1만 2183명으로 늘었다. 그에 비해 교수의 총 인원수는 1만 1614명에서 1만 2019명으로 늘었다. 이것은 교수 요원은 3.5퍼센트 증가한 데 비해 행정 직원은 221퍼센트 늘었다는 뜻이다. 늘어난 행정 직원이 모두 사무실에서 근무하는 관료적 업무를 담당했다는 사실은 주목할 만하다. 한편 같은 기간 내에 회계, 서비스직, 보수관리직의 수는 거의 3분의 1이 줄었다.[20]

대학교 등의 조직에서 새로 생긴 행정직 가운데 일부는 중요하고 쓸모도 있다. 제대로 작동하는 관료제 역시 정책과 기술 분야의 전공자와 전문가들을 양성하는 인큐베이터다. 그런 사람들은 그들이 없다면 제대로 진행되는 일이 없을 정도로 불가사의한 자신들의 역할에서 깊은 만족감을 얻는다. 그렇기는 해도 그중 대다수가 중요한 이유는 오로지 현재 그 직책을 맡은 자들이 그것이 중요하다고 자신들과 타인들에게 설득하는 데 유능하기 때문에, 혹은 다른 사람들이 뭔가 중요한 일을 하고 있는 것을 관찰하고 측정하고 평가하기 위해 존재하기 때문이라는 의혹을 피하기 힘들다.

확실히 이것이 많은 학계 인사들의 입장이다. 그들 대부분은 연구와 교수 업무에 더 자유롭게 많은 시간을 쏟지 못하고 이제는 행정 업무에 쓰는 시간이 20년 전에 비해 훨씬 더 많아졌다고 전한다. 또 많은 행정직이 학술직에 비해 전문성이 덜하고 경쟁도 적은데도 봉급은 훨씬 더 많다는 점도 지적한다. 영국 같은 경우, 2016년에 학자 열 명 중 넷이 자신들의 소명이라 여겨왔고 그 자리를 차지하기 위해 오랫동안 노력해온 직업을 떠날까 생각하고 있다는 보고가 나왔다.[21]

많은 사람들이—넌센스 일자리에 고용된 사람들도 포함하여—자신들의 일에서 만족감을 얻으며, 적어도 그것이 자신들의 삶에 가져다주는 우호 관계와 조직성structure을 즐긴다. 그렇다고는 해도 문제는 전 세계 노동자들의 압도적 다수가 자신들의 일에서 별로 만족감을 느끼지 못한다는 데 있다. 갤럽이 매년 발행하는 〈전 세계 작업장의 상태State of the Global Workplace〉 보고서 최신호에 따르면 자신들의 일에서 의미나 흥미를 느끼는 사람이 극소수임이 밝혀졌다. 그들은 "전 세계 155개국에서 갤럽이 2014년, 2015년, 2016년에 모은 데이터 총합에 따르면 전 세계 고용인들 가운데 자신의 일에 몰두하는 것은 고작 15퍼센트에 불과하다. 그들 중 3분의 2는 몰두하지 않고 18퍼센트는 적극적으로 관심을 끊는다"고 진지하게 지적한다. 그러나 그들은 장소에 따라 몰두의 정도에 큰 차이가 있다고 지적한다. 전체 노동력에서 자신의 일에 몰두하는 비율이 각각 31퍼센트와 27퍼센트라고 밝혀진 미국과 캐나다는 '직장 몰입도' 면에서 세계의 으뜸이다. 이와 반대로 서유럽 노동자들의 경우 몰두하는 비율이 10퍼센트에 불과하지만, 적어도 자신의 일에서 자극을 받는다고 말하는 노동자가 100명 가운데 고작 다섯에서 일곱 정도에 그치는 한국, 중국, 일본, 홍콩, 타이완의 노동자들보다는 낫다.[22]

서비스업 부문의 성쇠는 갈수록 자동화되고 효율이 높아지는 제조업 부문의 생산 라인에서 쫓겨난 자들을 수용할 새 직업을 만들어내야 하는 상황에서 인간의 집단적 창의성을 증명해 주는 것인지도 모른다. 하지만 사람들이 의미를 찾거나 성취감을 느낄 가능성이 높은 직업을 창조하는(또는 보상하는) 문제에서 우리는 분명히 그리 유능하지 못하다. 게다가 이제 자동화의 다음번 파도가 요구하는 기준에서 잉여로 판정될 것 같은 일을 해온 사람들을 서비스업 부문이 모두 수용할 수 있을지는 전혀 확실하지 않다는 것이 더 큰 문제다. 그 파도는 포스트 산업화 시대의 노동하는 남녀들이 피신할 마지막 은신처의 기슭을 이미 적시고 있다.

15장

새로운
질병

"우리는 아직 그 이름도 들어보지 못한 독자들도 있을 새로운 질병에 걸렸다. 하지만 앞으로는 그 이름을, 테크놀로지적 실업이라는 이름을 무척 많이 듣게 될 것이다." 케인스는 일이 없어진 유토피아를 묘사하면서 이렇게 경고했다. "이는 우리가 노동의 새로운 용도를 찾아내는 속도가 노동을 절약하는 수단을 발견하는 속도보다 느리기 때문에 발생하는 실업을 가리킨다"고 그는 덧붙였다. 그것은 1930년에 그의 이야기를 듣던 청중은 납득할 수 있는 해명이었다. 사람들은 산업혁명이 2단계로 올라선 이후 새로운 테크놀로지와 노동 방식이 자신들의 직업이나 생계를 떠밀어내지 않을까 걱정했다. 하지만 점점 더 큰 효율성과 자동화를 향해 달려가는 추진력이 인간 노동에 대한 수요를 어느 정도까지 집어삼키게 될지를 케인스만큼 생생하게 본 사람은 거의 없다.

4부 | 도시의 유물

돌이켜보면, 케인즈는 '선진 경제'에서 농장, 광산, 어장 그리고 점점 더 자동화되는 생산 라인에서 퇴출당한 사람들을 팽창하는 서비스업 부문이 어렵잖게 흡수하는 한도를 과소평가했다. 여러 국가에서 한때는 흔하던 수많은 직업들, 정거장의 승차권 판매원에서 수퍼마켓의 검열원에 이르는 직업들에 대한 자동화가 광범위하게 이루어졌음에도 불구하고, 작업장을 집어삼키려는 자동화의 잠재력에 대한 논의가 최근까지도 대체로 소수의 테크놀로지 허브, 기업에 이사회실, 학술지에만 계속 한정되어 있는 까닭 또한 서비스업의 급속한 팽창 때문이다.

그 모든 상황은 2013년 9월, 옥스퍼드 대학의 칼 프레이Carl Frey와 마이클 오스본Michael Osborne이 테크놀로지적 실업에 대해 케인스가 내린 예언의 정확성을 평가하기 위한 연구 결과를 발표하면서 변했다.[1]

옥스퍼드 연구가 그처럼 큰 동요를 일으킨 것은 로봇들이 이미 공장 문 앞에 줄 서 있을 뿐만 아니라 구슬 같은 로봇의 눈이 미국의 모든 기존 직업의 거의 절반을 겨냥하고 있다는 것이 프레이와 오스본의 결론이었기 때문이다. 그들은 702개의 다른 직업들에 대한 조사를 바탕으로 하여 미국 내 현행 직업들의 47퍼센트가 2030년쯤에는 자동화되어 사라질 "높은 위험"에 처해 있다고 보았다. 그들은 가장 큰 위험에 처한 쪽은 팽창하는 관료제나 중간 관리자가 아니라 낮은 공공 교육 수준과 결부되는 직접 몸을 쓰는 직업군에 속한 사람들이라는 사실에도 주목했다.

비슷한 연구들이 봇물이 터진듯 이어졌다. 정부, 다층적 조직, 싱크탱크, 세계경제포럼 같은 화려한 기업들의 회합 그리고 당연히 대규모 경영 컨설턴트 회사들도 모두 연구에 동참했다. 저마다 채택한 방법론은 약간씩 달랐지만 그들이 알아낸 내용은 모두 프레이와 오스본의 우울한 평가에 세부적 내용을 여러 층 더 얹었다.

세계 최대의 경제 대부분이 가입한 모임인 경제협력개발기구OECD가 지휘한 연구는 자동화의 영향이 회원국들 내부에서, 또 회원국들 사이에서 지리에 따라 상이하게 나타날 수 있다고 결론지었다. 그들의 예측에 따르면 서 슬로바키아 같은 일부 지역에서는 직업 감소율이 40퍼센트에 달할 수도 있는 반면 노르웨이 수도 오슬로 같은 곳에서는 자동화율이 5퍼센트도 안 되기 때문에 별로 눈에 띌 만한 영향이 없을 것이다. 맥킨지 세계 연구소McKinsey and Company's Global Institute에 근무하는 최고 인재들은 그 뒤 15년에서 30년 세월이 흐르는 동안 전체 일자리수의 30에서 50퍼센트까지도 부분적 자동화 추세 앞에서 사라질 위험이 있다고 주장했고, 또 다른 대규모 컨설턴트 회사인 프라이스워터하우스 쿠퍼스Pricewaterhouse Coopers는 영국 내 일자리의 30퍼센트, 미국 내 일자리의 38퍼센트, 독일에서는 35퍼센트, 일본에서는 단지 21퍼센트만이 취약하다고 주장했다.[2]

이 연구들은 모두 하부부문들subsectors이 다른 부문들에 비해 자동화로 인한 영향을 더 크게 받는다는 데 동의했다. 기업들이 거기에 쏟은 투자금을 상대적으로 빨리 회수할 수 있음을 알 수 있을 정도로 테크놀로지 비용이 저렴해졌기 때문이다. 그들은 도마 위에 올라와 있는 기존 직업의 절반 이상이 '물, 하수도, 쓰레기 관리, 운송, 저장' 관련 업무임에 주목했다. 그 바로 뒤를 잇는 것이 도매업과 소매업 및 가까운 장래에 필요 노동력이 40에서 50퍼센트까지 줄어들 가능성이 큰 제조업 하부부문들이다.[3]

그들은 또한 몇몇 직업이 적어도 단기적 차원에서는 자동화의 영향을 대체로 크게 받지 않는다고 지적했다. 이런 직업들로는 홍보산업 같이 종잡을 수 없는 설득 기술에 의존하는 직업, 정신의학처럼 고도의 공감을 요구하는 직업, 패션 디자인처럼 창의성을 요구하는 직업, 외과의사처럼 신체나 손가락의 재주를 고도로 요구하는 직업들이 있다.

그러나 그들이 어떤 장담을 하든 모두 잠정적인 것에 불과하다. 인간과 비슷하거나 그보다 더 나은 수준의 손재주를 가진 기계를 만드는 데 상당한 투자가 들어갔고, 사회적 지능과 창조력을 흉내 낼 수 있는 기계에 대해서도 마찬가지다. 그 결과, 몇 년 전만 해도 자동화의 여정에서 닿을 수 없이 먼 이정표로 보이던 것이 이제는 눈앞에 가까워져 크게 보인다. 예를 들면, 2017년에 베이징의 칭화대학이 한 국영 기업체와 협력하여 개발한 로봇 샤오위는 중국의 국가 의사면허 시험을 통과했고, 구글이 만든 알파고는 세계 최고의 바둑 기사를 물리쳤다. 이는 상당히 중요한 이정표였다. 왜냐하면 체스와 달리 바둑은 정보 처리 능력만으로는 이길 수 없기 때문이다. 2019년에는 몇년씩 IBM의 직원들과 사적으로 토론하면서 혀를 예리하게 갈고 닦는 훈련을 해오던 불길한 인상을 주는 검은 원기둥 모양을 한 IBM 디베이터Debater가 세계 토론 경기World Debating Championships에서 유치원 보조금을 지원하는 진영을 지지하여, 비록 이기지는 못했지만 준우승 경력자를 상대로 놀랄 만큼 매력적이고 설득력 있는 토론을 벌였다.[4] 뿐만 아니라 지금은 인터넷을 통하면 누구나 찾아볼 수 있는 딥페이크 동영상●을 만들 기술과, 인간의 언어를 더

● deep-fake video: 인공지능 프로그램을 활용하여 다른 사람의 얼굴이나 신체를 합성하여 만들어낸 가짜 영상물이나 사진 등의 자료.─옮긴이

잘 해석하고, 그것을 창조적으로 활용하는 기계가 있으니 절대적으로 안전한 직업은 어디에도 없다는 느낌이 생생하게 와닿는다. 따라서 2018년에 유니레버사가 자동화한 인공지능 시스템에게 구인 활동 기능의 일부를 나눠주어 그 회사의 노동력을 연간 7만 시간 절약한다고 발표한 것도 놀랄 일은 아니었다.[5]

OECD 같은 조직이 인공지능과 기계 학습의 잠재력에 대해 확신하지 못하는 또 다른 이유는 이런 시스템을 설계하기 위해 일하는 사람들 역시 그것을 확신하지 못하기 때문이다. 그들은 기계 학습과 인공지능의 프로토콜 가운데 일부는 막다른 골목처럼 보이며, 거기에 시간을 더 쏟아봤자 헛되이 돈을 내던지는 꼴이 될지도 모른다고 지적한다. 그렇다고는 해도 신경심리학을 활용하는 수많은 신모델들은 항상 개발되고 있고, 그 추세는 돌이킬 수 없다.

직업 시장을 집어삼키는 로봇공학과 인공지능의 잠재 능력에 대한 평가는 많지만, 예언하기는 쉬워도 경제적 의미는 심오한 잠재 능력에 관여해서는 기묘하게도 다들 침묵을 지킨다. 사실, 다들 자동화가 멋진 신세계, 생산성과 효율성은 더 높아지고 주주 배당금은 더 많아지는 세계를 가져다줄 것이라고 즐겁게 단언한다.

맥킨지 같은 부류는 아마 이런 상황을 이해할 수 있을 것이다. 어쨌든, 이것 외에 다른 의미들에 대해 발언하려면 타임머신을 타고 돌아가서 자신들이 최고급 스테이크를 먹고 비행기 1등석에 앉아 여행할 수 있게 해준 경제시스템을 검토하여 머리 꼭대기에서 발끝까지 개조해야 할 테니까. 인간의 노동과 노력과 보상이 정비례로 상응한다는 허세적인 주장이 아직 남아 있더라도 결국은 무너진다는 사실이 그런 다른 의미 중의 하나다. 다른 하나는 그와 밀접하게 관련된 질문이다. 자동화로 누가 이익을 얻고, 또 어떻게 얻는가?

비록 많은 사람이 여전히 자신들 나라의 물질적 불평등성의 정도를 과소평가하지만 정치가들이 그렇게 하다가는 위험에 처한다고 주장하는 연구가 점점 많아진다. 또 이 연구가 미국 같은 선진 경제와 중국같이 급속히 성장하는 경제의 특징인 매우 높은 소득 격차를 다룰 때도 있지만, 이제는 순자산net wealth 상의 격차에 점점 더 집중한다. 어쨌든 거대한 분리 이후 부를 더 얻으려면 힘들게 일하는 것보다 자산을 소유하는 쪽의 수익성이 훨씬 더 높다는 것이 입증되었다.

처음에는 1980년대 후반 이후 2000년대 초반까지, 점점 더 저렴해지는 디지털 테크놀로지가 광범위하게 활용되어 국가 간의 실질적 불평등성이 줄어드는 추세에 힘을 보탰다. 특히 빈곤국가들이 전 세계의 제조업을 놓고 경쟁하여 조금이라도 더 많이 따내는 데 그런 테크놀로지가 도움이 된 것이다. 이제는 증가하던 자동화 추세가 정지하거나 심지어는 역행하는 것처럼 보인다. 이에 노동이 점점 더 배제됨으로써 자동화는 저임금 국가가 유리할 수 있는 여지를 아예 없애버린다. 노동력과 달리 테크놀로지의 비용은 어디서나 대동소이하기 때문이다.

그러나 자동화는 국가들 간의 구조적 불평등성을 계속 더 공고히하는 데 그치지 않는다. 경제가 조직되는 방식이 근본적으로 변하지 않으면 여러 국가 내부의 불평등 또한 대폭 심화될 것이다. 무엇보다도 비숙련 노동자와 반숙련 노동자들이 제대로 된 일자리를 찾을 기회가 줄어들기 때문이다. 그와 동시에 대부분 자동화된 사업체를 계속 경영하는 소수의 소득을 부풀린다.[6] 자동화가 노동보다는 자본의 수익을 늘릴 것이고, 그럼으로써 노동의 대가로 받는 현금에 의존하는 사람들보다는 사업에 투자된 현금을 가진 자들의 부를 늘려준다는 것 역시 중요하다. 직설적으로 말해 자동화는 이미 부유한 자들의 부를 더 늘려주고, 주식을 사들여 자동기계가 하는 일에 무임승차할 수단이 없는 자들은 계속 불리한 입지로 몰아넣는다는 뜻이다. 물론 이것이 거대한 분리 이후 경제 성장으로 발생한 새로운 부 가운데 전 세계 사람들의 최고 부유층 1퍼센트가 나머지 사람들이 가진 부 전체의 두배를 소유한 것이 사실이니 과제라 할 일도 아니었을 것이다. 지구상 인구의 가장 부유한 10퍼센트는 이제 전 세계 자산 전체의 85퍼센트를 소유하며,[7] 1퍼센트의 최고 부유층이 전 세계 전체 자산의 45퍼센트를 보유한다고 알려졌다.

수많은 자동기계와 인공지능은 이미 대체불가능한 일을 하고 있다. 게놈 연구자들과 역학 연구자들이 의존하는 지능적 알고리즘, 임상 의사들이 쓸 수 있는 온갖 새로운 디지털 진단 기구, 또 점점 더 복잡해지는 기후와 기상학 모델 등등의 일이다. 그런 것이 없다면 점점 더 복잡해지는 도시와 그것을 유지해 주는 디지털, 물리적 기간 시설을 관리할 능력이 부족해진다는 점 또한 중요하다. 그러나 자율적 지능을 가진 기계 시스템의 작동에는 거의 대부분 단 한 가지 목표만 설정된다. 그것은 인간이 그런 일을 할 때 져야 할(피할 수 있을 때라도) 의무 같은 것은 전혀 없이 오로지 주인들을 위해 부를 발생시킨다는 목표만을 향해 작동한다. 사실, 거대한 분리와 나란히 자산이 대중으로부터 개인에게로 점점 더 많이 이동하고 있었다. 대부분의 부국에서 지난 30년 동안 개인 자산private wealth은 국가 소득national income에 비해 두 배로 늘었지만, 대부분의 부국에서는 개인 자산 대비 국가 소득폭락했다. 가령 중국에서 공적 자산public wealth의 가치는 이 기간에 전체 국가 자산national wealth의 70퍼센트에서 30퍼센트로 떨어졌으며, 미국과 영국에서 전체 공적 자산net public wealth은 금융 위기 이후 적자로 돌아섰다.[8]

완전히 자동화된 생산 라인은 공짜로 움직이는 것이 아니다. 그들이 필요로 하는 기본 에너지가 인간의 필요 에너지보다 더 클 때가 많다. 주기적인 업그레이드와 수선도 필요하다. 하지만 고용인들과는 달리 그들은 파업을 일으키지 않고, 용도가 다할 때에도 퇴직수당을 요구하지 않으며, 연금 계획의 지원도 기대하지 않는다. 더욱이 기계를 대체하거나 재활용하는 데는 도덕적 비용이 들지 않으며, 그래서 기계를 정지시키거나 폐품으로 내다버릴 일이 생겨도 CEO들이 고민하느라 잠 못 이루는 일은 없다.

케인스는 유토피아적 미래를 상상했을 때 자동화가 초래할 수 있는 불평등의 악화에 대해서는 생각하지 않았다. 그의 유토피아에서는 모든 사람을 위한 기본 필요가 쉽게 충족될 수 있기 때문에 불평등이 별 의미가 없어진 그런 곳이었다. 필요 이상의 일을 하는 것은 바보들뿐이다. 그가 꿈꾼 유토피아는 거의 수렵채집사회와 비슷하게 오로지 부유해지고 싶어서 부를 추구하는 사람은 칭찬보다는 조롱을 받는 곳이었다.

"소유로서의 돈에 대한 사랑―향락과 삶의 현실을 누리기 위한 수단으로서의 돈에 대한 사랑과 다른―의 정체가 파악되고, 어딘가 흐릿하게 역겨운 것, 반쯤 범죄적이고 반쯤은 오싹한 기분으로 정신병 전문가들이 담당해야 할 병적인 성향으로 간주될 것이다." 그는 설명했다. "따라서 나는 우리가 가장 틀림없고 확실한 종교와 전통적 미덕의 원칙으로, 탐욕은 악덕이며, 고리대에 종사하는 것은 비행非行이며 돈에 대한 사랑은 가증스럽다고 보는 원칙으로 자유로이 돌아가리라고 본다."

그는 거의 전면적인 자동화로의 이행은 희소성만이 아니라 한때는 영원한 과제로 여겨지던 경제 문제의 해결 주위에 엉겨 붙은 모든 사회적, 정치적, 문화적 제도와 규범과 가치와 태도와 야심이 종말을 맞는 신호라고 믿었다. 다른 말로 하면 그는 희소성의 경제에게 시간을 달라고 외치고, 그것을 새로운 풍요성의 경제로 바꿔놓자고 요구하며, 미래에는 경제학자들을 신성시되던 사회적 지위에서 끌어내려 가끔 필요할 때만 소소한 수술을 하도록 불러올 수 있는 의사 비슷한 존재로 만들어버리자고 요구하는 것이다.

거의 30년 뒤 존 케네스 갤브레이스가 이와 비슷한 입장에 서서, 희소성의 경제는 교활한 광고업자들이 만들어낸 욕망으로 지탱되어왔다고 주장했다. 갤브레이스는 또 풍요의 경제로의 이행은 유기적으로 이루어지며, 더 가치 있는 일을 하기 위해 부의 추구를 포기하는 개인들에 의해 이루어질 것이라는 입장을 견지했다. 그는 또 이 이행은 전후의 미국에서 이미 발생하고 있으며, 자신이 '새 계급New Class'이라 부른 자들이 그 전위대라고 믿었다. 그들은 돈이 아니라 그것이 가져다주는 즐거움, 만족감, 특권 같은 다른 보상 때문에 직장을 선택하는 자들이다.

아마 갤브레이스와 케인스가 옳았고 이런 변화가 이미 발생하고 있을지도 모른다. 한편으로 산업화 국가의 밀레니엄 세대는 이제 자신들이 찾은 일을 사랑하는 법을 배우기보다는 자신들이 사랑하는 일을 찾겠다고 늘상 주장한다. 또 직원들의 업무수행도를 기준으로 하여 그들에게 더 큰 재량권을 허용하는 방향으로 나아가는 추세도 분명히 있다. 많은 국가에서 여자만이 아니라 남자가 육아 휴직을 얻는 일도 흔해졌고, 온라인을 통해 매주 2, 3일씩 재택근무를 하거나 근무 시간을 유연하게 조정하는 사람들이 점점 더 많아진다.

하지만 노동 시간은 여전히 주당 40시간 수준에 머물러 있고, 유연한 노동 시간의 선택지가 없는 수많은 필수 노동자들●은 시내의 주거 비용을 감당하기 힘들어 시간과 비용이 많이 드는 통근을 감수하고 있다. 이뿐만이 아니라 자신들의 직업에 몰두한다고 말하는 사람은 전 세계 인구의 15퍼센트뿐이며, 갤브레이스가 새 계급에 속한다고 여긴 많은 사람들, 학자나 교사 같은 사람들도 민간 부문으로 가고 싶은 유혹을 느낀다. 그와 동시에, 밀 같은 작물이 새 대륙과 새 생태계로 넘어갈 때 함께 따라간 잡초들처럼, 무한한 열망의 병은 새 집을 찾아냈다. 그것은 인스타그램에서 페이스북에 이르는 온갖 디지털 생태계를 점령하고 왕성하게 증식하여 지극히 잘 적응하여 살고 있다.

지금 케인스가 살아 있다면 그는 자신이 그저 시간을 잘못 계산했을 뿐이고 자신의 유토피아의 '성장통'이 끈질기게 버티기는 해도 궁극적으로는 치유가능한 어떤 상태를 암시한다고 결론지었을지도 모른다. 아니면 자신의 낙관론이 근거가 없다고, 또 경제 문제를 해결하려는 우리의

● essential workers: 영국에서는 key workers라고도 함. 일상적 사회 생활을 유지하기 위해 꼭 필요한 일을 노출 대면으로 수행할 수밖에 없는 업종의 노동자를 가리킨다.

욕망이 너무 강해서, 기본적 필요가 채워졌는데도 대개는 무의미한, 그래도 우리의 삶을 구축하고 의도에 맞는 돈벌이 수단을 제공해 주고 이웃들을 능가할 기회도 줄 공격지점을 계속 설치하고 있다는 결론을 내렸을 수도 있다.

케인스는 인구 과잉이 미래의 번영에 대한 가장 큰 잠재적 위협이라고 확신하는 출생률 규제의 열성적 옹호자들 집난인 런던 맬서스 학회의 적극적인 회원이었다. 그랬으니 그가 훨씬 더 절박한 문제에 관심을 쏟았을 가능성도 있다. 이는 곧 케인스가 경제 문제를 치유하기 위해 처방한 약―테크놀로지에 인도되는 경제적 성장―이 오히려 환자를 병들게 했다는 의미다.

1968년에 기업가, 외교관, 학자들의 집단이 한데 모여 '로마 클럽Club of Rome'이라 부른 모임을 결성했다. 경제 성장의 혜택이 대체로 고르게 분배되지 않는다는 사실로 괴로워하며, 급속한 산업화 때문에 환경이 감당해야 하는 명백한 피해에 경악한 그들은 고삐 풀린 경제 성장이 던지는 장기적 함의에 대해 더 잘 알아보고 싶어했다. 이 목표를 세운 그들은 MIT 대학의 경영학 전문가인 데니스 메도즈Dennis Meadows에게 해답을 찾는 일을 맡겼다. 폭스바겐 재단이 제공한 넉넉한 예산을 지원받은 메도즈는 먼저, 하버드 대학의 우수한 생물물리학자이자 마침 자신의 배우자이기도 한 도넬라 메도즈Donella Meadows를 고용했다. 두 사람은 동역학dynamics, 농업, 경제학, 인구학의 전문가들을 다양하게 소집하여 연구팀을 짰다. 팀을 구성한 뒤 그는 로마 클럽에게 일이 제대로 진행되면

2년 이내에 팀이 발견한 내용을 보고하겠다고 알렸다.

메도즈와 그의 팀은 그 무렵 MIT에 설치된 환상적인 새 메인프레임 컴퓨터의 데이터 처리 능력을 활용하여 산업화, 인구 증가, 식량 생산, 재활용불가능한 자원의 사용, 환경 악화 사이의 역동적인 관계를 그려내는 일련의 알고리즘을 개발했다. 그런 다음 그들은 이 알고리즘을 사용하여 우리의 단기적 행동이 미래의 우리에게 어떤 영향을 미칠지를 알아보는 시나리오를 기초로 한 시뮬레이션을 했다.

이 야심적인 연습의 결과는 로마 클럽에서 처음에는 비공개로 소개되었고, 그 다음 1972년에 『성장의 한계The Limits to Growth』라는 저서에서 발표되었다. 메도즈와 그의 팀이 도달한 결론은 케인스의 유토피아적 꿈과는 매우 달랐다. 또 로마 클럽이나 다른 누구도 듣고 싶어한 내용이 아니었다.

그들이 메인프레임 컴퓨터에 입력한 다양한 시나리오들이 산출한 결과를 종합하면 역사적으로 경제적, 인구적 성장의 추세에 큰 변화가 없다면―사업들이 평소대로 계속된다면―세계는 1세기 이내에 "인구와 산업 능력 면에서 통제불가능한 돌연한 쇠퇴"를 겪게 되리라는 결론이 만장일치로 내려졌다. 다른 말로 하면, 그들이 얻은 데이터는 우리가 경제 문제의 해결에만 계속 사로잡혀 있는 상황이 인류가 마주한 가장 혹독한 문제이며, 이런 사태가 지속될 경우 재앙이라는 결말을 맞을 확률이 가장 높음을 보여주었다.

하지만 그들의 메시지가 완전히 암담하지는 않았다. 그들은 행동을 취할 시간이 아직 있을 뿐만 아니라 모두가 우리가 할 수 있는 일이라고 믿었다. 그저 영구적인 경제 성장에 대한 집착을 포기해야 한다는 사실을 받아들일 필요가 있을 뿐이다. 방법론 면에서 사소한 유보사항은 있었고 또 그 모델은 문제를 몰아낼 수도 있는 기적의 치료법을 혁신할 여지를 거의 주지 않았지만 로마 클럽은 메도즈의 팀이 발견한 내용에 설득되었다.

"우리는 위험할 정도로 악화되는 현재의 불균형적인 세계 상황을 신속하고 근본적으로 시정하는 것이 인류 앞에 놓인 최우선 과제라고 만장일치로 확신한다."[9] 그들은 불길한 경고를 발했다. 그리고 행동할 기회의 창이 놀랄 만큼 빠른 속도로 닫히고 있으며, 이것은 다음 세대에게 처리하라고 떠넘길 수 있는 문제가 아니라고 주장했다.

그러나 세계는 그처럼 우울한 미래관을 받아들일 준비가 되어 있지 않았고, 아무도 그것이 실제로 일어날 때 자신들에게 떠넘겨질 막중한 책임을 바라보기도 싫어했다. 인류의 진보를 규정하던 바로 그 미덕들—생산성, 야심, 에너지, 힘든 일—이 우리를 파멸로 이끌 수도 있다는 생각을 되짚어볼 준비가 되어 있는 사람도 없었다. 〈뉴욕 타임스〉는 신랄한 서평에서 『성장의 한계』가 "사람들을 오도하는 공허한 연구"라고 단언하고, "쓰레기를 넣으면 쓰레기가 나올 뿐Garbage in, garbage out"이라고 코웃음쳤다.[10]

〈뉴욕 타임스〉의 입장이 그 이후 25년 동안 이어질 악랄한 비판의 논조를 주도했다. 경제학자들은 줄을 서서 『성장의 한계』가 "바보거나 사기"라고 단언했다.[11] 그들의 주장에 따르면 그 보고서는 인간의 창의력을 과소평가했으며, 자신들의 고상한 직업의 토대 자체에 가해진 어설픈 공격으로 치부되어야 했다. 인구학자들은 경멸하듯 그것을 세계적 재앙에 대한 로버트 맬서스의 암울한 경고와 비교했다. 한동안 거의 모두가

『성장의 한계』에 칼을 한 번씩 찔러보고 싶어 하는 것 같았다. 가톨릭 교회도 그것을 신에 대한 공격으로 간주하고, 끝없이 질척대는 유럽과 미국의 좌파 운동가들이 그 책을 노동계급과 제3세계의 빈곤 계층으로부터 미래의 물질적 풍요를 박탈하려고 하는 엘리트주의 음모의 선동이라고 선언했을 때, 메도즈는 충분히 낙심할 만 했다.

제도권 내의 지지자가 워낙 없는 터라 정부와 기업, 국제 단체들은 그냥 그것을 무시하기로 했다. 아직 발견되지 않은 원유 저장량 같은 상황을 그 저자들이 설명할 수는 없었으니 말이다.

2002년에 메도즈와 원래 팀 멤버 두 명은 그들의 원래 기획을 다시 손에 들었다. 그들은 그 사이의 기간에서 얻은 데이터들을 포함해 일련의 새 시뮬레이션을 돌렸다.[12] 그 결과는 그들이 1972년에 사용했던 컴퓨터 하드웨어가 구식이었음에도 불구하고 그 뒤 30년 동안 발생한 변화를 예견하는 데서 그 알고리즘이 놀랄 만큼 훌륭한 작업을 해냈음을 보여주었다. 또 새로 얻은 데이터들을 기초로 하여 업데이트된 시뮬레이션을 통해 성장에 대한 집착이 인간을 망각으로 이끌 수 있다는 원래 결론이 재확인되었다는 것도 밝혀졌다. 실제 차이는 그 사이의 기간에 인류가 결정적인 문턱을 넘어섰다는 사실뿐이라고 그들은 설명했다. 이제 경제 성장의 속도를 줄이는 것만으로는 충분치 않다. 그것을 거꾸로 되돌려야 한다.

업데이트된 내용은 원래 보고서보다 훨씬 더 염세적이었다. 그 무렵 급속히 불어난 과학 연구는 메도즈와 그의 팀이 원래 기획에서는 고려하지 못했던 일련의 불길한 환경 이슈들을 지적했다. 예를 들어, 그들 팀이 오염 물질이 미칠 수 있는 잠재적 영향의 모델을 만들 때 바다를 뒤

덮고 전 세계의 매립지를 척박하게 만드는 플라스틱은 고려대상이 아니었다. 원래 연구에서 이산화탄소 배출과 대기 온난화가 관련되어 있을 수 있다는 언급이 잠깐 나왔지만, 2세기 동안 산업과 농업 산출물이 급속히 증가하는 동안 대기 속으로 토해진 온실 가스가 축적되어 유달리 급격한 기후 변화의 시대가 이미 닥쳐왔다는 점은 언급되지 않았다.

2002년 이후, 이 팀이 개발한 모델들은 여러 번 재평가되고 업데이트되었으며, 제3자에 의해 그렇게 된 적도 많았다. 그렇기는 해도 한때 이 정표이던 연구는 인류가 환경에 대해 미치는 영향의 전개와 그 예견된 결과를 기록하는 새로운 연구의 물결에 따라잡혔다. 이제는 1972년이나 2002년보다도 훨씬 더 많은 증거가 있고, 컴퓨터 성능은 여러 단계 더 확장되고 더 복잡한 시뮬레이션을 작동시킬 수 있다. 이제 증거는 압도적이라 할 만큼 많아져서, 우리 행성에 인간이 미치는 영향의 크기에 관한 과학계 내에서의 토론은 현재의 지질학적 시대가 인류세anthropocene라는 이름으로 불릴 자격이 있는지를 묻는 쪽으로 넘어갔다.

존 메이너드 케인스의 경제적 유토피아에 인간이 유발한 기후 변화는 없었다. 또 대양의 산성화도, 생물 다양성의 대량 손실도 없었다. 하지만 그런 현상이 있었다 하더라도 지금보다는 훨씬 더 잘 통제되고 있었을 것이 분명하다. 어쨌든 그의 유토피아는 과학적 방법이 존중받고, 과학자들은 찬미의 대상이며, 일반인들은 그들의 경고에 진지하게 관심을 갖는 곳이니까. 그러나 더 중요한 점을 들자면, 그곳은 인간의 소비 충동을 일으키고 에너지 비용이 높은 '상대적 필요'의 충족도가 워낙 심하게 낮아져서, 오로지 상업의 바퀴를 굴러가게 하려고 소유한 모든 것을 주기적으로 교체하고 업그레이드할 마음을 먹는 사람이 이제는 없어진 곳이었다.

우리가 케인스의 유토피아를 실현하는 길로 이미 많이 나아갔는지도 모른다. 혹은 그저 모든 것을 변화시킬 결정적인 문턱을 넘어서기를 망설이고 있거나, 그 모든 소동에 정신이 팔려 그 궤적을 명료하게 감지하기 힘든 상태인지도 모른다. 그래도 문제는 우리가 더 이상 그것이 무엇인지 알아내기를 기다릴 여유가 없다는 것이다.

급속히 변하는 기후에 대한 불길한 전망이 수많은 대화와 약간의 행동을 이 지경까지 밀어붙인 것은 분명하다. '지속가능성'이라는 수사법의 상쾌한 향기가 이제 국제 기구와 정부, 기업의 연례 보고서와 정책, 계획 어디서나 일상적으로 풍긴다. 그렇지만, 대중적 압력이 커지는데도 여전히 로마 클럽이 권고한 실질적인 단계들이 1972년에도 적절했다고는 생각하지 않으려는 태도가 남아 있다. 실제로 수없이 많은 사람이 지속가능성으로 인해 제기되는 느슨한 경제학soft economics에 대한 까다로운 질문을 던지느니 차라리 엄격한 과학hard science의 성실성에 의문을 품는 편이 낫다고 여겼다.

그러나 인간으로 인해 발생한 기후 변화와 생물다양성의 손실 문제를 처리하려 했던 수많은 시도들이 애당초 그런 사태를 발생시킨 책임이 있는 경제 원리 바로 그것을 끌어다가 자신들의 존재를 정당화하려고 했던 것은 놀랄 일도 아니다. 그리하여 부유한 사냥꾼들은 사자, 코끼리 등 수많은 야생 동물을 쏘아 잡으면서, 자신들이 아니었으면 존재하지 않았을 여러 직업을 먹여 살리는 동시에 소득원을 늘려 이런 생물종을 보호하는 데 쓴다고 사람들을 설득했다. 해양 생물학자들은 백화 현상이 일어난 산호초를 회복시키려는 노력에 관해 논쟁을 벌일 때 그것들의 파괴에 원인을 제공했을 확률이 높은 경제적 영향을 근거로 삼는다. 환경학자들은 생태계가 우리를 대신하여 떠안는 '업무들'을 불러옴으로써 현행 생태계의 운명을 놓고 정치가들과 토론한다. 또 기상학자들은 이산화탄소 배출이나 기후 변화의 충격을 경감시키는 일을 '사업적인 문제'로 취급하려고 애를 쓴다.

역사를 기억하지 않는 사람들은 과거의 실수를 반복하지 않을 수 없을 것이다. 하지만 지금 우리 앞에 놓인 생존을 위협할 수도 있는 몇몇 과제의 경우, 명백한 선례가 없다. 생각해보면 인류 역사상 75억 인구 한 명 한 명이 수렵채집인 선조 1인이 소모했던 에너지의 250배 정도를 얻고 소모한 적은 이제껏 없었지 않은가. 다행히, 컴퓨터, 인공지능, 기계 언어 덕분에 우리는 잠재적 미래를 과거의 어떤 신성한 인간이나 점술가들보다도 훨씬 더 정확하게 형상화해 볼 수 있는 도구를 갖게 되었다. 이런 도구가 불완전하기는 해도 항상 개선되고 있고, 또 인간 행동의 인과 관계와 결과에 대한 개념적 지평은 더 먼 미래로 계속 넓혀지고 있다. 즉각적 보상 경제에 사는 수렵채집인들이 자연적인 필요를 충족시키는 데 노동력을 쏟고 지연 보상 체계에서 사는 농부들은 다음해를 버티는 데 노동력을 투입하는 반면, 우리는 이제 훨씬 더 오랜 기간 일함으로써 발생하는 결과를 고려하지 않을 수 없다. 그것은 대부분의 인간이 과거 그 어느 때보다도 더 긴 수명을 지닐 수 있고, 후손들에게 어떤 유산을 남길지 알고 있다는 그런 결과다. 이것은 또한 소득을 손실로 전환시킬 수도 있을 단기적 소득과 장기적 결과 사이의 복잡한 새 상충관계trade-offs•를 조성한다.

미래에 대한 안내자로서 역사의 부적합성은 케인스가 2030년에는 테크놀로지의 진보, 자본의 성장, 생산성의 발전이 우리를 경제적 지복의 땅으로 인도할 것이라고 상상했을 때 지적한 핵심 요점이었다. 그가 아는 한, 자동화가 가져올 미래는 가본 적 없는 땅이었고, 그곳을 무사히 항해하려면 상상력과 개방성 그리고 우리의 태도와 가치 면에서 역사상 전례 없는 변신이 필요할 것이다.

"자산의 축적이 더 이상 사회적 중요성을 크게 인정받지 않게 될 때" "도덕 규범에 큰 변화가 생길 것"이며, 그로 인해 우리는 "자산과 경제적 보상과 징벌의 분배에 영향을 미치는 모든 종류의 사회적 관습과 경제적 관행을" 폐기할 수밖에 없게 될 것이라고 그는 결론지었다.

자동화가 초래할 변화가 사람들이 살고 생각하고 스스로를 체계화하는 방식에 근본적인 혁명을 일으킬 계기가 될 것이라는 케인스의 판단은 미래를 항해한 20세기 초반의 수많은 사상가들에게서 공감을 얻었다. 이런 의미에서 그는 카를 마르크스와 에밀 뒤르켐 같은 사람들과 별로 다르지 않았다. 그 두 사람은 그런 일이 어떻게 일어날 것인지에 대한 매우 다른 견해를 가졌지만 둘 다 결국은 역사가 어떤 식으로든 제 갈 길을 가게 될 것이라고 믿었다. 케인스는 인류가 경제 문제를 풀려고 노

• 또는 트레이드 오프. 고용과 물가의 관계처럼 두 개의 정책목표 중 하나를 달성하려면 다른 목표의 달성이 방해받는 관계.—옮긴이

력하는 과정에서 유발한 기후 변화와 생물다양성의 손실에 관련된 위험과 그 규모를 상상하지는 못했지만, 맬서스의 팬이었으니 그는 그 점을 즉시 이해했다.

역사가 미래에 대해 더 나은 방향을 제시할 때 변화가 존재한다. 역사를 보면 인간이 고집스러운 생물종임을 상기하게 된다. 그들은 자신의 행동과 습관에 심각한 변화가 필요하다는 것이 분명한데도 변화에 깊이 저항한다. 하지만 인간은 변화가 강요될 때 놀랄 정도로 다재다능해질 수도 있다. 인간은 사물에 대해 매우 다르게 생각하고 행동하는 새로운 방식에 재빨리 적응할 수 있고, 그전에 있던 것들에게 그랬던 것처럼 단기간에 그것들에 익숙해질 수 있다. 그러나 자동화와 인공지능 덕분에 우리가 전혀 판이한 미래를 포용할 수 있게 되기는 했지만, 그것이 케인스가 예견했던 것 같은 '사회적 관습과 경제적 관행'에서의 극적인 변화를 유발할 계기가 될 가능성은 낮다. 그보다는 농업의 혁명에 박차를 가한 기후 변화처럼 급변하는 기후 형태, 러시아 혁명을 유발한 원인 가운데 하나인 체계적 불평등성으로 점화된 분노 같은 것들이 그 계기가 될 확률이 훨씬 높다. 심지어 우리의 경제적 제도와 노동 문화의 진부함을 폭로하며 어떤 직업이 진정으로 가치 있는지를 질문하게 만드는, 또는 왜 우리가 핵심적으로 여기는 직업보다 흔히 무의미하거나 기생적인 직업들에게 시장이 더 좋은 보상을 주도록 내버려두는지 질문하게 만드는 바이러스성 전염병의 만연 같은 것이 그것일 수도 있다.

1960년대에 !쿵족이나 음부티족, 하드자족 같은 현대의 수렵채집인 사회에 살면서 연구하기 시작한 인류학자들은 자신들의 연구가 우리 선조들이 먼 과거에 어떻게 살았는지를 알려주는 데 빛을 던져줄 것이라는 희망을 품고 있었다. 이제 바로 그런 연구가 심각한 환경적 한계에 얽매인 자동화된 미래에서 인간이 자신들을 어떻게 관리할지에 대해 통찰을 약간은 제공할 수 있을 것으로 보인다.

예를 들면, 지금 우리는 !쿵족과 또 다른 칼라하리 수렵채집인들이 현생인류인 호모 사피엔스가 처음 출현한 이후 최고 30만 년 전부터 남아프리카에서 계속 살아온 단일한 인구 집단의 후손임을 알고 있다. 우리는 또 그들이 !쿵족이 1960년대에 살아간 방식과 비슷한 방식으로 경제생활을 운영했다고 믿을 충분한 이유가 있다. 만약 지속가능성을 판단하는 궁극적 척도가 '시간을 견디는 힘'이라면 수렵과 채집은 인류의 전체 역사에 걸쳐 개발된 타의 추종을 불허하는 지속가능한 경제적 접근법이며, 코이산족the Khoisan은 이 접근법을 가장 훌륭히 실행한 자들이다. 물론 지금 우리가 수렵과 채집으로 살 수 있는 것은 아니지만, 이들 사회는 경제 문제에 사로잡히지 않은 사회가 어떤 모습일지 몇 가지 힌트를 준다. 그들은 현대인의 일에 대한 태도가 농경으로의 이행 및 도시로의 이주가 낳은 결과물일 뿐만 아니라, 잘 사는 길로 나아가는 열쇠가 불평등 문제의 처리에, 그러니까 케인스의 말을 빌리자면, "다시 한 번 목적을 수단보다 더 높이 평가하고 쓸모보다 선을 선호하도록 함으로써" 사적인 물질적 열망을 조절하는 데 달려 있다는 사실도 상기시킨다.

자동화된 미래와 환경의 지속가능성이 점점 더 불확실해지는 사태를 반영하고 미래에 우리가 어떻게 대처해야 하며, 또 대처할 수 있는지를 제안하는 선언문과 책들이 최근에 우후죽순처럼 등장했다. 몇몇 책은 광범위한 경제적 기준에서 나아갈 길의 지도를 그리고자 했다. 가장 영향력이 큰 것으로는 포스트 자본주의의 다양한 모델을 제안하는 여러 저서들, 또는 경제적 성장을 그 신성시되던 연단에서 끌어내리고, 시장은 기껏해야 무능한 가치 중재자에 불과하며 삶의 환경 같은 문제에 관해서는 시장이 파괴자임을 인정하라고 제안하는 저서들이 있다. 이런 것 중에서 가장 흥미 있는 것은 우리가 사적 자산의 축적에 부여한 중요성을 축소하려는 것들이다. 이 중에는 보편적 기본 소득을 지급하자는(일을 하든 하지 않든 모두에게 공짜 돈을 분배하자는) 제안 그리고 징세의 초점을 소득이 아니라 자산으로 바꾸자는 제안이 있다. 또 다른 흥미 있는 접근법은 개인과 회사에게 주는 기본권을 생태계와 강과 중요한 서식지까지 확대하자고 제안한다.

다른 사람들은 더 낙관적인 입장을 취했다. 대체로 자동화와 인공지능이 엄청난 수준의 물질적 사치를 유기적으로 끌어들일 것이므로 경제적 유토피아로 나아가는 길에 어떤 장애물이 있든 넘어갈 방법을 찾게 되리라는 판단에 입각한 것이다. 이런 입장은 오스카 와일드가 상상한 목가적인 미래에 공명한다. 그런 미래에서 우리는 "아름다운 것을 만들거나 아름다운 것을 읽고, 그저 감탄하고 기뻐하는 마음으로 세계를 바라봄으로써" 교양 있는 여가를 추구하며 자유롭게 시간을 쓸 수 있다.

과거에 대한 도그마나 목가적인 환상을 근거로 하여 미래를 구성하는 모델에 대한 관심이 부활하기도 했다. 이런 것들은 더 기술적인 성향을 가진 유토피아인들의 비전과는 공통점이 거의 없지만, 전 세계 인구의 큰 부분을 차지하는 사람들의 견해와 태도를 형성하는 데는 큰 영향을 미친다. 최근 들어 2차 세계 대전의 참상이 있은 뒤 그것이 사라지기를 소망하여 유엔을 만든 사람들이 경계한 유독한 민족주의가 여러 국가에서 다시 등장한 것은 이런 사대의 반영이다. 여러 지역에서 신학적 보수주의가 더 커지는 추세 그리고 복잡한 문제의 결정을 상상 속 고대적 신들의 가르침에 떠맡겨버리려는 태도도 이와 마찬가지다.

이 책의 목적은 수천 세대에 걸쳐 말썽쟁이 신 엔트로피의 충실한 하인으로서 게으른 손과 불안정한 정신에게 할 일을 주는 데서 만족감을 누렸던 만드는 자와 행하는 자의 정신을 독자들에게 전달하는 일 외에 어떤 처방을 제시하려는 데 있지 않다. 일과 우리의 관계가—가장 광범위한 의미에서—케인스같은 사람들이 상상한 것보다 얼마나 더 근본적인지를 밝히려는 것도 그 목적 가운데 하나다. 에너지와 삶과 일의 관계는 인간이 다른 모든 살아 있는 유기체와 가진 공통된 연대의 일부이며, 인간의 목적의식, 세속적인 데서도 만족을 찾아내는 무한한 재주와 능력 또한 지구상에 생명이 처음 태동한 이후 내내 연마된 진화적 유산의 일부다.

그러나 이 책의 주 목적은 희소성의 경제학이 인간의 일하는 삶에 채운 족쇄를 느슨하게 풀어주고, 경제적 성장에 상응하지만 지속 불가능한 집착을 줄이려는 데 있다. 우리의 경제적 제도를 보증해 주는 여러 핵심 가정들이 도시로의 이주에 의해 확대된 농업혁명의 유물임을 인정함으로써 우리는 더 지속가능한, 있을 수 있는 새로운 미래를 상상하고 우리의 불안정한 에너지와 목적의식과 창의성을 이용하여 운명을 만들어나가는 과제에 도전할 자유를 얻는다.

감사의 말

이 책을 이루는 발상 가운데 대부분은 내가 칼라하리에서 살면서 작업하던 기간에 생각한 주제였다. 그곳에서는 수렵채집인, 전통적 목축인, 선교사, 자유의 투사들, 관료, 경찰, 군인, 현대 상업적 농부들이 섞여 살고 충돌한다. 나의 사고와 접근법의 형성에 기여한 사람들이 너무 많아서 이루 다 언급할 수 없으므로, 나의 !쿵족 양부이자 확고한 지혜를 지니고 낯선 땅을 헤쳐나간 족장 "우파" 아에 프레드릭 랭먼"Oupa"! A/ae Frederick Langman을 대표로 하여 여러분 모두에게 감사 인사를 전한다.

이처럼 방대한 시간대를 망라하는 책은 애당초 성격이 산만해지지 않기가 힘들다. 과학자, 고고학자, 인류학자, 철학자, 그밖의 많은 무리가 행한 수없이 많은 시간 동안의 조사와 분석이 없었다면 해낼 수 없었을 작업이었다. 그들의 근면성, 지성, 독창성, 힘든 연구가 과거와 현재와 미래에 대한 우리의 감각을 새롭게 하고 세부 내용을 계속 추가하고 있다.

여러 사람들이 이 책을 써보라는 권유를 받았을 때 큰 일이 될 것이라 예상했지만 실제로는 예상보다 더 많은 노력이 투입되었다. 가장 강력하게 권유한 것은 내 에이전트였다. 그 지원에 힘을 보태어 내 운명이 결정되어 버렸다. 끝도 없이 글을 쓰고 작업하는 동안 내가 감당했던 불안감을 그들 탓으로 돌리고 싶지만, 또한 우리 모두가 일에 대해 더 느긋하게 접근해야 한다는 전제를 내세운 사람에게 보여준 신뢰에 대해 그들 모두에게 깊이 감사한다.

주

들어가며

1 Adam Smith, *An Inquiry into the Nature and Causes of the Wealth of Nations*, Metalibri, Lausanne, 2007 (1776), p. 12, https://www.ibiblio.org/ml/libri/s/SmithA_WealthNations_P.pdf.

2 Oscar Wilde, "The Soul of Man Under Socialism", *The Collected Works of Oscar Wilde*, Wordsworth Library Collection, London, 2007, p. 1051.

1장 산다는 건 일하는 것

1 Gaspard-Gustave Coriolis, *Du calcul de l'effet des machines*, Carilian-Goeury, Paris, 1829.

2 Pierre Perrot, *A to Z of Thermodynamics*, Oxford University Press, 1998.

3 "The Mathematics of the Rubik's Cube", *Introduction to Group Theory and Permutation Puzzles*, 17 March 2009, http://web.mit/edu/sp,268/www/rubik.pdf.

4 Peter Schuster, "Boltzmann and Evolution: Some Basic Questions of Biology seen with Atomistic Glasses", in G. Gallavotti, W. L. Reiter and J. Yngvason (eds.), *Boltzmann's Legacy (ESL Lectures in Mathematics and Physics)*, European Mathematical Society, Zurich, 2007, pp. 217-41.

5 Erwin Schödinger, *What is Life?*, Cambridge University Press, 1944.

6 앞의 책, pp. 60-1.

7 T. Kachman, J. A. Owen and J. L. England, "Self-Organized Resonance during Search of a Diverse Chemical Space", *Physics Review Letters*, 119, 2017.

8 J. M. Horowitz and J. L. England, "Spontaneousfine-tuning to environment in many-species chemical reaction networks", *Proceedings of the National Academy of Sciences USA* 114, 2017, 7565, https://doi.org/10/1073/pnas.1700617114; N. Pernov, R. Marsland and J. England, "Statistical Physics of Adaptation", *Physical Review* X, 6, 021036, 2016.

9   O. Judson, "The energy expandions of evolution", *Nature Ecology & Evolution* 1, 2017, 0138, https://doi.org/10.1038/s41559-017-0138.

2장 효율성과 소모성

1   Francine Patterson and Wendy Gordon, "The Case for the Personhood of Gorillas", in Paola Cavalieri and Peter Singer (eds.), *The Great Ape Project*, New York, St. Martin's Griffin, 1993, pp. 58-99, http://www.animal-rights-library.com/texts-m/patterson01.ht,/

2   https://www.darwinproject.ac.uk/letter/DCP-LEFT-2743.xml.

3   G. N. Askew, "The elaborate plumage in peacocks is not such as drag", *Journal of Experimental Biology* 217 (18), 2014, 3237, https://doi.org/10.1242/jeb.107474.

4   Mariko Takahashi, Hirouyuki Arita, Mariko Hiraiwa-Hasegawa and Tosikazu Hasegawa, "Peahens do not prefer peacocks with more elaborate trains", *Animal Behaviour* 75, 2008, 1209-19.

5   H. R. G. Howman and G. W. Begg, "Nest building and nest destruction by the masked weaver, Ploceus velatus", *South African Journal of Zoology*, 18:1, 1983, 37-44, DOI:10.1080/02541858.1983.11447812.

6   Nicholas E. Collias and Elsie C. Collias, "A quantitative Analysis of Breeding Behavior in the African Village Weaverbird", *The Auk* 84 (3), 1967, 396-411, https://doi.org/10.2307/4083089.

7   Nicholas E. Collias, "What's so special about weaverbirds?", *New Scientist* 74, 1977, 338-9.

8   P. T. Walsh, M. Hansell, W. D. Borello and S. D. Healy, "Individuality in nest building: Do Southern Masked weaver(Ploceus velatus) males vary in their nest-building behaviour?", *Behavioural Processes* 88, 2011, 1-6.

9   P. E. Colosimo, et al., "The Genetic Architecture of Parallel Armor Plate Reduction in Threespine Sticklebacks", *PLos Biology* 2 (5), 2004, e109, https://doi.org/10/1371/journal.pbio.0020109.

10   Collias and Collias, "A Quantitative Analysis of Breeding Behavior in the African Village Weaverbird".

11   Lewis G. Halsey, "Keeping Slim When Food Is Abundant: What Energy Mechanisms Could Be at Play?", *Trends in Ecology & Evolution*, 2018, DOI: 10.1016/j.tree.2018.08.004.

12   K. Matsuura, et al., "Identification of a pheromone regulating caste differentiation in termites", *Proceedings of the National Academy of Sciences USA* 107, 2010, 1963.

13   잠언 6장 6절-11절.

14　Herbert Spencer, *Principles of Ethics*, 1879, Book 1, Part 2, Chap. 8, sec. 152, https://mises-media.s3.amazonaws.com/The%20Principles%20of%20 Ethics%2C%20Volume%20I_2.pdf.

15　Herbert Spencer, *The Man versus the State: With Six Essays on Government, Society, and Freedom*, Liberty Classics edition, Indianapolis, 1981, p. 109.

16　Charles Darwin, *On the Origin of Species by Means of Natural Selection, or The Preservation of Favoured Races in the Struggle for Life*, D. Appleton, New York, 1860, p. 85.

17　앞의 책, p. 61.

18　Roberto Cazzolla Gatti, "A conceptual model of new hypothesis on the evolution of biodiversity", *Biologia*, 2016, DOI: 10.1515/biolog-2016-0032.

3장 도구와 기술

1　R. W. Shumaker, K. R. Walkup anf B. B. Beck, *Animal Tool Behavior: The Use and Manufacture of Tools by Animals*, Johns Hopkins University Press, Baltimore, 2011.

2　J. Sackett, "Boucher de Perthes and the Discovery of Human Antiquity", *Bulletin of the History of Archaeology* 24, 2014, DOI: http://doi.org/10.5334/bha.242.

3　Charles Darwin, *Letter to Charles Lyell*, 1863년 3월 17일, http://www.darwinproject.ac.uk/letter/DCP-LETT-4047.xml.

4　D. Richter and M. Krbetschek, "The Age of the Lower Paleolithic Occupation at Schöningen", *Journal of Human Evolution* 89, 2015, 46-56.

5　H. Thieme, "Altpaläolithische Holzgeräte aus Schöningen, Lkr. Helmstedt", *Germania* 77, 1999, 451-87.

6　K. Zutovski, R. Barkai, "The Use of Elephant Bones for Making Acheulian Handaxes: A Fresh Look at Old Bones", *Quarternary International*, 406 (2016), pp. 227-238.

7　J. Wilkins, B. J. Schoville, K. S. Brown and M. Chazan, "Evidence for Early Hafted Hunting Technology", *Science* 338, 2012, 942-6, https://doi.org/10.1126/science.1227608.

8　Raymond Corbey, Adam Jagich, Krist Vaesen and Mark Collard, "The Acheulian Handaxe: More like a Bird's Song than a Beatles'Tune?", *Evolutionary Anthropology* 25 (1), 2016, 6-19, https://doi.org/10.1002/evan.21467.

9　S. Higuchi, T. Chaminade, H. Imamizu and M. Kawato, "Shared neural correlates for language and tool use in Broca's area", *NeuroReport* 20, 2009, 1376, https://doi.org/10/1097/WNR.0b013e3283315570.

10 G. A. Miller, "Informavores", in Fritz Machlup and Una Mansfield (eds.), *The Study of Information: Interdisciplinary Messages*, Wiley-Interscience, New York 1983, pp. 111-13.

4장 전환기

1   K. Hardy et al., "Dental calculus reveals potential respiratory irritants and ingestion of essential plant-based nutrients at Lower Palaeolithic Qesem Cave Israel", *Quarternary Internation*, 2015,

2   Naama Goren-Inbar et al., "Evidence of Hominin Control of Fire at Gesher Benot Ya'aqov, Israel", *Science* 30, 2004년 4월호, 725-7.

3   S. Herculano-Houzel and J. H. Kaas, "Great ape brains conform to the primate scaling rules: Implications for hominin evolution", *Brain, Behavior and Evolution*. 77, 2011, 33-44; Suzana Herculano-Houzel, "The no extraordinary human brain", *Proceedings of the National Academy of Science* 109 (Supplement 1), 2012년 6월호, 10661-8DOI: 10.1073/pnas.120189510.

4   Juli G. Pausas and Jon E. Keeley, "A Burning Story: The Role of Fire in the History of Life", *BioScience* 59, no. 7, 2009년 7/8월호, 593-601, doi:10.1525/bio.2009.59.7.10.

5   Rachel N. Carmody et al., "Genetic Evidence of Human Adaptation to a Cooked Diet", *Genome Biology and Evolution* 8, no. 4, 2016년 4월 13일, 1091-1103, doi:10.1093/gbe/evwo59 를 볼 것.

6   S. Mann and R. Cadman, "Does being bored make us more creative?", *Creativity Research Journal* 26 (2), 2014, 165-73 ; J. D. Eastwood, C. Cavaliere, S. A. Fahlman and A. E. Eastwood, "A desire for desires: Boredom and its relation to alexithymia", *Personality ad Individual Differences* 42, 2007, 1035-45; K. Gasper and B. L. Middlewood, "Approaching novel thoughts: Understanding why elation and boredom promote associative thought more than distress and relaxation", *Journal of Experimental Social Psychology* 52, 2014, 50-7; M. F. Kets de Vries, "Doing nothing and nothing to do: The hidden value of empty time and boredom", INSEAD, Faculty and Research Working Paper, 2014.

7   Robin Dunbar, *Grooming, Gossip and the Evolution of Language*, Faber & Faber, London, 2006, Kindle edition.

8   Alejandro Bonmati et al., "Middle Pleistocene lower back and pelvis from an aged human individual from the Sima de los Huesos site, Spain", *Proceedings of the National Academy of Science* 107 (43), 2010년 10월, 18386-91, DOI: 10.1073/pnas.1012131107.

9   Pareick S. Randolph-Quinney, "a new star rising: Biology and mortuary behaviour of Homo naledi", *South African Journal of Science* 111(9-10), 2015, 01-04, https://dx.doi.org/10.17159/SAJS.2015/A0122.

5장 풍요한 사회의 근원

1   Carina M. Schlebusch and Mattias Jakobsson, "Tales of Human Migration, Admixture, and Selection in Africa", *Annual Review of Genomics and Human Genetics*, Vol. 19, 405-28, https://doi.org/10.1146/annurev-genom-083117-021759; Marlize Lombard, Mattias Jakobson and Carina Schlebusch, "Ancient human DNA: How sequencing the genome of a boy from Ballito Bay changed human history", *South African Journal of Science* 114(1-2), 2018, 1-3, https://dx.doi.org/10.17159/sajs.2017/a0253.

2   A. S. Brooks et al., "Long distance stone transport and pigment use in the earliest Middle Stone Age", *Science* 360, 2018, 90-4, https://doi.org/10.1126/science.aao2646.

3   Peter J. Ramsay and J. Andrew G. Cooper, "Late Quarternary Sea-Level Change in South Africa", *Quarternary Research* 57, no. 1, 2002년 1월, 82-90, https://doi.org/10/1006/qres.2001.2290.

4   Lucinda Backwell, Franscesco D'Errico and Lyn Wadley, "Middle Stone Age bone tools from the Howiesons Poort layers, Sibudu Cave, South Africa", *Journal of Archaeological Science*, 35, 2008, pp. 1566-80; M. Lombard, "Quartz-tipped affows older than 60 ka: further use-trace evidence from Sibudu, KwaZulu-Natal, South Africa", *Journal of Archaeological Science*, 38, 2011.

5   J. E. Yellen et al., "A middle stone age worked bone industry from Katanda, Upper Semliki Valley, Zaire", *Science* 268 (5210), 1995년 4월 28일, 553-6, doi:10.1126/science.7725100. PMID 7725100.

6   Eleanor M. L. Scerri, "The North African Middle Stone Age and its place in recent human evolution", *Evolutionary Anthropology* 26, 2017, 119-35.

7   Richard Lee, *The !Kung San: Men, Women, and Work in a Foraging Society*, Cambridge University Press, 1979, p. 1.

8   Richard B. Lee and Irven DeVore (eds.), *Kalahari Hunter-Gatherers*, Harvard University Press, Cambridge, Mass., 1976, p. 10.

9   Richard Lee and Irven DeVore (eds.), *Man the Hunter*, Aldine, Chicago, 1968, p. 3.

10   *What Hunters do for a Living or How to Make Out on Scarce Resources* in Richard B. Lee and Irven DeVore (eds.), *Man the Hunter*, Aldine, Chicago, 1968.

11   Michael Lambek, "Marshalling Sahlins", *History and Anthropology* 28, 2017, 254,

https://doi.org/10.1080/02757206.2017.1280120.

12 Marshall Sahlins, *Stone Age Economics*, Routeldge, New York, 1972, p. 2.

6장 숲의 유령들

1 Colin Turnbull, *The forest People: A Study of the Pygmies of the Congo*, London, Simon & Schuster, 1961, pp. 25-6.

2 J. Woodburn, "An Introduction to Hadza Ecology", in Richard Lee and Irven DeVore (eds.), *Man the Hunter*, Aldine, Chicago, 1968, p. 55.

3 James Woodburn, "Egalitarian societies", *Man, the Journal of the Royal Anthropological Institute* 17, no. 3, 1982, 432.

4 앞의 책, 431-51.

5 Nicolas Peterson, "Demand sharing: reciprocity and pressure for generosity among foragers", *American Anthropologist* 95 (4), 1993, 860-94, doi:10.1525/aa.1993.95.4.02a00050.

6 N. G. Blurton-Jones, "Tolerated theft, suggestions about the ecology and evolution of sharing, hoarding and scrounging", *Information (International Social Science Council)* 26(1), 1987, 31-54, https://doi.org/10.1177/053901887026001002.

7 Charles Darwin, *On the Origin of Species by Means of Natural Selection, or The Preservation of Favoured Races in the Struggle for Life*, London, Murray, 1859, p. 192.

8 Richard B. Lee, *The Dobe Ju/'hoansi*, 4th edition, Wadsworth, Belmont CA, p. 57.

9 M. Cortes-Sanchez, et al., "An early Aurignacian arrival in south-western European", *Nature Ecology & Evolution* 3, 2019, 207-12, doi:10.1038/s41559-018-0753-6.

10 M. W. Pedersen et al., "Postglacial viability and colonization in North America's ice-free corridor", *Nature* 537, 2016, 45.

11 Erik Trinkaus, Alexandra Buzhilova, Maria Mednikova and Maria Dobrovolskaya, *The People of Sunghir: Burials, bodies and behavior in the earlier Upper Paleolithic*, Oxford University Press, New York, 2014, p. 25.

7장 스스로 절벽에서 뛰어내리다

1 Editorial, *Antiquity*, Vol. LIV, no. 210, 1980년 3월, 1-6, https://www.cambridge.org/core/services/aop-cambridge-core/content/view/C57CF659BEA86384A93550428A7C8DB9/S0003598X00042769a.pdf/editorial.pdf.

2 Greger Larson, et al., "Current Perspectives and the Future of Domestication Studies", *Proceedings of the National Academy of Science* 111, no. 17, 2014년 4월 29일, 6139, https://doi.org/10.1073/pnas.1323964111.

3 M. Germonpre, "Fossil dogs and wolves from Palaeolithic sites in Belgium, the Ukraine and Russia: Osteometry, ancient DNA and stable isotopes", *Journal of Archaeological Science*, 36 (2), 2009, 473-90, doi: 10.1016/j.jas.2008.09.033.

4 D. J. Cohen, "The Beginnings od Agriculture in China: A Multiregional View", *Current Anthropology*, 52(S4), 2011, S273-93, doi:10.1086/659965.

5 Larson, et al., "Current Perspectives".

6 Amaia Arranz-Otaegui et al., "Archaeobotanical evidence reveals the origins of bread 14,400 years ago in northeastern Jordan", *Proceedings of the National Academy of Sciences* 115(31), 2018년 7월, 7925-30, DOI: 10.1073/pnas.1801071115.

7 LiLiu et al., "Fermented beverage and food storage in 13,000-year-old stone mortars at Raqefet Cave, Israel: Investigating Natufian ritual feasting", *Journal of Archaeological Science*, Reports, Vol.21, 2018, pp. 783-93, https://doi.org/10/1016/j.jasrep.2018.08.008.

8 A Snir et al., "The Origin of Cultivation and Proto-Weeds, Long Before Neolithic Farming", *PLoS ONE* 10(7), 2015, e0131422, https://doi.org/10/1371/journal.pone.0131422.

9 앞의 책.

10 Robert Bettinger, Peter Richerson and Robert Boyd, "Constraints on the Development of Agriculture", *Current Anthropology*, Vol. 50, no. 5, 2009년 10월 ; R. F. Sage, "Was low atmospheric CO2 during the Pleistocene a limiting factor for the origin of agriculture?", *Global Change Biology* 1, 1995, 93-106, https://doi.org/10.1111/j.1365-2486.1995.tb00009.x.

11 Peter Richerson, Robert Boyd, and Robert Bettinger, "Was agriculture impossible during the Pleistocene but mandatory during the Holocene? A climate change hypothesis", *American Antiquity*, Vol. 66, no. 3, 2001, 387-411.

12 Jack Harlan, "A Wild Wheat Harvest in Turkey", *Archeology*, Vol. 20, no. 3, 1967, 197-201.

13 Liu et al., "Fermented beverage and food storage".

14 A. Arranz=Otaegui, L. Gonzalez-Carretero, J. Roe and T. Richter, "'Founder crops' v. wild plants: Assessing the plant-based diet of the last hunter-gatherers in southwest Asia", *Quaternary Science Reviews* 186, 2018, 263-83.

15 Wendy S. Wolbach et al., "Extraordinary Biomass-Burning Episode and Impact Winter Triggered by the Younger Dryas Cosmic Impact ~12,800 Years Ago. I. Ice Cores and Glaciers", *Journal of Geology* 126(2), 2018, 165-84,

Bibcode:2018JG....126..165W,doi:10.1086/695703.

16 J. Hepp et al., "How Dry Was the Younger Dryas? Evidence from a Coupled Δ 2H-Δ18O Biomarker Paleohygrometer Applied to the Gemündener Maar Sediments, Western Eifel, Germany", *Climate of the Past* 15, no. 2, 2019년 4월 9일, 713-33, https://doi.org/10.5194/cp-15-713-2019 ; S. Haldorsen et al., "The climate of the Younger Dryas as a boundary for Einkorn domestigation", *Vegetation History Archaeobotany* 20, 2011, 305-18.

17 Ian Kuijt and Bill Finlayson, "Evidence for food storage and predomestication granaries 11,000 years ago in the Jordan Valley", *Proceedings of the National Academy of Sciences* 106(27), 2009년 7월, 10966-70, DOI: 10.1073/pnas.0812764106 ; Ian Kuijt, "What Do We Really Know about Food Storage, Surplus, and Feasing in Preagricultural Communities?", *Current Anthropology* 50 (5), 2009, 641-4, doi:10.1086/605082.

18 Klaus Schmidt, "Göbekli Tepe-the Stone Age Sanctuaries: New results of ongoing excavations with a special focus on sculptures and high reliefs", *Documanta Praehistorica* (Ljubliana)37, 2010, 239-56.

19 Haldorsen et al., "The Climate of the Younger Dryas as a Boundary for Einkorn Domestication", *Vegetation History and Archaeobotany* 20(4), 2011, 305.

20 J. Gresky, J. Haelm and I. Clare, "Modified Human Crania from Göbekli Tepe Provide Evidence for a New Form of Neolithic Skull Cult", *Science Advances* 3 (6), 2017, https://doi.org/10.1126/sciadv.1700564.

8장 제의적 연희와 기근

1 M. A. Zeder, "Domestication and Early Agriculture in the Mediterranean Basin: Origins, Diffusion, and Impact", *Proceedings of the National Academy of Sciences USA* 105(33), 2008, 11597, https://doi.org/10.1073/pnas.0801317105.

2 M. Gurven and H. Kaplan, "Longevity among Hunter-Gaterers: A Cross-Cultural Examination", *Population and Development Review* 33(2), 2007, 321-65.

3 Andrea Piccioli, Valentina Gazzaniga and Paola Catalano, *Bones: Orthopaedic Pathologies in Roman Imperial Age*, Springer, Switzerland, 2015.

4 Michael Gurven and Hillard Kaplan, "Longevity among Hunter-Gaterers: A Cross-Cultural Examination", *Population and Development Review*. Vol. 33, no. 2, June 2007, pp. 321-65, published by Population Council, https://www.jstor.org/stable/25434609; Väinö Kannisto and Mauri Nieminen, "Finnish Life Tables since 1751", *Demographic Research*, Vol. 1, Article 1, www.demographic-research.org/Volumes/Vol1/1/DOI:10.4054/DemRes.1999.1.

5   C. S. Larsen et al., "Bioarchaeology of Neolithic Catalhöyük reveals fundamental transitions in health, mobility, and lifestyle in early farmers", *Proceedings of the National Academy of Sciences USA*, 2018, 04345, https://doi/org/10/1073/pnas.1904345116.

6   J. C. Berbesque, F. M. Marlowe, P. Shaw and P. Thompson, "Hunter-Gatherers Have Less Famine Than Agriculturalists", Biology Letters 10: 20130853, http://doi.org/10.1098/rsbl.2013.0853.

7   D. Grace et al., *Mapping of poverty and likely zoonoses hotspots*, ILRI, Kenya, 2012.

8   S. Shennan et al., "Regional population collapse followed initial agriculture booms in mid-Hoolocene Europe", *Nature Communications* 4, 2013, 2486.

9   다음 책을 볼 것: Ian Morris, *Foragers, Farmers, and Fossil Fuels: How Human Values Evolve*, Princeton University Press, Princeton, NJ., 2015, and *The Measure of Civilization: How Social Development Decides the Fate of Nations*, Princeton University Press, Princeton, NJ., 2013; Vaclav Smil, *Energy and Civilization: A History*, MIT Press, Boston, 2017.

10 Ruben O. Morawick and Delmy J. Diaz Gonzalez, "Food Sustainability in the Context of Human Behabior", *Yale Journal of Biology and Medicine*, Vol.91, no. 2, 2018년 6월 28일, 191-6.

11 E. Fernandez et al., "Ancient DNA Analysis of 8000B.C. Near East Farmers Supports and Early Neolithic Pioneer Maritime Colonization of Mainland Europe Through Cyprus and the Aegean Islands", *PLoS Genetics* 10, no. 6, 2014, e1004401 ; H. Malmstom et al., "Ancient Mitochondrial DNA from the Northern Fringe of the Neolithic Farming Expansion in Europe Sheds Light on the Dispersion Process", *Royal Society of London Philosophical Transactions B:Biological Sciences* 370, no. 1660, 2015 ; Zuzana Hofmanova et al., "Early Farmers from across Europe Directly Descended from Neolithic Aegeans", *Proceedings of the National Academy of Sciences* 113, no. 25, 2016년 6월 21일, 6886, https://doi.org/10.1073/pnas.1523951113.

12 Q. Fu, P. Rudan, S. Paabo and J. Krause, "Complete Mitochondrial Genomes Reveal Neolithic Expansion into Europe", *PLoS ONE* 7(3), 2012, e32473 ; doi:10.1371/journal.pone.0032473.

13 J. M. Cobo, J. Fort and N. Isern, "The spread of domesticaticated rice in eastern and southeastern Asia was mainly demic", *Journal of Archaeological Science* 101, 2019, 125-30.

9장 시간은 돈이다

1 Benjamin Franklin, Letter to Benjamin Vaughn, 1784년 7월 26일.

2 "Poor Richard Improved, 1757", *Founders Online*, National Archives, 2019년 4월 11일에 접속됨, https://founders.archives.gov/documents/Franklin/01-07-02-0030. [원래 출처는 *The Papers of Benjamin Franklin*, vol 7, *October 1, 1756 through March 31, 1758*, ed., Leonard W. Labaree, Yale University Press, New Haven, 1963, pp. 74-93.

3 Benjamin Franklin, *The Autobiography of Benjamin Franklin*, Section 36, 1793, https://en.wikisource.org/wiki/The_Autobiography_of Benjamin_Franklin/Section_Thirty_Six.

4 Adam Smith, *An Inquiry into the Nature and Causes of the Wealth of Nations*, Metalibri, Lausanne, 2007(1776), p. 15, https://www.ibiblio.org/ml/libri/s/SmithA_WealthNations_p.pdf.

5 앞의 책.

6 G. Kellow, "Benjamin Franklin and Adam Smith: Two Strangers and the Spirit of Capitalism", *History of Political Economy* 50(2), 2018, 321-44.

7 모호크, 세네카, 오네이다, 오논다가, 카유가, 터스카로라 부족이 포함된 이 연맹은 프랭클린의 관심대상이었고, 건국 선조들이 미합중국 헌법 초안을 작성할 때 모델로 삼은 것 중의 하나였다.

8 Benjamin Franklin, Peter Collinson에게 1753년 5월 9일에 보낸 편지, https://founders.archives.gov/documents/Franklin/01-04-02-0173.

9 David Graeber, *Debt: The First 500 Years*, Melville House, New York, 2013, p. 28.

10 Caroline Humphrey, "Barter and Economic Disintergration", *Man* 20(1), 1985, p. 48.

11 Benjamin Franklin, *A Modest Inquiry into the Nature and Necessity of a Paper Currency*, in *The Works of Benjamin Franklin*, ed. J. Sparks, Vol. II, Boston, 1836, p. 267.

12 Austin J. Jaffe and Kenneth M. Lusht, "The History of the Value Theory: The Early Years", *Essays in honor of William N. Kinnard, Jr.*, Kluwer Academic, Boston, 2003, p. 11.

10장 최초의 기계

1 모든 인용문의 출처는 Mary Shelly, *Frankenstein*, CreateSpace Independent Publishing Platform, 2017 (1831 edn.).

2 L. Janssens et al., "A new look at an old dog: Bonn-Oberkassel reconsidered",

Journal of Archaeological Science 92, 2018, 126-38.

3   시베리아의 알타이산맥에서 발견된 3만 3000년 전의 뼈 유물 역시 길들여진 개의 것일
수도 있다는 견해가 있지만, 그 혈통[계보]에 대해 고고학자들이 확답을 내리기에는 의
혹의 여지가 너무 많다.

4   Laurent A. F. Frantz et al., "Genomic and Archaeological Evidence Suggest a Dual
Origin of Domestic Dogs", *Science* 352(6290), 2016, 1228.

5   L. R. Botigue et al., "Ancient European dog genomes reveal continuity since the
Early Neolithic", *Nature Communications* 8, 2017, 16082.

6   Yinon M. Bar-On, Rob Phillips and Ron Milo, "The Biomass Distribution on Earth",
Proceedings of the National Academy of Science 115(25), 2018, 6506.

7   Vaclav Smil, *Energy and Civilization: A History*, MIT Press, Boston, Kindle
Edition, 2017, p. 66.

8   Rene Descartes, *Treatise on Man*, (Great Minds series), Prometheus, Amherst,
2003.

9   Aristotle, *Politics*, Book I, part viii, http://www.perseus.tufts.edu/hopper/text?doc=
Perseus%Atext%3A1999.01.0058%3ABook%3D1.

10   앞의 책.

11   Hesiod, *Works and Days*, II, 303, 40-6. http://www.perseus.tufts.edu/hopper/text?
doc=Perseus%3Atext%3A1999.01.0132.

12   Orlando Patterson, *Slavery and Social Death: A Comparative Study*, Harvard
University Press, 1993, p. 63.

13   Keith Bradley, *Slavery and Society in Ancient Rome*, Cambridge University Press,
1993, p. 63.

14   Mike Duncan, *The Storm Before the Storm: The Beginning of the End for the
Roman Republic*, Public Affairs, New York, 2017.

15   Chris Wickham, *The Inheritance of Rome: Illuminating the Dark Ages, 400-
1000*, Penguin, New York, 2009, p. 29.

16   Stephen L. Dyson, *Community and Society in Rome Italy*, Johns Hopkins
University Press, Baltimore, 1992, p. 177, J. E. Packer, "Muddle and Lower Class
Housing in Pompeii and Herculaneum: A Preliminary Survey", in *Neue Forschung
in Pompeii*, pp. 133-42.

11장 꺼지지 않는 불빛

1   David Satterthwaite, Gordon McGranahan and Cecilia Tacoli, *World Migration
Peport: Urbanization, Rural-Urban Migration and Urban Poverty*, International
Organization for Migration (IOM), 2014, p. 7.

2   UNFPA, *State of World Population*, United Nations Population Fund, 2007.

3   모든 데이터는 OurWorldInData.org, 2020에 온라인으로 발표된 Hannah Ritchie and Max Roser, "Urbanization"에서 가져옴. https://ourworldindata.org/urbanization에서 검색됨.

4   Vere Gordon Childe, *Man Makes Himself*, New American Library, New York, 1951, p. 181.

5   J.-P. Farruggia, "Une crise majeure de la civilisation du Néolithique Dambien des années 5100 avant notre ère," *Archeologicke Rozhledy* 54(1), 2002, 44-98 ; J. Wahl and H. G. Konig, "anthropologisch-traumatologische Untersuchung der menschlichen Skelettreste aus dem bandkeramischen Massengrab bei Talheim, Kreis Heilbronn", *Fundberichte aus Baden-Wurttemberg* 12, 1987, 65-186 ; R. Schulting, L. Fibiger ad M. Teschler-nicola, "The Early Neolithic site Asparn/Schletz (Lower Austria): Anthropological evidence of interpersonal violence", in *Sticke, Stones, and Broken Bonnes*, R. Schulting and L. Fibiger(eds.), Oxford University Press, 2012, pp. 101-20.

6   Quoted in L. Stavrianos, *Lifetime from Our Past: A New World History*, Routledge, London, 1997, p. 79.

12장 끝없는 욕망

1   B. X. Curras and I. Sastre, "Egalitarianism and Resistance: A theoretical proposal for Iron Age Northwestern Iberian archaeology", *Anthropological Theory*, 2019, https://doi.org/10.1177/1463499618814685,

2   J. Gustavsson et al., *Global Food Losses and Food Waste*, Food and Agriculture Organisation (FAO), Rome, 2011, http://www.fao.org/3/mb060e/mb060e02.pdf.

3   Alexander Apostolides et al., "English Agricultural Output and Labour Productivity, 1250-1850: Some Preliminary Estimates", (PDF), 26 November 2008, 2019년 5월 1일에 접속됨.

4   Richard J. Johnson et al., "Potential role of sugar(fructose) in the epidemic of hypertension, obesity and the metabolic syndrome, diabetes, kidney disease, and cardiovascular disease", *American Journal of Clinical Nutrition*, Vol. 86, issue 4, 2007년 10월, 899-906, https://doi.org/10.1093/ajcn/86.4.899.

5   I. Thiery et al., "First Use of Coal", Nature 373(6514), 1995, 480-1, https://doi.org/10.1038/373480a0 ; J. Dodson et al., "Use of coal in the Bronze Age in China"m The Holocene 24 (5), 2014, 525-30, https://doi.org/10.1177/0959683614523155,

6   Dodson et al., "Use of coal in the Bronze Age in China".

7   P. H. Lindert and J. G. Williamson, "English Workers' Living Standards During the

Industrial Revolution: A New Look", *Economic History Review*, 36(1), 1983, 1-25.

8   G. Clark, "The condition of the working class in england, 1209-2004", *Journal of Political Economy*, 113(6), 2005, 1307-40.

9   C. M. Belfanti and F. Giusberti, "Clothing and social inequality in early modern Europe: Introductory remarks", *Continuity and Change*, 15(3), 2000, 359-65, doi:10.1017/S0268416051003674.

10   Emile Durkheim, *Ethics and Sociology of Morals*, Prometheus Press, Buffalo, New York, 1993 (1887), p. 87.

11   Emile Durkheim, *Le Suicide: Etude de sociologie*, Paris, 1897, pp. 280-1.

13장 최고의 인재

1   Frederick Winslow Taylor, *Scientific Management, Comprising Shop Management: The Principles of Scientific Management [and] Testimony Before the Special House Commitee*, Harper & Brothers, New York, 1947.

2   Daniel Bell, *The End of Ideology: On the Exhaustion of Political Ideas in the Fifties*, Harvard University Press, Cambridge, Mass., 2001(1961), p. 232.

3   Peter Drucker, *Management: tasks, responsibilities, practices*, Heinenmann, London, 1973.

4   Samuel Gompers, "The miracles of efficiency", *American Federationist* 18(4), 1911, p. 277.

5   John Lubbock, *The Pleasures of Life*, Part II, Chap. 10, 1887, Project Gutenberg eBook, http://www.gutenberg.org/ebooks/7952.

6   앞의 책, 1부, 2장.

7   Fabrizio Zilibotti, "Economic Possibilities for Our Grandchildren 75 Years after: A Global Perspective", IEW – Working Papers 344, Institute for Empirical Research in Economics, University of Zurich, 2007.

8   Federal Researve Bulletin, 2017년 9월, Vol. 103, no. 3, p. 12.

9   https://eml.berkeley.edu/~saez/SaezZucman14slides.pdf.

10   Benjamin Kline Hunnicutt, *Kellogg's Six-Hour Day*, Temple University Press, Philadelphia, 1996.

11   John Kenneth Galbraith, *Money: Whence it Came, Where it Went*, Houghton Mifflin, Boston, 1975.

12   Advertising Hall of Fame, "Benjamin Franklin: Founder, Publisher & Copyrighter, Magazine General", 2017, http://advertisinghall.org/members/member_bio.php?memid=632&uflag=f&uyear=.

13   John Kenneth Galbraith, *The Affluent Society*, Apple Books.

14 모든 데이터의 출처는 US Bureau of Economic Analysis, US Bureau of Labour Statistics, FRED Economic Data, St. Louis Fed.

15 L. Mishel and J. Schieder, "CEO pay remains high relative to that of typical workers and high-wage earners', Economic Policy Institute, Washington, 2017, https://www.epi.org/files/pdf/130354.pdf.

16 모든 데이터의 출처는 World Inequality Database, https://wid.world 이며, https://aneconomicsense.org/2012/07/20/the-shift-from-equitable-to-inequitable-growth-after-1980-helping-the-rich-has-not-helped-the-not-so-rich. 에서 편집되었음.

17 McKinsey & Co., *McKinsey Quarterly: The War for Talent*, no. 4, 1998.

18 Jeffrey Pfeffer, "Fighting the war for talent is hazardous to your organization's health", *Organizational Dynamics* 29(4), 2001, 248-59.

19 Malcolm Gladwell, "The Myth of Talent", *New Yorker*, 2002년 7월 22일, https://www.newyorker.com/magazine/2002/07/22/the-talent-myth.

20 O. P. Hauser and M. I. Norton, "(Mus)perceptions of inequality", *Current Opinion in Psychology* 18, 2017, 21-5, https://doi.org/10.1016/j.copsyc.2017.07.024.

21 United States Census Bureau, "New Data Show Income Increased in 14 States and 10 of the Largest Metros", 2019년 9월 26일, https://www.census.gov/library/stories/2019/09/us-median-household-income-up-in-2018-from-2017.html?utm_campaign=20190926msacosiccstors&utm_medium=email&utm_source=govdelivery.

22 S. Kiatpongsan and M. I. Norton, "How Much (More) Should CEOs Make? A Universal Desire for More Equal Pay", *Perspectives on Psychological Science*, 9 (6), 2014, 587-93, https://doi.org/10.1177/1745691614549773.

23 Emily Etkins, 2019, "What Americans Think Cause Wealth and Poverty", Cato Institute, 2019, https://www.catp.org/publications/survey-reports/what-americans-think-about-poverty-wealth-work.

14장 월급쟁이의 죽음

1 "Death by overwork on rise among Japan's vulnerable workers", *Japan Times* (Reuters), 2016년 4월 3일.

2 Behrooz Asgari, Peter Pickar and Victoria Garay, "Karoshi and Karou-jisatsu in Japan: causes, statics and prevention mechanisms", *Asia Pacific Business & Economics Perspectives*, 2016년 겨울호, 4(2).

3 http://www.chinadaily.com.cn/china/2016-12/11/content_27635578.htm.

4 모든 데이터의 출처는 OECD.Stat, https://stats.oecd.org/Index.aspx?DatasetCode

=AVE_HRS.

5   "White Papse on Measures to Prevent Karoshi, etc.", Annual Report for 2016, Ministry of Health, Labour and Welfare, https://fpcj.jp/wp/wp-content/uploads/.../ 8f513ff4e9662ac515de9e646f63d8b5.pdf.

6   China Labour Statistical Yearbook 2016, http://www.mohrss.gov.cn/2016/indexeh. htm.

7   http://www.hse.gov.uk/statistics/causdis/stress.pdf.

8   C. S. Andreassen et al., "The prevalence of workaholsm: A survey study in a nationally representative sample of Norwegian employees", PLOSOne, 9(8), 2014, doi:https://doi.org/10/1371/journal.pone/0102446.

9   Robin Dunbar, *Gossip Grooming and the Evolution of Language*, Harvard University Press, Cambridge, Mass., 1996.

10 http://www.vault.com/blog/workplace-issues/2015-office-romance-survey-results/

11 Aronson의 사연은 W. Oates, *Workaholics, Make Laziness Work for You*, Doubleday, New York, 1978에 서술되어 있다.

12 Leigh Shaw-Taylor et al., "The Occupational Structure of England, c.1710-1871", Occupations Project Paper 22, Cambridge Group for the History of Population and Social Structure, 2010.

13 Colin Clark, *The Conditions of Economic Progress*, Macmillan, London, 1940, p. 7.

14 앞의 책, p. 17.

15 https://www.strike.coop/bullshit-jobs/.

16 David Graeber, *Bullshit Jobs: A Theory*, Penguin, Kindle Edition, 2018, p. 3.

17 https://www.strike.coop/bullshit-jobs/.

18 *The Economist*, 1955년 11월 19일.

19 *Trends in College Pricing*, Trends in High Education Series, College Board, 2018, p. 27, https://research.collegeboard.org/pdf/trends-college-pricing-2018-full-report. pdf.

20 California state University Statistical Abstrct 2008-2009, http://www.calstate.edu/ AS/stat_abstrct/stat0809/index.shtml. 2019년 4월 22일에 접속.

21 *Times Higher Education*, University Workplace Survey 2016, https:///www. timeshighereducation.com/features/university-workplace-survey-2016-results-and-analysis.

22 Gallup, *State of the Global Workplace*, Gallup Press, New York, 2017, p. 20.

1 Carl Frey and Michael Osborne, *The Future of employment: How susceptible are Jobs to Computerisation*, Oxford Martin Programme on Technology and Employment, 2013.

2 McKinsey Global Institute, *A Future that Works: Automation Employment and Productivity*, McKinsey and Co., 2017 ; PricewaterhouseCoopers, *UK Economic Outlook*, PWC, London, 2017, pp. 30-47.

3 PricewaterhouseCoopers, *UK Economic Outlook*, p. 35.

4 "IBM's AI loses to human debater but it's got worlds to conquer", CNet News, 2019년 2월 11일, https://www.emet.com/news/ibms-ai-loses-to-human-debater-but-remains-persuasive-technology/.

5 "The Amazing Ways How Unilever Uses Artificial Intelligence To Recruit & Train Thousands Of Employees", *Forbes*, 2018년 12월 14일, https://www.forbes.com/sites/bernardmarr/2018/12/14/the-amazing-ways-how-unilever-uses-artificial-intelligence-to-recruit-train-thousands-of-employees/#1c8861bc6274.

6 Sungki Hong and Hannah G. Shell, "The Impact of Automation on Inequality", *Economic Synopses*, no. 29, 2018, https://doi.org/10.20955/es.2018.29.

7 World Inequality Lab, *World Inequality Report* 2018, 2018, https://wor2018.wild.world/files/download/wir2018-full-report-english.pdf.

8 앞의 책, p. 15.

9 D. Meadows, R. Randers, D. Meadows and W. Behrens III, *The Limits to Growth*, Universe Books, New York, 1972, p. 193, http://donellameadows.org/wp-content/userfiles/Limits-to-Growth-digital-scan-version.pdf.

10 *New York Times*, 1972년 4월 2일, Section BR, p. 1.

11 J. L. Simon and H. Kahn, *The Resourceful Earth: A Response to Global 2000*, Basil Blackwell, New York, 1984, p. 38.

12 D. Meadows, R. Randers and D. Meadows, *The Limits to Growth: The 30-Year Update*, Earthscan, London, 2005.

일의 역사

1판 1쇄 인쇄 2022년 8월 19일
1판 1쇄 발행 2022년 8월 30일

지은이 제임스 수즈먼 **감수** 박한선 **옮긴이** 김병화

발행인 양원석 **편집장** 김건희
디자인 강소정, 김미선 **영업마케팅** 윤우성, 박소정, 전상미

펴낸 곳 ㈜알에이치코리아
주소 서울시 금천구 가산디지털2로 53, 20층(가산동, 한라시그마밸리)
편집문의 02-6443-8902 **도서문의** 02-6443-8800
홈페이지 http://rhk.co.kr
등록 2004년 1월 15일 제2-3726호

ISBN 978-89-255-7764-7 (03900)